Wing (Hrsg.) · Frühkindlicher Autismus

Frühkindlicher Autismus

Klinische, pädagogische und soziale Aspekte

Herausgegeben von J. K. Wing

Beltz Verlag · Weinheim und Basel

Aus dem Englischen übersetzt und bearbeitet von Jürgen Wendeler

Titel der Originalausgabe:
Early Childhood Autism
Copyright © 1966 Pergamon Press Ltd.

CIP-Kurztitelaufnahme der Deutschen Bibliothek

Frühkindlicher Autismus: klin., pädag. u. soziale Aspekte/hrsg. von J. K. Wing. –
2. Aufl. – Weinheim, Basel: Beltz, 1977.
  Einheitssacht.: Early childhood autism ⟨dt.⟩.
  ISBN 3-407-83003-3
NE: Wing, John K. [Hrsg.]; EST

1. Auflage 1973
2. Auflage 1977

© 1973 Beltz Verlag · Weinheim und Basel
Satz: Edwin H. Höhn, Maschinensatz, 6944 Hemsbach
Druck: Beltz, Offsetdruck, 6944 Hemsbach über Weinheim
Printed in Germany

ISBN 3 407 83003 3

„Jeder Fall einer Entwicklungsverzögerung ist ein individuelles Problem, bei dem die organischen Bedingungen, die emotionalen Reaktionen, die pädagogischen Erfordernisse und die vorhandenen heilpädagogischen Einrichtungen berücksichtigt werden müssen, wenn ein Förderungsprogramm aufgestellt werden soll. Dies kann gar nicht genug betont werden, weil wir alle dazu neigen, nach einer vereinfachten und universal anwendbaren Formel zu suchen. Es gibt aber für keines dieser Syndrome eine solch allgemeine „Methode", so daß jeder Versuch, eine Art Blankovorschrift ohne gründliche Analyse des Einzelfalls anzuwenden, zweifellos zu Irrtümern und falschen Bemühungen führen wird."

(S. T. Orton; Reading, Writing and Speech Problems in Children. London: Chapman & Hill, 1937)

„Der Mensch ist in hohem Maße von seinen Sinnen abhängig. Seine Sinneseindrücke sind die Grundlage seiner Erfahrung. Aufgrund der Informationen, die er durch seine Sinne empfängt, baut er seine Welt der Wahrnehmungen und Begriffe, der Erinnerungen, Vorstellungen und Gedanken auf. Durch Ausfälle von Sinnesbereichen wird die Welt der Erfahrung eingeengt, weil einige der grundlegenden Bedingungen für die Entwicklung des Geistes fehlen."

(H. R. Myklebust, The Psychology of Deafness: Sensory Deprivation, Learning and Adjustment. New York: Grune & Stratton, 1960)

Die Autoren dieses Buches

Connell, P. H., M. D., D. P. M., Consultant Psychiatrist am Maudsley und Bethlem Royal Hospital. Ehrenvorsitzender des wissenschaftlichen Beirats der Society for Autistic Children, Maudsley Hospital, Denmark Hill, London, S.E. 5.

Elgar, Sybil, Leiterin der Schule der Society for Autistic Children, 8–10, Florence Road, Ealing, W. 5.

Hermelin, Beate, Ph. D. Wissenschaftliche Mitarbeiterin des Medical Research Council, Maudsley Hospital, Denmark Hill, London, S.E. 5.

Lauder, Margaret A. Mutter eines normalen und eines autistischen Kindes. 7 Ilkley Road, Caversham, Reading, Berks.

Mittler, P., M. A. Lecturer for Psychology, Birkbeck College, London.

Rutter, M., M. D., M. R. C. P., D. P. M. Senior Lecturer am Institut für Psychiatrie, Hon. Consultant Psychiatrist am Maudsley und Bethlem Royal Hospital. Maudsley Hospital, Denmark Hill, London, S.E. 5.

Wendeler, J., Dr., Dipl. Psych. Wissenschaftlicher Mitarbeiter am Deutschen Institut für internationale Pädagogische Forschung, Frankfurt (M).

Wilson. Mary D., Ph. D. Staff Inspektor für Sonderpädagogik, Inner London Educational Authority, County Hall, London, S.E. 1.

Wing, J. K., M. D., D. P. M. Director des Social Psychiatry Research Unit des Medical Research Council. Hon. Consultant Psychiatrist am Maudsley und Bethlem Royal Hospital. Ehrensekretär des wissenschaftlichen Beirats der Society for Autistic Children. Maudsley Hospital, Denmark Hill, London, S.E. 5.

Wing, Lorna, M. D., D. P. M. Wissenschaftliche Mitarbeiterin des Medical Research Council, Maudsley Hospital, Denmark Hill, London, S.E. 5.

Inhaltsverzeichnis

3. Teil:
Soziale und organisatorische Aspekte

Anhang

Vorwort des Übersetzers zur deutschen Ausgabe

Die Probleme des frühkindlichen Autismus haben auch in Deutschland in den letzten Jahren immer mehr Aufmerksamkeit gefunden. Die bisher vorliegenden deutschsprachigen Publikationen – so die Arbeiten von Bosch, Weber, Gottwald und Redlin, sowie einige Aufsätze in Fachzeitschriften – behandeln das Problem jeweils nur von einem einzigen Aspekt oder wenden sich hauptsächlich an einen engeren Kreis von Fachleuten. So fehlte bisher die Möglichkeit, sich in einem Buch umfassend über die gesamte Problematik zu informieren. Das hier vorliegende Buch soll diese Lücke schließen. Es ist für Lehrer, Erzieher, Kinderärzte, Psychologen und alle im Gesundheits- und Sozialdienst tätigen Menschen bestimmt – und nicht zuletzt für die Eltern, die sich so oft besonders intensiv um Verständnis und Hilfe für ihre Kinder bemühen.

Die Beiträge dieses Buches zeigen deutlich, daß es auf viele Fragen noch gar keine oder nur vorläufige Antworten gibt, daß wir aber andererseits nicht mehr vor einem völligen Rätsel stehen, sondern heute mindestens die Ansätze einer möglichen Hilfe für diese Kinder kennen. Wichtigste Voraussetzung dieser Hilfe ist ein genaues Verständnis für die besondere Eigenart autistischer Kinder und ihrer Behinderungen. Wichtig ist ferner die Erkenntnis, daß diese Kinder trotz ihrer schweren Behinderungen entwicklungs- und bildungsfähig sind, daß sie dafür aber eine speziell auf ihre Störungen ausgerichtete Heilpädagogik und Therapie brauchen. So möge die deutsche Ausgabe dieses Buches vor allem dazu helfen, daß die Notwendigkeit einer speziellen Hilfe für autistische Kinder auch bei uns allgemein erkannt wird, und daß solche Hilfen geschaffen werden, wo immer sie nötig sind.

Alle Beiträge sind in der Übersetzung leicht gekürzt, hauptsächlich um solche Teile, die sich speziell an englische Leser richten. Die Kapitel von Lotter und von Lovaas wurden – mit Einverständnis des Herausgebers – aus der deutschen Ausgabe herausgelassen. Lotters Bericht über eine epidemiologische Untersuchung in Middlesex schien für deutsche Leser nicht in allen Details interessant genug. Die Hauptergebnisse werden in anderen Kapiteln (u. a. in Kapitel 11) beschrieben. Auf Lovaas Darstellung seines Sprachtrainingsprogramms wurde verzichtet, weil es in der Fassung des Originals wegen der Weiterentwicklung der Methode nicht mehr ganz dem neuesten Stand entspricht. Für ein verhaltenstherapeutisches Programm, das ja gerade auf eine Weiterentwicklung angelegt ist, ist das durchaus kein negatives Werturteil, sondern eher eine Empfehlung. Tatsächlich sind viele Teile dieses Programms von anderen therapeutischen Gruppen übernommen worden. Eine kurze Darstellung der allgemeinen Theorie und eine Beschreibung eines neueren Programms ist im ergänzenden Kapitel des Anhangs enthalten. In diesem Kapitel wird auch über einen Teil der neueren Forschung berichtet, die seit der Veröffentlichung des Originals dieses Buches publiziert wurde.

Am Ende des Buches ist ein Verzeichnis von Fachausdrücken angefügt, das dem Laien die Lektüre erleichtern soll. Mehrere Kapitel sind mit Anmerkungen versehen, die man gesammelt ebenfalls am Ende des Buches findet. Sie geben Hinweise auf neuere Forschungsergebnisse, auf deutschsprachige Publikationen oder auf Einrichtungen bzw. gesetzliche Regelungen in der Bundesrepublik.

Wer selbst autistische Kinder nicht kennt und sich aufgrund dieses Buches ein Bild von ihnen machen möchte, beginnt am besten mit den Fallberichten am Ende von Kapitel 1. Auch am Ende von Kapitel 9 und im Kapitel 12 findet man ausführliche Beschreibungen einzelner Kinder. Als Ergänzung dazu eignet sich nichts besser als Truffauts Film „Der Wolfsjunge", der sehr genau nach den Aufzeichnungen von Itard (siehe Kapitel 8) gedreht wurde, und der die Besonderheit dieser Kinder, den Erfolg eines systematischen Unterrichts und die wohl unvermeidlichen Mißverständnisse sehr eindrucksvoll vor Augen führt.

Frankfurt, Februar 1973   Jürgen Wendeler

Vorwort des Herausgebers

Dieses Buch ist ein Versuch, die wichtigsten Informationen, die zur Zeit über autistische Kinder verfügbar sind, zusammenzubringen und zu integrieren. Fachleute der Verwaltung, Ärzte, Eltern, Psychologen, Sozialarbeiter und Lehrer, sie alle machen ihre eigenen Erfahrungen, aber nicht immer gelangen diese Kenntnisse über die Grenzen der Fachgebiete hinaus. Deshalb bleiben Fortschritte in einem Bereich manchmal ohne Einfluß auf die Entwicklung in anderen Bereichen. Die Autoren dieses Bandes kommen aus verschiedenen Fachgebieten, jeder hat seine besondere Art, das Problem zu sehen, aber es ergibt sich trotzdem eine gemeinsame Grundauffassung. Die Behinderung des autistischen Kindes besteht primär in der Unfähigkeit, visuelle und auditive Sinneseindrücke zu den sinnvollen Strukturen zu verarbeiten, die die Grundlage für das sich entwickelnde Weltverständnis des normalen Kindes sind. Daraus entstehen unvermeidbar Kommunikationsprobleme, Verhaltensabnormitäten und emotionale Schwierigkeiten, und diese wiederum führen zu gestörten Familienbeziehungen und zu einer Anhäufung sekundärer Behinderungen. Wenn ein Kind als hoffnungslos aufgegeben und einer ungeeigneten Institution überlassen wird, dann sind die Besserungschancen vermutlich gering. Wenn die fundamentalen Probleme früh erkannt und die größtmögliche Hilfe zu der Zeit erfolgt, zu der sie am nötigsten ist, dann kann die natürliche, mit der kindlichen Reifung einhergehende Tendenz zur Besserung gefördert werden, kann man das gestörte Verhalten regulieren, die Familie unterstützen und das Ausmaß der Behinderung durch einen geeigneten heilpädagogischen Unterricht so weit wie möglich verringern.

Die Autoren interpretieren diese Sachverhalte aufgrund ihrer unterschiedlichen beruflichen Standpunkte, aber jede Interpretation ist auf die anderen bezogen, so daß eine Grundlage für einen integrierten Ansatz sichtbar wird. Dieses Vorgehen im Team ist das Kernstück des modernen Begriffes von Gemeinwesenarbeit. So werden alle Fragen, mit denen sich die gegenwärtige Sozialpsychiatrie beschäftigt, auch in diesem Buch diskutiert. Dasselbe Modell kann auf andere chronische psychiatrische Krankheiten angewendet werden, bei denen man früher eine ständige Unterbringung in einer Anstalt vornahm. In jedem Fall ist der wichtigste erste Schritt, die Struktur der grundlegenden Behinderungen, unter denen das Individuum leidet, zu erkennen, die Sozialbeziehungen, in denen es lebt, und die schädigenden oder fördernden sozialen Einflüsse auf den Krankheitszustand zu beschreiben, und schließlich einen rationalen langfristigen Plan zur Verminderung und zur Verhütung der klinischen und sozialen Störungen aufzustellen. Die Probleme der autistischen Kinder werden demzufolge nicht länger isoliert gesehen, sondern in Beziehung zu den im wesentlichen gleichen Problemen anderer Kinder mit Störungen der zentralen oder peripheren Wahrnehmungsmechanismen; allerdings sind ihre Behinderungen meist mehrfacher Art und meist schwerwiegender. Kein Spezialist kann allein all diese Probleme erfassen, und deshalb ist die Zusammenarbeit im Team erforderlich. An manchen Stellen dieses Buches mag der Leser das Gefühl haben, daß die ganze Idee eines Teams von Experten – von denen jeder seine Spezialkenntnisse beiträgt, aber jeder sich des subtilen Zusammenspiels biologischer, psychologischer und sozialer Prozesse bewußt ist – utopisch und nicht praktizierbar ist. Sicherlich, sie ist zur Zeit praktisch nirgends verwirklicht. Wir haben versucht, möglichst oft konkrete Vorschläge zu machen, aber wir haben es im Rahmen dieses Buches nicht für zweckmäßig gehalten, einen präzisen Plan vorzulegen, wie die Strukturen der gegenwärtigen Verwaltung, der Kliniken und der privaten Organisationen und Einrichtungen geändert werden sollten, um eine Teamarbeit zu erleichtern. Viele Versuche werden erforderlich sein, bevor man auf eine allgemeine Lösung drängen kann, und zur Zeit wird mehr von der Energie und dem Enthusiasmus Einzelner als von der exakten Struktur der Einrichtungen abhängig sein. Die allgemeinen Lösungen, die von den Autoren vorgeschlagen wurden, mögen utopisch klingen, und trotzdem verlangt das aufgeworfene Grundproblem nach praktischen Maßnahmen, die eines Tages überall durchgeführt werden können. In diesem Sinne möge das Buch als ein Beitrag zur gegenwärtigen

Diskussion über die notwendigen sozialen Einrichtungen angesehen werden. Endgültige Lösungen enthält es freilich nicht.

Die ursprüngliche Idee für das Buch entstand aufgrund einer Reihe von sechs Vorträgen, die im Herbst 1965 mit Unterstützung des Department of Extra-Mural Studies der University of London auf Einladung von Mr. G. F. A. Wilmot, dem Assistenten des Direktors, gehalten wurden. Die Organisationsarbeit wurde von Mrs. Ilse Burnell und Mrs. Helen Allison von der Society for Autistic Children geleistet, der wissenschaftliche Beirat dieser Gesellschaft hat den Programmentwurf ausgearbeitet. Die Vortragsreihe hatte mit etwa 300 Zuhörern bei jedem Einzelvortrag großes Interesse gefunden. Alle Vorträge sind für dieses Buch erweitert oder modifiziert worden, mehrere andere Fachleute haben zusätzliche Kapitel beigesteuert.

Autistische Kinder sind ziemlich selten, scheinen aber wegen ihrer körperlichen Attraktivität und wegen des Eindrucks, daß eine wache Intelligenz von Barrieren und Hemmnissen befreit werden muß, die Gedanken und Sympathien derer fesseln zu können, die mit ihnen in Kontakt kommen. Es ist wichtig, diese Chance nicht nur zum Vorteil autistischer Kinder, sondern als Ansatz zur Hilfe für alle behinderten Kinder zu nutzen, weil für alle dieselben allgemeinen Prinzipien für die Behandlung, Lenkung, Erziehung und für vorbeugende Maßnahmen gelten.

Niemand, der mit der Geschichte der Psychiatrie vertraut ist, wird die Aussichten, Heilmethoden zu finden, allzu optimistisch beurteilen. Er wird auch das Ausmaß der weiterbestehenden Ignoranz der vorhandenen Möglichkeiten zur Verminderung der Behinderungen nicht unterschätzen. Wir wissen jedenfalls heute soviel, daß wir einige der zusätzlichen Behinderungen verhüten können, die sich entwickeln, wenn nicht einmal eine ungefähre Vorstellung von den primären Behinderungen, vom natürlichen Verlauf des Zustandes und von den wirksamsten sozialen und pädagogischen Maßnahmen vorhanden ist. Wir sehen jetzt auch, wie weit Männer wie Itard ihrer Zeit voraus waren, der schon während der Französischen Revolution die pädagogischen Prinzipien ausgearbeitet hat, die jetzt wiederentdeckt werden. Hier und da gibt es etwas Hoffnung. Wenn die Kenntnisse, die wir schon besitzen, wirklich angewendet werden, wird sich manches nicht unwesentlich ändern.

1. Teil:
Klinische Aspekte

Kapitel 1
Symptome, Verbreitung und Ursachen des frühkindlichen Autismus

J. K. Wing

Es gibt eine Gruppe abnormer Verhaltensweisen, die so häufig zusammen auftreten, daß sie ein klinisches Syndrom bilden, das Syndrom des „kindlichen Autismus". Diese Auffassung, die heute in der Medizin allgemein anerkannt ist, geht auf Leo Kanner zurück. Allerdings sind Kanners Fallbeschreibungen eher illustrativ, nicht systematisch und nicht erschöpfend (Eisenberg und Kanner, 1956; Kanner, 1943, 1954, 1957; Kanner und Lesser, 1958). Die interessanteste Fallgeschichte, die in allen Einzelheiten aufgezeichnet wurde, findet man in Itards hervorragendem Bericht über den „wilden Jungen von Aveyron" (siehe Kapitel 8)[1]. Das folgende Kapitel enthält eine kurze Beschreibung des Syndroms, eine Erörterung differentialdiagnostischer Fragen und Abschnitte über Verbreitung und mögliche Ursachen. Der deskriptive Teil beruht auf den systematischen Untersuchungen von Wolff und Chess (1964, 1965), Rutter (Kapitel 2), Lotter (1967) und den Informationen der Society for Autistic Children. Eine detailliertere Beschreibung der Krankheitssymptome wird im zweiten Kapitel dieses Buches gegeben. Die Prognostik wird im dritten Kapitel behandelt.

Terminologie dieses Buchs

Die Terminologie, die in Bezug auf den kindlichen Autismus verwendet wird, ist oft verwirrend[2]. Der eindeutigste Name ist „Kanners Syndrom", und die Kerngruppe der Fälle wird wahrscheinlich am besten so bezeichnet (siehe den Bericht über Sally, Seite 53 f.)*.

---

* Wer autistische Kinder persönlich nicht kennt, liest am besten als erstes diesen Fallbericht (Anm. des Übers.).

Jedoch gibt es auch eine Gruppe mit weniger typischem Zustandsbild, bei dem zwar die meisten Elemente von Kanners Syndrom vorhanden sind, aber nicht alle (siehe den Bericht über Paul, Seite 57 f.), oder bei dem neben dem typischen Verhaltenskomplex offenkundige neurologische Abnormitäten bestehen. Angesichts der Tatsache, daß wir überhaupt keine sichere Kenntnis der Pathologie besitzen, scheint es nicht sinnvoll, diese anderen Fälle auszuschließen; denn die sozialen, pädagogischen und organisatorischen Probleme sind ganz ähnlich wie bei der Kerngruppe. Zur spezifischen Kennzeichnung der gesamten Fallgruppe ist der Begriff „Kindheitspsychose" ungeeignet, weil er auch bei vielen anderen nicht-autistischen Zustandsbildern verwendet wird und weil er ungünstige soziale Implikationen hat. Gründe für die Ablehnung des Begriffs „Schizophrenie" werden im Abschnitt zur Differenzialdiagnose angeführt. „Frühkindlicher Autismus" ist wahrscheinlich der befriedigendste Begriff, weil er nicht impliziert, daß die Störung unbedingt schon von Geburt an bestehen muß [3], und weil er darauf hinweist, daß das „autistische" Verhalten in der frühen Kindheit am stärksten ist und später zurückgehen kann. Der Begriff hat außerdem den großen Vorteil, daß er sozial neutral ist – also keine Abwehrhaltung, sondern heute vermutlich eine insgesamt positive Einstellung hervorruft.

Die Gruppe der Kinder, die Rutter in Kapitel 2, Mittler in Kapitel 5 und Hermelin in Kapitel 6 beschreiben, wird „psychotisch" genannt, weil sie nicht so homogen wie die in diesem Kapitel beschriebene Gruppe ist. Der Begriff „Psychose" wird aber nicht in seinem allgemeinsten Sinn verwendet, sondern nur, um anzuzeigen, daß bei einigen dieser Kinder vielleicht nicht das vollständige oder typische Zustandsbild vorhanden war. Soweit es Rutters Gruppe betrifft, gibt es darin vermutlich nur wenige solcher Ausnahmen.

Der Begriff „autistisch" wird im Folgenden gelegentlich als Adjektiv in dem ursprünglich von Bleuler vorgeschlagenen Sinn gebraucht, also zur Beschreibung eines sich aktiv in sich zurückziehenden Verhaltens. Wenn der Begriff in dieser Weise, also nicht als Bezeichnung des Syndroms des kindlichen Autismus verstanden werden soll, wird er immer in Anführungszeichen gesetzt.

Das typische Zustandsbild entwickelt sich allmählich während der ersten Lebensjahre und ist im Alter von etwa 3 oder 4 Jahren am stärksten ausgeprägt. Eine Besserung beginnt in vielen Fällen im Alter von 6 Jahren, sofern der natürliche Ablauf nicht durch falsche Behandlung des Kindes gehemmt wird. Diese Besserung ist bei den eher sekundären Erscheinungen, wie den affektiven Störungen, der sozialen Isolierung und dem Fehlverhalten am deutlichsten. Allerdings scheint die Krankheit in manchen Fällen, unabhängig von den Umweltbedingungen, progressiv zu verlaufen.

Jedes Symptom, das in diesem Abschnitt beschrieben wird, findet sich bei den meisten autistischen Kindern in irgendeinem Stadium ihrer Entwicklung, aber besonders vor Beginn der Besserung. Jedoch bestehen bei keinem Kind irgendwann alle Behinderungen gleichzeitig. Das abnorme Verhalten tritt bei Kindern auf, die im typischen Fall lebhaft und aufgeweckt sind, auffallend hübsch aussehen und sich graziös bewegen, und bei denen kein gravierendes neurologisches Krankheitszeichen feststellbar ist. Die motorische Entwicklung ist unter Umständen verzögert, liegt im typischen Fall jedoch innerhalb des Normalbereichs. Die Sprache ist jedoch nahezu immer in ihrer Entwicklung verzögert, obwohl es vorkommt, daß sie sich ein oder zwei Jahre lang normal zu entwickeln scheint und dann verloren geht.

Verhalten im ersten Lebensjahr

Obwohl es fast unmöglich ist, während des ersten Lebensjahrs eine Diagnose zu stellen, beschreiben die Eltern rückblickend bestimmte Symptome recht häufig. Viele Kinder haben als Säugling – und zwar schon von Geburt an – Schwierigkeiten gehabt, feste Gewohnheiten im Essen, Schlafen und in den Ausscheidungsvorgängen anzunehmen. Die motorische Entwicklung ist gewöhnlich normal, ebenso die Entwicklung des Lächelns, aber die Kinder reagieren anscheinend auf ihre Umwelt recht wenig. Sie strecken der Mutter nicht die Arme entgegen, in Erwartung, aufgenommen zu werden, und wenn sie im

Arm gehalten wurden, stellen sie ihre Körperhaltung nicht darauf ein. Die Mutter klagt, daß ihr Baby nicht anschmiegsam sei. Es zeigt nicht auf Dinge im Zimmer, die es haben möchte oder die es interessieren, und ist vielleicht am zufriedensten, wenn es allein gelassen wird. Manche beschäftigen sich allzu lange damit, mit den Fingernägeln an der Bespannung des Kinderwagens zu kratzen (wie es blinde Säuglinge tun) oder merkwürdige Fingerbewegungen im peripheren Gesichtsfeld zu machen. Manche Kinder haben eine Abneigung gegen bestimmte Geräusche, reagieren aber andererseits so wenig auf Laute, daß man sich fragt, ob sie taub seien. Einige Säuglinge sind ungewöhnlich ruhig und friedlich, aber viele schreien übermäßig, besonders nachts oder nach dem Aufwachen; auch sind sie dann überhaupt nicht wieder zu beruhigen. Bei anderer Gelegenheit können sie vergnügt lachen, besonders wenn sie gekitzelt oder geschaukelt oder im Kinderwagen oder Auto gefahren werden. Schaukelbewegungen und Stoßen mit dem Kopf (gegen Bettgestell, Wand und dergleichen) sind häufig zu beobachten.

Probleme der auditiven Wahrnehmung

Autistische Kinder haben Schwierigkeiten, auditive Informationen zu verwerten. Typisch ist, daß sie in irgendeiner Phase auf bestimmte Geräusche augenscheinlich nicht reagieren. Es kommt vor, daß ein Kind auf ein lautes Geräusch hinter seinem Rücken nicht reagiert, sich aber bei leisem Papiergeraschel umdreht. Manchmal scheint es, als habe das Kind Mühe festzustellen, aus welcher Richtung ein Laut kommt. Oft wird gefragt, ob das Kind taub sei. „Auditive Meidung" ist häufig, besonders bei lauten Geräuschen und gesprochener Sprache: das Kind geht fort und hält sich die Ohren zu oder gerät in Spannung, Unruhe und Angst. Andererseits interessieren sich manche Kinder für bestimmte Laute sehr: für ein Echo, für Klopfen, für das Geräusch eines Windrädchens usw. Besondere Freude haben sie an Musik. Viele können singen, auch wenn sie nicht sprechen können, und geben selbst komplizierte Melodien vollkommen richtig wieder. Es bestehen große Schwierigkeiten im Sprachverständnis, obwohl manche Kinder mehr verstehen, als sie selbst in Worten ausdrücken können. Das führt zu einer Verzögerung im aktiven Sprechen und zu anderen Sprachproblemen, die im nächsten Abschnitt beschrieben werden.

Sprachstörungen

Die Sprache entwickelt sich bei manchen Kindern gar nicht, bei manchen eine gewisse Zeit lang und geht dann wieder verloren. Wenn ein Kind schließlich doch mit Sprechen anfängt – vielleicht erst mit 5 Jahren oder noch später –, macht es nur langsame Fortschritte und hat viele sprachliche Eigentümlichkeiten. Die Störung besteht nicht einfach darin, daß die verschiedenen Stadien der Sprachentwicklung (vom Lallen über die Echolalie bis zum Erwerb von Worten, Wortgruppen und schließlich Sätzen) nur verzögert durchlaufen werden, wie es zum Beispiel beim mongoloiden Kind der Fall ist (Lenneberg et al., 1964).

Es gibt zwei spezielle Sprachabnormitäten. Die erste ist die für autistische Kinder besonders charakteristische Echolalie: das Kind wiederholt den letzten Ausdruck oder das letzte Wort, das gesagt wurde, oft mit derselben Flexion. Das führt auch zur Umkehrung von Pronomen. Das Kind hat die Neigung, bestimmte Ausdrücke endlos zu wiederholen, in fast gleichem Tonfall, wie es sie gehört hat; auch beantwortet es keine Fragen, sondern spricht sie als Echo nach. Wenn sich Sprache entwickelt, kommt die Antwort „nein" viel früher als die Antwort „ja" (die manchmal überhaupt nicht gelernt wird).

„Verzögerte Echolalie" ist ebenfalls eine typische Erscheinung. Das Kind gibt Ausschnitte von Unterhaltungen wieder, die es gehört hat, wiederum mit den Flexionen des ursprünglichen Sprechers. Manchmal wiederholt es diese Wörter tagelang in endloser Weise.

Ein autistisches Mädchen hatte seine Kusine besucht, und es war ihm verboten worden, deren Spieldose mitzunehmen. Danach wiederholte es ungefähr 14 Tage lang ständig Sätze wie: „Nein, du darfst dieses Kästchen nicht haben, das ist Lindas Kästchen. Tu das Kästchen doch wieder zurück. Du kannst Lindas Kästchen nicht nach Hause nehmen. Nein, nein. Das ist Lindas Kästchen. Das ist nicht dein Kästchen . . ."

Es gibt noch eine weitere Form der Sprachstörung, die starke Ähnlichkeit mit der als Entwicklungs-„Aphasie" (Hörstummheit)[5] beschriebenen Sprachabnormität hat. Sie zeigt sich in den spontanen Äußerungen autistischer Kinder, die in Ausdrucksweise und grammatischer Form fehlerhaft und oft schwer verständlich sind. Häufig werden Wörter zu konkret verwendet; z. B. kann „Schüssel" für ein Kind nur die Abwaschschüssel bedeuten, aber nicht die Schüssel, woraus der Hund Wasser trinkt. Auch können die Namen von Dingen, die gewöhnlich zusammengehören, durcheinander gebracht werden; z. B. nannte ein Kind die Haarbürste „Kamm", den Strumpf „Schuh". Die Gegenstände selbst werden nicht verwechselt, nur ihre Namen. Charakteristisch ist auch ein Symptom, das der Nominalaphasie entspricht; z. B. wird ein Teekessel ein „Mach-eine-Tasse-Tee" genannt, ein Hammer ein „Schlag-es-hinein", ein Streichholz ein „Zünd-ein-Licht-an". Aus Wörtern, die es nicht kennt, macht das Kind Sequenzen aus vertrauten Wörtern; z. B. sagt ein (englischsprachiges) Kind statt „hospital" (Krankenhaus) „horse-a-petal", statt „Peter and the wolf" „Peter on the roof" (Peter auf dem Dach). Sprachfragmente werden unter Umständen als Bedeutungsträger verwendet; z. B. „n'n" für „I want" (ich möchte); „jui" für „orange juice", „na" für „Ribena". Diese Fragmente können lange Zeit die einzigen Sprachäußerungen sein. Reden im Telegrammstil kommt häufig vor; als z. B. ein Kind gefragt wurde, wo es gewesen sei, sagte es „Hütte – Stock – gehen", womit es meinte, daß es einen Spaziergang zur Hütte gemacht und auf dem Weg einen Stock gefunden habe. Manche ziehen längere Sätze zu einem einzigen Wort zusammen, das für andere kaum noch verständlich ist. Solche Ausdrücke haben für das Kind fast immer eine wörtliche (keine übertragene) Bedeutung, und es kann sehr ärgerlich und sehr enttäuscht sein, wenn es nicht verstanden wird. Oft werden Wörter in falsche Reihenfolge gesetzt; z. B. „Geh mit dem Park zum Hund". Substantive werden am leichtesten verstanden, am zweitleichtesten Verben; Adjektive sind schwer, und die kleinen Wörter „zu", „mit", „und", „aber" usw. am schwersten. Subtile oder abstrakte Bedeutungen werden nicht verstanden; die typische Antwort auf die Frage „Was würdest du tun, wenn du dich mit dem Messer schneidest?" lautet „Blut".
Die Kinder haben besondere Schwierigkeiten, komplizierte sprach-

liche Konstruktionen zu verstehen. Oft kommen sie in Bedrängnis, wenn Aufforderungen sprachlich zu kompliziert sind. Ein Kind bat seine Mutter, ihm den Mantel zuzuknöpfen. Die Mutter antwortete: „Frage Papa, ich habe Handschuhe an." Das Kind dachte einen Moment nach, ging dann zu einem Schubfach, holte ein Paar Handschuhe heraus und gab sie seinem Vater. Gestik und Mimik werden nur von Kindern mit sehr geringem Behinderungsgrad benutzt; es ist aber für autistische Kinder ganz typisch, daß sie die Hand eines Erwachsenen nehmen und führen, damit dieser etwas für sie tut. (Dies kann eine Gewohnheit werden, die beibehalten wird, nachdem sie eigentlich nicht mehr notwendig ist.)

Häufig wird mit einer „Spezialstimme" gesprochen, die sich von der normalen unterscheidet. Bei vielen Kindern bestehen Abnormitäten der Artikulation, wenn sie mit Sprechen beginnen. Die aufgeweckteren Kinder haben eine ausgeprägte Vorliebe für nicht-verbale Sprachen wie Mathematik oder Musik. Einige Kinder, die visuell nicht behindert sind, lernen lesen, bevor sie sprechen können.

Probleme der visuellen Wahrnehmung

Es besteht eine charakteristische Schwierigkeit, gesehene Dinge wirklich zu erfassen. Es kommt vor, daß ein Kind sein eigenes Haus von weitem nicht erkennt. Einige Kinder fürchten sich sehr vor Hunden, weil diese meist plötzlich aus einem undifferenzierten Hintergrund auftauchen. Die Fähigkeit zur Figur-Grund-Differenzierung entwickelt sich meist nur langsam. Eltern können (ohne es zu wissen) eine Technik im Winken, Rufen oder Pfeifen entwickeln, um das Kind auf etwas aufmerksam zu machen. Leute fragen manchmal, ob das Kind kurzsichtig oder gar blind sei. Ein Kind wurde tatsächlich mehrere Jahre lang von ärztlicher Seite als blind behandelt, obwohl die Mutter wußte, daß es kleine Stoffstücke aufheben konnte, die es gern sammelte.

Die Kinder haben oft die Neigung zu peripherem statt zentralem Sehen. So gibt es Kinder, die treppab gehen und dabei scheinbar nicht auf ihre Füße schauen. Manche sehen an Objekten oder Personen vorbei (wobei sie ab und zu einen raschen Blick auf das Objekt werfen und ihn gleich wieder abwenden), manche bewegen ihre Finger seitlich am Rande des Sehfeldes, manche erkennen bewegte Gegenstände leichter als ruhende. Ein Pferd wird vielleicht erkannt, wenn es läuft oder im Fernsehen erscheint, aber nicht, wenn es in einem Buch abgebildet ist. Solche Kinder sind selbst gern in Bewegung, z. B. als Mitfahrer in Autos. Manche untersuchen einen Gegenstand, indem sie ihn vor ihren Augen auf und ab *bewegen*, manche bewegen ihren Kopf hin und her, um einen ruhenden Gegenstand zu untersuchen.

„Visuelle Meidung" kommt oft vor, z. B. das Bedecken der Augen oder das Abwenden des Kopfes. Wegen der Schwierigkeiten, visuelle Reize zu sinnvollen Strukturen zu verarbeiten, versucht das Kind oft, komplexe visuelle Strukturen (von denen ein menschliches Wesen, das meist außerdem noch spricht, das komplizierteste ist) überhaupt nicht zu sehen.

Autistische Kinder kratzen und klopfen oft an Oberflächen (wegen des Geräuschs und der Tastempfindung), ganz ähnlich wie blinde Kinder. Ebenso wie bestimmte Töne und Geräusche üben auch manche visuelle Sinneseindrücke auf sie einen besonderen Reiz aus – manche Farben, Strukturen oder Umrisse sind für sie sehr anziehend, sie können in offensichtlicher Begeisterung davorstehen.

Andere Sinnesbereiche

Andere Sinnesbereiche können ebenfalls beeinträchtigt sein. Am häufigsten wird eine Unempfindlichkeit gegenüber Schmerz oder Kälte beschrieben. Es gibt auch Kinder, die Berührungsreize nicht lokalisieren können, ungewöhnliche Geschmacksvorlieben zeigen oder an bestimmten Gerüchen starkes Interesse haben. Manche identifizieren Gegenstände, indem sie daran lecken oder klopfen. Andere verbringen viel Zeit damit, pelzartige Stoffe oder mattglänzende Oberflächen mit offensichtlichem Vergnügen zu befühlen. Am Spiel mit Wasser haben sie große Freude, ebenso an allen Aktivitäten, bei denen sie gekitzelt oder geschaukelt werden.

Andere Agnosien und Apraxien

Viele der kognitiven und motorischen Abnormitäten, die bei schwer aphasischen oder dyslexischen Kindern zu beobachten sind, gibt es auch bei autistischen Kindern (Ingram, 1963; Ingram und Reid, 1956). „Gemischte Dominanz" ist häufig, links und rechts werden verwechselt, Messer und Gabel in verkehrter Ordnung auf den Tisch gelegt, Kleidung wird falsch herum angezogen, Zeichnen und Malen sind oft verzögert und unzulänglich. Apraxien sieht man im Gymnastik- und Sportunterricht besonders deutlich – es ist für das Kind sehr schwer, im Takt zur Musik zu klatschen, Schwimmbewegungen zu imitieren (es führt z. B. den Armstoß mit genau entgegengesetzter Drehrichtung aus) oder zu hüpfen. Buchstaben und Figuren werden verdreht und Buchstaben wie „b" und „d" miteinander verwechselt. (Das Lesen ist dabei unter Umständen nicht beeinträchtigt, und manche Kinder haben Lesen und sogar Maschinenschreiben gelernt, bevor sie kommunikativ sprechen konnten.) Von einer bedeutungshaltigen Gestik wird kaum Gebrauch gemacht.

Motorisches Verhalten

Die meisten Kinder sind in ihren Bewegungen graziös, aber oft besteht in jüngerem Alter eine gewisse Unbeholfenheit, besonders in der Feinmotorik. Die Muskulatur des Kindes wirkt oft sehr schlaff. Überaktivität ist mit 3 oder 4 Jahren die Regel; sie verstärkt sich in komplizierten Situationen (Hutt et al., 1965).
Besondere Bewegungen, wie Handgelenke verdrehen, mit den Armen schlenkern, auf und ab hüpfen, Gesichter schneiden, auf Zehenspitzen oder in sonst besonderer Gangart gehen, sind charakteristische Merkmale. Sie treten besonders auf, wenn das Kind erregt ist. Blinde Kinder zeigen ebenfalls viele dieser Bewegungen, besonders wenn sie allein sind[6]. Fingerbewegungen an der Peripherie des Gesichtsfeldes findet man auch oft bei partiell blinden Kindern.
Sekundäre Selbststimulationen (Schaukelbewegungen, Anschlagen des Kopfes, Destruktionen, Selbstverstümmelungen, In-den-Mund-nehmen und Befühlen kleiner Gegenstände) treten ebenfalls häufig

auf, sind aber kein spezifisches diagnostisches Zeichen für Autismus. Großes Vergnügen haben die Kinder an bestimmten Bewegungen wie Schaukeln, Sich-Wiegen, Rutschen, Gefahrenwerden und Sich-Drehen.

Absonderliches und stereotypes Verhalten

Viele der folgenden Verhaltensweisen sind erklärbar, wenn man sie als einen Versuch des Kindes auffaßt, in eine als chaotisch erlebte Welt einen Sinn hineinzubringen, und zwar mit Hilfe von Strukturen, die es schon gelernt und verstanden hat und die es aus eigenem Willen nicht aufgibt (entsprechend der Umwandlung von „hospital" in „horse-a-petal").

Manche Kinder legen sich eine Sammlung von Gegenständen zu – Deckel von Blechdosen, Steine, Plättchen, Stückchen von Fotonegativen, Garnrollen – wirklich von all und jedem. Wenn ein Stück davon verlorengeht, ist der Kummer oft groß. Manchmal begeben sie sich in große Gefahr, um etwas zu sammeln, was sie haben möchten. Auf einem anderen Niveau können sie imstande sein, lange Gedichte aufzusagen, Details von Busfahrplänen auswendig zu lernen oder sich leidenschaftlich für Autoräder zu interessieren. Solche Interessen treten an die Stelle der üblichen Beschäftigungen von Kindern mit gleichem Intelligenzniveau.

Linien und Muster werden mit allen möglichen Gegenständen hergestellt, ganz unabhängig von deren eigentlichem Zweck. An Stelle des normalen Spielens entwickeln sich absonderliche Stereotypien – ein Stückchen Schnur wird in der Luft herumgedreht, ein Deckel in kreiselnde Bewegungen versetzt, eine Müllschaufel immer und immer wieder im Kreis gedreht. Wolff und Chess (1964) haben festgestellt, daß solche stereotypen Gewohnheiten um so komplizierter sind, je leichter die allgemeine Behinderung ist. Dem Kind fällt es schwer, einmal erworbene feste Gewohnheiten zu ändern: es beharrt z. B. auf einer speziellen Anordnung von Möbeln, einer speziellen Route bei einem täglich gegangenen Weg, einer besonderen Art zu gehen (nur immer geradeaus gehen und bei jedem Knick einen Schrei ausstoßen); es weigert sich, etwas anderes außer ganz bestimmten

Kleidungsstücken anzuziehen oder besteht auf einer einzigen Art von Nahrung. Eine charakteristische Eigenheit ist die Weigerung, Neues zu lernen (obwohl das Kind die Sache gut lernen und bewältigen kann, wenn der anfängliche Widerstand überwunden ist), ferner die Schwierigkeit, routinemäßige Gewohnheiten aufzubauen, seien sie biologischer (essen, schlafen, Ausscheidungsvorgänge, besonders während des ersten Lebensjahres) oder sozialer Art.

Abnormitäten in Gefühlen und Stimmungen

Abkapselung, Indifferenz und Unzugänglichkeit sind mit 3 bis 4 Jahren am deutlichsten ausgeprägt. Wenn sich dem Kind jedoch Menschen, die es mag, auf die richtige Weise nähern, so reagiert es selbst in dieser Zeit mit Freude. Später, etwa vom 5. bis 6. Lebensjahr an, kann es zu Hause oder in einer vertrauten Umgebung zärtlich und aufgeschlossen werden, in einer fremden Umgebung hingegen, wie einer Krankenhausstation (wo sein Verhalten oft regrediert) wirkt es immer noch sehr in sich selbst zurückgezogen. Der Gesichtsausdruck der Kinder ist gewöhnlich ernst oder sogar traurig (Wolff und Chess, 1964), besonders wenn sie nicht zu Hause sind. Viele haben einen verwirrten Blick. Wutausbrüche, Tränen, Füßestampfen und Treten kommen häufig vor – oft durch Frustrationen ausgelöst, oder als Reaktion auf Vorgänge wie das Haarekämmen oder wegen einer speziellen Furcht oder aus überhaupt keinem erkennbaren Anlaß. Die Kinder sind dann schwer zu besänftigen, können aber ganz plötzlich ohne sichtbaren Grund wieder ruhig werden. Oft haben sie Perioden, in denen sie lachen und kichern, ebenfalls ohne verständlichen Anlaß (wenn aber ein Kind, das sprechen kann, eine Erklärung gibt, dann ist offenkundig, daß es sich nicht um Halluzinationen handelt, die beim Autismus nicht vorkommen). Manchem Kind fehlt die Furcht vor realen Gefahren: es klettert auf ein Dach, rennt direkt vor eine schwingende Schaukel oder vor ein fahrendes Auto. Andererseits fürchten sie sich manchmal vor ganz harmlosen Dingen, wie dem Baden in der Wanne, dem Tragen von Schuhen oder bestimmten Möbelstücken oder Autobussen. Manchmal läßt sich der

Beginn einer derartigen Furcht auf einen besonderen Vorfall zurückführen.

„Autistisches" Verhalten

Die Verhaltensweisen, die zum Syndrom der „autistischen" Abkapselung gehören, sind bereits oben in verschiedenem Zusammenhang beschrieben worden. Die Tendenz des jungen autistischen Kindes, an Gegenständen und Personen vorbeizusehen, sie nur für sehr kurze Zeit zu fixieren, komplizierte Reizkonfigurationen zu ignorieren oder zu meiden (deshalb besonders diejenigen, die von anderen menschlichen Wesen ausgehen), ferner die Tendenz zur Ausbildung von gewohnheitsmäßigen Selbststimulationen, die ein Sozialverhalten gewöhnlicher Art ausschließen – das alles hat zu der Vermutung geführt, daß der „Autismus" (d. h. die Unfähigkeit, Beziehungen zu anderen Menschen herzustellen) der Kern des Syndroms ist (Kanner und Eisenberg, 1955). Tatsächlich beginnt die Störung aber oft unmittelbar nach der Geburt, also bevor ein Säugling soziale Beziehungen entwickeln kann. Außerdem gehen die affektiven Störungen allmählich zurück, so daß das Kind etwa vom 8. Lebensjahr an dieselben herzlichen Beziehungen zu anderen Menschen aufnehmen kann wie andere behinderte Kinder. Die Fähigkeit, in der späten Kindheit Sozialbeziehungen zu entwickeln, führt jedoch nicht zwangsläufig dazu, daß die übrigen Behinderungen verschwinden. Es ist sehr schwer einzusehen, wie die *spezifischen* Abnormitäten des Sehens, Hörens und der Sprache aufgrund eines Symptoms wie der sozialen Abkapslung entstehen können, ganz abgesehen davon, daß dieses Symptom gar kein generelles Phänomen ist. Nach Hermelin und O'Connor reagieren schwer psychotische Kinder auf die Anwesenheit eines Erwachsenen im gleichen Raum ebenso häufig wie andere geistig behinderte Kinder mit gleichem Intelligenzniveau. Aber wenn der Erwachsene einfache Aufforderungen gibt oder Fragen stellt, reagiert das psychotische Kind seltener.

Auch der „Mangel an Initiative", den Wolff und Chess (1964) als charakteristisch ansehen, kann kaum ein primäres Symptom sein. Wenn die Beeinträchtigung der Wahrnehmung sehr stark ist, hat das Kind vermutlich fast nur Mißerfolge erlebt und ist deshalb wahrscheinlich an Versuchen, etwas zu lernen, kaum noch interessiert. Jedenfalls widerlegt der außerordentliche Einfallsreichtum und die große Ausdauer vieler autistischer Kinder bei der Verfolgung solcher Ziele, die sie *wirklich* verstehen konnten, die Ansicht, daß Antriebsmangel ein allgemeines Charakteristikum des kindlichen Autismus ist.

Primäre und sekundäre Behinderungen

Die primären Behinderungen des autistischen Kindes scheinen Störungen in den Bereichen der Wahrnehmung und der Sprache zu sein. Myklebust (1960) hat das Verhalten beschrieben, das sich ergibt, wenn bei Kindern einer der „Fern"-Sinne Hören und Sehen völlig ausfällt. Hören ist primär ein Hintergrund-Sinn: also ständig auf die Wahrnehmung von Veränderungen in der Umgebung eingestellt. Dagegen ist Sehen primär ein Vordergrund-Sinn: meist auf ein bestimmtes Ereignis ausgerichtet, sobald es durch das Gehör entdeckt wurde. Kinder, denen einer dieser Sinne fehlt, müssen mit dem anderen auskommen und nach Möglichkeit die „Nah"-Sinne (Riechen, Schmecken und Tasten) benutzen. Taub-blinde Kinder müssen den Tastsinn zu dem für sie entscheidenden Entfernungssinn entwickeln. Anhand dieser Grundtatsachen ist es möglich, viele Verhaltenszüge von Kindern mit sensorischen Ausfällen zu erklären. Autistischen Kindern fehlen die Empfindungen der Fernsinne nicht völlig, aber ihre Grundbehinderung ähnelt vermutlich derjenigen der taub-blinden Kinder. Sie sind zunächst nicht imstande, die sensorischen Reize, ob auditiver oder visueller Art, zu sinnvollen Einheiten zu verarbeiten. Die daraus entstehenden Verhaltensabnormitäten scheinen – zusammen mit der Sprachstörung – die fundamentalsten Symptome des frühkindlichen Autismus zu sein, während das Fehlverhalten und die affektiven Störungen in ihren verschiedenen Formen eher die Folge eines Versuchs des Kindes sind, den Forderungen der Umwelt mit unzureichenden Mitteln zur Wahrnehmung und Kommunikation nachzukommen.

Unterschiedliches Ausmaß der Behinderung

Nicht alle autistischen Kinder sind gleich schwer behindert (Wolff und Chess, 1964). Die vielen Ursachen für die unterschiedliche Schwere der Störungen sind oftmals miteinander verflochten. Trotzdem muß man versuchen, jede Komponente für sich zu untersuchen, denn andernfalls ist es schwierig, Empfehlungen für die Erziehung und Lenkung des Kindes zu geben. Erstens können die Wahrnehmungs- und Sprachstörungen selbst mehr oder weniger schwer sein. Häufig sind bestimmte Störungen stärker ausgeprägt, andere Störungen weniger. Bei jedem Kind ist die Struktur der beeinträchtigten und der nicht beeinträchtigten Funktionen anders. Zweitens wird das Ausmaß der Störung durch das Wechselspiel zwischen den primären Behinderungen und der Umwelt beeinflußt. Behinderte Kinder werden durch schädigende soziale Einflüsse besonders beeinträchtigt, und selbst in einer normalen Umgebung brauchen sie eine *besonders* kluge Führung, um sich optimal entwickeln zu können. So können „Autismus", Selbstisolierung, Verhaltensstörungen und schulische Leistungsrückstände sehr unterschiedlich sein, was sowohl von dem Ausmaß der Wahrnehmungs- und Sprachstörung selbst als auch von der fördernden oder hemmenden Wirkung der Umweltsituation abhängig ist. Schließlich gibt es eine Besserung durch Reifungsvorgänge, die bei vielen Kindern mit kindlichem Autismus, Aphasie, Dyslexie und ähnlichen Behinderungen zu beobachten ist. Es gibt Kinder, die sich mit 4 Jahren vollständig stumm, in sich eingekapselt und nahezu unerträglich verhalten, und die mit 10 Jahren aufgeschlossen, freundlich und selbständig sind, die auf einfache Art sprechen und nahezu alles, was ihrer Altersstufe entspricht, lesen können, wobei von allen Verhaltensabnormitäten kaum noch etwas zurückgeblieben ist.

Generelle Feststellungen über die Schwere des Syndroms bei einem bestimmten Kind sind deshalb leicht falsch und können schädliche Auswirkungen haben.

Differentialdiagnose

Die hauptsächlichen Definitionsprobleme (Anthony, 1958a, b) ergeben sich durch die Tatsache, daß das Syndrom Übergänge hat zu:
a) normalem Verhalten,

b) anderen Syndromen wie Blindheit, Taubheit, Aphasie, Epilepsie, Hyperkinese usw.,

c) Schwachsinn ohne gravierende neurologische Krankheitszeichen. Man kann eine reine bzw. „Kern"-Form des Syndroms, in der die meisten in diesem Kapitel beschriebenen Elemente vorkommen, von „gemischten" Formen abgrenzen, bei denen Elemente anderer Syndrome vorhanden sind oder bei denen zwar mehrere, aber nicht alle Eigenarten des Kernsyndroms zu beobachten sind (siehe die Fallgeschichten, S. 52 bis 75). Die reine Form wird am besten als Kanners Syndrom bezeichnet, obwohl selbst innerhalb dieser engen Gruppe Unterschiede bestehen können.

Abgrenzung von der Normalität

Die meisten Symptome des kindlichen Autismus kann man auch bei normalen Kindern in irgendeiner Phase ihrer Entwicklung beobachten. So gibt es eine Zeit, in der alle Kinder ihre Eltern nur dann erkennen, wenn diese ziemlich nah vor ihnen sind, und bei allen Kindern zeigt sich in den frühen Stadien der Sprachentwicklung die Echolalie. Hutt et al. (1965) fanden es schwer, in einer unstrukturierten Situation zwischen dem motorischen Verhalten normaler vierjähriger und autistischer Kinder zu unterscheiden. Einige schwach autistische Kinder entwickeln sich tatsächlich in der späten Kindheit normal; vielleicht ist das Syndrom bei ihnen in der frühkindlichen Zeit schwer feststellbar. Jedoch ist das Verhalten der meisten jungen autistischen Kinder sehr abnorm, weil es aus Verhaltensweisen besteht, die nur bei vorübergehendem Auftreten normal wären, die das Kind aber jahrelang ständig Tag für Tag zeigt. Auch normale Kinder sondern sich zeitweise völlig ab, haben Zwänge oder Trotzanfälle oder klammern sich an besondere Lieblingsobjekte. Das autistische Kind dagegen zeigt solche Verhaltensweisen jahrelang und tut im Grunde gar nichts anderes (bevor sich der Zustand allmählich bessert). Es ist deshalb sehr unwahrscheinlich, daß die Abnormität nicht erkannt wird.

Blindheit und Taubheit

Obwohl bei partieller Blindheit oder Taubheit oft einige autistische Verhaltenszüge auftreten, macht die allgemeine Abgrenzung gegenüber diesen Krankheiten vermutlich kaum Schwierigkeiten. Allerdings läßt sich oft schwer feststellen, ob ein autistisches Kind außerdem noch blind oder taub ist. Das Erkennen von Taubheit ist bei diesen Kindern genauso schwierig wie bei Kindern mit Aphasie. Gordon und Taylor (1964) haben diese Probleme erörtert. Bei den meisten autistischen Kindern läßt sich schließlich nachweisen, daß ihre peripheren Seh- und Hörorgane intakt sind. Keeler (1958) hat bei Kindern, die von Geburt an blind waren, einige Verhaltenszüge dargestellt, die dem Autismus ähneln. Sie hat 5 Kinder mit retrolentaler Fibroplasie beschrieben, die sozial isoliert waren, Echolalie zeigten, ständig dieselben Ausdrücke wiederholten, Pronomen vertauschten, große Freude an Musik hatten, die Umwelt durch Beklopfen, Riechen und Schmecken untersuchten, von bestimmten Geräuschen fasziniert waren (wie dem Geräusch sich drehender Blechdeckel), auf Zehenspitzen gingen, mit den Armen wie mit Flügeln schlugen oder merkwürdige Fingerspiele vollführten. 35 andere Kinder mit derselben Erkrankung und 18 weitere, die von Geburt an blind oder fast blind waren, zeigten ähnliche Eigentümlichkeiten, allerdings weniger stark, während 17 Kinder, die erst in der späteren Kindheit blind geworden waren, nur sehr wenige dieser Verhaltensweisen aufwiesen. Bei retrolentaler Fibroplasie können außerdem Hirnschädigungen unterschiedlicher Schwere vorhanden sein, so daß die Verursachungsrichtung also nicht klar ist – die Ähnlichkeiten im Verhalten sind aber trotzdem sehr bemerkenswert.

Entwicklungsaphasie [5]

Die Entwicklungsaphasie muß ausführlicher besprochen werden. Wenn man die oben und in Kapitel 2 gegebene Beschreibung der Sprache autistischer Kinder mit der Sprache aphasischer Kinder vergleicht, wie sie Ingram (1959) in einer Edinburger Untersuchungsreihe oder Lea (1965) und McGinnis (1963) vom Unterrichtsstandpunkt aus beschrieben haben, kann man zahlreiche Übereinstimmungen feststellen. Ingram fand eine Verzögerung der Sprachentwicklung, fehlerhafte Artikulation von Konsonanten, eine Tendenz, nur den ersten Teil eines Wortes zu benutzen, Auslassung von Präpositionen und Konjunktionen, Umkehrung der Reihenfolge von Wörtern und Ersatz eines unbekannten durch ein bekanntes Wort. Die imitierte Sprache war verständlicher als die spontane. Viele Kinder hatten Schwierigkeiten im Sprachverständnis. Diese Schwierigkeiten waren nach dem 6. Lebensjahr gewöhnlich sehr viel geringer. Es gab natürlich emotionale Probleme, die Ingram angesichts des Wesens der Behinderung nicht überraschen. „Vereinsamung, manifeste Unfähigkeit mit anderen Kindern zu spielen, Tagträumen, fehlendes Bewußtsein der Umwelt, In-sich-Gekehrtsein und schwache Konzentration sind die häufigsten Erscheinungen ... In mehreren Fällen entspricht ihr Verhalten recht genau dem Verhalten autistischer Kinder." Viele dieser Kinder hatten außerdem spezifische Dyslexien und Dysgraphien. Der Anteil der Väter mit sozio-ökonomisch höheren Berufen war im Vergleich zur Grundgesamtheit sehr hoch (46 % gehörten nach der amtlichen Berufsklassifikation zu den beiden höchsten Berufsschichten, während in Schottland insgesamt nur 13 % diesen Schichten angehören).

Ortons (1937) Beschreibung der sensorischen Entwicklungsaphasie liest sich wie eine Darstellung der Sprachstörung bei kindlichem Autismus. „Das Kind beachtet zwar die Sprache nicht, ist aber keineswegs inaktiv, sondern untersucht seine Umwelt sehr aktiv, soweit es das mit seinen Fähigkeiten kann, und zwar durch Sehen, Befühlen und manchmal sogar durch Riechen. Die Sprache bildet sich zwar meist nur mit großer Verzögerung aus, entwickelt sich aber trotzdem langsam. In der Anfangsphase gibt es meist eine besonders lange Periode der Echolalie und einen überreichen Gebrauch des schmalen und oft fehlerhaften Vokabulars, das verfügbar ist. In dieser Hinsicht besteht eine interessante Parallele zum Wortschwall und zur Paraphasie bei den sensorischen Aphasien des Erwachsenenalters. Wenn diese Kinder älter werden, erwerben sie in unterschiedlichem Maß ein Verständnis für gesprochene Worte. Ebenso wie bei Lesestörungen ist dabei bemerkenswert, daß das Verständnis für isolierte Wörter oft viel besser ist als das Verständnis für Wörter gleicher

Schwierigkeit im Satzzusammenhang, besonders, wenn die Sätze lang sind oder in etwas ungewöhnlicher Weise dargeboten werden. Bedeutungen werden nur langsam aufgefaßt; man erkennt es daran, daß das Verständnis viel besser ist, wenn bedächtig gesprochen und jedes Wort sorgfältig artikuliert wird. Eine einfache Aufforderung führt das Kind oft sofort richtig aus – stellt man aber eine ganze Reihe gleich schwieriger Aufgaben auf einmal, so versucht es sich nur an einer, und selbst das kann in einem Mißerfolg enden. Die eigene Sprache dieser älteren Kinder enthält sowohl in der Artikulation wie der Syntax viele Fehler." Orton gibt in seiner weiteren Darstellung weitere Beispiele der Sprachstörung: Auslassungen oder Entstellungen von Teilen eines Wortes, Verwechslungen zwischen Wörtern, Auslassungen von Partikeln, Schwierigkeiten bei der Flexion des Verbs, Gebrauch von Neologismen. Jedes der von Orton angeführten Beispiele könnte der Sprache eines autistischen Kindes entnommen sein, das Entwicklungsfortschritte gemacht hat.

Echolalie steht bei Erwachsenen mit einer allgemeineren Hirnschädigung in Zusammenhang (Geschwind, 1964), aber sie tritt auch bei angeborener sensorischer Aphasie von Kindern auf: „... Das Kind kann viele Wörter richtig nachsprechen, die es selbst aktiv nicht gebrauchen kann. Gewöhnlich gibt es bei dieser Krankheit eine sehr lange Periode der Echolalie. Während dieser Zeit wiederholt das Kind automatisch viele Wörter oder sogar Satzteile und Sätze, die zu ihm gesprochen werden, die es aber nur als Echo produzieren kann ... Das ist eine interessante Parallele zu den Fällen von Wortblindheit, bei denen Wörter abgeschrieben, aber weder gelesen noch buchstabiert werden können" (Orton, 1937). Daß die autistischen Kinder schwerer behindert sind als die aphasischen, kann man durch den Intelligenzvergleich zeigen. Bei aphasischen Kindern ist die Intelligenzverteilung ungefähr normal (Ingram, 1959), bei autistischen hingegen liegt das Mittel sehr deutlich unter dem allgemeinen Durchschnitt (Rutter, siehe S. 96). Jedoch gibt es anscheinend keine klare Grenzlinie zwischen den beiden Krankheitszuständen [7].

Andere organische Syndrome

Viele andere Syndrome, die mit unterschiedlichen Arten und Schweregraden von Hirnschädigungen in Verbindung stehen – besonders Unbeholfenheit und Überaktivität – können so starke Verhaltensstörungen hervorrufen, daß die Diagnose „Kindheitspsychose" gestellt wird (Birch, 1964; Bond und Smith, 1935; Eisenberg, 1964, Pond, 1961; Prechtl und Stemmer, 1962; Strauss und Lehtinen, 1950; Walton, Ellis und Court, 1962). Der Begriff „Hirnschädigung" wird jedoch oft zu allgemein verwendet, um als Hinweis auf eine spezifische Ätiologie oder bestimmte Behandlungsmethoden einen Wert zu haben (Birch, 1964). Bei Erwachsenen kennt man viele spezifische Syndrome wie etwa die von McFie, Piercy und Zangwill (1950) beschriebenen visuellen Agnosien und die von Reinhold (1950) beschriebene auditive Agnosie. Orton (dessen „Objektagnosie" für die Probleme autistischer Kinder relevant ist) und nach ihm viele andere Autoren haben jedoch gezeigt, daß Begriffe wie „Aphasie" oder „Alexie" keine reinen Krankheitszustände bezeichnen, sondern Mehrfachbehinderungen. Vielleicht kann man einmal ein charakteristisches Gefüge von Behinderungen spezifizieren, das Kanners Syndrom zugrunde liegt. Abgesehen davon, gehören zu dem Verhalten, das man gewöhnlich als typisch für eine „Hirnschädigung" angibt, nicht die besonderen Eigentümlichkeiten, die an früherer Stelle in diesem Kapitel beschrieben wurden. Deshalb dürfte die Diagnose im Regelfall nicht zweifelhaft sein, sofern sich die beiden Syndrome in einem Einzelfall nicht überlappen.

Schwachsinn

Das intellektuelle Niveau einiger autistischer Kinder liegt anscheinend weit unter dem Durchschnitt. Der Begriff „Schwachsinn" bezeichnet einen Gesamtzustand, der die Folge einer Kombination vieler Ursachen ist, biologischer und sozialer. Er würde z. B. auf ein blindes Kind zutreffen, das keinen Spezialunterricht gehabt hat, dessen intellektuelle Fähigkeiten aber groß sind. „Schwachsinn" ist keine Diagnose. Es gibt Kinder, deren motorische und kognitive Entwicklung insgesamt verzögert ist, und vielleicht könnte man auf sie den Begriff „Schwachsinn" im diagnostischen wie im deskriptiven Sinn anwenden. Diese Kinder zeigen nur wenige klinische Eigentümlichkeiten des kindlichen Autismus, so daß gewöhnlich keine Möglichkeit zur Verwechslung besteht. Gelegentlich kommt es vor, daß ein nicht-sprechendes Kind sekundäre Stereotypien und Manierismen entwickelt, die denen des kindlichen Autismus ähnlich sehen, und dann ist die Diagnose schwieriger. Jedoch findet man „autistisches" Verhalten wie Meidung des Augenkontakts, die Absonderung von anderen, das Fehlen eines richtigen Spielens mit anderen Kindern und die Unfähigkeit, Freundschaften zu schließen – was alles bei autistischen Kindern in einer frühen Phase ihrer Entwicklung sehr ausgeprägt ist – bei Schwachsinnigen nicht so häufig und nicht in solcher Intensität. Es ist natürlich wichtig, auch daran zu erinnern, daß autistische Kinder in ihrem intellektuellen Niveau nicht unbedingt unter dem Durchschnitt liegen müssen.

Mutismus

Angesichts der manchmal geäußerten Vermutung, daß autistische Kinder sprechen können, es aber nicht wollen, lohnt auch die Betrachtung des Zustandsbildes, das als „Mutismus" (Tramer, 1934) bekannt ist. Diese Erscheinung ist sehr selten. In einer großen Kinderklinik, in der 2000 Kinder behandelt wurden, fand man nur vier Fälle (Reed, 1963). Alle vier Kinder zeigten, wenn sie irgendwann einmal sprachen, keine Sprachabnormitäten, auch hatten sie überhaupt kein anderes Symptom des kindlichen Autismus. Es ist wohl unmöglich, die beiden Zustandsbilder zu verwechseln.

„Emotionale Störung"

Der Begriff „emotionale Störung" wird oft so locker gebraucht, daß er fast bedeutungslos ist. Man kann ihn auf praktisch jedes Kind anwenden, das einem Psychiater vorgestellt wird. Auch autistische Kinder werden oft so bezeichnet; dies hat aber keine spezielle diagnostische oder ätiologische Bedeutung. Wegen der charakteristischen Symptomatologie und des typischen Entwicklungsverlaufs beim Autismus gibt es selten irgendwelche Schwierigkeiten, kindlichen Autismus von neurotischen Störungen zu unterscheiden.

Der kindliche Autismus ist oft Kindheitsschizophrenie genannt worden. Es gibt einige Parallelen zum Verhalten bei den nicht-paranoiden Formen der Schizophrenie Erwachsener, bei denen „Autismus" (im Sinne einer aktiven sozialen Absonderung) häufig vorkommt. Außerdem sehen sich Erwachsene, die in Anstalten leben, oft ohnehin ähnlich, und da autistische Kinder durch eine anregungsarme Umwelt besonders beeinträchtigt werden, besitzen sie nach einem mehrjährigen Leben in einer Anstalt vielleicht nur noch sehr wenige spezielle Unterscheidungsmerkmale. Diese Analogien im Verhalten sind ohne diagnostischen Wert und gelten in jedem Fall nicht für solche Kinder, die in ihren Familien aufwachsen und eine angemessene Erziehung erhalten. Keine der speziellen Eigentümlichkeiten der Schizophrenie (wie die einzelnen Formen von Wahnideen oder Halluzinationen oder die katatonen Phänomene) treten bei autistischen Kindern auf, sie entwickeln sich bei ihnen auch nicht im Erwachsenenalter. Es gibt keine erwachsenen schizophrenen Patienten, die in ihrer Kindheit das Kannersche Syndrom gezeigt haben. Sprachstörungen verschiedener Art sind bei der Schizophrenie sehr häufig, aber sie entsprechen bei genauem Vergleich weder der Sprache autistischer Kinder noch der Sprache aphasischer Erwachsener. Keine der gut dokumentierten Untersuchungsreihen hat bei den Verwandten autistischer Kinder ein erhöhtes Risiko für Schizophrenie gezeigt, auch kein erhöhtes Auftreten von Kanners Syndrom bei den Verwandten von Schizophrenen.

„Man könnte soweit gehen und annehmen, daß Kraepelin, hätte er von der Existenz und den Symptomen frühkindlicher Schizophrenie gewußt, er sie höchstwahrscheinlich in eine spezielle Kategorie außerhalb der Schizophrenien Erwachsener eingeordnet hätte" (Kanner, 1954). Man könnte allerdings den noch weitergehenden Schluß ziehen, daß es irreführend ist, die Bezeichnungen „Schizophrenie" und „Autismus" synonym zu gebrauchen, weil es überhaupt keinen Beweis für eine Beziehung zwischen den beiden Syndromen gibt. Der Begriff „Kindheitsschizophrenie" sollte einstweilen nur auf ein Zustandsbild angewendet werden, bei dem ein erkennbares schizophrenes Bild mit Symptomen wie bei Erwachsenen besteht, und das sich in der Kindheit entwickelt – gewöhnlich vor Beginn der Pubertät. Kanner gibt eine illustrative Fallgeschichte auf Seite 732 der dritten Ausgabe seines Buches (1957) [8]. Andere Syndrome mit bizarren Vorstellungsinhalten und Verhaltensstörungen wie die beiden von Despert (1955) und Bradley (1942) beschriebenen Fälle repräsentieren weder die Symptome des frühkindlichen Autismus noch entwickeln sie sich zu einer typischen Schizophrenie; sie werden besser unspezifisch als „Kindheitspsychose" beschrieben.

Welche Behandlung erfolgen kann, wenn eine Diagnose wie „Schizophrenie" gestellt wird – auch wenn nur als Analogie – sieht man am Beispiel des Vorgehens von Bender (1954), die nach eigenen Angaben in 20 Jahren eine Reihe von 850 Fällen gesammelt hat. Sie hielt es für notwendig, „das Kind aus dem angstbesetzten Elternhaus in eine Klinik zu holen" und führte bei 500 Kindern eine Elektroschocktherapie durch, „um die biologische Reifung zu stimulieren, die primitive embryonische Plastizität zu strukturieren, um bei den apathischen autistischen Kindern die Angst aus der Erstarrung zu lösen und um beim pseudo-neurotischen Kind die Angst zu reduzieren". Von den Kindern, die Elektroschocks erhielten, waren 120 noch nicht sieben Jahre alt.

Epidemiologie

Anzahl autistischer Kinder

Die Verbreitung schwerer geistiger Behinderungen ist auf etwas weniger als 4 pro 1000 der Population Zehn- bis Vierzehnjähriger geschätzt worden (Goodman und Tizard, 1962; Kushlick, 1962, 1966). Über die Verbreitung des kindlichen Autismus liegt bisher keine umfassende Untersuchung vor. Die Zahl der dem London County Council bekannten Kinder mit der Diagnose Autismus liegt bei etwa 2 pro 10 000 (Wilson, 1964). Rutter fand vier Fälle bei 9000 Schulkindern in Aberdeen (persönliche Mitteilung). Lotter (1967), der alle Kinder im Alter von acht, neun und zehn Jahren erfaßt hat, die am 1. Januar 1964 im County Middlesex lebten, fand auf je 10 000 Kinder 2,1 Fälle mit dem „Kern"-Syndrom. Weitere 2,4 Fälle pro 10 000 zeigten viele der Eigentümlichkeiten des kindlichen Autismus, so daß sich eine Gesamtverbreitung von 4,5 pro 10 000 ergab. Wenn von den Kindern in Lotters Gruppe nur diejenigen in die Berechnung aufgenommen werden, bei denen eine ganz sichere Diagnose gestellt wurde, dann ist der Anteil mit 2,1 pro 10 000 fast genau so wie bei Wilson.

Auf der Grundlage der Middlesex-Zahlen kann man schätzen, daß es in der Bundesrepublik [9] etwa 1900 Kinder im Alter von 5–15 Jahren mit dem Kernsyndrom und weitere 2100 autistische Kinder mit einem weniger klaren klinischen Bild gibt. Von diesen 4000 Kindern haben schätzungsweise rund 1800 einen feststellbaren Intelligenzquotienten über 55. Viele der anderen sind mit formalen Methoden „nicht testbar", können aber trotzdem für eine spezielle Form der Erziehung sehr gut geeignet sein (siehe Kapitel 5).

Man vergleiche diese Zahl mit denen von rund 1000 blinden, 1250 sehbehinderten, 4300 gehörlosen und 2600 schwerhörigen Kindern, die im Jahr 1969 eine staatlich anerkannte Sonderschule besuchten und dort eine besondere Erziehung erhielten. Das Problem ist deshalb ebenso groß wie bei den anderen Arten der Behinderung. Die wahre Verbreitung des frühkindlichen Autismus ist schwer zu schätzen. Lotters Auswahltechnik war gewissenhaft, aber einige Fälle sind möglicherweise trotzdem nicht erkannt worden. Die Sterblichkeit ist hoch, und Kinder, die vor dem Alter von acht Jahren starben, wurden automatisch ausgeschlossen, ebenso diejenigen, bei denen große Entwicklungsfortschritte stattgefunden hatten und die zur Zeit der Erfassung keine ausgeprägten Symptome mehr aufwiesen.

Stellung in der Geschwisterreihe

Kindlicher Autismus, so wird oft gesagt, findet sich häufiger unter den Erstgeborenen als unter Spätergeborenen (Rimland, 1965), aber eine exakte Untersuchung ist darüber noch nicht angestellt worden. Die einfachste Erhebungsmethode besteht darin, Geschwistergruppen gleicher Größe zu nehmen und die Häufigkeit der Erkrankung für jeden Rangplatz in der Reihe miteinander zu vergleichen. Lotters

Daten zeigen keine Häufung bei den Erstgeborenen; im Gegenteil, es besteht bei größeren Geschwisterzahlen die Tendenz, daß die betroffenen Kinder der zweiten Hälfte der Geschwisterreihe angehören. Die Daten von Pitfield und Oppenheim (1964) bestätigen dieses Ergebnis, zeigen jedoch bei Familien mit zwei Kindern eine Häufung bei den Erstgeborenen. Ein viel größeres Datenmaterial ist aufgrund der Unterlagen der Society for Autistic Children verfügbar, deren Mitglieder vor dem Beitritt einen Fragebogen über ihre Kinder ausfüllen. Aus diesen Unterlagen ergibt sich ein ganz ähnliches Ergebnis wie bei Pitfield und Oppenheim: bei zwei Geschwistern ist häufiger das ältere das autistische Kind, von drei Geschwistern an ist es dagegen häufiger ein Kind in der zweiten Hälfte der Geschwisterreihe.

Die Ergebnisse für andere Gruppen behinderter Kinder sind widersprüchlich. Malzberg (1950), der eine Reihe geistig behinderter Kinder untersucht hat, die in eine Institution aufgenommen waren, fand eine Häufung bei den Erstgeborenen. Hallgren und Sjögren (1959) fanden keine Beziehung zur Stellung in der Geschwisterreihe. Lilienfeld und Pasamanick (1956) fanden ein zunehmendes Risiko mit zunehmendem Rangplatz in der Geschwisterreihe, und Tizard und Grad (1961) eine sehr deutliche Tendenz in der Richtung, daß ein geistig behindertes Kind das letzte in der Geschwisterreihe ist.

Vielfach hat man ein erhöhtes Risiko für die Erstgeborenen gefunden, angefangen bei Totgeburten und dem Tod nach der Geburt (Baird, Walker und Thompson, 1954) bis zur Kindheitsepilepsie (Colver und Kerridge, 1962), zu Alkoholismus (Bakan, 1949) und Angstzuständen (Schachter, 1959). Die Erklärungen reichen von biologischen bis zu soziologischen. Tizard und Grads Erklärung für ihr gegenteiliges Ergebnis besteht (abgesehen vom offensichtlichen Faktor des Alters der Mutter) darin, daß Eltern, die nach mehreren normalen ein behindertes Kind haben, dazu neigen, keine weiteren Kinder mehr zu bekommen. Manchmal könnte dies auch in Familien mit autistischen Kindern geschehen. Wenn das Erstgeborene betroffen ist, gibt es eine Tendenz, wenigstens ein weiteres zu bekommen, in der Hoffnung, daß es normal sein wird [10]. Wenn dagegen ein autistisches Kind nach einem oder mehreren anderen Kindern geboren wird, so wird die Bereitschaft, noch weitere Kinder zu haben, gering sein. Je-

doch könnte auch die Tatsache, daß ein erhöhtes Risiko bei der Erst-
geburt und dann wieder von der fünften Geburt an besteht, einen
Teil der Ergebnisse erklären.

Anteil der Geschlechter

In Kanners Gruppe (1954) gab es 80 Jungen, aber nur 20 Mädchen,
Creak und Ini (1960) fanden in einer Reihe von 121 Kindern ein
ähnliches Verhältnis von 3,6 : 1, und Annell (1963) bei 115 Kindern das Verhältnis 4,5 : 1. In Lotters Reihe waren die Verhältnisse 3 : 1 in der „Kerngruppe" und 2,8 : 1 in der „gemischten"
Gruppe. Das Verhältnis in der Reihe der Society for Autistic Children ist 3,1 : 1.
Auch bei anderen Behinderungen findet man einen hohen Anteil von
Jungen, aber das Verhältnis von Jungen zu Mädchen ist selten 2 : 1
oder höher. Malzberg (1954) fand ein Verhältnis von 1,7 : 1 bei
Kindern von 5 bis 9 Jahren in New Yorker Einrichtungen für geistig Behinderte. Hallgren und Sjögren fanden ein Verhältnis von
1,6 : 1.
Sehr interessant ist das Ergebnis, daß bei spezifischen Sprachstörun-
gen der Anteil der Jungen oft sehr hoch ist (Orton, 1937). So stellten
Ingram und Reid (1956) in ihrer Gruppe aphasischer Kinder ein
Jungen/Mädchen-Verhältnis von 5 : 1 fest.

Komplikationen bei der Geburt

Taft und Goldfarb (1964) haben festgestellt, daß bei den Kindern
ihrer Untersuchungsreihe Komplikationen bei der Geburt signifikant
häufiger als bei deren Geschwistern oder einer Gruppe normaler
Schulkinder aufgetreten waren. Lotter hat sein Material nach der
gleichen Methode gesichtet und ebenfalls bei den Kindern seiner beiden Fallgruppen I und II eine höhere Anzahl perinataler Komplikationen als bei deren Geschwistern festgestellt. Kanner (1954) hat
zwar gesagt, daß kein auffälliges Übergewicht kongenitaler oder
perinataler Abnormitäten festzustellen sei, erwähnt aber 11 schwere

Geburten, 4 Kaiserschnitte, 3 Kinder mit Atemproblemen bei der Geburt, ein mit einem Klumpfuß geborenes Kind, ein schielendes, eines, das mit 5 Jahren einen großen epileptischen Anfall (Grand Mal) bekam, und 12 Frühgeburten (wovon 8 bei der Geburt weniger als sechs Pfund wogen).

Körperliches Wachstum

Dutton (1964) und Simon und Gilles (1964) haben eine deutliche Verzögerung des körperlichen Wachstums bei heterogenen Gruppen psychotischer Kinder festgestellt, wobei sie Indices wie Gewicht, Größe und Skelettalter benutzt haben. Die sexuelle Reifung ist anscheinend normal.

Alter der Mutter

Die Vermutung, daß Mütter autistischer Kinder zur Zeit der Geburt dieses Kindes älter als Mütter normaler Kinder sind, ist bisher nicht geäußert worden. Beim Mongolismus besteht ein solcher Zusammenhang ganz eindeutig (Carter und MacCarthy, 1951), ebenso, allerdings in schwächerem Ausmaß, bei anderen pathologischen Erscheinungen (Record und McKeown, 1949; Tizard und Grad, 1961). Lotter hat in der Middlesex-Untersuchung kein Anzeichen für ein relativ hohes Alter der Mütter gefunden: die Verteilung der betroffenen Mütter auf die verschiedenen Altersgruppen war genauso, wie man es aufgrund der allgemeinen Population erwarten würde [11].

Intelligenz und Sozialschicht der Eltern

Kanner (1954) hat auf den hohen beruflichen und intellektuellen Status der Väter und Mütter der ihm bekannten Kinder hingewiesen. Obwohl vermutet wurde, daß dies darauf zurückzuführen sei, daß sich intelligentere Eltern häufiger um eine Beratung bemühen, hält Kanner selbst das für keinen ausreichenden Erklärungsgrund. Denn in seine Praxis sind auch viele weit weniger gebildete Eltern gekommen. Diese hatten keine autistischen Kinder.

Rimland (1965) hat die zahlreichen Beweise dafür zusammengefaßt, daß die Eltern autistischer Kinder tatsächlich überdurchschnittliche Intelligenz besitzen. Pitfield und Oppenheim (1964) haben außerdem festgestellt, daß ein relativ hoher Anteil der Väter höher qualifizierte Berufe ausübt. Mittler und Simon (1963) haben gefunden, daß 33 von 40 Eltern (83 %) die Leistungsstufe I oder II in einem Intelligenztest (Ravens Progressiven Matrizen) erreichten, was im allgemeinen nur bei 20 % der Getesteten der Fall ist. Lotters Erhebung bestätigt ebenfalls den Zusammenhang – 60 % der Väter der Kerngruppe gehörten zu den höchsten Berufsklassen I und II, aber nur 33 % der Väter der „gemischten" Gruppe und 18 % der Gesamtbevölkerung von England und Wales. Lotter testete die meisten Eltern mit dem Mill-Hill-Wortschatztest und fand, daß sowohl die Mütter wie die Väter der Kerngruppe signifikant höhere Leistungen als der Bevölkerungsdurchschnitt hatten. Im Hinblick auf die Schulbildung waren die Ergebnisse ähnlich – 21 % der Mütter und 29 % der Väter der zur Kerngruppe gehörenden Kinder hatten ein Universitätsexamen. Einige Hinweise auf einen Selektionseffekt stammen aus den Unterlagen der Society for Autistic Children, wonach mindestens 33 % der Väter einen Universitätsabschluß haben, und eine weitere umfangreiche Gruppe höhere berufliche Qualifikationen besitzt. Nur 5 % der Väter sind angelernte oder ungelernte Arbeiter.

Derartige Verteilungen findet man natürlich bei Eltern schwachsinniger Kinder nicht. Zwar besteht bei schwerem Schwachsinn kein Zusammenhang mit dem sozio-ökonomischen Status, aber mildere Schwachsinnsformen finden sich viel häufiger bei Kindern unterprivilegierter Familien (Saenger, 1960; Stein und Susser, 1963; Scottish Council for Research in Education, 1953).

Geisteskrankheiten bei den Eltern

Lotter fand bei den Eltern seiner Kerngruppe autistischer Kinder keinen Fall von Schizophrenie, bei den Eltern der gemischten Gruppe nur einen. Es gab in jeder Gruppe einen Fall von Gemütskrankheit. Das bestätigt Rutters Ergebnis (Kapitel 2) und Rimlands Vermutung (1965), daß Psychosen bei den Eltern nicht in erhöhtem Maß vorkommen. Kanner (1954) waren bei 973 Eltern, Großeltern, Tanten und Onkel seiner Gruppe von 100 Kindern nur 13 Fälle einer Psychose bekannt.

Persönlichkeit der Eltern

Rimland (1965) hat eine Anzahl von Beschreibungen zusammengetragen, die in der Literatur verstreut sind, wonach Eltern autistischer Kinder einem Persönlichkeitstypus zugehören, der (je nach den theoretischen Vorlieben des Autors) als entweder begabt, gewissenhaft, tüchtig und zuverlässig oder als über-intellektuell, zwanghaft, bürokratisch und gefühlskalt beschrieben werden kann. Im allgemeinen sind solche Beschreibungen eher anekdotisch oder spekulativ als wissenschaftlich. Zum Beispiel haben Eisenberg und Kanner bei den von ihnen gesehenen Eltern „emotionale Frigidität", „mechanische Art der Kinderpflege", „fast völliges Fehlen emotionaler Wärme" beschrieben. Sie haben behauptet, daß diese Eltern auf die körperlichen Bedürfnisse ihrer Kinder nur mechanisch eingingen, „nach einem System, das die starren Vorschriften des naiven Behaviourismus mit einer Portion Rachsucht anwendet." Es werden weder Zahlenergebnisse zur Stützung dieser Behauptung angeboten (obwohl das beschriebene Verhalten sehr gut meßbar ist), noch werden Kontrolldaten über Eltern aus der gleichen Sozialschicht geboten, die kein autistisches Kind haben. Es hat wohl wenig Sinn, all die anderen Eigenschaften zu katalogisieren, von denen irgendwann einmal gesagt wurde, sie seien für Eltern autistischer Kinder charakteristisch. Creak und Ini (1960) waren nicht der Ansicht, daß es in den Persönlichkeitszügen oder Einstellungen der Eltern ihrer Kindergruppe besondere Abnormitäten gäbe, und Stroh (1962) warnt ausdrücklich vor der „geläufigen, aber irrigen Auffassung", daß die Störungen beim Kind auf mütterliches Versagen oder ungünstige Familienverhältnisse zurückzuführen seien. Auch Mahler (1952) stellt fest, daß nicht allen Eltern autistischer Kinder die Fähigkeit fehlt, ihr Kind zu lieben.

Pitfield und Oppenheim (1964) haben die Mütter von jeweils 100 autistischen, 100 normalen und 100 mongoloiden Kindern Fragebögen ausfüllen lassen, mit denen Einstellungen zur Kindererziehung, z. B. die überfürsorgliche, die ablehnende, die sachliche und die konsequente Haltung erfaßt werden sollten. Die drei Gruppen waren so ausgewählt, daß das Alter der Mutter, die Familiengröße, das Geschlecht und Alter des Kindes, seine Stellung in der Geschwisterreihe und die Sozialschicht gleich waren. In Merkmalen wie der Überfürsorglichkeit, der Ablehnung des Kindes und der Sachlichkeit (die sich durch die Dimension Akzeptierung – Ablehnung darstellen ließen) gab es nur geringe Unterschiede. Jedoch neigten Mütter mongoloider Kinder dazu, auf ihre Kinder „mit etwas weniger Liebe, mit etwas mehr Distanziertheit und mit einer straffen Reglementierung zu reagieren; Mütter psychotischer Kinder lieben ihre Kinder nicht weniger als Mütter normaler Kinder, sie sind aber in manchen Dingen nachgiebiger. Sie sind außerdem in ihrer Einstellung *unsicherer.*" Diese Unterschiede beruhen offenbar vor allem auf den unterschiedlichen Eigenschaften der Kinder und nicht auf denen der Mütter [12].

Ursachen des frühkindlichen Autismus [13]

Es gibt viele Spekulationen über die möglichen Ursachen des frühkindlichen Autismus. Manche halten soziale Umwelteinflüsse für die primäre Ursache, andere biologische Faktoren. Die vorhandenen Informationen lassen sich zwar so interpretieren, daß beide Auffassungen unterstützt werden, insgesamt gesehen läßt sich jedoch eine Umwelttheorie sehr schwer aufrechterhalten. Der biologische Standpunkt ist vermutlich besser zu begründen, allerdings liegen bisher kaum Beweise für eine spezifische Pathologie vor.

Die psychogenetische Hypothese

Nach der psychogenetischen Theorie besteht schon vor der Geburt des Kindes bei der Mutter eine Persönlichkeitsstörung, so daß sie nicht in der Lage ist, während der ersten Lebenswochen zu dem sonst ganz normalen Säugling eine liebevolle Beziehung aufzubauen, und dadurch entsteht das, was für die Grundstörung gehalten wird – der „Autismus" – aus dem sich das übrige Syndrom entwickelt. Die Schwächen dieser Anschauung sind folgende:

a) Bei Kindern, die in einer völlig anregungsarmen Umwelt aufwachsen, die z. B. von Geburt an einer schlecht geführten Institution überlassen sind und keine Möglichkeit zur Entwicklung einer stabilen Beziehung zu einem Erwachsenen haben, besteht anscheinend kein erhöhtes Risiko zur Entwicklung von kindlichem Autismus. Es gibt heute eine umfangreiche Literatur mit vielen klinischen Beschreibungen über das Thema der Anregungs- und Kontaktverarmung während der Säuglingszeit. In keiner der Schriften wird die Entwicklung von Kanners Syndrom als eine spezifische Gefahr solcher frühen Umweltverarmungen erwähnt, obwohl viele dieser Institutionen frostigere Bedingungen bieten, als sie die gefühlskälteste Mutter produzieren könnte. Wenn es einen Kausalzusammenhang gibt, so müßte er sich recht allgemein gezeigt haben. Lang andauernde Abnormitäten, die möglicherweise als Folge solcher reizarmen Umwelt entstehen, sind vermutlich eher Retardierungen der Intelligenz und Störungen der Persönlichkeit als spezifische Krankheitssyndrome (Ainsworth, 1962; Bowlby, 1952; O'Connor, 1956; Pinneau, 1955; Stein und Susser, 1960; Yarrow, 1961).
Die Experimente von Harlow (1960, 1961), der Rhesusaffen bestimmte Elemente der mütterlichen Obhut entzogen und lang andauernde Auswirkungen auf die „Persönlichkeit" nachgewiesen hat, erlauben keine Parallelen zum Autismus, nicht einmal als Analogie. Das Verhalten dieser jungen Affen entspricht dem Verhalten autistischer Kinder überhaupt nicht; es ist eigentlich das Gegenteil davon. Es gibt vielleicht im Verhalten von gewissen blinden Kindern oder anderen Kindern mit sensorischen Ausfällen stärkere Ähnlichkeiten zum Autismus, besonders in der Motorik, aber auch diese Kinder werden nicht autistisch.

b) Es gibt keinen wissenschaftlich akzeptierten Beweis für die Vermutung, daß Mütter autistischer Kinder im Vergleich zum Durchschnitt besonders gefühlskalt sind oder besondere Schwierigkeiten haben, eine gute Gefühlsbeziehung zu einem Baby herzustellen. Die Tatsache, daß sie wahrscheinlich überdurchschnittliche Intelligenz besitzen, unterscheidet sie nicht von den vielen anderen Frauen mit gleicher Intelligenz, die keine autistischen Kinder haben. So ist auch die Tatsache, daß ein Fünftel von ihnen Universitätsbildung hat, für sich selbst genommen ätiologisch nicht bedeutsam, weil nahezu alle Frauen mit höherer Bildung normale Kinder haben.

c) Die meisten Mütter eines autistischen Kindes haben außer diesem auch normale Kinder. Von den 272 Geschwistergruppen aus einer früheren Sammlung von Unterlagen der Society for Autistic Children gab es nur in einer einzigen mehr als ein betroffenes Kind, und dabei handelt es sich um eineiige Zwillinge. Gegenwärtig hat die „Society" 521 Geschwistergruppen erfaßt, und nur in 7 davon gibt es mehr als ein autistisches Kind. Es wird leicht vergessen, daß die Eltern autistischer Kinder auch die Eltern normaler Kinder sind. Nach der psychogenetischen Theorie müßte also eine Störung der Mutter-Kind-Beziehung vorliegen, die so gravierend und so spezifisch ist, daß daraus das beschriebene komplexe Syndrom entsteht – jedoch nur bei einem einzigen Kind, das keineswegs vorwiegend das erste ist. Die Beziehungsstörung dürfte also nicht so schwer und so generell sein, daß auch die anderen Kinder betroffen werden. Mit einer solchen Annahme würde die Spekulation aber über den Punkt hinausgetrieben, bis zu dem sie klinisch und wissenschaftlich einen Wert hat.

Abnormitäten des Zentralnervensystems

Der charakteristisch frühe Beginn der Störungen mit Anzeichen für eine Hirnschädigung wie Eßschwierigkeiten und Schreien (Knobloch und Pasamanick, 1959), die Besserung sekundärer Symptome mit zunehmender Reifung, die Korrelation zwischen der Intelligenz im frühkindlichen und im jugendlichen Alter (siehe Kapitel 3), der hohe Anteil von Jungen, die Häufung von Komplikationen während der Schwangerschaft oder bei der Geburt und ganz besonders das Wesen der Wahrnehmungs- und Sprachprobleme selbst – das alles weist auf Störungen bzw. Schädigungen im Zentralnervensystem hin, ganz abgesehen von dem recht häufigen Zusammenhang mit erheblichen neurologischen Krankheitszeichen.

Die Ähnlichkeit in den epidemiologischen Ergebnissen zu anderen Störungen der Kommunikation wie der Entwicklungsaphasie (Ingram, 1960) und anderen spezifischen Sprachbehinderungen (Cole und Walker, 1964) sowie die großen Übereinstimmungen in der Symptomatologie bei diesen Erkrankungen und beim frühkindlichen Autismus helfen leider nicht, eine Hirnschädigung zu lokalisieren. Bei Erwachsenen wären die Symptome ein Anzeichen für eine ausgedehnte und variable Störung der Funktionen der Assoziationsfelder, vielleicht besonders in der dominanten Hirnhälfte, wie Hermelin (siehe Kapitel 6) hypothetisch annimmt. (Allerdings hat Zangwill (1964) auf die Schwierigkeiten hingewiesen, die sich für jede einfache Theorie ergeben, die von der Erscheinung zerebraler Dominanz ausgeht.)

Auch das retikuläre System wurde mit Autismus in Verbindung gebracht. Rimland (1965) nimmt an, daß es nicht funktioniert, Hutt et al. (1965) meinen, daß es eine „Überaktivierung" bewirkt. Die letztere Ansicht beruht hauptsächlich auf der Beobachtung, daß autistische Kinder in einer komplexen Umgebung mehr mit den Armen schlenkern, die Finger verdrehen und ähnliche Bewegungen vollführen als in einer einfacher strukturierten; außerdem gibt es auch in EEG-Aufzeichnungen einige Hinweise darauf. Der ziemlich allgemeine und undefinierbare Begriff der Aktivierung hat bei einem komplizierten Krankheitszustand wie dem kindlichen Autismus wenig Erklärungswert – er ist z. B. zur Erklärung der Sprachstörung ungeeignet. Die Auffassung von Lovaas, daß die motorischen Abnormitäten und manche der absonderlichen Verhaltensweisen gelernte Selbststimulationen sind, ganz ähnlich wie die anderer sensorisch behinderter Kinder, hat viel für sich, läßt allerdings das ätiologische Problem offen.

Spezifische Erkrankungen wie Histidinaemie (LaDu et al., 1963), bei denen eine Sprachstörung vorkommt, haben anscheinend mit dem kindlichen Autismus wenig zu tun. Es gibt einen Bericht über eine Störung des Tryptophan Metabolismus (Heeley und Roberts, 1965), aber es ist nicht klar, ob das eine spezifische Bedeutung hat[14]. Im Chromosomenbestand hat sich keine Abnormität gezeigt (Böök et al., 1963). Zweifellos wird es viele Untersuchungsberichte geben, die auf falsche Fährten führen, bevor diese Probleme schließlich aufgeklärt sind.

Orton (1937) hat 6 Syndrome beschrieben – kindliche Alexie, Agraphie, rezeptive Aphasie, motorische Aphasie, Apraxie und Stottern – die zu verschiedenen Arten von Lernstörungen führen können. Gellner (1959) hat eine Anzahl weiterer Syndrome genannt. Frühkindlicher Autismus entsteht vielleicht aus einer Kombination verschiedener Elemente dieser Syndrome; das Kind würde demnach unter einer Mehrfachbehinderung leiden. Aber ebenso, wie das taub-blinde Kind nicht einfach nur die zusammenaddierten Probleme eines tauben und eines blinden Kindes hat, sondern zusätzliche Schwierigkeiten wegen eines Zusammenspiels beider Behinderungen, so entwickelt das Kind mit visuellen *und* auditiven Agnosien andere klinische Merkmale und verlangt eine andere Art der Behandlung, als wenn die beiden Syndrome einfach nebeneinander bestünden, ohne sich gegenseitig zu verstärken. Lauretta Bender (1958) hat eine ungefähr ähnliche Ansicht vertreten.

Die Bedeutung der relativ hohen Intelligenz der Eltern und des hohen Anteils von Jungen ist ungeklärt. Diese Merkmale scheinen für alle Syndrome dieser Gruppe charakteristisch zu sein. Nach den Unterlagen der Society for Autistic Children kommen Linkshändigkeit und verzögerte Sprachentwicklung in den Familien ziemlich häufig vor. Bestimmt besteht bei vielen Kindern eine „gemischte" Dominanz. Rimland hat die Hypothese aufgestellt, daß ein autistisches Kind das Äquivalent einer Homozygote für hohe Intelligenz in Verbindung mit einer besonders starken Verletzbarkeit durch verschiedenartige Noxen während der Schwangerschaft und Geburt ist. Diese Vermutung ist zwar spekulativ, trägt aber in allgemeiner Weise vielen der bekannten Tatsachen Rechnung.

Wenn aber Rimland mit seiner Vermutung recht hat, daß es ein spezifisches Krankheitsäquivalent für Kanners Syndrom gibt, für das sich ein eigener Erbgang, sowie Wege und Mittel zur Prävention und Behandlung herausstellen werden, dann müßte dasselbe auch für die zahllosen anderen sehr ähnlichen und sich überschneidenden Syndrome zutreffen. Auch unterscheiden sich die Kinder, die fraglos in die Kanner-Gruppe einzuordnen sind, zum Teil sehr: manche haben z. B. ausgeprägte visuelle Störungen, andere nicht, manche haben schwere Apraxien, andere nicht, manche entwickeln überhaupt keine Sprache, bei anderen wird die Sprache normal. Ausprägung und Manifestation auditiver Störungen können sehr unterschiedlich sein. Kanners Syndrom ist als klinische „Einheit" nicht mehr und nicht weniger als das Syndrom „Aphasie" und andere Syndrome dieser Art. Damit soll gesagt werden, daß das genaue Ausmaß und die Art der Hirnschädigung unterschiedlich sein können, daß es spezifische Syndrome mit einem speziellen Erbfaktor geben kann, daß es viele Fälle mit mehrfachen Ursachen geben kann usw. Die Suche nach einer einzelnen Ursache wird sich deshalb in diesem Fall vermutlich als fruchtlos erweisen. Trotzdem ist Rimlands einfachere Lösung so attraktiv und hätte, würde sie als richtig bewiesen, so nützliche Konsequenzen, daß die Forschung zweifellos diesem Weg ebenso wie den anderen nachgehen muß.

Die Verursachung sekundärer Behinderungen

Die Gegenwart eines behinderten Kindes kann starke Auswirkungen auf andere Mitglieder der Familie haben, wie Pitfield und Oppenheim (1964) für die Mütter mongoloider Kinder und Tizard und Grad (1961) für solche Eltern feststellten, die ein geistig schwer behindertes Kind zu Hause behalten und nicht in eine Institution gegeben haben. Andererseits sind autistische Kinder wegen ihrer Mehrfachbehinderung vermutlich besonders schutzlos, und zwar sowohl gegenüber einem besonders starken wie einem besonders schwachen Ausmaß an sozialen und sensorischen Umweltreizen. Zu geringe Anregungen gibt es in denjenigen Institutionen und Schulen für geistig behinderte Kinder, in denen ein großer Mangel an geschultem und erfahrenem Personal besteht und in denen das autistische Kind keine Hilfe beim Aufbau einer Lebenswelt erhalten kann. Zu starke Anregung kann auftreten, wenn Eltern zu viel von ihrem autistischen Kind erwarten oder auf die Verhaltensprobleme falsch reagieren.

Diese Probleme werden in den Kapiteln 8 und 10 detaillierter behandelt, aber es ist angebracht, sie hier zu erwähnen, weil Ursache und Wirkung so häufig verwechselt werden. Eine Mutter, die durch die Schwierigkeiten, mit denen sie fertig werden muß, an den Rand der Verzweiflung getrieben wird – ein schreiendes und destruktives Kind, zu wenig Schlaf, eine fast zerbrechende Ehe, Nachbarn, die sich ständig beschweren, und Verwandte, die ihre Unterstützung versagen – solch eine Mutter erfährt keine Hilfe, wenn man ihre Notlage als Beweis dafür ansieht, daß *sie* der ursprüngliche Grund für die Krankheit des Kindes ist. In solchen Situationen sollte maximale Hilfe angeboten werden, denn gerade in dieser Zeit ist das Risiko am größten, daß sich sowohl beim autistischen Kind wie bei anderen Familienmitgliedern sekundäre Störungen entwickeln. Die vernünftigste Einstellung zu diesem Problem wurde von Orton (1937) klar zum Ausdruck gebracht: „Wenn ein Kind mit irgendeiner chronischen Sprachstörung heranwächst, dann entsteht naturgemäß eine derart große Überlagerung mit emotionalen Problemen, daß in vielen Fällen jeder Versuch, den augenblicklich erkennbaren organischen oder emotionalen Faktoren ätiologische Bedeutung zuzuschreiben, völlig aussichtslos ist." Man muß die Bedeutung aller Komponenten der klinischen und sozialen Situation berücksichtigen – erst dann kann man zweckmäßige Heilmaßnahmen empfehlen.

Kinder von einem anderen Planeten

Ein Teil der Faszination, die von diesen Kindern ausgeht, liegt darin, daß sie wie Kinder von einem anderen Planeten wirken. Das Mysterium und die Magie sind aber eine Illusion. Viele Menschen, die diesen Kindern begegnen, haben das Gefühl, es müsse irgendwo einen Schlüssel geben, der einen verborgenen Schatz freigeben wird. Wer Geduld und Geschick hat, wird tatsächlich einen Schatz finden, aber die Münze wird alltäglich und menschlich sein, nicht pures Gold.

Anhang zu Kapitel 1:
Fallgeschichten und Fotografien

Drei Fallberichte – über Sally, Paul und Clifford (siehe Bilder auf den folgenden Seiten) – werden hier dargestellt, um die Unterschiedlichkeit der Syndrome, die „kindlicher Autismus" genannt werden, zu illustrieren. Sally hat praktisch jedes Symptom, das in diesem Kapitel erwähnt wurde, und die Diagnose „Kannersches Syndrom" war nie zweifelhaft. Paul hat etwas weniger Symptome und ist im visuellen Bereich weniger behindert. Ein Neurologe diagnostizierte bei ihm eine angeborene Hörstörung, ein Psychiater eine schwere geistige Behinderung und eine mögliche Aphasie und ein Kinderarzt eine jugendliche Schizophrenie. Paul kann nicht eindeutig in Kanners Gruppe eingeordnet werden, zeigt aber viele der Eigentümlichkeiten dieser Gruppe. Schließlich ist Clifford ein Junge, der, obwohl als autistisch diagnostiziert, viel weniger Symptome zeigt als Paul, und der dem Kannerschen Syndrom überhaupt nicht zuzurechnen ist.

Dieses Buch handelt von Kindern wie Sally und Paul, aber es sollte klar sein, daß trotz der Unterschiedlichkeit der Symptomatologie und trotz möglicher Schwierigkeiten bei der ärztlichen Diagnose diese drei Kinder in einer Hinsicht grundlegend gleich sind, nämlich darin, daß alle einen qualifizierten heilpädagogischen Unterricht brauchen. Clifford erhielt ihn nicht und leidet nun, im Jugendalter, an den Konsequenzen. Sally erhielt ihn und hat nun schon eine bessere Prognose. Bei Paul begann er ziemlich spät, aber es scheint Hoffnung für ihn zu bestehen, vorausgesetzt, daß seine Erziehung fortgesetzt werden kann, wenn er das Jugendalter erreicht. Der Bericht in Kapitel 12 stimmt in dieser Hinsicht nicht hoffnungsvoll.

Das bedeutet nicht, daß eine medizinische Diagnose (unabhängig von einer Identifizierung der vorhandenen Behinderungen) wertlos ist. Im Gegenteil, wahrscheinlich leiden diese drei Kinder unter klinisch verschiedenen Krankheiten, und so müssen die tatsächlichen Zusam-

menhänge aufgeklärt werden, damit in Zukunft rationale Präventiv-
maßnahmen ergriffen werden können. Trotzdem sind es bei unserer
gegenwärtigen Unkenntnis eher die Ähnlichkeiten als die Unterschiede, die Eltern, Ärzten, Lehrern und anderen, die den Kindern
heute helfen wollen, so sehr auffallen. Wegen dieser Ähnlichkeit sollten Neurologen, Kinderärzte und Psychiater alle darin überein-
stimmen, daß ein spezieller heilpädagogischer Unterricht erforderlich ist.
Die Fallgeschichten der in den übrigen Fotografien gezeigten Kinder
werden nicht gebracht. Fast alle Kinder sind ähnlich wie Sally und
Paul. Allerdings ist die spezielle Struktur der Behinderungen bei
jedem anders – keine zwei Kinder sind völlig gleich.

1. Sally (geb. am 23. 11. 1956)

Beide Eltern sind erfolgreiche Akademiker. Die Mutter war bei der
Geburt des Kindes 28 Jahre alt; es gab keine Komplikationen mit
Ausnahme einer geringen Hypertension in den letzten Monaten der
Schwangerschaft. Die Mutter ist rechtshändig, ihre Sprachentwick-
lung war normal. Der Vater ist rechtshändig und -füßig, aber links-
äugig. Über seine Sprachentwicklung ist nichts bekannt. Sally ist ein
Einzelkind, ist beidhändig und linksfüßig. Sie hat einen Cousin,
dessen Sprache sich auffällig spät entwickelte, aber jetzt normal ist.
Zwei andere Cousins sind linkshändig, einer hat eine schwache Dyslexie.
Bei der Geburt schien Sally ein normales, gesundes Baby zu sein, jedoch saugte sie zunächst sehr schlecht. Die Schwierigkeiten bei der
Nahrungsaufnahme bestanden bis zum Alter von 3 Monaten, danach
wurde es besser, und mit 6 Monaten war die Nahrungsaufnahme gut.
Jedoch entwickelten sich während des ersten Lebensjahres überhaupt
keine festen Gewohnheiten in Nahrungsaufnahme, Schlaf und Aus-
scheidung. In manchen Nächten schlief Sally 15 Stunden lang und in
anderen nur 2 oder 3 Stunden. Regelmäßig hatte sie längere Schrei-
perioden, wodurch es im frühen Säuglingsalter gelegentlich zu Nasen-
bluten kam. Am meisten Besorgnis erregte dabei, daß man sie selbst
durch Streicheln, Liebkosungen und Schaukeln nicht beruhigen

konnte. Wenn sie wach war, war sie sehr aktiv und bewegungs-
freudig.

Das Schreien nahm langsam ab. Allerdings kam es bis zum Alter von
2 Jahren, in dem sie ihr Mittagsschläfchen aufgab, oft vor, daß sie
unmittelbar nach dem Aufwachen etwa eine halbe Stunde laut schrie
und nicht zu trösten war.

Sie begann mit 8 Wochen zu lächeln, und mit 16 Wochen kicherte sie
voller Vergnügen, wenn sie gekitzelt wurde oder die Mutter mit ihr
Hoppe-hoppe-Reiter spielte. Wenn sich ihr aber jemand näherte, so
gab es keinerlei Anzeichen, daß sie erwartete oder sich darauf ein-
stellte, aufgenommen zu werden, selbst bei ihrer Mutter nicht. Gleich
nach der Geburt war ihr ein Teddybär geschenkt worden, und von
vier Monaten bis zu sieben Jahren war dies ihr unzertrennlicher Ge-
fährte. Wenn er verlegt war, schrie sie so lange, bis er wieder gefunden war.

Abgesehen davon, hatte Sally wenig Interesse an Spielzeug. Sie verbrachte viel Zeit damit, an der Bespannung des Kinderwagens zu
kratzen oder auf verschiedenartige Oberflächen zu klopfen. Auch
war sie von hellen Lichtern fasziniert.

Sie war für körperlichen Kontakt und Kitzelspiele immer zu haben,
aber sie zeigte ihren Eltern nie irgendwelche Dinge, auch hatte sie gar
kein Interesse an ihrer unmittelbaren Umgebung.

Die Stadien der motorischen Entwicklung, das Zahnen und das selbständige Essen waren ganz normal. Die Reinlichkeitserziehung war
erst mit 5 Jahren abgeschlossen, weil sie schrie, wenn sie auf den Topf
gesetzt wurde, aber ihre Eltern nahmen diese Anlegenheit gelassen
auf. Sally schien ihre Furcht eines Tages ganz plötzlich verloren zu
haben und war von da an fast sauber.

Das Alter von zwei bis fünf Jahren war das schwerste. Bis zum Alter
von drei Jahren, in dem sie einige Wörter lernte, sprach Sally nicht.
Sie hatte kein Sprachverständnis, reagierte nicht auf ihren Namen,
hielt sich die Ohren zu, wenn sie laute Geräusche hörte, und hatte
Schwierigkeiten, die Richtung, aus der Laute kamen, zu lokalisieren.
Es wurde oft gefragt, ob sie taub sei, aber sie konnte das Rascheln
eines dünnen Papierstückchens hören und darauf reagieren. Ihr einziges Kommunikationsmittel war, jemanden bei der Hand zu nehmen und ihn zu den Dingen zu führen, die sie haben wollte.

Sie sah durch Menschen hindurch und an ihnen vorbei, aber sie sah sie nicht an. Sie konnte anscheinend unbewegte Objekte nicht sehen, selbst wenn sie sie haben wollte, aber sie fand sie sehr schnell, wenn sie sich bewegten. Sie ging die Treppe hinunter und fuhr sogar auf ihrem Dreirad, anscheinend ohne hinzusehen, wohin sie sich bewegte, fiel aber nicht hin, lief oder fuhr auch nicht gegen irgendwelche Hindernisse. Sie untersuchte Gegenstände, in dem sie sie nah an ihre Augen und dann weit weg hielt und sie am Rand ihres Gesichtsfeldes drehte und wendete. Sie untersuchte Gegenstände auch, indem sie sie betastete, beleckte und beroch. Sie schien Freude am Gefühl glatter Oberflächen zu empfinden. In dieser Phase schien sie unempfindlich gegenüber Schmerz, Hitze und Kälte. Sie lief dünn bekleidet nach draußen und empfand anscheinend kein Unbehagen. Sie schrie nicht, wenn sie sich stieß, sondern schien nur verwundert. Sie hatte keine Furcht vor realen Gefahren.

Sie sammelte Gegenstände wie Steine, Blätter und Plastikflaschen und schrie, wenn sie verloren gingen oder weggenommen wurden. Oft ordnete sie diese in langen Reihen, manchmal in speziellen Mustern. Sie bestand darauf, dieselben wenigen Kleidungsstücke jeden Tag zu tragen. Beim Spazierengehen schrie sie, wenn man um eine Ecke gehen mußte.

Sally war etwas hyperaktiv, aber die auffälligste Abnormität waren ihre sonderbaren, besonders bei Erregung auftretenden Bewegungen wie Hüpfen, mit Armen und Beinen zappeln, Grimassen schneiden. Sie neigte dazu, auf den Zehenspitzen zu gehen, wirkte in ihren Bewegungen graziös, war aber mit den Fingern ungeschickt. Sie war aktiv und vertieft in ihre eigenen, oft destruktiven Unternehmungen. Sie ignorierte andere Kinder vollständig und schien auch ihre Eltern überhaupt nicht zu beachten – allerdings verschlechterte sich ihr Verhalten, wenn die Eltern weggingen, so daß sie doch ein gewisses Bewußtsein von deren Gegenwart haben mußte. Sie war ein trauriges Kind, manchmal stand sie niedergeschlagen mit tränenüberströmtem Gesicht da, als ob alles für sie zu viel sei. Ihre einzige wirkliche Freude war Musik. Sie hörte gern Schallplattenaufnahmen und konnte gut singen. Sie hatte Freude an speziellen Klängen wie dem Echo und den Geräuschen mechanischer Spielzeuge.

Nach dem Alter von 5 Jahren zeigten sich erste Anzeichen einer Besserung. Ihre Eltern hatten erkannt, daß Sallys Grundproblem das fehlende Sprachverständnis war; sie versuchten, ihr durch entsprechendes Verhalten zu helfen, soviel wie möglich zu verstehen. Sallys Wortschatz in Substantiven und Verben wuchs und verbesserte sich bei sorgfältiger Unterweisung. Ihre Sprache war größtenteils echolalisch, aber sie lernte auf diese Weise einige nützliche Sätze, obwohl die Pronomen darin vertauscht waren („Du möchtest essen" usw.). sie lernte bald, „nein" zu sagen, aber erst mit neun Jahren begann sie mit dem „ja". Eine Bestätigung drückte sie vorher durch die Wiederholung des betreffenden Ausdrucks aus (F: „Möchtest du etwas zu trinken?" A: „Du möchtest trinken."). Das Schreien hat seit dem Alter von 5 Jahren stark nachgelassen, sie ist aber sehr aufgebracht, wenn sie nicht verstehen kann, was von ihr erwartet wird. Ihre Fähigkeit, von ihren Augen Gebrauch zu machen, ist seit dem Alter von 6 Jahren außerordentlich gewachsen, und seitdem hat sie Freude daran, Bilder in Büchern anzusehen, die vorher für sie uninteressant waren.

Sally hat immer mit sich selbst „geschwatzt" und schon vor dem Sprachbeginn Laute produziert. Als sie sprechen konnte, wiederholte sie echohaft Ausdrücke von anderen Personen, lange nachdem sie diese gehört hatte. Sie benutzte dabei sehr flüssig die genauen Akzente der Sprecher. Wenn sie versuchte, sich selbst spontan auszudrücken, waren ihre eigenen Sätze ganz anders als die echohaft wiedergegebenen, sie kamen zögernd, monoton, enthielten nur die wichtigsten Wörter und wurden anscheinend mit größter Anstrengung hervorgebracht. Sie verwechselte häufig die Namen von Gegenständen, die zusammen vorkommen wie „Messer und Gabel" und „Bürste und Kamm", obwohl sie die Gegenstände selbst nicht verwechselte. Kannte sie den Namen für ein Ding nicht oder konnte sie sich nicht daran erinnern, so versuchte sie, eigene zu erfinden wie etwa „Hund-Häschen" für Känguruh und „Kerze" für einen Pilz mit seinem Stiel.

Mit der Entwicklung der Sprache verwandelte sich Sally aus einem traurigen und verschlossenen Kind in ein sehr liebevolles und glückliches kleines Mädchen. Ihr Sozialverhalten wurde besser, und sie schien am Leben Freude zu haben. Sie sammelte immer noch nutzlose Gegenstände wie Blechdosen und Holzstückchen, aber sie händigte sie ohne Protest aus, wenn ihre Eltern der Ansicht waren, daß sie sie nicht haben sollte. Sie kam mit sieben Jahren zur Schule und gewöhnte sich schnell an die Gegenwart anderer Kinder, obwohl sie immer noch nicht mit ihnen spielte. Zuerst widersetzte sie sich aufs heftigste den Versuchen, ihr etwas beizubringen. Heute kennt sie die Buchstaben und Zahlen und liest die ersten Wörter. Nach den Beobachtungen ihrer Lehrer ist sie schnell und eifrig beim Lernen, allerdings leicht entmutigt, wenn sie auf Schwierigkeiten stößt. Sie hat z. B. eine schwache Dyslexie, und es fällt ihr recht schwer, Bewegungen und Gesten anderer Personen zu imitieren. Sie kann sich immer noch nicht selbständig beschäftigen, beteiligt sich aber an konstruktiven Tätigkeiten wie Zeichnen, Zusammensetzen von Puzzles, usw. oder hilft in Haus und Garten, sofern sie angeleitet und beaufsichtigt wird.

Ihre körperliche Gesundheit ist ausgezeichnet, die einzigen bemerkenswerten Erkrankungen waren ein hohes Fieber infolge einer Impfung mit 6 Monaten und schwere Masern mit 4 Jahren. Sowohl ihre Eltern wie ihre Lehrerin haben Freude an ihren Fortschritten. Keiner, der sie heute zum ersten Mal treffen würde, würde sie „autistisch" nennen.

2. Paul (geb. am 15. 3. 1952)

Der Vater hat eine höhere technische Bildung und besitzt ein eigenes Unternehmen; die Mutter ist Sekretärin. Sie war 28, als Paul geboren wurde. Es gab während der Schwangerschaft keine Komplikationen. Die Mutter ist rechtshändig und -füßig, aber linksäugig. Ihre Sprachentwicklung war normal. Der Vater ist rechtshändig, rechtsfüßig und rechtsäugig. Über seine Sprachentwicklung ist nichts bekannt, aber er hat Schwierigkeiten mit der Rechtschreibung. Paul hat einen 19 Monate jüngeren Bruder, der linkshändig, linksfüßig und rechtsäugig ist und unter einer schweren Dyslexie leidet. Pauls Onkel (der Bruder seines Vaters) hat eine Kindheitsgeschichte, die an eine schwache Form von Autismus erinnert, und ist immer noch ein ruhiger, ungeselliger Mensch. Eine Tante (die Schwester seiner Mutter) ist linkshändig und hatte als Kind eine verzögerte Sprachentwicklung, Schwierigkeiten bei der Artikulation und eine Dyslexie.

Die Geburt war normal, aber Paul schrie nach der Geburt nicht und hatte in den ersten sechs Wochen zweimal eine Cyanose. In den ersten drei Monaten war er ein schläfriges Baby und saugte schlecht. Danach wurde er lebhafter, zärtlicher und ansprechbarer. Er hatte Freude an den üblichen Babyspielen und zeigte immer großes Verlangen, auf den Arm genommen zu werden. Mit acht Monaten imitierte er Laute. Als er etwa zehn Monate alt war, stellte man fest, daß er viel Zeit damit verbrachte, an der Bespannung seines Kinderwagens zu kratzen und auf Oberflächen zu klopfen. Mit einem Jahr begann er plötzlich zu schreien, wenn er eine nackte elektrische Glühbirne sah (gleich, ob sie leuchtete oder nicht). Mit ungefähr 14 oder 15 Monaten schien Paul allmählich auf andere Menschen immer weniger zu reagieren und hörte schließlich auf, sie überhaupt anzusehen. Während dieser Zeit verlangte er, daß seine Mutter ständig seine Hand hielt, während sie ihn im Kinderwagen schob. Sie wußte, daß etwas nicht in Ordnung war, und versuchte verzweifelt, ihm zu helfen, erhielt aber von denen, an die sie sich um Hilfe wandte, keinen brauchbaren Rat.

Paul fing an, in seinem Kinderwagen und Bettchen zu schaukeln und zu hopsen. Wenn er am Tag aus dem Schlaf erwachte, kam es vor, daß er laut schrie und nicht zu beruhigen war. Obwohl er vorher seinen eigenen Namen gekannt und darauf reagiert hatte, schien er nun taub zu sein, wenn er gerufen wurde. Er hatte „Mum" und „Dad" gebabbelt, aber das verschwand. Er zeigte seine Wünsche, indem er die Menschen bei der Hand nahm und sie zu dem betreffenden Gegenstand hinführte. Er war von einigen mechanischen Geräuschen fasziniert, hielt sich aber die Ohren zu, um andere nicht zu hören. Er ignorierte Sprache, konnte aber auf das Rascheln eines dünnen Papierstückchens reagieren. Viele Menschen fragten, ob er taub sei. Er hatte immer Freude an körperlichem Kontakt, Balgereien und Kitzeleien und schien ganz normal, wenn man so mit ihm spielte, wurde aber unmittelbar darauf wieder still und abweisend.

Als er 19 Monate alt war, wurde sein Bruder geboren; Paul zeigte kein Interesse an ihm. Er war von metallenen Gegenständen fasziniert, die er selbst heute noch gern sammelt. Dosen und Dosendeckel bog er gern zu halbmondförmigen Gebilden, wobei er beträchtliches Geschick zeigte. Er spielte mit buchstabenförmigen Bausteinen und sortierte sie; die „A"s in einen Haufen, die „B"s in einen anderen, usw. Er sah nicht auf die Bilder in Büchern, starrte aber auf das Gedruckte, und auch beim Fernsehen war er an der Schrift interessiert, aber nicht an den Bildern.

Er war imstande, winzige Details der Dinge seiner Umwelt zu sehen, aber seine Mutter hatte das Gefühl, daß er große Objekte (wie etwa ein Pferd), die ihm auf der Straße gezeigt wurden, nur schwer erkennen konnte.

Er untersuchte Gegenstände durch Tasten, Lecken und Riechen und liebte das Gefühl glatter Oberflächen. Wenn er erregt war, hüpfte er, grimassierte und schlug mit den Armen.

Es gab bei ihm nie irgendein besonderes Beharren auf routinehaften Abläufen. Spezielle Ängste waren ausgeprägt, beginnend mit der Glühbirne bis hin zur Furcht vor einer Zuckerdose im Alter von 10 Jahren.

Er hatte Freude an Musik und konnte mit 3 Jahren Kinderreime mit perfekter Melodieführung singen. Er hatte es gern, wenn seine Mutter ihm singend etwas über Dinge erzählte – er schien es so besser zu verstehen.

In jüngerem Alter zeigte Paul keinen Widerstand, etwas Neues zu lernen. Er hatte Freude daran, wenn ihm etwas beigebracht wurde (mit visuellen, nicht auditiven Methoden), und so konnte er mit $3^{1}/_{2}$ Jahren in einen kleinen privaten Kindergarten gehen, in dem ihm viel Verständnis entgegengebracht wurde. Schon am ersten Tag zeigte sich, daß das Montessori-Material für ihn gut geeignet war.

Pauls Eltern stellten fest, daß er keine Notiz nahm, wenn sie zu ihm sagten: „Mach die Tür zu." Wenn sie aber auf die Tür zeigten und das Türschließen durch eine Geste andeuteten, gehorchte er. Sie erkannten, daß er kein Sprachverständnis hatte, und beschlossen, ihm auf andere Art ein Verständnis zu vermitteln. Mit 4 Jahren begann er mit dem Versuch, wieder Wörter zu sagen, aber er hatte starke Artikulationsschwierigkeiten. Seine Mutter zeigte auf Gegenstände und sagte Namen, und Paul sprach es nach, so gut er konnte. Sie stellte auch Verben dar, und sein Vokabular wuchs beträchtlich. Es fehlten darin aber Wörter wie „der", „aber", „zu", ferner abstrakte

Begriffe, die nicht demonstriert werden konnten. Er neigte dazu, Sätze oder Satzteile sofort nachzusprechen, hatte aber keine verzögerte Echolalie. Er lernte „nein" zu sagen, benutzte aber selten „ja", sondern wiederholte statt dessen die entsprechenden Wörter der Frage. Er vertauschte manchmal die Pronomen, bezeichnete sich selbst aber gewöhnlich als „Paul". Heute sagt er gewöhnlich „ich". Er sprach manchmal zum Spaß in einer rauhen Stimme oder in einem leisen Flüsterton.

In der Schule lernte er in einer Woche die Namen der Groß- und Kleinbuchstaben, später lernte er Wörter aus drei Buchstaben. Er begann vor seinem 5. Geburtstag zu lesen und las mit sechs Jahren flüssig. Danach bat er seine Mutter, ihm jedes neu gehörte Wort aufzuschreiben, denn er lernte die Wörter viel leichter, wenn er sie sah, als wenn er sie hörte. Er konnte bis zur 7 subtrahieren, multiplizieren und dividieren. Sein Verhalten in der Schule, das am Anfang sehr unruhig und schwierig gewesen war, wurde fast normal. Mit 8 Jahren hätte er in eine höhere Klasse überwechseln sollen, wurde aber zurückbehalten, weil trotz seiner ausgezeichneten Rechenleistungen und trotz seiner Lesefertigkeit sein Sprachverständnis sehr gering war. Er wurde überaus unglücklich, als er erkannte, daß er behindert war, und zum ersten Mal zeigte er Widerstand gegen das Lernen.

Er wurde zu einer Spezialschule für Kinder mit Problemen dieser Art geschickt, aber die dortigen Mitarbeiter hatten theoretische Bedenken gegenüber einem direktiven heilpädagogischen Vorgehen. Als ihm die Anregung fehlte, zog Paul sich immer mehr in sich zurück und schien die bisher erworbenen Fähigkeiten zu verlieren.

Er verließ diese Schule und ging in eine andere, in der ein heilpädagogischer Unterricht für wesentlich gehalten wird. Dort macht er nun gute Fortschritte.

Er ist ein ruhiges Kind und immer recht traurig, weil er weiß, daß er nicht so ist wie normale Kinder. Sein Vokabular ist gut, aber seine Satzkonstruktion und Grammatik sind schlecht, weil ihm die Fertigkeit im Gebrauch gesprochener Sprache fehlt. Seine Artikulationsprobleme sind geringer geworden, und seine Sprechweise ist nun ziemlich gut. Er kann eine Unterhaltung verstehen, wenn sie sorgfältig auf ihn zugeschnitten ist und nur solche Wörter enthält, die er gelernt hat. Andererseits ist er ausgezeichnet im Rechnen, in Holz- und

Es ist nahezu unmöglich, die Prognose während des ersten Lebensjahres zu stellen.

Bild 1: Sally, 10 Monate

Bild 2: Laurence, 7¹/₂ Monate

Der Gesichtsausdruck der Kinder ist gewöhnlich ernst oder sogar traurig, besonders wenn sie nicht zu Hause sind. Viele haben einen verwirrten Blick.

Bild 3: Sally, 3½ Jahre

Bild 4: Paul, 5 Jahre

Die Kinder sehen oft attraktiv aus.

Bild 5: Tom, 6 Jahre

Bild 6: Martin, 3 Jahre

Bild 7: Gordon, 3 Jahre

Bild 8: Paul, 11 Jahre (Man beachte, daß er das linke Auge benutzt)

Bild 9: Clifford, 17 Jahre

Bild 10: Sally, 8 Jahre, als sie immer noch gerne Backsteine sammelte. Man beachte die Bewegung von Händen und Gesicht.

Bild 11: In einer vertrauten Umwelt ist der „Autismus" viel geringer. Charles und seine Lehrerin

Bild 12: Sally beim Springen

Bild 13: Adam, Sally und Paul in der Schlagzeuggruppe

Bild 14: Adam auf der Schaukel

Die Kinder können normale Tischmanieren lernen.

Bild 15: Charles (7 Jahre) kann Messer und Gabel benutzen

Bild 16: Sally (9 Jahre) hat gerade erst gelernt, etwas mit dem Messer zu zerschneiden, geht aber mit Gabel und Löffel geschickt um.

Bild 17: Elisabeth (7 Jahre) kann Mengen bis zu 10 legen und die entsprechenden Kärtchen zuordnen.

Bild 18: Paul schreibt mit der Maschine viel geschickter als mit der Hand.

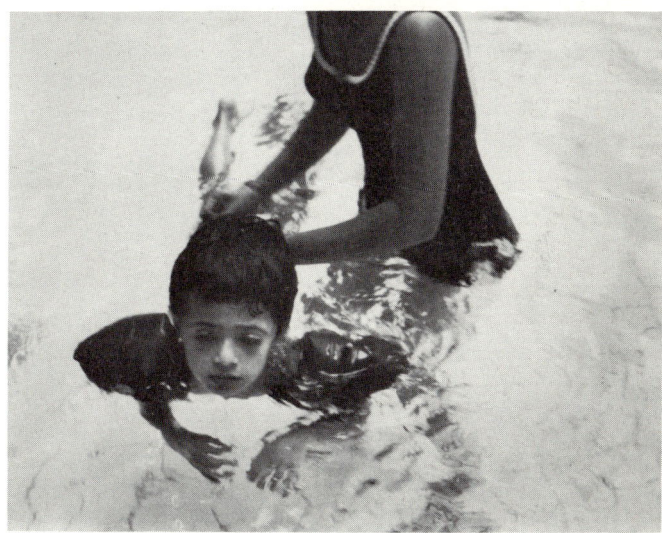

Bild 19: Viele autistische Kinder lernen ziemlich leicht, sich mit „Hundepad-deln" über Wasser zu halten, haben aber Schwierigkeiten, die schulmäßigen Bewegungen nachzuahmen. Auch andere Apraxien sind oft vorhanden.

Bild 20: Formen zu malen und zu zeichnen ist ebenfalls äußerst schwierig.

Metallarbeit; er hat Klassen für Metallarbeit in einer Technical School besucht. Er verhält sich gut – das einzige Problem ist sein Kummer und Ärger, wenn er Wörtern und Situationen ausgesetzt ist, die er nicht verstehen kann. Es besteht die Hoffnung, daß er seine praktischen Fähigkeiten wird einsetzen können, um nach dem Schulaustritt eine Beschäftigung zu finden, aber er wird eine lange und sorgfältige berufliche Ausbildung brauchen.

3. Clifford (geb. 21. 8. 1947)

Der Vater ist ein ehemaliger Offizier der Armee, die Mutter hat eine verantwortliche Stellung in der Verwaltung. Beide haben eine höhere Schulbildung. Beide sind rechtshändig und hatten selbst keine Verzögerungen in ihrer Sprachentwicklung; allerdings hatte der Vater einige Mühe mit dem Lesen und Schreiben und schaffte es mit 13 Jahren nur mit Mühe, in die Grammar School zu kommen, machte dann aber rasche Fortschritte. Die Mutter war 20, als Clifford als ältestes von 4 Kindern nach normaler Schwangerschaft und Entbindung geboren wurde. Alle Geschwister sind rechtshändig und rechtsfüßig, aber Clifford ist beidhändig. Der zweite Junge, Richard, hat etwas Schwierigkeiten im Rechtschreiben (Vertauschung von Silben und Verwechslung von Buchstaben wie „b" und „p"). Er hat eine zögernde, stoßweise Art zu sprechen, was sich – wenn er verlegen ist – sehr ähnlich wie bei Clifford anhört. Richard ist sonst normal.

Clifford saugte von Geburt an nicht richtig und brauchte einen Nuckel mit sehr großem Loch. Er schrie während der ersten zwei Monate sehr viel und war anscheinend in der Nacht lebendiger als am Tag. Er schien auf seine Eltern nicht zu reagieren und streckte ihnen nicht die Arme entgegen, in Erwartung, aufgenommen zu werden. Auch zeigte er nicht auf Gegenstände und reagierte nicht mit irgendwelchen Lauten auf vorübergehende Menschen. Er war ein ruhiger Säugling, der gut schlief und auf dem Arm anschmiegsam war. Er saß mit 10 Monaten, stand mit 2 Jahren und lief mit $2^{1}/_{2}$ Jahren, jedoch sehr unsicher. Seine ersten Wörter kamen mit 2 Jahren und waren klar ausgesprochen, aber die Sprache entwickelte sich nie richtig. Er hatte eine ausgeprägte Echolalie und wiederholte häufig immer dieselben Ausdrücke, auch hatte er große Schwierigkeiten bei der Benennung von Dingen. Seine Aussprache war schlecht, man konnte ihn manchmal schwer verstehen; er selbst wußte aber, was die von ihm gesprochenen Wörter bedeuteten. Er vertauschte nie die Pronomen und hatte keine Schwierigkeiten beim Gebrauch des „ja". Seine Eltern waren sicher, daß er weit mehr verstehen als selbst ausdrücken konnte. Aus diesem Grund zog er es vermutlich vor, still zu bleiben. Es gab z. B. oft lange Pausen, ehe er auf Fragen antwortete.

Zunächst sah er gewöhnlich an Personen und Gegenständen vorbei und schien Dinge nicht zu erkennen. Er wurde aber nie für taub gehalten, zeigte nie besonderes Interesse für spezielle Laute oder visuelle Strukturen und hatte nie spezielle Freude an Berührung, Geschmack oder Geruch von Gegenständen. Wenn er erregt war, schlenkerte er mit den Armen und verdrehte seine Handgelenke; es gab aber sonst bei ihm keine charakteristischen motorischen Bewegungen. Seine Muskulatur wirkte immer sehr kraftlos. Er hatte keine spezielle Sammelleidenschaft und bestand *nicht* auf besonderen Routineabläufen, entwickelte aber sehr früh ein leidenschaftliches Interesse für Autos und konnte aufgrund eines Kotflügels, wenn nicht gar einer Radkappe, die Bauart und das Baujahr eines jeden Modells erkennen. Er hat dieses Interesse nie verloren. Außerdem hatte er große Freude an jeder Art von Musik.

Sein Verhalten war nie laut oder lärmend, destruktiv oder erregt, er war im Gegenteil sehr sanft und ruhig. Er konnte nicht mit anderen Kindern spielen, stand aber unsicher und etwas verwirrt blickend am Rand der Gruppe. Er war ein lieber Junge, besaß einen stark ausgeprägten Sinn für Humor und hatte eine starke Bindung zu seinem zwei Jahre jüngeren Bruder Richard. Es gab bei ihm keinen „Autismus". Er hatte kein Bewußtsein für Gefahren. Wenn er schrie, kamen keine Tränen, obwohl sein Gesichtsausdruck und sein Geschrei normal waren.

Mit 5$^1/_2$ Jahren lernte er lesen, was er immer relativ gut konnte. In den meisten anderen Dingen war er zurück. Für seine Eltern war der „Mangel an Initiative" das auffälligste – man mußte ihn ständig auffordern, irgend etwas zu tun. Er wurde zu verschiedenen Zeiten als geistig retartiert, autistisch und psychotisch diagnostiziert und bis zum Alter von 17 Jahren mit finanzieller Unterstützung der lokalen Schulbehörde in zwei Heimschulen geschickt. Intelligenztests ergaben gewöhnlich einen IQ-Wert von etwas über 50.

Als wir ihn mit 17 Jahren gesehen haben, war er gerade wegen „Mangel an Initiative" als „nicht bildungsfähig" eingestuft worden. Er sah wie ein Kind von zwölf aus, hatte eine Cryptorchidie, hypertonische Muskulatur und eine Hyperextensibilität der Gelenke. Er war freundlich und bereitwillig, alles richtig zu machen, aber ungeschickt und langsam. Er konnte beschreiben, wie man mit dem Bus zum Krankenhaus fährt und konnte einfache Sätze gebrauchen, hatte aber große Schwierigkeiten bei der Artikulation. Er bewegte seine Lippen in der entsprechenden Weise, bevor er die Wörter herausbrachte, was dann meist explosiv geschah. Er zeigte eine starke Leistungsstreuung in psychologischen Tests. Im Wechslertest war der verbale IQ-Wert 57 und der Handlungs-IQ 53 Punkte. Sein Lesealter war 13;7, aber er versagte bei vielen Wörtern wie „Möbel", während er schwierige wie „nautisch" oder „Dinosaurier" konnte. Ein Lerntest (Paar-Assoziationen) für Kinder ergab durchschnittliche bis überdurchschnittliche Werte. Bei Handgeschicklichkeitstests war er sehr langsam.

Es gelang nicht, für ihn eine Möglichkeit für seine weitere Ausbildung oder einen weiteren heilpädagogischen Unterricht zu schaffen. Andererseits war er wegen seiner Kindlichkeit in Körpergröße, Aussehen und emotionalem Entwicklungsstand offensichtlich für eine beschützende Werkstätte oder ähnliche Einrichtung ungeeignet. Er wurde einer psychiatrischen Tagesstätte zugewiesen, obwohl man sich darüber klar war, daß dies keine ideale Einrichtung für die Beobachtung seiner Entwicklung und für eine heilpädagogische Arbeit war. Er kann selbst dorthin fahren, wenn ihn jemand zum Bus bringt. Sein weiteres Schicksal bleibt ungewiß.

Kapitel 2
Charakteristische Verhaltensweisen und kognitive Funktionen psychotischer Kinder

Michael Rutter

Man hat bisher im Verständnis psychotischer Erscheinungen in der Kindheit so schwer Fortschritte erzielen können, weil es keine klaren Definitionen der Syndrome gibt, die unter den allgemeinen Bezeichnungen „Autismus", „Psychose" oder „Schizophrenie" zusammengefaßt werden. In vielen Berichten über solche Zustandsbilder fehlt die Angabe expliziter und exakter diagnostischer Kriterien; wenn Berichte aber Fallbeschreibungen enthalten, so sieht man deutlich, daß äußerst unterschiedliche Kriterien benutzt wurden. Durch den Umstand, daß einerseits unterschiedliche Bezeichnungen für dasselbe Zustandsbild, andererseits dieselben Bezeichnungen für unterschiedliche Zustände verwendet wurden, ist es zu einer völligen Verwirrung gekommen.

Durch dieses Unbehagen an der Verwirrung in der Terminologie und in den diagnostischen Kriterien veranlaßt, hat eine britische Arbeitsgruppe einen Bericht zusammengestellt, der neun diagnostische Punkte aufführt (Creak et al., 1961). Die Bedeutung dieses Berichts bestand darin, daß er die Aufmerksamkeit auf die Phänomenologie des Zustands lenkte und wertvolle Ansätze für die wünschenswerte Vereinheitlichung der Diagnose bot. Daß er eine Lücke ausfüllte, zeigt sich an der Tatsache, daß seit seiner Veröffentlichung viele Untersuchungen die „9 Punkte" verwendet haben (Gillies, 1965; Creak, 1963 b; Goldberg und Soper, 1963; Hermelin und O'Connor, 1964; Mair, 1963; Mittler et al., 1966; O'Connor und Hermelin, 1963; Rachmann und Berger, 1963).
Leider sind einige dieser Punkte in nicht direkt beobachtbaren Begriffen definiert (z. B. „offensichtlich fehlendes Bewußtsein seiner eigenen persönlichen Identität" oder „abnorme Wahrnehmungserlebnisse"), und aus dem nächsten Arbeitsbericht der Gruppe (Creak et al., 1964) geht bereits hervor, daß einige Punkte in sehr unterschiedlicher Weise ausgelegt wurden. Wenn also zwei Wissenschaftler ihre Fälle mit Hilfe der „9 Punkte" diagnostiziert haben, so ist immer noch nicht sicher, ob sie von demselben Zustandsbild sprechen oder nicht. Ein Kriterium wie „wenigstens 4 der 9 Punkte" ist eine gewisse Hilfe, bedeutet aber, daß auch solche Kinder als „psycho-

tisch" bezeichnet werden müßten, die hyperkinetisch (Punkt 8), stumm (Punkt 7), geistig behindert (Punkt 9) und schwer kontaktgestört (Punkt 1) sind, ohne sonstige Abnormitäten zu zeigen. Aber nur wenige Fachleute würden diese Symptome für ausreichend halten, um die Diagnose „Psychose" zu stellen. Eine weitere Schwierigkeit liegt in der Tatsache, daß manchmal dieselbe Verhaltenseinheit als Anzeichen für mehr als einen Punkt dient; z.B. wird der fehlerhafte Gebrauch von Personalpronomen als Anzeichen sowohl für Punkt 3 (fehlendes Bewußtsein der persönlichen Identität) wie für Punkt 7 (Sprachabnormität) angesehen.

Trotz der sprachlichen Verwirrung besteht – wenigstens in England (Rutter, 1965a; Wolff und Chess, 1965a) – recht allgemein die Überzeugung, daß es eine Kindheitspsychose gibt, und es existieren gewisse Vorstellungen über die entsprechenden Symptome. Zur Klärung der diagnostischen Problematik ist es erforderlich, eine detaillierte Beschreibung des Verhaltens psychotischer Kinder zu geben. Außer Kanners brillanter erster Darstellung des kindlichen Autismus (Kanner, 1943), Normans detaillierter Beschreibung von Objektbeziehungen und Affekten (Norman, 1954 und 1955), einer neueren ausgezeichneten Untersuchung von Wolff und Chess (1965a u. b) und verstreuten Fallberichten findet man darüber wenig in der Literatur. Insbesondere gibt es, mit Ausnahme der Studie von Bender und Helme (1953), die eine etwas andere Kindergruppe betrifft, keine kontrollierten Vergleiche mit anderen psychiatrischen Erkrankungen.
In diesem Kapitel wird das Verhalten derjenigen Kinder beschrieben, die im Lauf von neun Jahren im Maudsley Hospital untersucht wurden und bei denen man die Diagnose „kindliche Psychose" gestellt hatte. Durch einen Vergleich des Verhaltens der psychotischen mit dem der nicht-psychotischen Kinder, die in dieselbe psychiatrische Klinik gekommen waren, lassen sich – wie wir hoffen – diejenigen Verhaltenszüge abgrenzen, die das besondere Charakteristikum psychotischer Kinder sind. Außerdem können diejenigen Verhaltensweisen beschrieben werden, die sie mit anderen Kindern gemeinsam haben, die unter anderen schweren Störungen des Verhaltens oder der Entwicklung leiden.

Da die psychotischen Kinder aufgrund der Diagnose im Fallbericht ausgewählt wurden, ist die Gruppe nicht unbedingt homogen. Wie jedoch gezeigt wird, erfüllt die überwiegende Mehrheit die Kannerschen Kriterien für „frühkindlichen Autismus". Trotzdem wurde der Begriff Psychose als Bezeichnung des Gesamtzustandes vorgezogen, weil die Gruppe einige Kinder einschließt, die möglicherweise keinen frühkindlichen Autismus gehabt haben. Wenn im folgenden der Begriff „autistisch" verwendet wird, dann nicht im Sinn dieses komplexen Syndroms, sondern zur Bezeichnung des speziellen *Symptoms* der abnormen Beziehung zu anderen Menschen (siehe Kapitel 1).

Methode der Untersuchung

Aufgrund der Aufzeichnungen der Kinderabteilung des Maudsley Hospitals für die Zeit von 1950 bis einschließlich 1958 wurden alle Kinder ausgewählt, die vor den ersten Zeichen der beginnenden Pubertät untersucht worden waren und bei denen übereinstimmend die Diagnose „kindliche Psychose", „schizophrenes Kindheitssyndrom", „kindlicher Autismus" oder irgendeine Bezeichnung mit gleicher Bedeutung von allen Psychiatern im Maudsley Hospital, die das Kind gesehen hatten, gestellt worden war. 63 psychotische Kinder wurden gefunden, und für jedes wurde als Kontrolle ein anderes Kind gleichen Geschlechts ausgewählt, das ungefähr zur gleichen Zeit in dieselbe Abteilung gekommen war und das in Alter und gemessener Intelligenz möglichst gleich war.

Die Kontrollkinder bildeten eine klinisch heterogene Gruppe. Mehr als die Hälfte (38) waren geistig behindert, wobei die Retardierung der Sprache meist eines der Hauptprobleme war. Ein hoher Prozentsatz hatte eine manifeste organische Hirnerkrankung, viele waren epileptisch. Im Verhalten zeigte ein Drittel (23) Störungen mit sozial abgelehnten oder antisozialen Verhaltensweisen, ein Viertel (15) hatte neurotische Störungen, einige (6) zeigten das hyperkinetische Syndrom, bei 8 bestand eine unkomplizierte Form des Schwachsinns, und der Rest (11) hatte andere Störungen (darunter eine subakute organische Reaktion, Einkoten und Einnässen als isolierte Störungen, extreme Unbeholfenheit, Persönlichkeitsstörungen und spezifische Störungen der Sprachentwicklung). Bei der Nachuntersuchung zeigte sich, daß eines der Kontrollkinder bestimmt psychotisch war, drei andere waren es wahrscheinlich.

Kinder, die nach der Beschreibung nur „psychotische Merkmale" oder

„einige psychotische Züge" zeigten, wurden sowohl von der psychotischen wie der Kontrollgruppe ausgeschlossen. Das führte in Verbindung mit der Forderung nach völliger Übereinstimmung der psychiatrischen Diagnose zum Ausschluß vieler Kinder, die andere Psychiater ohne Zögern als psychotisch diagnostiziert hätten, aber es erschien besser, eine Gruppe von Kindern zu haben, bei denen keine diagnostischen Zweifel bestehen. (Hinsichtlich weiterer Details der Methode siehe Rutter und Greenfield, 1966.)

Fast alle Kinder sind irgendwann einmal sowohl von dem verstorbenen Dr. Kenneth Cameron wie von Dr. James Anthony gesehen worden. Verschiedene andere Psychiater haben eine kleinere Anzahl der Fälle gesehen. Cameron (1955 und 1958) schrieb, daß er seine Diagnose auf dem manifesten klinischen Bild anhand von Potters Kriterien aufbaue: „Abzug des Interesses von der Umwelt; dereistische Strukturen in Denken, Fühlen und Handeln; Verzerrungen, Unangemessenheit oder Starrheit des Affekts; Veränderung der Mobilität, entweder in Richtung auf eine Steigerung und Hypermobilität oder in Richtung auf eine Minderung bis zur völligen Immobilität oder zu bizarrem und stereotypem Verhalten; schließlich zur Regression." Anthony hat keine explizite Aufstellung seiner diagnostischen Kriterien gegeben, jedoch sind seine Begriffe in einer Reihe von Schriften (Anthony, 1958 a u. b, 1962) klar ausgeführt. Er unterscheidet drei Typen kindlicher Psychosen:

1. Eine Gruppe mit sehr frühem Krankheitsbeginn, die er Kanners Gruppe des frühkindlichen Autismus, Benders erster Altersgruppe und Desperts Gruppe „ohne Krankheitsbeginn" gleichsetzt.

2. Eine Gruppe mit massiver Regression zwischen dem Alter von drei bis fünf Jahren, zu der er Hellers Syndrom, Mahlers symbiotische Psychose, Benders zweite Altersgruppe, Desperts Gruppe „mit akutem Krankheitsbeginn" und die von De Sanctis und Weygandt beschriebenen Demenzzustände zählt.

3. Eine Gruppe mit dem Krankheitsbeginn in der mittleren und späten Kindheit. Diese letzte Gruppe wurde aus der hier erfaßten Reihe ausgeschlossen, weil nur Kinder einbezogen werden sollten, die vor Beginn der Pubertät erstmals zur klinischen Untersuchung gekommen waren.

Informationen über das Verhalten der Kinder zur Zeit des ersten Klinikbesuchs wurden nur den Fallberichten entnommen, aber alle Beschreibungen der Kinder bei der Nachuntersuchung (d. h. alle, die sich auf neunjährige oder ältere Kinder beziehen) beruhen auf direkten Beobachtungen des Autors, ergänzt durch Berichte der Eltern oder anderer Betreuer des Kindes.

Ergebnisse

Tabelle 1 zeigt die Häufigkeit verschiedener Symptome in den beiden Vergleichsgruppen. Abnormitäten der zwischenmenschlichen Beziehungen, der Sprache, stereotype, ständig wiederkehrende Bewegungen, fehlendes Anpassungsvermögen (Widerstand gegen Veränderungen oder Beharren auf Gleichförmigkeit), krankhafte Objektbeziehungen und Beschäftigungen, quasi-„zwanghafte" Erscheinungen, Eßprobleme und Selbstverletzungen – das alles war bei der psychotischen Gruppe häufiger als bei der Kontrollgruppe. Jedoch war, abgesehen von der Abnormität in den zwischenmenschlichen Beziehungen und der Retardierung der Sprache keines der erfaßten Merkmale bei allen psychotischen Kindern vorhanden. Es gab andere Verhaltensweisen, die für die psychotischen Kinder besonders charakteristisch waren, aber es gab keine, die nicht bei wenigstens einigen Kontrollkindern ebenfalls vorkamen. Der Unterschied zwischen den Gruppen liegt größtenteils in der Struktur der Symptome und in gewissem Ausmaß in ihrer Schwere.

Beziehungen zu anderen Menschen

Gestörte zwischenmenschliche Beziehungen sind ein Bestandteil der meisten schweren Verhaltensstörungen. Sie traten bei den psychotischen Kindern etwas, aber nicht wesentlich häufiger auf als bei den Kontrollkindern. Allerdings war diese Störung meist viel schwerer und außerdem ganz anders geartet. Nur 8 Kontrollkinder verhielten sich „autistisch", im Vergleich zu 57 psychotischen Kindern. Der Begriff „autistisch" bezeichnet hier eine Verhaltenseigenschaft und wird vielleicht in einem etwas engeren Sinn als gewöhnlich verwendet. Er soll eine starke geistige „Abwesenheit" und Umweltferne sowie ein anscheinend fehlendes Interesse für andere Menschen ausdrücken. Dieser Eindruck entsteht vor allem durch den fehlenden Blickkontakt dieser Kinder: sie sehen den anderen Menschen nicht an, sondern blicken weg oder an ihnen vorbei oder durch sie „hindurch". Außerdem zeigten die meisten „autistischen" Kinder wenig Variation in ihrem Gesichtsausdruck, sie schienen tief in Gedanken ver-

Tabelle 1: Verhaltensmerkmale von psychotischen und Kontrollkindern

Verhaltensmerkmale	Psychotische Kinder	Kontrollkinder
Beziehungen zu anderen Menschen		
Abnorme Beziehungen zu Gleichaltrigen	63	52
Autismus	57	8
Zurückgezogensein	21	12
Sprache		
Rückstand in der Entwicklung (entweder durch Verzögerung oder durch Regression)	63	53
Keine Sprache mit 5 Jahren	31	7
Vertauschung von Pronomen	19	8
Echolalie	29	19
Sehr starke Reaktion auf Laute	12	2
Irgendwann einmal für taub gehalten	22	7
Ritualistische und zwanghafte Erscheinungen		
Abnorme Objektbeziehungen	26	12
Abnorme Beschäftigungen	37	9
Fehlende Anpassungsfähigkeit (Widerstand gegen Veränderungen)	37	10
Andere „zwanghafte" Erscheinungen	32	8
Mindestens eines der obigen vier Merkmale	57	34
Mindestens eines in deutlicher Ausprägung	39	8
Mindestens drei der vier Merkmale	23	4
Motorische Erscheinungen		
Hyperkinese	31	27
Hypokinese (beim ersten Besuch)	10	2
Stereotype, ständig wiederkehrende Bewegungen (aller Art)	46	21
mit dem ganzen Körper (außer Schaukeln)	27	5
Hand- und Fingermanierismen	19	4
Gesichts-, Kopf- und Nackenbewegungen	21	13
Andere Erscheinungen		
Eßprobleme	23	15
Schlafprobleme	23	20
Angst und Furcht	40	39
Fehlende Reaktion auf schmerzhafte Reize	10	4
Schlechte Konzentration	46	45
Kurze Aufmerksamkeitsspanne / schwache Ausdauer (bei Nachuntersuchung)	35	17
Erhöhte Ablenkbarkeit (bei Nachuntersuchung)	2	12
Enuresis	44	34
Encopresis	37	19
Aggression	27	26
Trotzanfälle	49	45
Selbstverletzungen	23	10
Gesamtzahl der Kinder	63	63

sunken oder in feierlicher oder ernster Stimmung. Sie äußerten ihre Gefühle nicht und zeigten kaum Zärtlichkeit oder Zuneigung. Sie hatten nur selten Sinn für Humor und äußerten für andere Menschen weder Sympathie noch Mitgefühl.

Ein $7^1/_2$jähriger psychotischer Junge wurde als „autistisch, kühl, geistig abwesend und nicht an Menschen interessiert…" beschrieben, als „…. einzelgängerisch und an seiner Umwelt kaum interessiert … sitzt oft allein da und starrt in die Luft … geht nicht zu anderen Kindern … ist zurückgezogen und fast unzugänglich, kommt aber ziemlich komplexen Aufforderungen nach und hat eine sehr gute motorische Koordination." Mit 21 Jahren zeigte er immer noch ein ähnliches Verhalten: „Reagiert überhaupt nicht auf Personen seines Alters, versucht niemals irgend etwas mit irgend jemandem zu tun, ausgenommen gelegentliche Spiele mit einem 7jährigen Jungen, den er herumkommandiert. Sehr selten zeigt er irgendeine Gefühlsregung und niemals eine Zuneigung … er ist geistig wie abwesend und in weiter Ferne. Er geht zwar nicht direkt fort, meidet aber den Augenkontakt und hat ein bewegungs- und ausdrucksloses Gesicht… Er scheint gegenüber der Anwesenheit anderer Personen vollständig gleichgültig, niemals erfreut oder verärgert zu sein."

Die sechs nicht-„autistischen" psychotischen Kinder zeigten viele ähnliche Merkmale und waren auch von einigen Beobachtern ebenfalls als „autistisch" beschrieben worden. Sie blieben oft für sich allein und nahmen an Gruppenaktivitäten nicht teil. Es fehlte ihnen ganz auffällig an Gefühlswärme oder Spontanität. Jedoch hatten sie, anders als die „autistischen" Kinder, den direkten Augenkontakt, waren manchmal freundlich oder zeigten Interesse an anderen Menschen.

Ein $8^1/_2$jähriger Junge wird wie folgt beschrieben: „… nimmt an den Spielen der anderen Kinder nicht teil … sieht den anderen zu, aber gesellt sich nicht zu ihnen … entwickelt keine Beziehung und ist von den anderen Kindern isoliert … Aber er imitiert und hilft Erwachsenen … läuft zu den Kindergärtnerinnen, sitzt auf ihren Knien und streichelt ihnen das Gesicht." Mit 22 Jahren war er immer noch sehr zurückgezogen und ohne Gefühlswärme oder Spontanität, kam aber bereitwillig zum Interview, arbeitete gut mit und lächelte mehrere Male. Er sah mir direkt ins Gesicht und versuchte ganz offensichtlich, alle Anweisungen zu erfüllen. Jedoch war er vollständig stumm und hatte einen deutlichen Ausfall im Sprachverständnis."

Tatsächlich räumliche Absonderung von anderen Menschen trat bei einem Drittel (21) der psychotischen Kinder irgendwann einmal auf, verglichen mit einem Fünftel (12) der Kontrollkinder, aber das war größtenteils auf eine Phase in der frühen Kindheit beschränkt, und nur bei wenigen Kindern war es stärker ausgeprägt oder zeitlich lang andauernd.

Allerdings kam gelegentlich eine starke und lang andauernde Absonderung dieser Art vor, wie z. B. bei einem 6½jährigen Jungen, der „abseits von anderen Kindern blieb, allein spielte oder mit einem über den Kopf gezogenen Kleidungsstück einfach nur dasaß". Auch 9 Jahre später hatte er gar keine Beziehung zu anderen Kindern – „er zog sich in eine Ecke zurück und stand dort stundenlang mit seiner über den Kopf gezogenen Kleidung. Beim Interview saß er zusammengekauert und in die andere Richtung gewandt und zog sich zu wiederholten Malen sein Hemd über den Kopf."

Sprache

Da die Kontrollgruppe so ausgewählt wurde, daß sie im IQ-Wert gleich war, ist es nicht überraschend, daß 53 Kinder dieser Gruppe eine sprachliche Retardierung zeigten, entweder als verzögerte Entwicklung von Geburt an oder als Regression. Alle psychotischen Kinder hatten zu irgendeiner Zeit eine sprachliche Retardierung, und nur bei einem war diese Retardierung in der Zeit nach dem ersten Besuch des Maudley-Hospitals verschwunden. Die Abnormitäten in der Kommunikation waren bei den psychotischen Kindern viel langdauernder: Fast die Hälfte (31) sprach mit fünf Jahren immer noch nicht, im Vergleich mit nur 7 Kindern der Kontrollgruppe.

Reaktion auf Laute. Ein deutliches Fehlen von Reaktionen auf Laute war für die psychotischen Kinder besonders charakteristisch. Das wird durch das Ergebnis illustriert, daß ein Drittel von ihnen (22) zu irgendeiner Zeit für taub gehalten wurde, hingegen von den Kontrollkindern nur 7. Vor allem waren die psychotischen Kinder dem gesprochenen Wort gegenüber oft unempfänglich. Außerdem fehlte es bei vielen überhaupt an Reaktionen auf auditive Reize jeder Art. Paradoxerweise zeigten einige Kinder (12 psychotische gegenüber 2 Kontrollkindern) auch eine übermäßig starke Reaktion auf Laute; so wurde von einem 3½jährigen Jungen geschrieben, er sei „empfindlich gegenüber lauten Geräuschen ... hält sich seine Ohren mit den Händen zu, als wolle er die Geräusche ausschließen ... Gewöhnlich tut er das, wenn es laut ist, manchmal aber auch, wenn es ruhig ist." Und ein anderer Junge von 6 Jahren „saß lange Zeit mit beiden Händen über den Ohren ... er hielt sich die Ohren zu und schrie bei jedem lauten Geräusch."

Echolalie. Unter den psychotischen Kindern, die sprechen konnten, war irgendeine Form der Echolalie eine der häufigsten Abnormitäten. Es gab sie bei 29 der 37 sprechenden psychotischen Kinder, hingegen nur bei 19 der 58 sprechenden Kontrollkinder. Manchmal war das unmittelbare Echo vorherrschend – so neigte z. B. ein achtjähriges Mädchen dazu, „alle an sie gerichteten Bemerkungen als Echo wiederzugeben ... eine Analyse einer Tonbandaufzeichnung zeigte, daß 16 % aller ihrer Äußerungen echolalisch waren ... wegen dieses Echos war die Unterhaltung sehr schwierig, sie konnte spontan etwas mitteilen, aber selten Fragen beantworten." Sogenannte „verzögerte" Echolalie war für die sprechenden Kinder sogar noch charakteristischer. (Sie trat bei fast allen Kindern auf, die außerdem das unmittelbare Echo zeigten.) Die Sprache bestand in diesem Fall oft nur aus immer wiederholten Phrasen.

Ein Junge sagte ständig „du wirst das behalten", „du hast zu Hause einen Bruder" (in beiden Ausdrücken hat „du" die Bedeutung „ich"). Manchmal werden Ausdrücke in einem langsamen Singsang ständig wiederholt, so z. B. von einem achtjährigen Jungen, der immerzu sagte: „Was tut Oma, Oma backt Kuchen, was tut Decky, sie macht Tee für Frau Darby". Manchmal fordert das Kind stereotype Antworten auf seine echolalischen Phrasen. Ein fünfjähriger Junge wiederholte ständig Ausdrücke wie „ja, ja, ein guter Junge, ja ja" mit einem erwartungsvollen Anheben der Stimme, bis der Arzt oder die Krankenschwester ihm den Ausdruck wiederholte.

Obwohl in dem gerade zitierten Ausdruck enthalten, wurde „ja" ebenso wie „nein" von den psychotischen Kindern selten verwendet. Statt dessen wurden Ausdrücke mit der Frageintonation benutzt. So sagte ein Mädchen immer: „Möchtest du es nicht?" anstelle von: „Nein". Häufig wurden metaphorische Ausdrücke verwendet. Ein Junge sagte: „Wir sehen uns in 14 Tagen wieder", wenn jemand fortgehen sollte. Ein anderer sagte: „Auf Wiedersehen, Krach", wenn er meinte: „Sei ruhig". Bezeichnungen für Teilaspekte von Gegenständen wurden manchmal für das ganze Objekt verwendet – z. B. sagte ein Junge immer „Schlüssel" für „Schrank". Manchmal wurden Wörter auch aufgespalten – z. B. sagte ein Mädchen „be-sick" (= sei krank) anstelle von „biscuit" (= Keks).

Gebrauch von Personalpronomen. Die Vertauschung von Personalpronomen war ebenfalls sehr häufig, klar erkennbar bei 19 der 37 sprechenden psychotischen Kinder, aber nur bei 8 der 56 sprechenden Kontrollkinder. Die Ich-Du-Verwechslung war besonders charakteristisch. Ein Kind fragte während des Gesprächs: „Wird Dr. Rutter dir wehtun?" und meinte: „Wirst du mir wehtun?". Ein anderes Kind bezeichnete sich selbst immer als „du" – z. B. beantwortete es eine entsprechende Frage mit: „Ja, du zeichnest gerne", und zu seiner verstopften Nase gab es den Kommentar: „Du hast einen schrecklichen Schnupfen gekriegt."
Bei vielen psychotischen Kindern blieb diese Tendenz ungefähr ein Jahr lang bestehen, bei manchen aber bis in die Jugendzeit. (Beide Kinder, die zitiert wurden, verwechselten noch mit 17 Jahren oft „du" und „ich".) Andere Kinder bezeichneten sich selbst in der dritten Person (z. B. „Sie hat sich wehgetan") oder mit einer Kombination der zweiten und dritten Person (z. B. „Du hast dir wehgetan, Lindsay"). Dieses Phänomen wurde als mögliches Anzeichen für fehlendes Bewußtsein der persönlichen Identität angesehen (Creak et al., 1961), Kanner hat es für eine Folge der Echolalie gehalten (Kanner und Eisenberg, 1955). Mit einer möglichen Ausnahme waren alle Kinder dieser Untersuchungsreihe, die eine Pronomenvertauschung zeigten, auch echolalisch, wobei die Vertauschung der Personalpronomen in echolalischen Ausdrücken am deutlichsten zutage trat, so daß es berechtigt scheint, diese Vertauschung mindestens im Regelfall einfach als einen weiteren Aspekt der Echolalie anzusehen.

Andere Sprachabnormitäten. Verschiedenartige andere Abnormitäten der Sprache, ähnlich den von Kanner (1946) beschriebenen, wurden bei einigen psychotischen Kindern dieser Reihe beobachtet. 6 Kinder erfanden für Gegenstände ihre eigenen Wörter; bei 4 von

ihnen war diese Tendenz sehr ausgeprägt, und eines sprach eine Zeit-
lang fast ausschließlich seine eigene Sprache. 10 Kinder sprachen oft
in einem speziellen Tonfall – einem Singsang oder Flüsterton. Andere
Besonderheiten der Sprache waren u. a. eine übermäßig konkrete
Sprachverwendung, Abnormitäten in der Sprechweise und Mängel
in der Artikulation. Da dies im Jugendalter zur Zeit der Nachuntersuchung am deutlichsten war, wird es detaillierter in Kapitel 3 beschrieben.

Ritualistische und zwanghafte Phänomene
(ausgenommen stereotype Manierismen)

Das Verhalten, das in dieser Kategorie erfaßt ist, wurde gelegentlich
von anderen Autoren als zwanghaft bezeichnet (Wolff und Chess,
1965 b). Sowohl Kanner (1943) als auch die britische Arbeitsgruppe
(Creak et al., 1961) haben die Betonung auf den Widerstand gegen
Veränderungen und das Verlangen nach Bewahrung von Gleichförmigkeit gelegt, was wichtige Aspekte einiger Verhaltensweisen in
dieser Kategorie sind. Obwohl sich kleine Kinder nicht so ausdrük-
ken können, daß sich sicher beurteilen läßt, ob ein Zwang wie bei
Erwachsenen vorliegt, so ist doch nicht zu übersehen, daß ihr Verhalten viele zwanghafte Züge zeigt – in seinen rituellen Formen und
seiner Besessenheit, seinem stereotypen Wesen, seiner Komplexität
und in der quälenden Not, in die das Kind gerät, wenn es an der Ausführung seiner Handlungen gehindert wird. Für den vorliegenden
Zweck wird das Phänomen in abnorme Objektbeziehungen, abnorme Beschäftigungen, fehlende Anpassungsfähigkeit und sonstige
zwanghafte Erscheinungen aufgeteilt. 57 der 63 psychotischen Kinder zeigten wenigstens eine dieser Erscheinungen, im Vergleich zu 34
der Kontrollkinder. 39 psychotische Kinder zeigten sie in ausgepräg-
tem Maß, aber nur 8 Kontrollkinder. Ferner zeigten 23 psychotische
Kinder und nur 4 Kontrollkinder Verhaltensweisen, die zu mindestens drei der vier Kategorien dieses Abschnittes gehören, so daß ritualistische und zwanghafte Erscheinungen irgendeiner Art besonders
charakteristisch für die psychotischen Kinder waren. Auch sollte festgehalten werden, daß diese vier Typen ritualistischer und zwang-

hafter Erscheinungen beim psychotischen Kind in der Regel zusammen auftraten, während bei einem Kontrollkind mehr als eine Art nur selten vorkam.

Abnorme Objektbeziehungen bestanden z. B. bei einem kleinen $3^1/_2$-jährigen Jungen:

„Er hat gewöhnlich einen speziellen Gegenstand, den er überall mitnimmt. Er ist äußerst beunruhigt, wenn dieser Gegenstand einmal verlegt ist. Auf der Station trennte er sich niemals von einer leeren Schuhdose, die er sogar mit ins Bett nahm ... Er stellt immer wieder Fragen über Dosen; Tabaksdosen spielen in seinem Leben und seinen Unterhaltungen eine sehr große Rolle." Mit 17 Jahren waren diese Objektbeziehungen schwächer, aber „gelegentlich trägt er immer noch eine Schuhcremedose mit sich herum. Häufig trägt er kleine Kieselsteinchen in der Hautfalte zwischen Daumen und Zeigefinger mit sich herum und immer noch manchmal ein Stückchen Wolle."

Im Regelfall gelten die Objektbedingungen der psychotischen Kinder kuriosen und ungewöhnlichen Gegenständen, und obwohl diese Beziehungen manchmal mit zunehmendem Alter zurückgehen, bestehen sie weit über das Alter hinaus, in dem normale Kinder feste Objektbeziehungen ausbilden.

Abnorme Beschäftigungen traten bei 37 psychotischen Kindern auf, im Vergleich dazu nur bei 9 Kontrollkindern. Diese Tätigkeiten unterschieden sich sehr stark in ihrer Komplexität. Einige waren im Grunde nur einfache Wiederholungshandlungen, die sich von Manierismen nur dadurch unterschieden, daß ein Gegenstand in das Tun einbezogen wurde.

So wird z. B. von einem fünfjährigen Jungen berichtet: „Den ganzen Tag läßt er ständig Gegenstände herumkreisen ... ein anscheinend zwanghaftes, immer wiederholtes Schütteln und Kreiseln von allem, was ihm in die Hände kommt ... er läßt das Stethoskop kreiseln, als er untersucht wird ... er nimmt sich einen Stock, befestigt ein Tischtuch oder eine Schürze daran und läßt das den ganzen Tag lang herumkreisen, wenn er daran nicht gehindert wird ... er nimmt die Schnürsenkel aus seinen Schuhen heraus, um sie herumzuwirbeln, hüpft dabei auf der Stelle und gerät in einen Erregungs- und Spannungszustand, stöhnt und preßt mit der Faust gegen sein Kinn."

In anderen Fällen spielen differenzierte Fantasien oder Begriffe eine Rolle. Ein sechsjähriger Junge „beschäftigte sich sehr mit seiner Größe und der Größe anderer Dinge ... er wollte nicht, daß sich irgend etwas in der Größe verändert ... er wollte selbst nicht größer werden ... er beschäftigte sich außerdem mehrere Jahre lang mit Eisenbahnen ... er zeichnete nichts außer Eisenbahnen, er redete davon, daß er eine Eisenbahn sei und andere Personen ebenfalls Eisenbahnen ... Er wurde ärgerlich, wenn er aufgefordert wurde, irgend etwas anderes zu zeichnen und wollte es nicht." Ein anderes Kind fragte ständig nach der Farbe von Dingen und ordnete alles nach der Farbe.

Es ist klar, daß die Komplexität solcher Beschäftigungen zu einem großen Teil von dem geistigen Entwicklungsstand des Kindes abhängt. So beschäftigte sich ein $3^1/_2$jähriger Junge „sehr mit dem Schreiben von Zahlen ... man kann ihn davon nicht abbringen, er schreibt sie endlos den ganzen Tag lang." Dasselbe Kind war mit neun Jahren „sehr mit Maßen beschäftigt, er fragt, was Personen wiegen, wie alt sie sind, welche Schuhgröße sie haben... Als er z. B. kürzlich auf der Victoria Station war, bestand er darauf, umherzugehen und die Füße der Leute, die auf den Bänken saßen, hochzuheben, um ihre Schuhgröße festzustellen und um daraufhin zu ermitteln, wie häufig die verschiedenen Schuhgrößen bei den Leuten auf dem Bahnhof vertreten waren ... er verbringt Stunden damit, umfangreiche Berechnungen durchzuführen, wobei er sich die Aufgaben selbst stellt – z. B. wieviel Sekunden ein Jahr hat oder die dritte Potenz von 4557."

Fehlende Anpassungsfähigkeit (Widerstand gegen Veränderungen). Hiermit ist eine abnorme Unfähigkeit gemeint, sich an Veränderungen anzupassen, was in starker Beunruhigung oder Protesten bei neuen Situationen, Gegenständen oder Vorfällen zum Ausdruck kommt. Man könnte dies ebenso als „Bestehen auf Gleichförmigkeit" wie als „Widerstand gegen Veränderungen" beschreiben. Beim psychotischen Kind hat es gewöhnlich einen auffallend zwanghaften Charakter. Es zeigte sich bei 37 psychotischen Kindern, aber nur bei 9 Kontrollkindern.

Ein siebenjähriger Junge neigte zu „sehr starker Empörung und Opposition bei jeder Veränderung ... er bestand darauf, daß alles unverändert bleiben sollte, war böse, wenn die Möbel an andere Stellen gerückt oder die Wände gestrichen wurden." Ein anderer Junge von sechs Jahren „mußte immer die gleiche Tasse und die gleiche Kleidung haben ... er akzeptierte überhaupt nichts Neues." Neun Jahre später „hatte er immer noch eine Abneigung gegen Änderungen jeder Art ... wenn seine Mutter irgendeine Vase oder Schale oder ein Möbelstück anders stellte, stellte er es an die alte Stelle zurück ... die Eltern geben gewöhnlich nach, aber wenn sie es nicht tun, kommt es zu einem Trotzanfall."

Andere zwanghafte Erscheinungen gab es bei 32 psychotischen Kindern, hingegen nur bei 8 Kontrollkindern. Sie waren inhaltlich sehr verschiedenartig, hatten aber alle als wesentliches Merkmal ritualistische und zwanghafte Qualität.

Ein viereinhalbjähriges Mädchen hatte ein „Ritual, ein Blatt abzupflücken, immer wenn sie in den Garten kam – immer ein Blatt vom gleichen Fliederbusch, und was sie auch tat, immer hielt sie das Blatt in ihrer rechten Hand... Es gibt bei ihr eine ausgeprägte Stereotypie in der Anordnung von Spielsachen – besonders im Hinblick auf Formen und Farben... Sie tanzt um jeden neuen Gegenstand, der ihr gegeben wird, lange im Kreis herum und muß alles in geraden Reihen anordnen – z. B. reiht sie ihre Spielsachen in einer Reihe quer durch das Zimmer und aus der Tür hinaus in den Garten." Oft gibt es fest fixierte routinemäßige Gewohnheiten. Ein Junge lief täglich bei jedem Wetter zu genau derselben Zeit genau denselben Weg zu genau derselben Stelle. Er hatte auch ein fixiertes Ritual, seine Kleidung auszuziehen, und man konnte sagen, daß „sein ganzes Leben eine Reihe fixierter routineartiger Gewohnheiten und Rituale ist".

Eßprobleme

Eßprobleme waren bei den psychotischen Kindern nur wenig häufiger (23) als bei den Kontrollkindern (15), jedoch unterschieden sich die Probleme der psychotischen Kinder qualitativ dadurch, daß sie meist ausgesprochen zwanghaften Charakter hatten.

Ein sechsjähriger Junge wurde wie folgt beschrieben: „Er ißt sehr wenig, geht mit seiner Nahrung sehr mäklig um ... läßt sich beim Essen nicht helfen ... hat Zeiten, in denen er alles ablehnt außer Marmeladenbroten und Süßigkeiten." Sechs Jahre später waren die Schwierigkeiten nur etwas geringer – „Er ißt das Mittagessen nur von einem kleinen Teller, lange Zeit aß er nichts außer Pommes Frites. Er ißt nun auch anderes, aber nur wenn Pommes Frites dabei sind. So ißt er auch andere Arten von Kartoffeln, aber nur, wenn er auch Pommes Frites hat." Ein anderer sechsjähriger Junge wollte überhaupt kein Fleisch essen und sagte, daß Hunde Fleisch essen und er kein Hund sei. Einige Zeit später hatte er eine Periode, in der er nur belegte Brote aß. Mit 18 Jahren „wollte er immer noch kein Fleisch essen, ausgenommen Schweinefleisch, und das nur mit Pommes Frites und ohne

Soße. Jedoch aß er anderes Fleisch, wenn ihm fest versichert wurde, daß es Schweinefleisch sei, und wenn es mit Pommes Frites serviert wurde. Die Eßprobleme sind im Laufe der Jahre geringer geworden, aber hauptsächlich deshalb, weil seine Eltern ihre Eßgewohnheiten den seinen angepaßt haben."

Schlafstörungen

Etwas über ein Drittel beider Gruppen (23 psychotische Kinder und 20 Kontrollkinder) hatte irgendeine Art von Schlafstörung. Gewöhnlich äußerte sich dies durch häufiges Aufwachen, Weinen und Schreien. Schwere Schlafstörungen kamen bei den psychotischen Kindern (11) etwas häufiger vor als bei den Kontrollkindern.

Angst und Furcht

Krankhafte Angst und Furcht gab es bei nahezu zwei Drittel der psychotischen Kinder (40), war aber für die Kontrollkinder ebenso charakteristisch. Im allgemeinen waren die Ängste bei den psychotischen Kindern etwas stärker und anhaltender.

Zum Beispiel hatte ein neunjähriger Junge gleich eine ganze Vielzahl von Ängsten: „Er befürchtet, daß er nicht schlucken kann, wenn er ißt; er fürchtet sich, allein in einem geschlossenen Raum zu sein; er fürchtet sich vor dem Dunkeln; er will nur auf der Toilette sitzen, wenn die Tür offen ist. Er zitterte vor Furcht, als er aus dem Krankenhaus kam und seine Mutter wiedersah. Mit 22 Jahren ist er immer noch sehr furchtsam, oft duckt er sich, als ob er geschlagen werden solle, hat aber keine spezifischen Ängste mehr." Ein anderer Junge bekam mit zweieinhalb Jahren große Angst vor Metzgern und Malern. Mit sechs Jahren fürchtete er sich immer noch vor jedem, der einen weißen Kittel anhatte, hatte außerdem Angst vor Hunden. Seit der Geburt seines Bruders fürchtete er sich sehr vor jeder Form von Krankheit. Er war geängstigt und schrie, wenn ihm die Haare geschnitten wurden. Diese Ängste waren mit zwölf Jahren stark zurückgegangen, aber er fürchtete sich immer noch vor Hunden, wenn sie nicht an der Leine waren.

Hyperkinese und Hypokinese. Starke Überaktivität in der frühen und mittleren Kindheit fand sich bei fast der Hälfte der Kinder beider Gruppen (31 psychotische und 27 Kontrollkinder). Die Überaktivität äußerte sich gewöhnlich darin, daß die Kinder herumrannten, auf die Möbel kletterten und sprangen, und daß sie im Vergleich zu normalen Kindern derselben Intelligenzstufe (bzw. desselben Alters) überhaupt mehr umherliefen und weniger ruhig spielten. Jedoch war die Überaktivität aller hyperkinetischen Kinder von der jeweiligen Situation abhängig. Wenn erwartet wurde, daß sie sich setzten (z. B. zur Essenszeit), standen sie ständig auf und liefen umher. Zum Teil beruhte das auf mangelnder Ausdauer und einer kurzen Aufmerksamkeitsspanne, manchmal außerdem auf einer abnormen Ablenkbarkeit (obwohl für psychotische Kinder eher eine ungewöhnlich hohe Nicht-Ablenkbarkeit typisch ist). Sowohl bei den psychotischen wie bei den Kontrollkindern tritt in der Jugendzeit an die Stelle der Hyperkinese gewöhnlich eine indifferente Inaktivität (siehe Kapitel 3). Hypokinese in der frühen Kindheit trat viel seltener auf. Mehr als die Hyperkinese war sie jedoch besonders für die psychotische Gruppe charakteristisch. Zehn psychotische Kinder waren hypokinetisch, aber nur zwei Kontrollkinder. Diese Kinder zeigten weniger Aktivität als normal, sie neigten zur Untätigkeit und zur „Antriebsarmut".

Stereotype ständig wiederkehrende Bewegungen waren für die psychotischen Kinder sehr charakteristisch; sie traten bei 46 von ihnen auf, dagegen nur bei 21 Kontrollkindern. Zwei Typen derartiger Bewegungen kamen besonders bei den psychotischen Kindern vor: Bewegungen des ganzen Körpers, ausgenommen Schaukelbewegungen (27 psychotische und 5 Kontrollkinder) und Hand- und Fingermanierismen (19 psychotische und 4 Kontrollkinder).

Ein sechsjähriger Junge bewegte sich oft auf einer Linie entlang, wobei er hüpfte und sprang, den Kopf zur Seite bog und mit den Armen schlenkerte. Mit zwölf Jahren hatte er eine noch kompliziertere Bewegungsabfolge, bei der er „mit einer kuriosen Sprungbewegung von einem Fuß auf den anderen hüpfte, zugleich mit der rechten Hand gegen seine Stirn schlug und mit der linken auf sein Hinterteil. Bei anderen Gelegenheiten wurde das Springen durch komplexe stereotype Bewegungen mit dem rechten Zeigefinger in der Luft begleitet." Ein anderer sechsjähriger Junge „sprang in einer behenden und graziösen Weise umher, drehte immer wieder Pirouetten, blieb alle Augenblicke stehen, legte seine rechte Hand mit dem Handrücken flach auf die Erde und dann seinen linken Zeigefinger in die rechte Hand." Ein siebenjähriges Mädchen hatte „bizarre Bewegungen, bei denen sie ihren Körper vorwärtsbeugte ‚ihre Knie beugte und dann auf und ab sprang, wobei sie die Füße zusammen und die Knie auseinander hielt". Hand- und Fingermanierismen zeigte ein dreijähriges Mädchen, das „die meiste Zeit damit zubrachte, ihre Hände zu beobachten, die sie beugte und streckte, wobei sie mit ihren Fingern spielte, die sie schnell vor und zurück bewegte. Sie verdrehte und bewegte ihre Hände ständig den ganzen Tag. Mit zehn Jahren hatte sie immer noch diese „fast ununterbrochen drehenden und zuckenden Bewegungen von Händen und Fingern, wobei sie den Daumen gegen die Finger rieb. Manchmal beobachtete sie ihre Hände direkt, aber gewöhnlich machte sie ihre Fingerbewegungen, während sie woanders hinsah oder die Finger aus einem Augenwinkel beobachtete." Auch ein anderes Mädchen hatte eine Reihe komplizierter Manierismen, die sie gewöhnlich an der Peripherie ihres Sehfeldes ausführte. Sie hatte vier Hauptbewegungen: (a) sie rieb den rechten Zeigefinger am Nasenflügel, (b) sie rieb Mittelfinger und Daumen ihrer linken Hand nahe am linken Auge rhythmisch aneinander, während sie mit dem rechten Zeigefinger nahe beim rechten Auge kleine Umrisse in die Luft zeichnete, (c) zukkende und drehende Bewegungen mit Fingern und Händen, die sie vor sich hin hielt, und (d) eine Art schlagender, klatschender Bewegung der Hände.

Wahrnehmungsanomalien

Die bei weitem auffälligste Wahrnehmungsstörung, die bei den psychotischen Kindern beobachtet wurde, war die fehlende Reaktion auf Laute, die bereits beschrieben wurde. Die zweithäufigste Störung (10 Kinder) war das völlige oder teilweise Fehlen einer normalen Reaktion auf Schmerz. Zum Beispiel bekam ein Junge große Blasen an seinen Füßen, ohne daß seine Eltern merkten, daß er irgendwelches Unbehagen empfand. Bei mehreren Kindern bildeten sich schwere Zahnabszesse, die nur entdeckt wurden, als ihre Gesichter sehr anschwollen. Diese Kinder machten nicht nur niemanden auf ihre Erkrankung aufmerksam, sondern schienen auch nicht die Schmerzempfindungen zu haben, die man unter diesen Umständen erwarten müßte. Einige geistig schwer behinderte Kinder der Kontrollgruppe (10) verhielten sich ähnlich.

Bei einigen psychotischen Kindern wurden noch andere Verhaltensweisen beobachtet, die anscheinend auf Anomalien der Wahrnehmung zurückgehen, die aber in den Fallberichten nicht systematisch genug beschrieben waren, um ihren Umfang genau einschätzen zu können (die meisten Wahrnehmungsanomalien waren zur Zeit der Nachuntersuchung, als die Kinder im Jugendalter waren, nicht mehr erkennbar). Mindestens zwei Kinder hatten sich, als sie sehr jung waren, gegenüber visuellen Reizen in einer so ungewöhnlichen Weise verhalten, daß man bei ihnen Blindheit vermutete. Mehrere Kinder hatten die Gewohnheit, an allen neuen Dingen, die man ihnen gab, zu riechen, einige taten das auch oft mit Personen, die sie trafen. Andere schienen einen ungewöhnlich feinen Geschmackssinn zu besitzen.

Konzentration

Schlechte Konzentration war ein ausgeprägtes Merkmal beider Gruppen. Sie wurde zur Zeit der ersten Vorstellung bei 46 psychotischen und 45 Kontrollkindern festgestellt. Die Fallberichte sind selten so detailliert, daß man Störungen der Ausdauer und Aufmerksamkeitsspanne von abnormer Ablenkbarkeit unterscheiden könnte, aber diese Differenzierung war bei der Nachuntersuchung möglich. Die meisten Kontrollkinder zeigten zu dieser Zeit eine bessere Konzentration, und wenn bei ihnen die Aufmerksamkeitsspanne kurz war (17 Fälle), so bestand gewöhnlich auch eine abnorme Ablenkbarkeit (12 Fälle). Im Gegensatz dazu war bei 35 psychotischen Kindern die Ausdauer immer noch gering oder die Aufmerksamkeitsspanne kurz, aber nur zwei Kinder waren ungewöhnlich ablenkbar. Das heißt, daß viele der psychotischen Kinder die Tendenz hatten, Aufgaben nach wenigen Minuten liegenzulassen, wenn man sie nicht häufig aufforderte, bei der Arbeit zu bleiben. Das lag aber nicht daran, daß ihre Aufmerksamkeit durch Umweltreize abgelenkt wurde. Wie schon berichtet, waren die psychotischen Kinder gegenüber Umweltreizen oft relativ unempfänglich (besonders gegenüber auditiven Reizen). Hinzuzufügen ist, daß viele dieser psychotischen Kinder, die bei Aufgaben, die ihnen gestellt wurden, keine Ausdauer bewiesen, bei ihren eigenen ritualistischen Tätigkeiten sehr ausdauernd waren.

Enuresis und Encopresis

In beiden Gruppen gab es ziemlich viele Kinder, die mit vier Jahren noch nicht sauber waren. Jedoch kamen Einkoten und in geringerem Maße auch Einnässen bei den psychotischen Kindern häufiger vor. (44 psychotische und 34 Kontrollkinder näßten ein, 37 psychotische und 19 Kontrollkinder koteten ein.)

Aggressivität und Destruktivität

Ungefähr die Hälfte der Kinder beider Gruppen (27 psychotische und 26 Kontrollkinder) waren abnorm aggressiv, als sie das Maudsley-Hospital zum ersten Mal aufsuchten (ungefähr im Alter von 5 oder 6 Jahren). Eine ähnlich große Zahl verhielt sich destruktiv. Sie neigten dazu, andere Kinder zu beißen und zu kratzen, manchmal so heftig, daß es ein ernsthaftes Problem war. Oft richtete sich die Aggression besonders gegen die Brüder und Schwestern. Ein Beispiel für eine ungewöhnlich heftige Aggressivität war ein sechsjähriges Mädchen, die ihren Bruder tyrannisierte und quälte, die ihn immer, wenn er sprach, niederschrie, die sich weigerte, seinen Namen zu hören, und die, immer wenn er einen Raum betrat, in dem sie war, hinausging und ihr Gesicht bedeckte. Meist war die Aggression weniger systematisch als in diesem Fall, und nur bei wenigen Kindern dauerte sie über die mittlere Kindheit hinaus an (siehe Kapitel 3).

Trotzanfälle

Trotzanfälle kamen bei der Mehrheit der psychotischen (49) und der Kontrollkinder (45) vor. Es gab bei den Trotzanfällen der psychotischen Kinder keine Besonderheiten, ausgenommen, daß sie oft durch eine Unterbrechung von zwanghaftem oder anderem stereotypem Verhalten oder durch die Frustration bei einem Mißerfolg im Sich-Ausdrücken oder Verstehen ausgelöst wurden.

Selbstverletzungen

Ungefähr ein Drittel der psychotischen Kinder (23) brachte sich selbst Verletzungen bei, das waren mehr als doppelt so viel wie in der Kontrollgruppe (10). Die bei weitem häufigsten Formen der Selbstverletzung waren Beißen in das Handgelenk oder den Handrücken und Anschlagen des Kopfes. Es gab aber bei einigen Kindern auch andere Formen der Selbstverletzung. Das Beißen ins Handgelenk trat fast immer dann auf, wenn das Kind frustriert oder verzweifelt war. Es führte bei einigen Kindern zu chronischen Wunden, die Infektionen ausgesetzt waren. Auch das Anschlagen des Kopfes trat in diesen Situationen auf, schien aber oft eine ständige Gewohnheit zu werden, die mit Frustrationen in keiner direkten Beziehung stand. Manchmal führte auch das Anschlagen des Kopfes zu chronischen Verletzungen.

Ein Junge begann mit dem Anschlagen des Kopfes als Kleinkind, und noch mit 14 Jahren war dies bei ihm ein Problem. „Er schlägt mit seinem Kopf heftig an Wände, Fenster und Tische ... neulich mußte seine Kopfhaut genäht werden, weil nach einem Stoß eine Rißwunde entstanden war ... er scheint keinen Schmerz zu empfinden ... die Stirnhaut ist an der Stelle, die er zum Stoßen benutzt, ständig verdickt."

Intelligenzleistungen *

Die Intelligenz der psychotischen Kinder (und der Kontrollkinder, da diese den psychotischen Kindern nach ihrer gemessenen Intelligenz zugeordnet waren) reichte von schwer unterdurchschnittlichem bis zu überdurchschnittlichem Niveau (siehe Tabelle 2). Allerdings zeigte sich in den meisten Fällen mindestens ein schwacher, oftmals ein starker geistiger Rückstand.

---

* Die in diesem Abschnitt referierte Untersuchung wurde von Linda Lockyer als Teil einer Arbeit zur Erlangung des Ph.-D.-Grades durchgeführt.

Tabelle 2: IQ-Werte von psychotischen und Kontrollkindern

IQ-Wert	Psychotische Kinder	Kontroll-kinder
Nicht testbar oder unter 50	26	24
50 – 69	19	18
70 – 89	11	14
90 oder darüber	7	7
Gesamtzahl der Kinder	63	63

Die Besonderheit der kognitiven Leistungen des psychotischen Kindes liegt jedoch nicht in ihrem Niveau, sondern in ihrer *Struktur*. Verglichen mit der Kontrollgruppe zeigt das psychotische Kind oft eine extreme Variabilität innerhalb seiner IQ-Testwerte. Von den 34 psychotischen Kindern, die mit dem Wechslertest[1] getestet wurden, betrug bei 25 (= 74 %) der Abstand zwischen dem höchsten und dem niedrigsten gewichteten Untertestpunktwert 2 Standardabweichungen, während solche Unterschiede nur bei 21 (= 48 %) der 44 Kontrollkinder auftraten, die mit den Wechslerskalen getestet wurden. Es gab 16 psychotische Kinder mit einem Abstand von 3 Standardabweichungen, 6 mit einem Abstand von 4, und 3 mit einem Abstand von 5 Standardabweichungen, während solche Unterschiede bei den Kontrollkindern nur 6,0 und 0mal vorkamen.

Das psychotische Kind war bei verbalen Aufgaben oft gar nicht testbar. Und wenn es testbar war, so hatte es seine schlechtesten Leistungen in Aufgaben, die abstrakte Gedanken, Symbolgebrauch oder Schlußfolgerungen verlangen[2]. Am besten war es bei Aufgaben, die manipulative oder visuell-räumliche Fähigkeiten oder (bei verbalen Tests) nur unmittelbares Gedächtnis erfordern. So waren die psychotischen Kinder beim Mosaiktest und Figurenlegen deutlich besser als bei den anderen Untertests. Bei den verbalen Tests hatten sie die beste Leistung im Zahlennachsprechen, die schlechteste im allgemeinen Verständnis. Eine Varianzanalyse zeigte, daß unabhängig voneinander sowohl beim Verbalteil wie beim Handlungsteil die Struktur der Untertestwerte bei den psychotischen Kindern signifikant anders als bei den Kontrollkindern war. Darüber hinaus wurde festgestellt, daß *innerhalb* der Gruppe der psychotischen Kinder diese besondere Struktur der intellektuellen Leistungen signifikant häufiger bei den Kindern mit ständiger Retardierung der Sprache auf-trat[3]. So steht diese ungewöhnliche Struktur der Intelligenzleistungen in Verbindung mit Ausfällen im Gebrauch oder im Verständnis von Sprache und scheint durch solche Störungen verursacht zu sein.

Festgehalten werden sollte aber auch, daß einige psychotische Kinder ihre höchsten Leistungen in verbalen Subtests zeigten. Bei drei Kindern war das sehr ausgeprägt – eins davon hatte hervorragende mathematische und musikalische Fähigkeiten. Diese drei Kinder ähnelten den anderen psychotischen Kindern in nahezu allen anderen Aspekten sehr stark. Trotz des verbalen Könnens, das sie im Jugendalter zeigten, hatten sie immer noch Schwierigkeiten mit abstrakten Begriffen und erreichten nur sehr niedrige Werte im Untertest Allgemeinverständnis. In der frühen Kindheit waren sie in ihrer Sprachentwicklung sehr zurückgeblieben, sie zeigten auch die anderen autistischen und zwanghaften Eigentümlichkeiten der psychotischen Gruppe. Die einzige Ausnahme war, daß diese drei Kinder außergewöhnlich unbeholfen waren, während andere autistische Kinder vielfach eine besonders gute motorische Koordination zeigen. Man könnte diese drei Ausnahmen vielleicht als Fälle des Syndroms der schweren Unbeholfenheit oder der „angeborenen Apraxie" ansehen, die von Walton, Ellis und Court (1962) beschrieben wurde. Ähnlich wie diese psychotischen Kinder waren einige aus Waltons Gruppe mit angeborener Apraxie auch in ihrer Sprache retardiert, und man hatte sie, als sie jünger waren, irrtümlich als geistig behindert diagnostiziert.

Ungewöhnlich gut entwickelte Fähigkeiten bei psychotischen Kindern mit allgemeinem geistigen Rückstand traten fast immer in Verbindung mit abnorm großen Unterschieden in den IQ-Punkten und einem Mangel im Verständnis abstrakter Begriffe auf, ferner sehr oft in Zusammenhang mit ausgeprägten zwanghaften Erscheinungen.

Eine ähnliche Struktur ist meist auch bei den sogenannten „idiot savants" gefunden worden, von denen viele möglicherweise psychotisch (autistisch) waren, obwohl man sie nicht so diagnostiziert hat. Ihre Fertigkeiten bestanden oft in außerordentlichen Gedächtnisleistungen oder sehr schnellen Zahlenrechnungen im Kopf. Ein Kind fragte jeden, den es traf, nach seinem Geburtsdatum und konnte ihm dann den Wochentag sagen, an dem er geboren war. Zwei Kinder konnten zwei dreistellige Zahlen im Kopf multiplizieren, ohne sie hinzuschreiben (z. B. 975 × 437), und andere zeigten manipulative Fertigkeiten, die weit über ihrem allgemeinen Intelligenzniveau lagen. Mehrere Kinder waren fähig, sich an Details ihres Krankenhausaufenthalts vor zehn oder fünfzehn Jahren zu erinnern, einschließlich der Namen von Ärzten und Krankenschwestern.

Zusammenfassung der Ergebnisse

Die hervorstechendsten Charakteristika dieser Gruppe psychotischer Kinder waren „autistische" Beziehungen zu anderen Personen (oft in Form der Meidung des Augenkontakts), Verzögerung der Sprachentwicklung, Echolalie (einschließlich der Verwechslung von Personalpronomen), Störungen in der Beachtung von Lauten und im Verständnis von Sprache, ritualistische und zwanghafte Phänomene (einschließlich eines Widerstandes gegen Veränderungen), stereotype, immer wiederkehrende Bewegungen, eine Tendenz zu Selbstverletzungen und schließlich ungewöhnliche Strukturen der intellektuellen Leistungen, meist in Verbindung mit einer mindestens schwachen, oftmals starken geistigen Retardierung. Die Hälfte der Kinder zeigte die Abnormitäten deutlich schon von der Geburt oder der frühen Säuglingszeit an, fast alle vor dem Alter von zwei Jahren. Es gab einige Kinder, deren Fallbericht auf einen Krankheitsbeginn im dritten Lebensjahr hindeutete, obwohl es im Rückblick oft schien, daß die Abnormitäten möglicherweise schon früher vorhanden gewesen waren. Nur zwei Kinder hatten eine eindeutig normale Entwicklung in ihren ersten drei Lebensjahren, erst danach hatte die Krankheit plötzlich eingesetzt. Eines entsprach dem Bild des Hellerschen Syndroms mit starkem Abbau von Sprache und Intellekt in Verbindung mit Überaktivität als den Hauptmerkmalen dieser Erkrankung. Das andere Kind schien bis zum Alter von fünf Jahren vollkommen normal, aber abgesehen von diesem späten Krankheitsbeginn entsprach es dem von Kanner (1943) beschriebenen Bild des kindlichen Autismus genau.

Versuch einer Erklärung
der spezifischen Symptome der Kindheitspsychose

Obwohl es wenig Meinungsverschiedenheiten hinsichtlich des beobachtbaren Verhaltens psychotischer Kinder gibt, besteht eine beträchtliche Kontroverse hinsichtlich der Interpretation dieses Verhaltens und des Wesens der primären Störungen. Kanner (1943) legte die stärkste Betonung auf die Störung des affektiven Kontakts, Rimland (1965) auf die Unfähigkeit, neue Reize auf erinnerte Erfahrung zu beziehen, Gellner (1959) auf Behinderungen der Wahrnehmung, Wolff und Chess (1965 a u. b) auf stereotype Wiederholungen des Verhaltes einer frühen Entwicklungsphase und wieder andere Autoren auf andere Aspekte des Zustandsbildes. Die Kontroverse ist keine ausschließlich akademische Angelegenheit, da unterschiedliche Ansichten über die primäre Behinderung zu unterschiedlichen Behandlungsplänen führen. Gegenwärtig sind nicht mehr als hypothetische Feststellungen möglich, jedoch könnte die Analyse der Besonderheiten des psychotischen Kindes nützliche Ansatzpunkte für weitere Untersuchungen und Überlegungen ergeben.

In einer früheren Veröffentlichung ist die Vermutung ausgesprochen worden, daß eine der Bedingungen für die Entstehung einer kindlichen Psychose eine Entwicklungsaphasie sein könnte (Rutter, 1956 a u. b)[4]. Man unterscheidet zwei Arten von Aphasie: die motorische (expressive) und die sensorische (rezeptive), wobei allerdings eine Mischform vermutlich am häufigsten vorkommt. Das Kind mit einer sensorischen Aphasie hat einen Ausfall im Lautverständnis – es kann hören, aber infolge einer Störung von Hirnfunktionen kann es nicht verstehen, was es hört. Das ist ein spezifischer Ausfall, der nicht auf eine allgemeine geistige Behinderung zurückgeht. Es ist diese *sensorische* Aphasie (und nicht die motorische), die der Sprachstörung bei einer kindlichen Psychose ähnelt. Ebenso wie beim psychotischen Kind gibt es auch beim Kind mit sensorischer Aphasie eine starke Verzögerung in der Sprachentwicklung. Das Kind verwendet mitunter eine spezielle Sprache, ist in seinen Reaktionen auf Laute inkonsistent, benutzt oft keine Gesten zur Kommunikation, und wenn es anfängt zu sprechen, ist es echolalisch (Myklebust, 1954). Die Echolalie ist vermutlich die Folge eines fehlenden Sprachverständnisses (Myklebust, 1957; Stengel, 1964). Die audiometrischen Reaktionen sind bei psychotischen Kindern und bei Kindern mit sensorischer Aphasie gleich (Taylor, 1965). Aphasische Kinder erfinden manchmal eigene Wörter für Dinge oder benutzen Wörter metaphorisch wie „herzlichen Glückwunsch" für „Kuchen" (Hannigan, 1956). Die Eltern aphasischer Kinder berichten manchmal, ebenso wie die Eltern psychotischer Kinder, daß ihre Kinder ein paar Wörter ganz richtig gesprochen und später alle Sprache verloren haben (Strauss u. McCarns, 1958). Es wird gesagt, daß sie oft ihre Gefühle wenig oder gar nicht ausdrücken, komische Situationen nicht verstehen können, auf den Gesichtsausdruck anderer Personen nicht achten und in ihrer sozialen Wahrnehmung beeinträchtigt sind (Myklebust, 1954). Mitunter sind sie auch in der visuellen und auditiven Wahrnehmung gestört, so daß sie wie psychotische Kinder „sich damit beschäftigen, auf einem Ball ein Fleckchen zu untersuchen, statt zu sehen, daß es ein Gegenstand zum Spielen ist" (Myklebust, 1954).

Natürlich gibt es auch auffallende Unterschiede, wenn man andere Aspekte des Verhaltens des aphasischen und des psychotischen Kindes betrachtet, und sicherlich ist das Vorhandensein einer Aphasie keine ausreichende Erklärung für die Entwicklung einer Psychose. Trotzdem sind die Parallelen in den Sprachstörungen eng. Man kann nicht mit Sicherheit sagen, ob die Sprachstörungen bei der Psychose und bei der Aphasie identisch oder nur analog sind, aber die Ähnlichkeiten in Struktur und Entwicklung sind groß genug, um anzunehmen, daß es sich um dieselbe Abnormität handelt [5].

Einige Aspekte der Störungen in den affektiven Beziehungen können direkt durch Ausfälle im Sprachverständnis verursacht sein – z. B. die Unfähigkeit, Humor zu verstehen, ferner Mängel in der sozialen Wahrnehmung, woraus sich fehlende Sympathie und mangelndes Verständnis für andere Personen ergeben. Jedoch ist Aphasie an sich nicht ausreichend, um die starke Abkapselung und den Mangel an Gefühlswärme beim psychotischen Kind zu erklären. Zum Teil kann der emotionale Rückzug eine gelernte Erscheinung sein. Elsa Haeusserman (1962) hat das besonders klar ausgedrückt: „Wir haben kleine aphasische Kinder, die im Lauf der Zeit Furcht bekamen, in Gesichter zu sehen, weil die Gesichter ihrer Eltern strenger und immer strenger und verzweifelter wurden, wenn sie zu ihrem Kind gesprochen haben ... Geräusche sind aus dem Mund der Eltern gekommen, die für das Kind, das keine Wörter interpretieren kann, nichts bedeuten ... die Stimme ist lauter und lauter geworden, das Gesicht strenger und strenger ... und das Kind hat sich abgewandt. Man denkt, man hat ein autistisches Kind, aber in Wirklichkeit ist es ein aphasisches Kind, das von seinen Eltern mißverstanden wurde, die auf schrecklich harte Weise versucht haben, das Kind zum Sprechen zu bringen." Diese Entwicklung könnte besonders dann eintreten, wenn die Eltern sehr stark an intellektuellen Leistungen interessiert sind. Da aber „Autismus" bereits von frühester Kindheit an klar erkennbar sein kann, ist es zweifelhaft, ob hierin eine vollständige Erklärung liegt; es kann aber sicherlich eine wichtige Rolle bei der Ausbildung affektiver Störungen einiger Kinder spielen. Die Verläufe von „Autismus" und Sprachstörung hängen zwar eng miteinander zusammen; aber während es selten vorkommt, daß ein Kind zur normalen Sprache gelangt und den schweren Autismus behält, ist es viel häufiger, daß ein Kind stumm bleibt und trotzdem den „Autismus" verliert (Rutter, 1965 b). Hieraus kann man schließen, daß dann, wenn das eine vom anderen abhängt, häufiger die Sprachabnormität das primäre und der „Autismus" das sekundäre ist, als umgekehrt.

Die vielleicht auffälligste Differenz zwischen der psychotischen Gruppe und der Kontrollgruppe war die Nichtablenkbarkeit der psychotischen Kinder, besonders in bezug auf auditive Reize. Das legt wiederum nahe, daß die wichtigste Abnormität bei der Psychose ein Fehlen oder eine Abnormität in der Wahrnehmung von Reizen sein könnte. Ob dies eine physiologische Erscheinung infolge eines neurologischen Defekts (wie es wahrscheinlich ist) oder ein psychologischer Defekt ist, kann aufgrund der vorhandenen Befunde nicht endgültig entschieden werden (siehe auch Hermelin in Kapitel 6). Der neurologische Defekt könnte eine Art Agnosie oder Abnormität im Verständnis von Reizen (wie oben vermutet) oder eine allgemeinere Abnormität in der Reaktion auf Reize aller Art sein (Schopler, 1965), vielleicht in Verbindung mit einem hohen Aktivationsniveau (Hutt et al., 1965). Weitere Untersuchungen sind erforderlich, um zwischen diesen Alternativen zu entscheiden.

Es ist bereits festgestellt worden, daß mit der Sprachstörung gewisse Besonderheiten in der Struktur der kognitiven Leistungen (sogenannte Inseln von Intelligenz) in Zusammenhang stehen. Es wurde vermutet, daß die Ausfälle in den intellektuellen Leistungen auf Mängel im Verständnis, im symbolischen Denken und beim Umgang mit abstrakten Begriffen zurückzuführen sind. Der „idiot savant" zeigt ein sehr ähnliches Bild, und tatsächlich hatten viele dieser Menschen ausgeprägt autistische Tendenzen, zwanghaftes Verhalten und einen starken Widerstand gegen irgendwelche Änderungen routineartiger Gewohnheiten (Anastasi und Levee, 1960, Nurcombe und Parker, 1963 und 1964). Scheerer, Rothmann und Goldstein (1945) haben besonders die Defekte im abstrakten Denken hervorgehoben; hierin sind sie vielen anderen Autoren gefolgt, die ebenfalls das zwanghafte Verhalten als eine sekundäre Erscheinung angesehen haben (Nurcombe und Parker, 1964).

Die stereotypen, immer wiederkehrenden Manierismen des psychotischen Kindes legen die Möglichkeit nahe, daß noch andere Wahrnehmungsdefekte bestehen. Stereotype Bewegungen findet man sehr oft bei geistig behinderten Patienten, die lange in Anstalten leben, und besonders häufig bei Blinden (Berkson und Davenport, 1962). Diese Verhaltensweisen sind denjenigen sehr ähnlich, die junge Schimpansen zeigen, die man in Umwelten ohne sensorische Stimulation aufgezogen hat (Davenport und Berkson, 1963). Es scheint, daß diese Verhaltensweisen einen selbststimulierenden Charakter (Berkson und Mason, 1963) haben und durch einen Mangel normaler Stimulation hervorgerufen werden, der entweder auf Defekte der Umwelt oder auf Defekte im Kind zurückgeht.

Jedoch unterscheidet sich anscheinend eine Art stereotyper Bewegungen – komplexe Handbewegungen oder -stellungen – etwas von den übrigen. Besonders diese Bewegungen treten in Verbindung mit mangelnder Reaktion auf Reize und „Autismus" auf (Berkson und Mason, 1964). Dasselbe kann man auch oft bei blinden Kindern beobachten. Man hat festgestellt, daß diese Manierismen und Autismen gewöhnlich (Blank, 1959; Keeler, 1958), aber nicht immer (s. Pringle, 1964) bei Kindern mit retrolentaler Fibroplasie vorkommen. Das könnte daran liegen. daß diese Kinder oft neben der Blindheit eine Hirnschädigung haben. Das einzige Kind in der Kontrollgruppe, das *starke* Fingermanierismen hatte, die es in der Nähe des Auges nach Art des psychotischen Kindes ausführte, war ein Junge mit Encephalomalacie, der die Manierismen zu der Zeit zeigte, als er blind wurde, und der nur begrenzte periphere Sehfähigkeit besaß. Diese speziellen Hand- und Fingermanierismen, die besonders charakteristisch für die kindliche Psychose sind, legen die Möglichkeit eines Defekts im Bereich der visuellen Wahrnehmung nahe.

Diese Möglichkeit ergibt sich auch durch die Tatsache, daß einige psychotische Kinder in jungem Alter wie blind wirken. Außerdem scheinen sie oft stärker an Dingen interessiert zu sein, die sich an der Peripherie ihres Gesichtsfeldes bewegen. Manchmal können sie etwas visuell Wahrgenommenes schlecht imitieren. Ein psychotisches Kind, das etwas, was man ihm vormacht, nicht lernt, lernt es manchmal schnell, wenn man seine Hände oder Füße festhält und mit ihnen die richtigen Bewegungen ausführt. Die Gewohnheit, neue Gegenstände zu berühren oder daran zu riechen, ist sowohl bei blinden wie bei psychotischen Kindern häufig. Die Experimente von Hermelin und O'Connor, die Unterschiede in der Hierarchie der sensorischen Modalitäten aufgezeigt haben, werden in Kapitel 6 diskutiert. Die Tendenz einiger Kinder mit rezeptiver Aphasie, sich mit speziellen Teilen von Objekten, z. B. einem Fleckchen auf einem Ball, zu beschäftigen, ohne die Funktion des Ganzen wahrzunehmen, wird gewöhnlich Defekten der visuellen Wahrnehmung zugeschrieben (Myklebust, 1954). Dasselbe Verhalten findet man bei psychotischen Kindern. Eine wertvolle Diskussion der möglichen Rolle von Wahrnehmungsdefekten bei der Entwicklung des Autismus findet man bei Rimland (1965). Leider gibt es keine zufriedenstellenden Methoden, mit denen man Wahrnehmungsanomalien bei kleinen Kindern nachweisen könnte, so daß gegenwärtig nur Spekulationen über die Existenz oder die Auswirkung solcher Defekte möglich sind.

Selbstverletzungen, besonders das Anschlagen des Kopfes, haben anscheinend ebenso wie die stereotypen, immer wiederkehrenden Bewegungen eine selbststimulierende Funktion. Die Kinder scheinen bei ihren Selbstverletzungen keinen Schmerz zu empfinden. Wenn sie sich selbst schmerzhafte Reize beibringen, so reagieren sie anders, als wenn ihnen derselbe Schmerz durch andere zugefügt wird (Stengel et al., 1958; Stengel, 1965). Jedoch gibt es auch einige psychotische (und geistig behinderte) Kinder, die eine allgemein verminderte Reaktion auf Schmerz zeigen. Anscheinend ist das die Folge einer Verringerung der äußeren Reaktionsfähigkeit; ob aber diese geringe Reaktionsfähigkeit physiologisch oder psychologisch determiniert ist, weiß man nicht. Die bisher bekannten Tatsachen sprechen sehr dafür, daß wenigstens einige der Wahrnehmungs- und Empfindungsanomalien physiologisch bedingt sind. Die Möglichkeit, daß sie psychologische Ursachen haben, kann allerdings nicht ausgeschlossen werden.

Die andere Haupteigentümlichkeit im Verhalten des psychotischen Kindes, die ritualistischen und zwanghaften Erscheinungen, sind weniger leicht zu erklären. Es scheint unwahrscheinlich, daß sie das direkte Resultat irgendeines Wahrnehmungs- oder anderen funktionalen Defekts des Gehirns sind. Wahrscheinlicher ist es, daß sie als ein Mittel des Kindes entstehen, mit seiner Behinderung fertig zu werden – ein in die Irre führender Versuch, mit seiner Behinderung, so wie sie ist, zurechtzukommen. Nichtsdestoweniger zählen die ritualistischen und zwanghaften Erscheinungen zu den hervorstechendsten Aspekten der Lebensweise des psychotischen Kindes; und sie beeinflussen die Äußerungsformen von anderen Behinderungen des Kindes. Die Struktur der intellektuellen Leistungen ist dadurch determiniert, daß bestimmte Bereiche kognitiver Fähigkeiten intakt sind und andere ausfallen. Die abnorme Beschäftigung mit bestimmten Fertigkeiten hat eine erhebliche zwanghafte Komponente. Ebenso scheint zwar beim psychotischen Kind ein primärer Defekt im Verständnis von Lauten zu bestehen, trotzdem haben viele Sprachabnormitäten (z. B. das Beharren auf den strengen Formen der Wechselrede, Wolff und Chess, 1965 b) einen ritualistischen oder zwanghaften Charakter.

Diese Bemerkungen über das mögliche Wesen der primären Defekte bei der kindlichen Psychose müssen notwendigerweise hypothetisch sein, weil die verfügbaren Tatsachen zu unzulänglich sind, um sichere Feststellungen zu rechtfertigen. Mit großer Sicherheit sind sie eine Übervereinfachung. Aber sie sind vielleicht doch eine Anregung, wie man dem psychotischen Kind helfen könnte, und diese Anregung läßt sich prüfen, indem man weitere Kenntnisse sammelt und daraufhin die gegenwärtigen Vorstellungen modifiziert.

Kapitel 3
Prognose: Psychotische Kinder im Jugend- und frühen Erwachsenenalter

Michael Rutter

Die Untersuchung des Verlaufs, d. h. der „Naturgeschichte" jeder Art von Krankheit ist für das Verständnis ihres Wesens von fundamentaler Bedeutung. Die Kenntnis des Krankheitsverlaufs hat auch für die Planung von Hilfsmaßnahmen einen entscheidenden Stellenwert. Das gilt besonders für chronische Erkrankungen wie die kindliche Psychose bzw. den Autismus. In diesem Kapitel soll zusammengefaßt werden, was bisher über den Verlauf dieser psychotischen Störung bekannt ist. Es werden dabei nur solche Untersuchungen berücksichtigt, die sich mit der in Kapitel 2 beschriebenen kindlichen Psychose beschäftigen, also mit der schweren Entwicklungsstörung, zu der „autistisches" Verhalten, Sprachabnormitäten und ritualistische oder zwanghafte Erscheinungen gehören, und die schon während der allerersten Lebensjahre des Kindes, gewöhnlich in der frühen Kindheit, deutlich erkennbar ist.

Aus mehreren Berichten geht klar hervor, daß der Verlauf dieser kindlichen Psychose sehr verschieden sein kann, besonders in der späten Kindheit und im Jugendalter. Demzufolge haben individuelle Fallberichte oder Untersuchungen einer kleinen Zahl von Fällen nur begrenzten Wert, und so wird in diesem Sammelbericht der Hauptakzent auf Untersuchungen größerer Kindergruppen gelegt, die von der frühen Kindheit bis in das Jugend- oder frühe Erwachsenenalter hinein verfolgt wurden. Es gibt für die beschriebene Kindheitspsychose drei Untersuchungen dieser Art: für die Fälle von Kanner (Kanner, 1943; Kanner, 1949; Kanner und Eisenberg, 1955; Eisenberg und Kanner, 1956; Eisenberg, 1956; Kanner und Lesser, 1958)[1], für die Fälle von Creak (Creak, 1962; 1963 a und b) und für die Fälle des Maudsley Hospitals (Rutter, 1965 a und b; Rutter und Greenfeld, 1966; Lockyer und Rutter, 1966)[2]. Außerdem gehören die Smith Hospital-Untersuchungen (Mittler et al., 1966), die Untersuchung von Brown über atypische Kinder im Vorschulalter (Brown, 1960, 1963; Reiser und Brown, 1964), Annells Untersuchung psychotischer Kinder (1963) und Benders Untersuchung junger, pseudo-debiler schizophrener Kinder (1955, 1959, 1961, 1963) in diesen Zusammenhang, obwohl sich nicht sicher feststellen läßt, wieviele dieser Kinder den Kindern der drei zitierten Hauptuntersuchungen ähnlich waren.

Wie häufig ist die Anstaltsunterbringung?

Die Unterbringung in einer Anstalt ist für diese Kinder nicht ideal und heute auch nicht notwendig. Geschieht es doch, so sieht man, was dem psychotischen Kind widerfahren kann, wenn die Einrichtungen, Hilfsdienste und Einstellungen so bleiben, wie sie es bis in die jüngste Vergangenheit gewesen sind.

Eisenberg (1956) konnte 63 autistische Kinder wiederfinden, 79 % der bis zum Untersuchungszeitpunkt von Kanner gesehenen Fälle. Über die Hälfte (34) lebte ständig in einer Anstalt. Das sind etwas mehr als in Creaks Untersuchung (1963 b) und in der Maudsley-Hospital-Untersuchung (Rutter und Greenfeld, 1966), in denen es 43 % bzw. 44 % waren, die ständig in einer Institution für Behinderte lebten. Aus der letzteren Untersuchung geht hervor, daß dieser Prozentsatz mit dem Alter vermutlich ansteigt. Von den Maudsley-Kindern, die bei der Nachuntersuchung 16 Jahre oder älter waren, lebten 53 % (20 von 38 Kindern) ständig in einer Anstalt.

Rutter (Rutter und Greenfeld, 1966) fand, daß zur Zeit der Nach-untersuchung der Hauptunterschied zwischen psychotischen Kindern und Kindern mit gleichem IQ-Niveau und nicht-psychotischen Verhaltensstörungen die relative Häufigkeit eines geregelten Arbeitsverhältnisses war. Nur 2 der 38 psychotischen Kinder, die 16 Jahre oder älter waren, hatten ein festes Arbeitsverhältnis, während es bei den Kontrollkindern 12 waren. Zweifellos wären mehr psychotische Kinder arbeitsfähig gewesen, wenn sie eine geeignete Ausbildung und die richtigen Arbeitsbedingungen erhalten hätten. Zwei von ihnen führten zu Hause Teilzeitbeschäftigungen aus, 3 lebten in einer

Dorfgemeinschaft und arbeiteten dort ein wenig mit. Trotz ihrer Arbeitsfähigkeit waren allerdings ihre Inaktivität und ihre Verhaltensschwierigkeiten oft noch ein Problem. Ein weiterer Faktor sind die Unzulänglichkeiten der Einrichtungen für behinderte junge Menschen, die eine Ausbildung erhalten haben und die Schule verlassen. In manchen Fällen gab es geeignete Plätze, aber oft waren sie ungeeignet oder fehlten ganz.

Wie ist die soziale Anpassung?

In den einzelnen Nachuntersuchungen psychotischer (autistischer) Kinder sind etwas unterschiedliche Kriterien für soziale Anpassung verwendet worden, so daß genaue Vergleiche zwischen den Untersuchungen nicht möglich sind. Trotzdem sind einige allgemeine Ergebnisse festzustellen. Eisenberg (1956) fand, daß sich nur 3 von 63 autistischen Kindern, die das Alter von neun oder mehr Jahren erreicht hatten, im schulischen oder sozialen Bereich „gut" verhielten. Eine größere Anzahl zeigte ein einigermaßen „zufriedenstellendes" Verhalten. Insgesamt war die soziale Anpassung bei etwas mehr als einem Viertel (27 %) recht gut, bei der Mehrheit jedoch unbefriedigend. Creaks Ergebnisse sind ähnlich: von 100 Kindern waren es nur 17, die entweder arbeiteten oder eine normale Schule besuchten und deren Anforderungen erfüllten (Creak, 1963 b). Auch die Maudsley-Untersuchung zeigte, daß bei der Majorität (60 %) das allgemeine Verhalten schlecht war, nur bei wenigen (14 %) konnte man sagen, daß ihr Verhalten im allgemeinen „gut" war. Bei einem deutlich größeren Prozentsatz (25 %) wurde eine einigermaßen „zufriedenstellende" Anpassung festgestellt (die Kinder verhielten sich immer noch deutlich abnorm, machten jedoch im Lern- und im Sozialbereich Fortschritte), und es ist hauptsächlich diese Gruppe, bei der das Ergebnis besser sein könnte, wenn bessere Hilfseinrichtungen zur Verfügung stünden.

Ein Beispiel für diese Gruppe ist D., ein attraktives 19jähriges Mädchen, das zur Zeit in einer Dorfgemeinschaft lebt, dort recht gut mitarbeitet und ziemlich selbständig ist. Sie ist gegenüber Erwachsenen hilfsbereit und

freundlich und hat zu einem Erwachsenen eine besondere Zuneigung ge-
faßt. Gegenüber Kindern ist sie reservierter, und obwohl sie sich an Gruppenaktivitäten beteiligt, hat sie keine Freundschaften geschlossen; es fehlt
ihr an Spontanität und Herzlichkeit. Manchmal gerät sie in Wut, wenn sie
sehr geärgert wird oder sich nicht verständlich machen kann. Aber das ist
längst nicht mehr so problematisch wie in jüngerem Alter. Sie verrichtet
ihre Tätigkeiten in einer sehr routinehaften Weise und hat eine Abneigung
gegen irgendwelche Änderungen, aber die Zwanghaftigkeit hat, verglichen mit früheren Zeiten, stark abgenommen. Ihre Hauptbehinderungen
sind Inaktivität und Mangel an Initiative, kombiniert mit der Unfähigkeit,
sich sprachlich auszudrücken, und einem deutlichen Defekt im Sprachverständnis.

Die Unterschiede im Verhalten können außerordentlich groß sein,
wie die folgenden zwei Fälle zeigen mögen.

D. P. ist zehn Jahre alt und das jüngste Kind der Untersuchungsreihe. Er
besitzt eine hohe Intelligenz und macht in einer normalen Schule ausge-
zeichnete Fortschritte, besonders in Mathematik und Musik, wofür er ungewöhnlich begabt ist. Vor dem Alter von drei Jahren sprach er nicht, aber
nun ist seine Sprache überdurchschnittlich, obwohl er nach wie vor gewisse
Schwierigkeiten mit abstrakten Begriffen hat. Er ist freundlich, sogar ein
wenig aufdringlich, obwohl er bisher noch keinen engen Freund in seinem
Alter hat. Zwanghafte Erscheinungen und das ehemals übermäßige Interesse für Zahlen sind in geringem Ausmaß geblieben, aber er zeigt nicht
mehr die große Beunruhigung bei jeder Veränderung in der Umgebung wie
in jüngerem Alter.

J. D. ist zwanzig Jahre alt und Patient in einer psychiatrischen Anstalt.
Seine Beziehungen zu anderen Menschen sind etwas besser geworden, aber
er ist stark „autistisch", geistig abwesend und indifferent geblieben und
zeigt kein Verständnis für die Gefühle anderer. Er spricht überhaupt nicht,
summt aber einen großen Teil des Tages vor sich hin. Den starken Widerstand gegen Veränderungen hat er nicht mehr. Er verbringt den größten
Teil des Tages damit, die Seiten einer Zeitschrift rasch umzublättern
und dabei ein Stück Schnur so in der Luft herumzuwirbeln, daß das Ende
gegen die Seiten klatscht, und während er das tut, beobachtet er die Schnur
aus dem Augenwinkel. Immer noch ist es ein recht großes Problem, daß er
mit dem Kopf gegen Wände u. dgl. schlägt, obwohl dies gegenüber dem
Vorjahr nachgelassen hat.

D. P. steht stellvertretend für die Kinder, bei denen die Anpassung
als gut, J. D. für diejenigen, bei denen sie als schlecht beurteilt wurde.
Jedoch gibt es Kinder, die in ihrer Entwicklung noch weiter gekom-

men waren als D. P., und viele, deren Entwicklungsstand noch
schlechter war als bei J. D.

Bleibt das „autistische" Verhalten bestehen?

In seinem ersten Aufsatz über das Syndrom, das seinen Namen trägt,
hat Kanner (1943) festgestellt, daß mit zunehmendem Alter die gefühlsmäßige Isolation bzw. der „Autismus" fortbesteht, die soziale
Vereinzelung aber in unterschiedlichem Maß überwunden werden
kann. Die Kinder mit insgesamt unbefriedigendem Entwicklungsstand behielten ihre extreme affektive Isolation, aber selbst bei denen, die größere Fortschritte gemacht hatten, blieb gewöhnlich ein
auffälliger Mangel an sozialer Wahrnehmungsfähigkeit oder ein
mangelndes Empfinden für die Gefühle anderer (Eisenberg und
Kanner, 1956; Kanner und Eisenberg, 1955). Die Ergebnisse der
Maudsley Hospital-Untersuchung waren sehr ähnlich (Rutter und
Greenfeld, 1966). 9 von 57 „autistischen" Kindern verhielten sich im
Jugendalter nicht mehr „autistisch" (in dem in den Kapiteln 1 und 2
beschriebenen Sinn), sie zeigten also nicht mehr die abwesende Indifferenz gegenüber Menschen. Im allgemeinen gab es mit zunehmendem Alter eine Tendenz zur Verbesserung der zwischenmenschlichen Beziehungen, aber trotzdem hatte nur 1 Kind normale Beziehungen zu Gleichaltrigen, und nur 7 hatten normale Beziehungen zu
Erwachsenen. Viele Kinder, deren „Autismus" sich gebessert hatte,
blieben sehr zurückhaltend und gefühlsarm; allerdings gab es 5 andere, die aufgeschlossen und freundlich wurden (obwohl meist von
flacher Art und ohne Einfühlungsvermögen). Das Verschwinden des
„Autismus" ging nicht notwendig mit einer Besserung anderer Behinderungen einher, insbesondere nicht mit einer Zunahme der gemessenen Intelligenz (Rutter, 1965 a und b).
Bei den älteren Kindern äußerte sich der „Autismus", wie bei Kanners Fällen, oft im fehlenden Wissen über soziale Regeln und im
Mangel an Gefühlszuneigung oder Einfühlungsvermögen. Manchmal wird wohl die Neugierde „autistischer" Kinder geweckt, wenn
jemand aus der Familie krank ist oder sich verletzt hat, aber nur sel-

ten zeigen sie in solchen Situationen ein Mitgefühl oder irgendeine andere emotionale Reaktion. Dieser Mangel an Einfühlungsfähigkeit führt auch dazu, daß sie anstößige oder taktlose Bemerkungen machen. Das sind gewöhnlich zutreffende, aber verletzende Beobachtungen der Art, wie sie das normale kleine Kind oft wiedergibt.

Zum Beispiel machte ein intelligentes 17jähriges autistisches Mädchen die Feststellung: „Was für ein schrecklich häßliches Baby", als ihr der neugeborene Nachwuchs einer Freundin ihrer Mutter gezeigt wurde. Es ist typisch, daß sie diese Bemerkung ganz harmlos abgab – es fehlte ihr jedes Gefühl dafür, daß dies eine unangebrachte Bemerkung bei einer solchen Gelegenheit war, und es war ihr nicht bewußt, daß dieser Kommentar die andere Person verletzen könnte. Sozial anstößiges Verhalten hat vermutlich dieselben Wurzeln. Zum Beispiel kam ein intelligenter autistischer Jugendlicher vollkommen nackt in das Zimmer hinunter, in dem seine Eltern eine Party gaben, um zu fragen, wo sein Schlafanzug sei. Ein anderer Junge dieses Alters stand bei einer Picknick-Party auf und urinierte vor aller Augen – auch dies zeigt einen Mangel an Verständnis dafür, wie andere Menschen empfinden und wie sie auf ein solches Verhalten reagieren würden.

Wie entwickelt sich die Sprache?

Eine der Hauptbehinderungen ist noch im Jugend- und frühen Erwachsenenalter das Fehlen der Sprache. Fast die Hälfte von Kanners Fällen (30 von 63) blieb stumm (Kanner und Eisenberg, 1956; Eisenberg, 1956). In der Maudsley Hospital-Untersuchung (Rutter und Greenfeld, 1966) und in der Smith Hospital-Untersuchung (Mittler et al., 1966) ergaben sich ähnliche Prozentsätze: 29 von 63 bzw. 9 von 20 Kindern blieben ohne kommunikative Sprache.
Dreiviertel der Maudsley-Kinder waren echolalisch (siehe Kapitel 2), oft mehrere Jahre lang (Rutter, 1965 a). Jedoch verschwand die Echolalie meist mit zunehmendem Alter, so daß von den 36 Kindern, die zur Zeit der Nachuntersuchung etwas sprechen konnten, nur 11 etwas und 16 überhaupt nicht echolalisch waren. Kanner und Eisenberg (1955) haben festgestellt, daß autistische Kinder keine Artikulationsschwierigkeiten hatten, aber Rutter (1955 a) fand, daß ungefähr zwei Fünftel (14 von 36) der psychotischen Kinder, die

überhaupt sprachen, einige Artikulationsschwierigkeiten hatten, wenigstens für eine Weile. Jedoch war das in den meisten Fällen nur ein minimales Problem.

10 der 63 Maudsley-Kinder erreichten ein normales Sprachniveau, jedoch gab es bei 4 von ihnen – ebenso wie bei 7 weiteren – Abnormitäten in der Sprechweise (Rutter, 1965a). Einige hatten eine monoton flache Aussprache mit wenig Hebungen und Senkungen, Veränderungen der Betonung oder des emotionalen Ausdrucks. Andere sprachen im Stakkato, es fehlte die rhythmische Gliederung der Sprache. Der Gesamteffekt war oft eine Art „mechanische Sprache", ähnlich der, die man im Kinderprogramm des Fernsehens Wesen von anderen Planeten sprechen läßt, oder wie das, was Kanner und Eisenberg (1955) eine „Donald Duck"-Sprache genannt haben. Sowohl die Johns-Hopkins-Untersuchung (Kanner, 1943; Kanner und Eisenberg, 1955; Eisenberg, 1956) als auch die Maudsley-Untersuchung (Rutter, 1965; Rutter und Greenfeld, 1966) zeigten außerdem, daß die Kinder mit normalem oder fast normalem Sprachniveau die Sprache oft formal und wenig flexibel verwenden. Sie hatten eine pedantische Art, die Dinge auszudrücken und sprachen in einer gleichsam amtlichen Weise, so wie manche Bürokraten schreiben.

Darüber hinaus neigen manche der intelligenteren psychotischen Kinder trotz guter Sprache dazu, sich hauptsächlich in Form von Serien zwanghafter Fragen zu unterhalten (Kanner, 1943; Rutter, 1965a): „Wie weit ist es von London bis Birmingham?", „wie weit von Liverpool bis Sheffield?", „wie lange braucht man, um mit einem Zug von London nach Bristol zu fahren?", „wie viele Züge fahren pro Tag nach Bristol?" usw., je nach dem besonderen Interesse des Kindes zu der betreffenden Zeit. Die Kinder hatten auch Schwierigkeiten mit abstrakten Begriffen und neigten dazu, sehr wörtliche und konkrete Antworten auf Fragen zu geben. So wurde ein intelligenter, aber autistischer Junge aufgefordert, etwas über seine Schule zu erzählen, von der er gesagt hatte, daß es dort sehr schön sei, und er gab daraufhin eine detaillierte Beschreibung des Grundrisses der Schule.

Eisenberg (1956) fand nur ein Kind, das nach dem fünften Lebensjahr zu sprechen begann, aber in der Serie des Maudsley Hospitals (Rutter, 1965a; Rutter und Greenfeld, 1966) kamen von 31 Kindern, die mit fünf Jahren nicht sprachen, nicht weniger als 7 zu einem noch späteren Zeitpunkt zum Sprechen (eins davon noch mit elf Jahren). Allerdings hat der IQ-Wert in diesem Zusammenhang eine große prognostische Bedeutung. Von den 20 Kindern, die mit fünf Jahren nicht sprachen und zu dieser Zeit einen IQ von 55 oder weniger hatten, lernte nur eins noch sprechen. Keins von ihnen erhielt eine Schulbildung, drei Viertel befanden sich ständig in einer psychiatrischen Anstalt. Von den 9 Kindern dagegen, die mit fünf Jahren nicht sprachen, aber einen IQ über 55 hatten, kamen 6 später noch zum Sprechen. Es ist deshalb wahrscheinlich, daß ein unbefriedigendes Verhaltensniveau im Jugend- und frühen Erwachsenenalter mehr mit der allgemeinen geistigen Behinderung als mit dem Sprachniveau zusammenhängt.

Welche Bedeutung hat die Intelligenz?

Da die meisten Forscher den IQ-Wert beim psychotischen Kind als recht unzuverlässig angesehen haben, gibt es nur sehr wenig Untersuchungen der intellektuellen Funktionen bei diesen Kindern und nur zwei umfangreiche Längsschnittuntersuchungen, die Messungen des IQ-Wertes enthielten – die Maudsley Hospital- und die Smith Hospital-Untersuchung. Rutter (Rutter, 1965 a und b; Lockyer und Rutter, 1966) fand, daß mit dem IQ-Wert der Kinder bei der ersten Untersuchung das intellektuelle Niveau im Jugend- und frühen Erwachsenenalter sehr gut vorhergesagt werden konnte. Die Produkt-Moment-Korrelation zwischen dem ersten IQ-Wert und dem Vineland-Quotienten der sozialen Reife, der fünf bis fünfzehn Jahre später erhoben wurde, betrug 0,79. Die Korrelation zwischen dem ersten IQ-Wert und dem Gesamtwert im Wechslertest bei der Nachuntersuchung war niedriger, aber immer noch erheblich (0,63). Außerdem war die Korrelation bei Kindern, die vor ihrem fünften Geburtstag getestet wurden, ebenso hoch wie bei den in höherem Alter getesteten Kindern, ferner war die Vorhersage für nichtsprechende Kinder ebenso gut wie für Kinder, die sprachen. Von den Kindern, die mit fünf Jahren stumm waren, konnte bei 6 eine normale Intelligenz gemessen werden, und das erwies sich als eine etwa zutreffende Vorhersage ihres intellektuellen Niveaus im späteren Lebensalter. Ferner wurde gezeigt, daß der IQ-Wert für psychotische Kinder ein ebenso guter Prädiktor wie für nicht-psychotische Kinder aus derselben Klinik war.

Es sollte hinzugefügt werden, daß diese Resultate auf einer Testuntersuchung beruhen, die während des ersten Klinikaufenthaltes des Kindes von erfahrenen Psychologen durchgeführt wurde, die das Kind während eines zweiwöchentlichen Aufenthaltes gewöhnlich mehrmals gesehen haben. Psychotische Kinder sind notorisch schwer zu testen, und oft ist viel Geduld und Erfindungsgabe erforderlich. Oft mußte das Testen über mehrere Sitzungen verteilt werden. Viele Punktwerte beruhten auf nur wenigen Subtest, aber trotzdem zeigte es sich, daß der Vorhersagewert hoch war. Nur wenige Kinder konnten mit Verbaltests getestet werden, so daß die Wechsler-Untertests und der Binet-Test gewöhnlich ungeeignet waren. Der Merrill-Palmer-Test hat sich als der im allgemeinen nützlichste Test erwiesen.

Lag der IQ-Wert bei der Erstuntersuchung unter 50, so war dieser Wert zur Zeit der Nachuntersuchung gewöhnlich noch niedriger. Bei den Kindern mit höheren Erstwerten war der IQ meist auf ungefähr gleichem Niveau geblieben. Die Abnahme des IQ-Werts bei den weniger intelligenteren Kindern könnte in einigen Fällen durch die ungünstigen Wirkungen einer schlechten und langen Anstaltsunterbringung verursacht sein (Rutter, 1965 b). Das Verschwinden des „Autismus" ging *nicht* mit einer Zunahme der Intelligenz einher. Selbst bei einer allgemein guten Anpassung zur Zeit der Nachuntersuchung war die Erhöhung des Intelligenzniveaus gering.

Diese Ergebnisse widersprechen zum Teil den Ergebnissen von Mittler und seinen Kollegen (1966), die bei den meisten ihrer testbaren psychotischen Kinder große Zunahmen im IQ-Wert festgestellt haben. Die Unterschiede können z. T. durch die Tatsache bedingt sein, daß Mittlers Gruppe zunächst mit dem Binet-Test getestet wurde, ein Test, mit dem man das Intelligenzniveau von Kindern, die in ihrer Sprachfunktion behindert sind, leicht unterschätzt, während die Maudsley-Kinder meist mit Handlungstests (gewöhnlich dem Merrill-Palmer) getestet wurden. Daß ein Faktor dieser Art für die Unterschiede zwischen den beiden Untersuchungen verantwortlich ist, wird durch die Tatsache nahegelegt, daß die Ergebnisse im Hinblick auf die schulische Leistung ziemlich gleich sind. Kein Kind, das bei der Erstuntersuchung nicht testbar war, ging später in eine normale Schule, und der ursprüngliche IQ-Wert korrelierte recht hoch mit der Lesefähigkeit im Jugendalter.

Lockyer und Rutter (1966) haben eine größere Anzahl von Kindern mit psychotischen und mit nicht-psychotischen geistigen Behinderungen untersucht, die im Alter und IQ-Wert sehr ähnlich waren; es zeigte sich, daß das Leseniveau im Jugendalter bei beiden Gruppen ungefähr gleich war. Beide Gruppen zeigten im Vergleich zu ihrem IQ-Wert einen Rückstand in schulischen Leistungen, aber bei den psychotischen Kindern war er *nicht* größer als bei den Kontrollkindern. Hieraus geht nachdrücklich hervor, daß die Bemühungen, geeignete schulische Einrichtungen für diese psychotischen Kinder zu schaffen, voll berechtigt sind. Es ist auch ein Hinweis darauf, daß es möglich sein müßte, bessere Erziehungserfolge sowohl mit psychotischen wie mit nicht-psychotischen behinderten Kindern zu erreichen, wenn geeignete Einrichtungen zur Verfügung stünden.

Kommt es zu epileptischen Anfällen?

Einer von Kanners ersten elf Fällen bekam mit fünf Jahren epileptische Anfälle (Kanner, 1943). In einem späteren Aufsatz berichtet Kanner (1949), daß einer seiner ersten 55 Fälle mit vier Jahren Anfälle bekam, wobei allerdings nicht klar ist, ob dasselbe Kind gemeint ist. Auch Bender (1961) hat von zwei Kindern mit epileptischen Anfällen berichtet, denen Kanner zu einem früheren Zeitpunkt die Diagnose „Kindlicher Autismus" gestellt hatte, ferner vom Auftreten epileptischer Anfälle bei 10 autistischen, nicht-sprechenden Kindern, die von früher Kindheit an Abnormitäten in der Entwicklung gezeigt hatten und in deren Familie keine Schizophrenie vorgekommen war. Es ist besonders bemerkenswert, daß 6 dieser 10 Kinder die Anfälle erst nach der Pubertät bekamen, woraus folgt, daß man Nachuntersuchungen mindestens bis ins Jugendalter ausdehnen muß, um ein zutreffendes Bild von der Häufigkeit epileptischer Anfälle zu bekommen.

Auch Creak (1963 b) hat die große Häufigkeit von Anfällen bei psychotischen Kindern festgestellt. Sie fand 12 Fälle von Epilepsie in ihrer Gruppe von 100 Kindern. Bei 7 setzten die Anfälle lange nach Beginn der Psychose ein, und bei 2 begannen sie nach der Pubertät (bei einem Jungen mit 20 Jahren). Eine noch größere Häufigkeit von Anfällen ist von Rutter (1965 b) berichtet worden: von 63 psychotischen Kindern waren 15 epileptisch, und bei 10 von ihnen begannen die Anfälle erst viele Jahre nach Beginn der Psychose (mit sechs oder sieben Jahren bei 2 Kindern; mit elf bis dreizehn Jahren bei 4; und mit sechzehn bis neunzehn Jahren bei weiteren 4). Keines dieser 10 Kinder zeigte bei der Erstuntersuchung neurologische Krankheitszeichen. In 3 Fällen war das Einsetzen der Anfälle von einem starken Zerfall der Sprache begleitet. Das Auftreten von Epilepsie in dieser Art legt die Möglichkeit nahe, daß ein Zusammenhang mit einer Hirnschädigung besteht[3].

Bleibt die starke motorische Unruhe?

Sowohl bei den psychotischen wie bei den Kontrollkindern tritt häufig an die Stelle einer starken Hyperkinese in der frühen Kindheit im Verlauf mehrerer Jahre in der späten Kindheit oder im frühen Jugendalter eine stumpfe Inaktivität (Rutter und Greenfeld, 1966). So waren zum Zeitpunkt der Nachuntersuchung, als die Kinder dreizehn Jahre oder älter waren, von 22 hyperkinetischen Kindern 13 hypokinetisch geworden, 4 befanden sich in einem zwischen Hyperkinese und Hypokinese schwankenden Zustand. Von 19 in dieser Hinsicht zunächst normalen Kindern waren bei der Nachuntersuchung nur 5 hypokinetisch. Die hypokinetischen Kinder bewegten sich in normalem Tempo, aber es schien ihnen in auffälligem Maß an irgendwelchen Antrieben oder Aktivitätsbedürfnissen zu fehlen; sie neigten also dazu, einfach nur dazusitzen, wenn sie nicht ständig aufgefordert wurden, mit ihren Aufgaben weiterzumachen. Das war eines der Hauptprobleme bei vielen psychotischen Kindern im Jugendalter und oft die Hauptursache dafür, daß man sie in kein Arbeitsverhältnis übernehmen konnte.

Entwickelt sich Aggressivität?

Aggression war in der Regel eher ein Problem bei jüngeren autistischen Kindern. Nur in wenigen Fällen verstärkte sie sich im Jugendalter oder entwickelte sich überhaupt erstmals in dieser Zeit (Rutter und Greenfeld, 1966). Wenn daraus im Jugendalter ein Problem wurde, so lag das zum Teil daran, daß die Kinder größer geworden waren und man deshalb ihre an sich kindlichen Aggressionen schwerer unter Kontrolle bringen konnte. Wirklich ernsthaft war die Aggression nur bei zwei älteren, recht intelligenten Mädchen, die deswegen in eine Anstalt eingewiesen worden waren. Eines befindet sich noch immer dort, aber bei beiden nahmen die Aggressionen nach ungefähr einem Jahr wieder ab, und zum gegenwärtigen Zeitpunkt ist keines von beiden noch aggressiv. Auch die Selbstverletzungen gehen im allgemeinen mit zunehmendem Alter zurück. Allerdings gibt es einige Ausnahmen, und bei einigen Jugendlichen waren sie ein ernsthaftes Problem. Ebenso wie einige andere Symptome verschlechtert sich dieses Symptom manchmal während oder kurz nach der Pubertät und bessert sich dann wieder im späteren Jugendalter.

Treten sexuelle Probleme auf?

Sexuelle Probleme waren ganz außerordentlich selten (Rutter und Greenfeld, 1966). Bei drei Kindern gab es zur Zeit der ersten klinischen Untersuchung gewisse Störungen, jedoch kindlicher Art (Masturbation bei anderen Kindern, Betrachten und Befühlen von deren Genitalien). Bei keinem dieser drei Kinder gab es im Jugendalter sexuelle Probleme. Das war zur Zeit der Nachuntersuchung nur bei zwei anderen Jugendlichen (beide in langer institutioneller Pflege) der Fall – ein Junge masturbierte in der Öffentlichkeit und ein anderer verursachte durch homosexuelle Annährungen an andere Patienten Schwierigkeiten.

Bleiben die Rituale und Zwänge?

Die meisten psychotischen Kinder der Maudsley-Untersuchung wurden mit zunehmendem Alter anpassungsfähiger und gefügiger. Der starke Protest bei Veränderungen der Umwelt kam bei den Jugendlichen seltener vor. Jedoch hatten nur einige, die in jüngerem Alter Widerstand gegen Veränderungen gezeigt hatten, diese Eigentümlichkeit zum Zeitpunkt der Nachuntersuchung vollkommen verloren. Ebenso waren zwanghafte Erscheinungen, abnorme Beschäftigungen und krankhafte Neigungen oder Sammelleidenschaften bei den psychotischen Kindern im Jugendalter etwas zurückgegangen, aber nur gelegentlich waren diese Eigentümlichkeiten vollkommen verschwunden.

Treten Wahnideen und Halluzinationen auf?

Kanner und Eisenberg (Kanner und Eisenberg, 1955; Eisenberg, 1956) fanden, daß kein Kind Wahnideen entwickelte und daß es keine sicheren Anzeichen für Halluzinationen gab. Die Maudsley-Hospital-Ergebnisse waren ähnlich (Rutter und Greenfeld, 1966). Mehrere Jugendliche hatten weiterhin kindliche Fantasien, aber alle unterschieden zwischen Realität und Vorstellung, keiner entwickelte Wahnideen. Einige verhielten sich in einer absonderlichen Weise, die Anlaß zu der Vermutung gab, daß sie halluzinatorische Erfahrungen haben könnten, aber bei keinem gab es überzeugende Beweise dafür, und keiner, der reden konnte, beschrieb Erlebnisse oder Vorfälle halluzinatorischer Art. Andererseits fanden Reiser und Brown (1964), daß von 125 Vorschulkindern mit atypischer Entwicklung neun im Jugendalter schizophrene Eigenarten wie Erwachsene zeigten. Auch Bender (Bender, 1947, 1956) hat die Häufigkeit hervorgehoben, mit der sich Wahnideen und Halluzinationen im Jugend- und frühen Erwachsenenalter entwickeln, wobei allerdings nicht klar ist, wie häufig das bei den „frühkindlich pseudo-defektiv psychotischen" Kindern geschieht (Bender, 1955, 1959, 1962). Vermutlich ist die Entwicklung von Wahnideen usw. für Kinder charakteristisch, die eine Psychose in der mittleren oder späten Kindheit bekommen, aber nicht für die frühkindliche Form, die in diesem Buch behandelt wird[4].

Welche Faktoren sind für die Prognose bedeutsam?

Eisenberg (1956) hat klar gezeigt, daß die Prognose für Kinder, die im Alter von fünf Jahren noch keine kommunikative Sprache besitzen, relativ schlecht ist. Brown (1960), der allerdings eine etwas andere Gruppe von Kindern untersucht hat, fand ebenfalls, daß es ein prognostisch ungünstiges Zeichen ist, wenn ein Kind mit drei Jahren noch nicht spricht. Auch Rutter (1965 a und b) stellte fest, daß Kinder, die mit fünf Jahren nicht sprachen, später im allgemeinen ein schlechtes Verhaltensniveau erreichen, aber er wies nach, daß dies zum größten Teil auf die Korrelation zwischen sprachlichem Entwicklungsstand und Intelligenz zurückgeht. Kinder mit stark unterdurchschnittlichen Intelligenzwerten und ohne Sprache im 5. Lebensjahr hatten später einen sehr schlechten Entwicklungsstand. Für intelligentere Kinder war die Prognose wesentlich besser, auch wenn sie in diesem Alter noch nicht sprachen: zur Zeit der Nachuntersuchung gehörten sie fast immer zur Gruppe mit „ziemlich guter" sozialer Anpassung. Allerdings war der Entwicklungsstand bei keinem von ihnen wirklich „gut", obwohl einige sich immer noch besserten (Rutter und Greenfeld, 1966). Wenn das Kind mit fünf Jahren überhaupt etwas kommunikative Sprache entwickelt hatte, so hatte das betreffende Sprachniveau keine prognostische Bedeutung.

In der Maudsley Hospital-Studie war der mit Abstand wichtigste prognostische Faktor das Niveau der gemessenen Intelligenz bei der ersten Untersuchung des Kindes (Rutter und Greenfeld, 1966; Lockyer und Rutter, 1966). Keines der 9 Kinder in der Kategorie „gute Anpassung" und nur 1 der 16 Kinder in der Kategorie „ausreichende Anpassung" hatte einen IQ-Wert unter 60, während umgekehrt nur 6 der 38 Kinder in der Kategorie „schlechte Anpassung" einen IQ-Wert über 60 hatten. Brown (1960) fand, daß der größte

Unterschied zwischen Kindern mit gutem und mit schlechtem Entwicklungsniveau darin bestand, daß die Kinder der besten Gruppe gewöhnlich imstande waren, mit Spielzeug richtig umzugehen, während die Kinder der schlechtesten Gruppe nicht richtig spielen konnten. Es ist wahrscheinlich, daß dies ein Ausdruck für Unterschiede in der Intelligenz ist.

Die Schwere und das Ausmaß der Abnormitäten in Verhalten und Entwicklung beim ersten Besuch des Kindes im Krankenhaus standen ebenfalls in Beziehung zum Verhalten im Jugendalter (Rutter und Greenfeld, 1966; Brown, 1960), aber neben dem IQ-Wert und der Sprache scheint in dieser Hinsicht kein bestimmtes Symptom eine besondere Bedeutung zu haben. Die Kinder, die sich gut verhielten, hatten gewöhnlich von Anfang an eine weniger schwere Störung.

Rutter (Rutter und Greenfeld, 1966) fand, daß die Kinder, die zum Zeitpunkt der Nachuntersuchung sozial gut angepaßt waren, gewöhnlich *nicht* für taub gehalten worden waren, und während der frühen Kindheit *nicht* den Reaktionsmangel gegenüber Lauten gezeigt hatten. Das entspricht dem Ergebnis, daß die Prognose für Kinder mit einer rezeptiven Aphasie schlechter ist als für diejenigen mit einem rein expressiven Defekt.

Es ist nachgewiesen worden, daß stark abnorme EEG-Befunde bei atypischen Kindern ein ungünstiges prognostisches Zeichen sind (Brown, 1963). Rutter (Rutter und Greenfeld, 1966) hat gefunden, daß eine klar erkennbare organische Schädigung oder Dysfunktion des Gehirns mit einem niedrigen IQ-Wert einhergeht; wenn der niedrigere IQ aber in Rechnung gestellt wurde, bestand darüber hinaus keine spezielle Beziehung zum zukünftigen Verhalten. Ob der Psychose eine Periode anscheinend normaler Entwicklung vorausgegangen war, hatte ebenfalls keine prognostische Bedeutung (Rutter und Greenfeld, 1966).

Es gibt keine kontrollierten Untersuchungen über den Effekt irgendeiner Behandlungsform für psychotische Kinder. Mehrere Autoren haben gemeint, daß zwischen dem späteren Verhalten und der Art der psychiatrischen Behandlung des Kindes kein Zusammenhang besteht (Brown, 1960; Creak, 1962; Eisenberg, 1956). Beratung, Anweisung und Unterstützung der Familie können eine Hilfe sein (Creak, 1963 a und b). Es gibt keine überzeugenden Beweise, daß eine Psychotherapie mit dem Kind von allgemeinem Wert ist. Ebenso fehlen Untersuchungen über die Wirksamkeit pädagogischer Maßnahmen[5]. Kanner und Eisenberg (Kanner und Eisenberg, 1965; Eisenberg, 1956, 1957) und Rutter (1965 a und b) haben festgestellt, daß eine Besserung oft mit besonders guter individueller Zuwendung in der Schule und zu Hause einhergeht. Offensichtlich sind Forschungsarbeiten über die Erziehung dieser Kinder dringend erforderlich.

Gesamtbild

Die Abnormität in der Beziehung zu anderen Menschen fällt bei psychotischen Kindern in jeder Altersstufe auf, aber diese Abnormität äußert sich in verschiedenen Stadien der Entwicklung auf verschiedene Weise. Fehlende Anschmiegsamkeit und die fehlende Erwartungshaltung vor dem Aufgenommenwerden sind vielleicht die ersten Anzeichen in der Säuglingszeit. Meidung des Augenkontaktes und manchmal das körperliche Ausweichen und Sichzurückziehen sind für das jüngere Kind charakteristisch. Geistig abwesende Indifferenz und fehlende Beteiligung an Gruppenaktivitäten sind während der mittleren Kindheit auffällig, während mangelnde Freundschaften, fehlendes Wissen über soziale Regeln und ein relativ starkes Ausbleiben von Sympathiegefühlen oder Einfühlungsvermögen für das ältere Kind und den Jugendlichen charakteristisch sind. Das Ausbleiben der Sprache, Eß- und Schlafstörungen, Aggressivität und Wutanfälle, abnorme Objektbeziehungen und Sammelleidenschaften sind besonders für die frühe Kindheit charakteristisch. Sprachabnormitäten, Überaktivität (und Aggression), Selbstverletzungen, Lernschwierigkeiten und ritualistisches oder zwanghaftes Verhalten zeigen sich besonders in der mittleren Kindheit. Inaktivität, Trägheit und Antriebsmangel in Verbindung mit schlechten sozialen Beziehungen, zwanghaften Gewohnheiten und Ritualen und einem Rückstand in den Schulleistungen sind die hauptsächlichen negativen Erscheinungen im Jugendalter.
Wenn starke Besserungen auftreten, so sind sie gewöhnlich im Alter

von sechs oder sieben Jahren erkennbar, aber manchmal kommt es noch später zu einer deutlichen Veränderung (so wie bei einem Jungen, der mit elf Jahren zu sprechen begann). Von der mittleren Kindheit an ist der Verlauf gewöhnlich ziemlich regelmäßig (abgesehen von gelegentlichen Störungen etwa zur Zeit der Pubertät), wobei sich die bis dahin sichtbare Besserung oder Verschlechterung fortsetzt. Es gibt in diesem Verlauf eine gewisse Variabilität mit Stillständen, Gipfeln und Tiefpunkten der Entwicklung zu unterschiedlichen Zeiten, aber sprunghafte Besserungen oder Rückfälle, wie sie bei psychotischen Erkrankungen Erwachsener vorkommen, sind äußerst selten.

Es ist ungewöhnlich, aber nicht ausgeschlossen, daß eine deutliche Besserung erstmals in der späten Kindheit oder im Jugendalter einsetzt. *Häufig* werden noch bis weit ins Erwachsenenalter hinein Fortschritte im sozialen und emotionalen Verhalten und beim Erwerb verschiedenartiger Fertigkeiten gemacht. Obwohl sicherlich eine geeignete Schulausbildung früh beginnen sollte, um möglichst wirksam zu sein, machen mehrere Kinder erst später Fortschritte, so daß man bestimmt von keinem Alter einfach sagen kann, nun sei es „zu spät". Die Schwierigkeiten, eine Beschäftigung für das psychotische Kind zu finden und die Besserungen, die nach der Schulzeit eintreten, zeigen deutlich die Notwendigkeit geeigneter psychiatrischer, pädagogischer und berufsbildender Einrichtungen für die behinderten Schulabgänger. `

Kapitel 4
Medizinische Behandlung

P. H. Connell

Obwohl dieses Kapitel den Titel „Medizinische Behandlung" trägt, halte ich es für sinnvoll, darüber hinaus die Rolle des Arztes bei der Behandlung und Betreuung dieser Kinder und in diesem Zusammenhang die Bedeutung der Hilfsmöglichkeiten des Krankenhauses zu erörtern. So läßt sich bestimmen, was von medizinischer Seite her getan werden kann, und so kann man der Tendenz entgegenwirken, die Aufnahme in ein Krankenhaus als eine zwangsläufige Maßnahme anzusehen.

Was mit einem Kind geschehen soll, ist manchmal so schwer zu entscheiden, daß leicht die Neigung besteht, die Aufnahme in ein psychiatrisches Krankenhaus als ein Universalheilmittel anzusehen: Eine Einstellung, die wiederum die Eltern dazu bringen kann, entweder mit einer Heilung (womit zuviel erwartet wird) oder mit einem lebenslangen Anstaltsaufenthalt (womit zuwenig erwartet wird) zu rechnen.

Stationäre Untersuchung im Krankenhaus

Autismus ist nicht so häufig, daß spezielle diagnostische Einrichtungen für nur diese Erkrankungsform erforderlich wären, aber autistische Kinder haben möglicherweise mehrere verschiedenartige Behinderungen, für deren Untersuchung man oft die kompliziertesten und modernsten diagnostischen Methoden braucht. Deshalb muß es Zentren geben, in denen sowohl die Experten als auch die Einrichtungen zur Verfügung stehen, die für eine sachgerechte diagnostische Untersuchung benötigt werden.

Manche Familien werden so weit von diesen Zentren entfernt wohnen, daß eine ambulante Untersuchung nicht möglich ist. Dann wird man die Kinder zum Zweck der Untersuchung in ein Krankenhaus aufnehmen müssen. Aus theoretischen Gründen wäre es oft besser, wenn man die Mutter zusammen mit ihrem Kind aufnehmen könnte, besonders, wenn das Kind jünger als vier oder fünf Jahre ist. Die gemeinsame Aufnahme von Mutter und Kind ist natürlich unter Umständen undurchführbar, zum Beispiel, wenn die Mutter arbeiten muß oder andere Kinder zu versorgen hat. Der Vorzug, die Mutter zusammen mit dem kleinen Kind im Krankenhaus zu haben, besteht aber nicht nur darin, eine Unterbrechung der Mutter-Kind-Beziehung zu vermeiden, sondern auch darin, eine Situation zu schaffen, in der man leichter erkennen kann, wie die Mutter mit dem Kind umgeht, welche Einstellungen sie zu ihm hat und wie sie die gesamte Lage erlebt. Sollte die diagnostische Untersuchung ergeben, daß sich gewisse Einstellungen oder Erziehungsmethoden der Mutter möglicherweise schädlich auswirken, so stehen für die notwendige heilpädagogische Arbeit gleich beide, Mutter und Kind, zur Verfügung.

Formen ambulanter Untersuchung

Wenn die Familie in der Nähe eines diagnostischen Zentrums wohnt, so daß eine ambulante Untersuchung möglich ist, dann sollte man diese Form im Regelfall vorziehen. Allerdings ist es während der Zeit, die für ambulante Konsultationen zur Verfügung steht, manchmal schwer, eine sachgerechte psychiatrische Beurteilung abzugeben. Außerdem ist es unmöglich, das Verhalten des Kindes in einer Gruppe Gleichaltriger zu erfassen, wenn es nicht in einer solchen Gruppe beobachtet werden kann. Ferner müssen unter Umständen mehrere Spezialuntersuchungen durchgeführt werden (selbst wenn das Kind als autistisch diagnostiziert ist), so daß zum Zweck einer vollständigen diagnostischen Untersuchung mehrere ambulante Besuche erforderlich sind.
Es hat große Vorteile, wenn man das Kind als Tagespatient aufnimmt (Connell, 1961): Es kann dann mit dem Krankenhausmilieu vertraut werden; man kann die Mutter bei ihrem Kind lassen und

ihre Reaktionsweisen erfassen; man kann die Eß- und Toilettengewohnheiten beobachten; die übrigen Mitarbeiter – Psychologen, Pädagogen, Sozialarbeiter und Krankenschwestern – können in einem
längeren und entspannteren Kontakt das gesamte Problem kennen-
lernen. Wenn das Kind sich an die Krankenhaussituation gewöhnt
hat, bekommt man außerdem wahrscheinlich eher einen Eindruck
davon, wie es sich gewöhnlich in der Familie verhält. So kann
ein Tagesaufenthalt im Krankenhaus ein Ersatz für eine längere
stationäre Aufnahme sein.
Es sollten also für autistische Kinder und für Kinder mit anderen
Behinderungen Zentren für umfassende Untersuchungen zur Verfügung stehen, in denen Spezialmethoden wie Elektroencephalogra-
phie, psychologisches Testen, neurologische Untersuchungen, Ophthal-
mologie, Biochemie usw. routinemäßig angewendet, in denen die
Kinder bei einer möglichst großen Vielzahl alltäglicher Tätigkeiten
beobachtet, und in denen die Mütter zusammen mit ihren Kindern
aufgenommen werden können.
Im Maudsley-Hospital in London werden autistische Kinder manchmal als Tagespatienten und manchmal stationär aufgenommen. Die
Dauer des Aufenthalts für eine Diagnose ist unterschiedlich, jedoch
gewöhnlich nicht länger als drei bis vier Wochen.

Stationäre Behandlung

Es wurde bereits erwähnt, daß manchmal die Meinung besteht, die
Behandlung im psychiatrischen Krankenhaus sei „*die* Lösung" für
autistische Kinder. In der klinischen Praxis trifft man nicht selten
Eltern, Lehrer und andere Personen, die eine Unterbringung im psychiatrischen Krankenhaus fast so ansehen, als gehe davon eine magische Kraft aus. Deshalb ist es vielleicht angebracht, wenn ich ganz
kategorisch meine eigene Ansicht äußere: daß es keine magische Behandlung für autistische Kinder gibt, daß der Zustand größtenteils
noch undefiniert ist, und daß jede Behauptung, aus welchem Grund
auch immer, eine Lösung dieses Problems zu kennen, bisher noch
unbewiesen ist.

Die Aufnahme eines autistischen Kindes in eine stationäre Abteilung für eine längere Betreuung wirft bestimmte Probleme auf, die sich unvermeidbar aus dem klinischen Syndrom ergeben. In einer stationären psychiatrischen Abteilung hat man eine gemischte Gruppe von Kindern mit verschiedenen diagnostischen Krankheitsbildern, von denen jedes eine bestimmte Art der Betreuung verlangt. Aber die meisten und wahrscheinlich alle nicht-autistischen Kinder reagieren recht schnell auf den liebevollen Kontakt und die emotionalen Gefühle, die ihnen von den Krankenschwestern bzw. Kindergärtnerinnen der Station entgegengebracht werden. Viele Kinder sind gehemmt und neurotisch, so daß die Kindergärtnerinnen eine freundlich akzeptierende und passive Rolle einnehmen müssen, was schon ein Teil der Behandlung ist. Andere Kinder sind überaktiv oder aggressiv, und auch mit ihnen muß man in einer viel toleranteren und passiveren Weise umgehen, als sie es in den Schulen und den meisten Familien erlebt haben. Demzufolge besteht die Tendenz, die Kinder möglichst nicht zu dirigieren, sondern ihr Verhalten mehr indirekt durch Teilnahme an ihren eigenen Aktivitäten zu beeinflussen. Nun stellt das autistische Kind von sich aus sehr wenige, vielleicht gar keine erkennbaren emotionalen Kontakte her (besonders in einer fremden Umgebung nicht) und scheint ganz zufrieden damit, sich in einer Ecke um sich selbst zu drehen, mit Wasser zu spielen oder für sich allein irgendwo umherzuirren. Die erwachsene Person bleibt für dieses Kind ganz außerhalb, es bezieht sie nicht in sein Spiel ein, ausgenommen vielleicht, daß es sie zu einem Schrank führt, in dem sich etwas befindet, was es haben möchte. Es reagiert kaum auf ihre Angebote, bestärkt sie also auch nicht darin, weiterhin Angebote zu machen. So kann es dahin kommen, daß die Kindergärtnerinnen und Krankenschwestern sich bei einem autistischen Kind in nicht-direktiver Weise verhalten, weil sie es allgemein für die richtige Art halten, mit Kindern umzugehen, und weil sie zugleich durch dieses Kind, das scheinbar lieber für sich allein bleibt, in dieser Haltung bestärkt werden. Das führt aber nur zu weiterer Isolierung des Kindes und zu einem Gefühl der Hoffnungslosigkeit auf Seiten der Betreuerinnen. Wenn also das Personal nicht speziell ausgebildet und am autistischen Kind nicht speziell interessiert ist, kann es leicht dazu kommen, daß das Kind seinen ziellosen Tätigkeiten nachgeht und die

Betreuerin dabeisteht und es überwacht, aber keine Interaktion zwischen ihnen zustandekommt. In einer solchen Situation entsteht „Institutionalismus", ein Problem, zu dem Rutter in Kapitel 3 einige Bemerkungen gemacht hat, die man sorgfältig beachten sollte. Wenn also in einer Krankenhausstation eine *langfristige* Behandlung autistischer Kinder erfolgen soll, müssen diese Faktoren ernsthaft berücksichtigt werden, und das bedeutet für die Praxis, daß überhaupt nur sehr spezialisierte Einrichtungen als geeignet anzusehen sind. Solche Einrichtungen sind eigentlich eher Heimschulen als Krankenhäuser. Eine weitere Erörterung der Frage, unter welchen Umständen der Besuch einer Heimschule vorteilhafter ist als das Leben zu Hause, findet man in Kapitel 11. Man sollte vielleicht noch weiter gehen und sagen, daß eine langfristige stationäre Betreuung kontraindiziert ist, wenn es irgendeine Alternative dazu gibt. In jedem Fall muß die betreffende Einrichtung über spezielle pädagogische Möglichkeiten verfügen (am besten in Verbindung mit speziellen Forschungsinteressen) oder speziell für die Behandlung von sehr schwer gestörtem Verhalten eingerichtet sein. (Diese schweren Verhaltensstörungen bleiben jedoch in einer gut gestalteten Umwelt selten über lange Zeit unverändert bestehen.) In solchen Einrichtungen sollten natürlich nicht *nur* autistische Kinder versorgt werden. Die meisten schwer gestörten Kinder sind ja tatsächlich nicht autistisch.

Behandlung von Symptomen

Mit Ausnahme der Behandlung von Epilepsie, die bei autistischen Kindern auftreten kann, wird die Behandlung von Symptomen oft vernachlässigt, entweder weil diejenigen, die den Kindern zu helfen versuchen, medizinisch nicht ausgebildet sind, oder weil sie, wenn sie diese Ausbildung haben, nach einem theoretischen System vorgehen, das Symptome psychologisch erklärt und die Verwendung von Medikamenten nicht zuläßt.
Die Symptome, die im Alltag am meisten Schwierigkeiten machen, sind übermäßige Ruhelosigkeit, Irritierbarkeit und Schlaflosigkeit.

Die Unruhe kann sowohl eine motorische wie eine gedankliche Überaktivität sein, und beide erschweren es dem Kind, sich konzentriert
mit der Aufgabe oder Anforderung des jeweiligen Moments zu befassen. Gelingt es, die Ruhelosigkeit zu mindern, kann die Leistungs-
fähigkeit also besser werden. Auch Schlaflosigkeit ist ein schwieriges
Problem, das manchmal sowohl beim Kind wie bei den Eltern zu
Erschöpfung und Überlastung führt.
Es gibt einige allgemeine Gesichtspunkte für die Anwendung von
Medikamenten bei Kindern, die man berücksichtigen muß:

a) Kinder reagieren auf Medikamente, die das Verhalten in der
   Kindheit beeinflussen können, außerordentlich verschieden. Man
   sollte deshalb bei allen Medikamenten mit der niedrigsten Dosis
   beginnen und sie langsam erhöhen, bis der gewünschte therapeutische Effekt ohne unerwünschte Nebeneffekte erreicht ist.

b) Die Form des Medikaments ist wichtig. Einige Kinder nehmen
   lieber Säfte, während andere Tabletten vorziehen. Der Geschmack
   spielt eine sehr große Rolle. (Einer der Vorzüge von Thalidomid
   bestand darin, daß es ohne Geschmack war; ein anderes Medikament dieser Art ohne Nebeneffekte wird dringend benötigt.)

c) Man soll keine körperliche Kraft anwenden, um ein Kind dahin zu
   bringen, ein Medikament einzunehmen, es sei denn, daß es wirklich um Leben oder Tod geht. Wenn das Kind sich sträubt, ein
   Medikament einzunehmen, soll man nachdrücklich seine Über-
   redungskunst einsetzen, aber keinen physischen Zwang, der nur
   schädlich wäre.

Viele autistische Kinder brauchen anscheinend eine viel höhere Dosis
als gewöhnlich normale Kinder des gleichen Alters. Das gilt besonders für Anästhetica und Schlafmittel. Wenn man diese Möglichkeit
berücksichtigt und so vorgeht, wie es oben in Punkt a empfohlen
wurde, so wird man vor einer Enttäuschung bewahrt. Man baut die-
jenige Dosierungshöhe auf, durch die sich der optimale Effekt ohne
unbeabsichtigte Nebenwirkungen erzielen läßt – bei einer Standard-
dosis dagegen würde man vielleicht die Enttäuschung erleben, daß

nur eine geringe oder gar keine Wirkung eintritt oder daß sich der Zustand sogar noch verschlechtert.

Es gibt keine speziellen Kontraindikationen für die Verwendung von Medikamenten bei autistischen Kindern. Folgende Arten von Medikamenten können eine verhaltensändernde Wirkung haben:

Phenothiazine	– wie Chlorbromazine, Fluphenazine usw.
Haloperidol	
Amphetamine	– wie Amphetamin und Dexamphetamin
Barbiturate	– wie Amytal, Quinalbarbital, usw.
Benadryl	

Nach meiner Erfahrung ist Chlorbromazin bei sehr unruhigen und gestörten Kindern am wirksamsten. Neuere Anwendungen von Haloperidol lassen vermuten, daß dieses Medikament eine wertvolle Stellung einnehmen könnte.

Barbiturate sind nicht kontraindiziert; Phenobarbiton verwende ich aber nicht, weil es manchmal Unruhe und Aggressivität erhöht.

Barbiturate sind als Schlafmittel für autistische Kinder nicht kontraindiziert. Chloral wird oft verwendet, aber die übliche Dosis hat manchmal wenig Effekt, und sein Eigengeschmack ist schwer zu überdecken.

Bei der pharmakologischen Behandlung von Symptomen autistischer Kinder geht man also zunächst davon aus, daß Medikamente überhaupt helfen können; man wählt zuerst dasjenige, das wahrscheinlich am meisten hilft; wendet es nach den obigen Angaben in vernünftiger Weise an; und wenn es nicht hilft, versucht man es mit dem nächsten Medikament der Liste oder eine andere Gruppe von Medikamenten.

Es mag sein, daß die pharmakologische Behandlung die zugrunde liegenden und unbekannten Ursachen des Autismus nicht beeinflußt. Aber sie ist doch eine Hilfe für das Kind, sich an die Umwelt anzupassen, und hilft so auch den Menschen, die mit ihm zusammenleben, es mehr zu akzeptieren. Dadurch vergrößert sich die Chance, daß innere oder äußere Faktoren wirksam werden, die zu einer Besserung des Zustands beitragen.

Behandlung der Eltern

Es müssen auch ein paar Worte über die Behandlung der Eltern gesagt werden, die gelegentlich notwendig ist. Bei manchen Eltern behinderter Kinder – ob es nun autistische, spastisch gelähmte oder andersartig behinderte Kinder sind – besteht die Tendenz, die Ursache des Zustands in sich selbst zu suchen: als Erbanlage, als gestörte Gefühlsbeziehung zum Ehegatten während der Schwangerschaft, in Vorfällen während der Schwangerschaft oder bei und nach der Geburt oder in den angewandten Erziehungsmethoden. Diese Tendenz ist auch noch von solchen Autoren unterstützt worden, deren Vermutung es war, daß die Eltern selbst in ihrer Fähigkeit, Gefühlsbeziehungen herzustellen, oder in anderer Hinsicht abnorm seien. Im Gegensatz zu diesen Ansichten stehen die Ergebnisse einiger neuerer Arbeiten (Creak und Ini, 1960), die den Schluß nahelegen, daß die Eltern autistischer Kinder wahrscheinlich ein normaler Querschnitt der Bevölkerung sind.

Trotzdem führt es zu starken Belastungen, wenn eine Familie ein autistisches Kind hat. Für die Mutter ist es schwer und schmerzhaft, die Situation zu meistern, wenn das Kind sich abnorm entwickelt und auf gefühlsmäßige Zuneigung, körperliche Zuwendung und dergleichen nicht normal reagiert. Die Mutter fühlt sich vom Kind abgewiesen, und es ist tatsächlich *diese* Abweisung, nicht umgekehrt die Ablehnung des Kindes durch die Mutter, was man so häufig in der Klinik sieht.

In dieser Situation und zu der Zeit, in der bei dem autistischen Kind zum erstenmal eine diagnostische Untersuchung durchgeführt werden soll, befinden sich manche Eltern in einem Zustand großer Not, leiden vielleicht unter chronischen Angstzuständen, können nicht schlafen, sind depressiv oder voller Ärger, verbittert und völlig verstört. Vielleicht haben sie viele Ratschläge von Freunden, Hausärzten oder anderen erhalten, die widerspruchsvoll und keine Hilfe waren. Dann muß viel getan werden, um den Eltern zu helfen, die Lage zu verstehen.

Als Behandlung der Eltern kommen folgende Möglichkeiten in Frage:

a) Behandlung jeder vorhandenen starken emotionalen Störung wie exzessiver Angst, Depression usw. Das kann eine pharmakologische oder psychotherapeutische Form der Behandlung sein.

b) Behandlung als Beratung und Diskussion in Bezug auf das Wesen der Krankheit des Kindes und der optimalen Methoden im Umgang mit ihm (Tex, 1956).

c) Langfristige ständige Behandlung und Beratung, wenn das Kind zu Hause bleibt.

Langfristige Beratung und Beobachtung

Die Feststellung, daß die Eltern Hilfe brauchen, schließt zugleich die Empfehlung ein, daß ein langfristiger Kontakt zu einer medizinischen Einrichtung von der Art des vorgeschlagenen diagnostischen Zentrums bestehen sollte.

Es gibt im wesentlichen drei Gründe, eine fortlaufende Beobachtung des weiteren Verlaufs durchzuführen:

a) Das Kind und seine Behinderungen müssen erneut untersucht werden, um mit den Eltern nochmals die Situation durchsprechen zu können, ihre Bedürfnisse im Auge zu behalten und gegebenenfalls für zusätzliche Hilfe oder Behandlung zu sorgen.

b) Es müssen unbedingt mehr langfristige Untersuchungen autistischer Kinder durchgeführt werden, wenn die beunruhigenden Probleme von Ätiologie, Diagnose und Behandlung in wissenschaftlicher Weise beantwortet werden sollen.

c) Es müssen fachgerechte wissenschaftliche Überprüfungen von Behandlungsverfahren durchgeführt werden, damit zweckmäßige Formen der Behandlung allgemein empfohlen werden können.

Psychotherapie

Auch über die Rolle der Psychotherapie und Psychoanalyse bei autistischen Kindern muß etwas gesagt werden. Es ist vielfach behauptet worden, daß bei autistischen Kindern eine psychoanalytisch orientierte Therapie oder Gruppentherapie gute therapeutische Wirkungen habe. Die Schwierigkeit bei der Beurteilung solcher Behauptungen ist, daß die diagnostischen Bezeichnungen, die man solchen Kindern gibt („autistisch", „schizophren", „psychotisch" usw.), nicht eindeutig definiert sind und daß deshalb unklar ist, ob die Fälle vergleichbar sind. Wenn zum Beispiel ein Autor jedes Kind, dessen Verhalten sehr schwer gestört ist, als „schizophren" bezeichnet, sind seine Behandlungsergebnisse für diejenigen autistischen Kinder, um die es in diesem Buch geht, nicht relevant. Außerdem ergibt sich wahrscheinlich bei jedem therapeutischen oder pädagogischen Vorgehen, das über längere Zeit viele Stunden des Kontakts erfordert, eine Veränderung, was auch immer die theoretische Grundlage der Methode sei. Schon durch den natürlichen Verlauf der Erkrankung ändert sich mit der Zeit manches, auch gibt es einfache Nebeneffekte aller langfristigen therapeutischen Arbeit. So müssen beispielsweise geregelte Essens- und Schlafenszeiten eingehalten werden, um regelmäßig zu den therapeutischen Stunden gehen zu können.

Wer als Nicht-Spezialist einige der Berichte über die Behandlung „kindlicher Schizophrenie" liest, wird sich einer verwirrenden Vielfalt von Ansichten und Beobachtungen gegenübersehen – eine Folge der Verwendung verschiedener diagnostischer Kategorien, verschiedener Unterrichts- und Übungsmethoden, verschiedener Methoden der Elternberatung und vieler anderer Faktoren – und er wird sich deshalb nur schwer ein Urteil bilden können. Meine eigene Ansicht, zu der ich nach einem sorgfältigen Studium der Literatur gelangt bin, geht dahin, daß es keinen Beweis für einen spezifischen Effekt der Psychoanalyse oder einer psychoanalytisch orientierten Form der Psychotherapie bei autistischen Kindern gibt.

Behandlung als umfassenderes Konzept

Zusammenfassend läßt sich sagen, daß eine „Behandlung" aus mehreren verschiedenartigen Maßnahmen bestehen kann, von denen einige nicht-medizinischer Art sind. Man kann sie wie folgt zusammenfassen:

1. Pharmakologische Behandlung.
2. Individuelle psychotherapeutische Behandlung des Kindes.
3. Gruppentherapeutische Behandlung des Kindes.
4. Behandlung als Tagespatient.
5. Stationäre Behandlung.
6. Behandlung der Eltern durch pharmakologische oder psychotherapeutische Methoden.
7. Beratung der Eltern durch nicht-medizinisches Personal.
8. Erziehung des Kindes.
   a) Individueller Unterricht,
   b) Gruppenunterricht,
   c) Unterricht in einer Heimschule,
   d) Besuch einer Kindertagesstätte (Lovatt, 1962).

Bei der Entscheidung für bestimmte Behandlungsformen muß man die innere Welt dieses Kindes, seine speziellen Behinderungen, seine äußere Umwelt einschließlich der Menschen in ihr und seine besonderen Bedürfnisse in Rechnung stellen. Die Behandlung wird also von der Diagnose abhängen und sowohl auf allgemeine wie auf spezielle Bedürfnisse und Behinderungen ausgerichtet sein.

Was das allgemeine Vorgehen betrifft, so hat nach dem Eindruck des Autors bisher zu sehr die Ansicht im Vordergrund gestanden, daß die Abkapselung und emotionale Kontaktlosigkeit des autistischen Kindes durch ungünstige Umwelteinflüsse verursacht sei. Es bestand die Auffassung, daß es durch eine freundliche, liebevolle, emotional zugewandte Umgebung automatisch und ohne direkten Druck wieder normal würde.

Nach Ansicht des Autors war diese Ansicht schädlich, weil damit das Bedürfnis aller Kinder, ob normal, autistisch oder geistig behindert, nach einer gewissen äußeren Ordnung und nach irgendeiner Persönlichkeits- und Charaktererziehung außer acht gelassen wurde. Man sollte dem Bedürfnis von Kindern, eine Ordnung in ihrer Umwelt zu akzeptieren und sich nach sozialen Anforderungen zu richten, auch bei autistischen Kindern entgegenkommen. Sie besitzen wahrscheinlich (ebenso wie viele geistig behinderte Kinder) viel mehr Lernmöglichkeiten, als man früher geglaubt hat.

Obwohl also die Medizin bei diesem Krankheitsbild durch Diagnosen und Behandlungen spezifischer Probleme von Kind und Familie zweifellos ein Beitrag leisten kann, scheint es dem Autor, daß ein stärkerer Einsatz pädagogischer Methoden und die Einrichtung spezieller kleiner schulischer Einrichtungen die größere Bedeutung hat. Man sollte jedoch kein Vorgehen ausschließen, sich allerdings zum gegenwärtigen Zeitpunkt hüten, für irgendeines voreilig besondere Erfolge in Anspruch zu nehmen. Alle Vorgehensweisen, ob es nun psychoanalytische, pharmakologische oder spezielle Methoden zur Lernförderung sind, sollten unterstützt werden, wenn sie in einem Rahmen stattfinden, in dem eine Beurteilung der Ergebnisse und Methoden in wissenschaftlich einwandfreier Weise durchgeführt werden kann.

Die Hilfsmöglichkeiten sind vielfach unzureichend. Bisher gibt es keine ausreichende Zahl von Einrichtungen für eine umfassende Diagnose, und manchmal besteht sogar die Tendenz, das Konzept einer umfassenden Diagnostik zu beschneiden. Es gibt sehr wenige spezielle Einrichtungen, in denen solche Kinder stationär aufgenommen werden können. Es gibt sehr wenig Tages- oder Heimschulen. Die Bedürfnisse des autistischen Jugendlichen sind kaum in den Blick gekommen.

So wird man sich um die notwendigen Hilfen für autistische Kinder in Zukunft mehr Gedanken machen müssen. Der Autor hofft aber, daß diese Probleme nicht als isolierte Aufgabe, sondern im umfassenderen Zusammenhang und in Beziehung zu anderen Behinderungen in der Kindheit gesehen werden.

2. Teil:
Pädagogische und psychologische Aspekte

Kapitel 5
Die psychologische Untersuchung autistischer Kinder

Peter Mittler

Autistische Kinder sind nach allgemeiner Überzeugung schwer zu testen. Trotzdem beurteilt man heute die Möglichkeiten psychologischer Untersuchungen dieser Kinder nicht mehr ausschließlich negativ, sondern kommt allmählich zu einer differenzierteren Einstellung. Der wichtigste Grund dafür ist, daß Psychologen nicht länger ein ungerechtfertigtes Vertrauen in traditionelle Intelligenztests setzen, sondern mit zusätzlichen Beurteilungsmethoden experimentieren. In zunehmendem Maß wird deutlich, daß man viele behinderte Kinder mit „globalen" Testserien, die eine lange Konzentration verlangen, nicht sinnvoll testen kann. Auch lassen sich mit Richtig-Falsch-Aufgaben die kognitiven Prozesse beim Lösen der Aufgaben kaum erfassen.

In der Testsituation ist es oft schwer, autistische Kinder für die Aufgaben zu interessieren und für längere Zeit ausreichend zu motivieren. Die Indifferenz, die so oft bei diesen Kindern beschrieben wurde, bezieht sich nicht nur auf Personen, sondern auch auf Aufgaben, die man ihnen anbietet. Viele von ihnen können anscheinend nicht spielen, sie beschäftigen sich nur mit einem schmalen Ausschnitt ihrer Umwelt und zeigen sonst wenig Neugierde oder Erkundungsdrang. Demzufolge interessieren sie sich für Konstruktionsaufgaben oder Ähnliches, aus denen Handlungstests bestehen, oft wenig oder gar nicht. Erschwerend ist ferner, daß sprachgebundene Tests, die im allgemeinen als die gültigsten Maße des Intelligenzniveaus angesehen werden, bei den vielen autistischen Kindern mit schwerer Sprachbehinderung nicht anwendbar sind.

Wegen der Schwierigkeit, autistische Kinder zu testen, fehlt es weitgehend an Berichten über ihre Testleistungen. Trotzdem sind über die wenigen vorhandenen Ergebnisse Spekulationen angestellt worden. Kanner (1957) sagt über die Gruppe autistischer Kinder, mit der sein Name verbunden ist,

daß „alle zweifellos mit guten intellektuellen Anlagen ausgestattet sind".
Solche Meinungen beruhen wohl teilweise auf dem hohen Intelligenzniveau, das Kanner und andere bei den Eltern festgestellt haben, teilweise
auf den guten Leistungen und Fertigkeiten autistischer Kinder in bestimmten Bereichen (z. B. Zusammensetzen von Puzzles, gutes Gedächtnis für
relativ sinnlose Tatsachen, Daten und Namen, Rechen- und Zeichenfähig-
keit, musikalisches Talent). Das Vorhandensein von „Intelligenzinseln"
bei sonst offensichtlicher Retardierung gehört auch zu den wichtigeren der
„9 Punkte" des „schizophrenen Kindheitssyndroms" (Creak, 1961, 1964).
Gilles (1965) hat diesen Begriff wegen seiner ungenauen Definition und
Anwendung kritisiert. Sie selbst hat in einer sorgfältigen Vergleichsuntersuchung nachgewiesen, daß Inseln von *normalem* oder fast normalem Leistungsniveau bei autistischen Kindern nicht häufiger als bei geistig behinderten Kindern auftreten.

Ziele psychologischer Untersuchungen

Bei jeder Erörterung der Bedeutung des psychologischen Testens muß
man in Betracht ziehen, zu welchem Zweck und in welchem Zusammenhang getestet wird, weil dies einen gewissen Einfluß auf die
verwendeten Untersuchungsmethoden hat.
Es gibt viele Gründe, warum psychologische Untersuchungen verlangt werden, angefangen beim Bedürfnis der Schulverwaltung,
Kinder zu klassifizieren, um sie den verfügbaren Einrichtungen zu-
zuführen, bis hin zu dem Wunsch nach einer möglichst umfassenden
psychologischen Untersuchung, die das Ziel hat, ein Förderungsprogramm für das Kind zu entwerfen und Anweisungen zum Aufbau
zweckmäßiger Lernsituationen zu geben.

Testuntersuchungen sind kein Mittel zur „Ausschulung"

Die Verwendung psychologischer Tests für Zwecke der Schulverwaltung, die mit den Erziehungsbedürfnissen des Kindes nichts zu tun
haben, ist leider immer noch allzu häufig. Es kommt vor, daß Kinder
aufgrund eines einzelnen Testresultats und ohne Diskussion mit

anderen Spezialisten „ausgeschult" und in irgendeine Einrichtung geschickt werden, dessen Personal im ganzen gesehen unqualifiziert ist und kein Verständnis für pädagogische Aufgaben besitzt (British Psychological Society, 1966). Testprüfungen dieser Art sind schon vielfach kritisiert worden, werden jedoch weiterhin durchgeführt [1]. Mit solchen Untersuchungen, in denen nur globale Tests von der Art des Binet-Systems verwendet werden und in denen man hauptsächlich auf den „IQ" als Ergebnis sieht, bleiben die neueren Auffassungen fast unberücksichtigt, wonach es das Ziel von Intelligenzprüfungen ist, in die verschiedenen Aspekte intellektueller Leistungen einzudringen und die tatsächlichen Problemlösungsprozesse zu erfassen.

Die psychologische Untersuchung als langfristiger Prozeß

Die psychologische Untersuchung wird heute als ein notwendig kontinuierlicher, dynamischer Prozeß angesehen. Man erkennt nach und nach, daß ein wiederholtes Testen unerläßlich ist, wenn man sich mit behinderten Kindern befaßt, und daß ein einzelnes Untersuchungsergebnis sehr irreführend sein kann. Außerdem muß man vielleicht eine Vielzahl von Tests durchführen, und hierzu ist es oft erforderlich, daß das Kind mehrmals zu einer Untersuchung kommt. Testwiederholungen sind auch notwendig, um das *Entwicklungstempo* innerhalb einer gewissen Zeitspanne einzuschätzen und um frühere Hinweise auf besondere Leistungsschwächen zu überprüfen. Oft kann man in einer ersten Testuntersuchung, mit der man eine allgemeine Einschätzung des Ausgangsniveaus erhalten möchte, kein formales Testergebnis in Form eines IQ-Wertes ermitteln, weil das Kind zu unruhig oder zu unkooperativ ist. Daraus folgt aber nicht notwendig, daß es überhaupt nicht testbar ist. Es ist wichtig, sein Verhalten und jedes auswertbare Resultat bei allen Aufgaben, die es probiert, festzuhalten, damit man eine Vergleichsbasis für die Ergebnisse späterer Testdurchführungen hat.

Psychometrische Longitudinaluntersuchungen autistischer Kinder in Verbindung mit einer guten klinischen Erfassung zur Klärung der Diagnose sind dringend erforderlich, um die Gültigkeit von Testresultaten bei dieser Gruppe beurteilen zu können. Eine neuere Nachuntersuchung von Rutter bei 63 Jugendlichen, die ursprünglich als Fälle kindlicher Psychose im Maudsley Hospital diagnostiziert worden waren, kommt zu dem etwas überraschenden Schluß, daß die ersten Testergebnisse, die ermittelt wurden, als die Kinder akut krank oder emotional sehr gestört waren, mit den nach zehn Jahren erzielten Resultaten eine Korrelation von etwa 0,8 aufwiesen (siehe Kapitel 3). Ebenso überraschend waren die Resultate einer anderen Nachuntersuchung bei Kindern, die aus einem Krankenhaus für schwer psychotische Kinder (Smith Hospital, Henley-on-Thames) entlassen worden waren. Diese Kinder hatten schwere Behinderungen, darunter stark unterdurchschnittliche Intelligenzleistungen und schwerwiegende Sprachstörungen. Trotzdem ergab sich, daß man bei ihnen anhand der ursprünglichen Testergebnisse den späteren pädagogischen Erfolg besser vorhersagen konnte als bei zwei Vergleichsgruppen, einer Gruppe von „psychotischen Grenzfällen" und einer anderen Gruppe von nicht-psychotischen geistig behinderten Kindern (Mittler et al., 1966).

Testuntersuchungen als Hilfe bei der heilpädagogischen Arbeit

Der Hauptzweck des psychologischen Testens besteht darin, Bereiche aufzuzeigen, in denen eine Behinderung besteht, so daß für den Umgang mit dem Kind und für seine Erziehung Ratschläge gegeben werden können. Erforderlich ist eine systematische und detaillierte Beurteilung der positiven Fähigkeiten und der Ausfälle in Verbindung mit einer Analyse der entwicklungsmäßigen Reife des Kindes, und zwar nicht so sehr als eine Aussage über die Intelligenz als Ganzes, sondern über den Entwicklungsstand spezifischer kognitiver Leistungen. Das Ziel solcher Beurteilungen ist der Entwurf eines geeigneten Förderungsprogramms und die Planung von möglichst guten Lernsituationen.

Deshalb ist eine möglichst enge Zusammenarbeit zwischen dem Lehrer und dem Psychologen unerläßlich. Autistische Kinder verhalten sich im Büro eines Psychologen oft ganz anders als im Klassenzimmer, und deshalb ist es wichtig, sie auch in der Unterrichtssituation zu beobachten. Der Psychologe sollte die Möglichkeit haben, die Wirkung der von ihm empfohlenen Maßnahmen zu erfassen und das Programm in Zusammenarbeit mit dem Lehrer gegebenenfalls abzuwandeln. Er kann Tests und experimentelle Situationen entwerfen, um zu beurteilen, in welchem Ausmaß in irgendeiner Richtung ein Fortschritt gemacht wurde. Vielleicht haben sich spezifische kognitive Ausfälle nur deshalb nicht gezeigt, weil die entsprechenden Lernaufgaben nicht gestellt wurden. Solche Probleme können auf experimenteller Basis von einem spezialisierten psychologisch-diagnostischen Dienst angegangen werden. Es ist überflüssig zu erwähnen, daß die Mitarbeiter solcher Arbeitsgruppen über die Zeit und Ausbildung verfügen müssen, um solche anspruchsvollen Aufgaben zu erfüllen.

Auch unkonventionelle Untersuchungsmethoden sind wertvoll

Sehr wenige Kinder sind wirklich nicht testbar. Vielleicht sagt die Bezeichnung „nicht testbar" sogar mehr über den Untersucher als über das Kind aus. Es gibt natürlich Kinder, die mit einem konventionellen Intelligenztest nicht in vollem Umfang getestet werden können, aber die Tatsache, daß ein IQ-Wert nicht ermittelt werden kann, schließt die Verwendung anderer Techniken und Tests nicht aus. So wertvoll ein formaler Intelligenztest sein mag, so bringt er doch die Gefahr, daß andere Methoden, die wichtige Informationen liefern könnten, vernachlässigt werden. Selbst wenn ein Intelligenztestergebnis ermittelt worden ist, muß man überlegen, welche anderen Möglichkeiten es gibt, noch zusätzliche Informationen zu erhalten. Es ist richtig, daß viele dieser Methoden nicht so gut standardisiert sind wie Tests von der Art des Binet oder Wechsler und daß über ihre Konstruktion, Reliabilität und Validität weniger bekannt ist. Trotzdem sind sorgfältig ausgewählte Tests dieses Typs nützlich, vorausgesetzt, daß der Psychologe sich ihrer Gefahren und Grenzen voll bewußt ist. Ein erfahrener Psychologe wird wohl kaum auf der Grundlage eines unzureichend standardisierten und offensichtlich unbefriedigenden Tests übereilte Vorhersagen und Einschätzungen der Fähigkeiten und Leistungen eines Kindes abgeben. Es gibt viele Argumente dafür, eine möglichst große Vielzahl von Tests zu verwenden, wenn die Leistung über einen längeren Zeitraum hinweg erfaßt werden soll. Die Schwierigkeit einer Testuntersuchung schwer behinderter Kinder besteht nicht zuletzt darin, ein Gleichgewicht zwischen guten Testbedingungen und der Notwendigkeit zu Flexibilität herzustellen.

Was das autistische Kind von anderen behinderten Kindern unterscheidet, ist der offensichtlich fehlende Wunsch, es dem Untersucher recht zu machen, und die mangelnde Bereitschaft, sich in Testsituationen zu engagieren. Einige scheinen sowohl an Lob wie an Tadel völlig uninteressiert zu sein und erfüllen die Testanweisung auf eine ganz mechanische Art. Deshalb sind für den Umgang mit autistischen oder anderweitig unmotivierten Kindern besonders diejenigen Testtechniken wichtig, die nicht unbedingt eine vollkommene Kooperation verlangen. Hierbei nimmt man anstelle standardisierter Testmaterialien, für die sich das Kind wenig oder gar nicht interessiert, die eigenen Tätigkeiten und Aktivitäten des Kindes zum Ausgangspunkt der Untersuchung.

Wert und Grenzen sprachfreier Tests [2]

Autistische Kinder versuchen sich häufig an einem Handlungstest. Das Formbrett von Seguin ist oft verwendet worden, aber es gibt auch einfachere Tests dieser Art – z. B. das Formbrett aus der Binet-Reihe (Terman und Merrill, 1960), der Wallin Peg Board Test und die Bilderpuzzles aus der Merrill-Palmer-Serie (Stutsman, 1931). Der Merrill-Palmer-Test ist im ganzen trotz einer Reihe schwerwiegender Mängel in Standardisierung und Auswertung ein recht brauchbares und flexibles Instrument für jüngere Kinder, und er hat den großen Vorteil eines Auswertungssystems, bei dem der Untersucher Verweigerungen oder Auslassungen so in Rechnung stellen kann, daß diese nicht als Mißerfolge gezählt werden müssen wie in den Binet- und Wechsler-Tests. Der Vorteil solcher Flexibilität bei nicht sprechenden oder nur teilweise kooperativen Kindern liegt auf der Hand.

Die Schwierigkeit bei sprachfreien Tests, insbesondere Formbrett-Tests, besteht nicht so sehr darin, autistische Kinder dahin zu bringen, sich mit ihnen zu beschäftigen, sondern darin, die Bedeutung der Ergebnisse zu interpretieren. Autistische Kinder, die mit dem Seguin-Formbrett konfrontiert werden, bewältigen die Aufgabe unter Umständen sehr schnell, fehlerlos und auf einem für sie – gemessen an ihren sonstigen Leistungen – ungewöhnlich hohen Leistungsniveau. In einige Ausnahmefällen haben Kinder, deren Leistungen in den meisten Bereichen auf imbezilem Niveau lagen, im Formbrett Punktwerte über dem Altersdurchschnitt erreicht. An einem solchen extremen Beispiel zeigt sich das allgemeine Problem, die Bedeutung derartiger Testergebnisse zu interpretieren. Es wäre gefährlich und möglicherweise irreführend, wenn man Formbrett- und ähnliche Handlungstests verwenden würde, um Vorhersagen hinsichtlich der allgemeinen Intelligenz des Kindes oder seiner Eignung für eine bestimmte Schulform zu machen. Formbrett-Tests sind im ganzen zu schlecht standardisiert, und über ihre Zuverlässigkeit und Gültigkeit ist zu wenig bekannt, um sie unabhängig von anderen Tests für Vorhersagezwecke verwenden zu dürfen (Mittler, 1964). Andererseits kann der Untersucher mit ihnen die Qualität ebenso wie die Geschwindigkeit des Lernens feststellen, ferner den Umgang des Kindes mit Testmaterial überhaupt beobachten, darunter die Reaktionen auf Schwierigkeiten oder Mißerfolge. Wiederholt man im Verlauf mehrerer Monate eine Untersuchung mit demselben Test mehrmals, so kann man wertvolle qualitative Informationen erhalten, die eine Hilfe bei der Interpretation der quantitativen Daten sind. Vorausgesetzt, daß man sich dieser Grenzen bewußt bleibt, ist der Gebrauch von Formbrett- und anderen Handlungstests bei unmotivierten oder nicht kooperativen Kindern gerechtfertigt.

Tests für sprachliche Fähigkeiten

Nach allgemeiner Ansicht leidet die Gruppe der autistischen Kinder an besonders schweren und vielleicht sogar charakteristischen Sprachstörungen. Einige Experten (z. B. Rutter, 1965) halten dies für die primäre Behinderung. Leider gibt es sehr wenige Untersuchungen, in denen die sprachlichen Ausfälle detailliert analysiert werden. Häufig ist eine starke Verzögerung im Sprachbeginn festgestellt worden. So befand sich unter 43 psychotischen Kindern im Smith-Hospital keines, dessen Sprachentwicklung in jeder Hinsicht normal war, 16 dieser Kinder haben nach Auskunft der Mütter niemals gelallt, und von den 14 Kindern, die mit 21 Monaten einzelne Wörter sprachen, haben 8 später wieder aufgehört zu sprechen (Whittam et al., 1966).

Man hat vermutet, daß autistische Kinder gewöhnlich über ein normales Sprachverständnis verfügen, und daß die Ausfälle hauptsächlich im expressiven Bereich bestehen. Ohne geeignete Methoden, Sprachverständnis zu erfassen, lassen sich solche Feststellungen nicht empirisch absichern. Durch oberflächliche Beobachtungen haben Eltern und andere manchmal den Eindruck, daß ein Kind „alles versteht, was zu ihm gesagt wird", aber eine sorgfältige Testprüfung, bei der jede Informationsübermittlung durch visuelle Hinweise oder durch den Situationszusammenhang ausgeschlossen wird, bestätigt diese Auffassung nur selten.

Der Peabody Picture Vocabulary Test (Dunn, 1959)[3] kann verwendet werden, um einen gewissen Bereich des sprachlichen Verständnisses zu erfassen. Die Aufgabe des Kindes besteht darin, eines von vier Bildern zu identifizieren, das einem gesprochenen Reizwort entspricht. Der Vorteil des Verfahrens ist, daß das Kind nicht sprechen muß, sondern nur zu zeigen braucht. Die Leistung in diesem Test kann natürlich nicht nur dadurch beeinträchtigt werden, daß das Kind schlecht mitarbeitet, sondern auch dadurch, daß es sich nicht alle Bilder auf einer Seite richtig ansieht. Trotzdem hat sich der Test bei autistischen Kindern als nützlich erwiesen, und was er mindestens liefert, ist ein Maß für das Verständnis einzelner Wörter. Um das Verständnis für komplexe Aufforderungen zu erfassen, braucht man differenziertere Testverfahren[4].

Die Veröffentlichung des *Illinois Test of Psycholinguistic Abilities* (McCarthy und Kirk, 1961) bietet vielversprechende Forschungsansätze für die Untersuchung autistischer Kinder. Auf einem theoretischen Kommunikationsmodell von Osgood (1957) aufbauend, enthält der Test 8 Untertests, die verschiedene Sprachfunktionen

messen, und für jeden Untertest existieren gesonderte Sprachalters-
normen. Beispiele für die verwendeten Tests sind: Tests des auditiven und visuellen *Dekodierens* (z. B. die Fähigkeit, auditive und
visuelle Symbole zu verstehen); *Assoziationstests* mit auditiv und
visuell gebotenen Aufgaben zur Erfassung der Fähigkeit, Symbole
sinnvoll miteinander zu verbinden und *Enkodierungstests* zur Prüfung der Fähigkeit, Vorstellungen durch Wörter oder Gesten auszudrücken. Schließlich enthält die Testreihe eine Anzahl von Tests für
das *„automatisch sequentielle Niveau"*, die eine mechanische Verwendung von Symbolen verlangen, besonders bei lang- und kurz-
zeitigem Behalten von Symbolsequenzen (McCarthy und Kirk, 1963).
Der Test ist für Kinder zwischen 2¹/₂ und 9 Jahren standardisiert,
und die Berichte über seine Verwendung bei verschiedenen Gruppen
behinderter Kinder sind ermutigend[5].

Beobachtungen und Skalen zur Erfassung des Entwicklungsstandes

In den vergangenen Jahren haben Psychologen neue Methoden er-
probt, mit denen der Entwicklungsstand behinderter Kinder anders
als durch die orthodoxen Intelligenztests erfaßt werden soll. Hier
verdient die Arbeit von Woodward (1963) besondere Beachtung, der
Tests aus dem Werk Piagets (1950) abgeleitet und bei geistig sehr
behinderten Kindern verwendet hat. Der Psychologe bietet nicht
Testitems aus einer Standardmappe, sondern macht sich das Spielzeug und die Tätigkeiten zunutze, an denen das Kind bereits einiges
Interesse zeigt, und verändert diese nach einem bestimmten Plan.
Man kann z. B. „Objektpermanenz" prüfen, indem man ein Spielzeug nimmt, mit dem das Kind gerade spielt, und es unter ein Kissen
legt. Variationen dieser Vorgehensweise ergeben sich mehr durch das
Verhalten des Kindes als durch starr vorgeschriebene Testinstruk-
tionen.
Bisher war die Anwendung von Piaget-Tests bei behinderten Kindern hauptsächlich auf Tests für die sensorisch-motorische Phase
beschränkt, also auf die geistige Entwicklung in den ersten zwei
Lebensjahren. Untersuchungen älterer Kinder in der „voropera-

tiven" Phase erfordern Kooperation und Motivation von seiten der Kinder. Woodward hat bei geistig behinderten Kindern die Begriffe von Zahl (1961) und Raum (1962) untersucht, aber über die Anwendung von Tests des Piaget-Typs auf autistische Kinder liegen bisher noch keine Berichte vor. Neben spezifischen Tests kann auch Piagets allgemeines Begriffssystem eine Hilfe bei der Beurteilung des Entwicklungsstandes der Kinder sein.

Eine ganz andere Methode zur Erfassung des Entwicklungsniveaus sind „Skalen" in Fragebogenform, mit denen man die Reife des Kindes in einzelnen Entwicklungsbereichen beurteilen kann. Historisch gesehen ist die erste dieser „Skalen" die *Vineland Social Maturity Scale* (Doll, 1953), die vom Psychologen mit Unterstützung einer Person, die das Kind gut kennt, ausgefüllt wird. Eine Verbesserung dieser Methode ist die von Gunzburg (1963) entwickelte *Progress Assessment Chart*, mit der die Reife in Bereichen wie Selbsthilfe, Kommunikation, soziale Einfügung usw. erfaßt wird. Derartige Skalen enthalten keine Altersnormen, sondern sollen absolute Maße des Entwicklungsniveaus ergeben[6].

Lernexperimente und systematische Verhaltensbeobachtungen

Einige Psychologen haben experimentelle Methoden zur Untersuchung behinderter Kinder entwickelt. Das intensive Studium des Einzelfalles ist vor einiger Zeit von Shapiro (1961) empfohlen worden, der die Ansicht vertritt, daß eine der Aufgaben des Psychologen darin besteht, einen systematischen Untersuchungsplan für den individuellen Fall auszuarbeiten. Zusätzlich zu konventionellen psychometrischen Methoden kann man kontrollierte experimentelle Untersuchungen durchführen, um speziellen Fragen nachzugehen, z. B. über Störungen von Gedächtnis oder Sprache oder über die Wirkung einer bestimmten Behandlungsform bei einem Symptom oder einer Symptomgruppe. Manchmal kann man als direktes Ergebnis solcher Untersuchungen ein Förderungsprogramm aufstellen.

Shapiros Methoden wurden in einer klinischen Situation und im Hinblick auf klinische Bedürfnisse entwickelt. Bei der Untersuchung autistischer Kinder hat man in standardisierten Situationen Methoden und Modelle der allgemeinen und experimentellen Psychologie verwendet. So haben Hermelin und O'Conner das Verhalten autistischer Kinder bei Lernaufgaben und bei Aufgaben zur Wahrnehmungsdiskrimination untersucht. Besonders haben sie sich für die unterschiedliche Bedeutung verschiedener Sinnesbereiche bei diesen Kindern interessiert (siehe Kapitel 6). Diese Techniken sind in Reihenuntersuchungen innerhalb eines Forschungsvorhabens eingesetzt worden, aber man könnte auch einzelne Kinder mit ähnlichen Aufgaben intensiv untersuchen. Man sollte versuchen, Förderungsprogramme zu entwerfen, um die Ausfälle zu vermindern, die sich dabei zeigen können.

Eine Reihe von Forschern hat Techniken aus der Ethologie angewandt, bei denen die Kinder in Umwelten von zunehmender Komplexität genau beobachtet werden. Hutt und seine Mitarbeiter haben über Untersuchungen berichtet, in denen die freien Bewegungen, das konstruktive Spiel, Gesten und Stereotypien bei autistischen Kindern und „hirngeschädigten" Kontrollkindern untersucht wurden; die Beobachtungen werden nun durch physiologische Aufzeichnungen ergänzt (Hutt et al., 1965).

Notwendige zukünftige Entwicklungsarbeiten

Viele der Tests und Techniken, die in diesem Kapitel beschrieben wurden, befinden sich noch ganz am Anfang der Entwicklung, und es muß noch viel Arbeit geleistet werden, um normative Daten zu sammeln und um die Zuverlässigkeit und Gültigkeit der Methoden zu ermitteln. Die meisten Verfahren erfordern viel Zeit für ihre Durchführung. Im übrigen sollte aus der vorliegenden Darstellung hervorgehen, daß für die psychologische Untersuchung behinderter Kinder, ob sie autistisch sind oder nicht, die bestmöglichen Untersuchungseinrichtungen erforderlich sind. Ideal wären spezielle Abteilungen für Untersuchungen bzw. Diagnosen, und diese sollten sich innerhalb von pädagogischen Einrichtungen befinden, und zwar so, daß der Lehrer beim Untersuchungsprozeß eine zentrale Rolle spielt und eng mit dem Psychologen zusammenarbeitet. Hierdurch wird es leichter, im Unterricht experimentell vorzugehen, also verschiedene pädagogische Vorgehensweisen zu erproben und in ihrem Wert zu prüfen. Der Psychologe, der beim Entwurf eines heilpädagogischen Plans für ein Kind geholfen hat, kann dann die Wirkungen dieses Programms beobachten. Nur indem er ständig die Wirkung seiner Empfehlungen auf das Kind im Auge behält, kann er dafür sorgen, daß seine Testergebnisse eine Bedeutung bekommen.

Kapitel 6
Die Behinderungen psychotischer Kinder: Ergebnisse der psychologischen Forschung[1]

Beate Hermelin

Ein Zustandsbild von der Komplexität der Kindheitspsychose läßt sich im psychologischen Laboratorium nicht als Ganzes untersuchen. Man muß ein derart vielschichtiges Problem für diesen Zweck in eine Reihe einfacherer Probleme zerlegen. Es könnte der Eindruck entstehen, daß dadurch die Problematik an Interesse und Bedeutung verliert. Aber das ist nicht so. In der Wissenschaft genügt es nicht, interessante und wichtige Fragen aufzuwerfen, sie müssen auch so gestellt werden, daß eine Beantwortung möglich ist.

Während der normalen Kindheitsentwicklung wird durch das Zusammenspiel von Assoziationen und Akkomodationen allmählich ein Modell der Umwelt aufgebaut. So entwickelt sich aus einem zunächst undifferenzierten Gesamtbild das Bewußtsein vom Unterschied zwischen Subjekt und Objekt, innen und außen, Seelischem und Körperlichem, Permanentem und Momentanem. Beim autistischen Kind sind diese ersten Differenzierungen verzerrt und unvollständig, so daß es mit seiner Umwelt anscheinend nach einem reinen ad hoc-Verfahren umgeht. Innerhalb der Kette aus Reizaufnahme, Reizverarbeitung und Reaktion kann bei diesen Kindern jedes der Verbindungsglieder gestört sein, so daß entweder keine Reizaufnahme oder keine zentrale Verarbeitung oder keine motorische Reaktion erfolgt und deshalb kein normal organisiertes Verhalten zustande kommt. Die in diesem Kapitel beschriebenen Experimente (alle in Zusammenarbeit mit N. O'Connor ausgeführt) bestehen hauptsächlich aus dem Versuch, denjenigen Punkt in dieser Kette zu finden, an dem die Hauptschädigung liegt.

Für experimentelle Zwecke ist das Modell Reizaufnahme – Reizverarbeitung – Reaktion etwas unzulänglich, weil nur Reaktionen direkt beobachtbar und meßbar sind, während Folgerungen über Reizaufnahme und zentrale Verarbeitungsvorgänge indirekt sein müssen.

Man kann aber experimentelle Techniken entwerfen, die auch eine solche indirekte Analyse ermöglichen.

Die psychotischen Kinder, die an unseren Untersuchungen teilgenommen haben, waren nach den Kriterien von Creak (1961) von Psychiatern ausgewählt worden. Da die Fallaufzeichnungen nicht genügend Informationen enthielten, war es nicht möglich, das Alter bei Krankheitsbeginn oder das Vorhandensein oder Fehlen neurologischer Krankheitszeichen (wie ein abnormes EEG oder das Auftreten von Epilepsie in der Familie) oder „schwächere Zeichen" wie Schielen und Linkshändigkeit zu berücksichtigen. Die Auswahl erfolgte allein auf Grund des beobachtbaren Verhaltens zur Zeit des Experiments. Die Gruppe war also klinisch heterogen, aber die Ähnlichkeit im Verhalten der Kinder war groß genug, um die Bezeichnung „Kindheitspsychose" zu rechtfertigen. Es gab darunter natürlich auch Kinder mit Kanners Syndrom, aber nicht nur solche. Der allgemeinere Begriff „psychotisch" schien deshalb angemessener als der Begriff „autistisch". Die Vergleichsgruppen – ausgenommen die der normalen Kinder – waren vom klinischen Standpunkt ebenso heterogen: die einzige Gemeinsamkeit der Vergleichskinder bestand darin, daß sie gleiche IQ-Werte wie die psychotischen Kinder hatten. Es waren geistig schwer behinderte Kinder, deren intellektuelles Verhaltensniveau dem der psychotischen Kinder glich, die aber keines der Creak'schen Symptome zeigten. Diese Kinder waren ebenso alt wie die psychotischen Kinder. Die Vergleichsgruppe der normalen Kinder wurde auf Grund von Leistungen im Seguin-Formbrett zusammengestellt, mit dem der senso-motorische Entwicklungsstand gemessen wird. Für jedes psychotische Kind wurde ein normales Kind als Vergleichspartner mit gleicher Leistung in diesem Test ausgewählt. Die normalen Kinder waren drei bis sechs Jahre alt, während die autistischen und die geistig behinderten Kinder zwischen acht und fünfzehn Jahre alt waren.

Reaktionen auf die Umwelt

Es wird oft behauptet, daß psychotische Kinder nicht aufnehmen, was in ihrer Umwelt geschieht. Selbst wenn das so wäre, ist es doch möglich, daß sie bestimmte Dinge in ihrer Umwelt besser aufnehmen als andere. Um das zu untersuchen, haben wir das Verhalten psychotischer und geistig behinderter Kinder gegenüber verschiedenen einfachen Reizen verglichen (Hermelin und O'Connor, 1963). Wir haben jedes Kind allein in einen großen leeren Raum gebracht und durch einen einseitig durchsichtigen Spiegel das Grundniveau seiner Aktivität beobachtet. Danach haben wir ihm abwechselnd visuelle, auditive, manipulative und soziale Reize geboten. Wir haben die Häufigkeit einer Reaktion auf diese Reize und das Ausmaß der allgemeinen explorativen Tätigkeit während einer bestimmten Zeitspanne notiert. Auch Bewegungen oder Vokalisationen, die anscheinend nicht auf die Umwelt bezogen waren, haben wir aufgezeichnet. Zu dieser letzten Kategorie gehörten Verhaltensweisen wie Fingerspiele, Schaukelbewegungen, Hüpfen, spontanes Lachen oder Schreien, usw.

Das Ergebnis dieser Studie war erstens, daß bei den psychotischen Kindern *mehr* Verhaltensweisen als bei den geistig behinderten Kindern zu beobachten waren, wenn sie sich allein in einem leeren Raum ohne zusätzliche Reize befanden. Das Ausmaß dieses ungerichteten Verhaltens blieb für beide Gruppen während der verschiedenen Testbedingungen konstant.

Zweitens gab es zwischen den Gruppen keinen Unterschied in der Aufmerksamkeitszuwendung zu Umweltreizen, weder bei konstanten Reizen (wie Einrichtungsgegenständen) noch bei nur vorübergehend eingeführten Reizen. Geistig behinderte und psychotische Kinder reagierten mit gleicher Häufigkeit auf Bilder, Musik und die Anwesenheit einer Person, nur für ein Spielzeug interessierten sich die psychotischen Kinder etwas weniger. Teilte man aber die experimentelle Phase mit einer Person als „sozialem Reiz" in zwei Perioden auf – eine, in der die Person sprach und eine andere, in der sie schwieg – so zeigte sich ein deutlicher Unterschied zwischen den beiden Gruppen. Die psychotischen Kinder gingen ebenso oft auf die Person zu, nahmen ebenso oft körperlichen Kontakt auf und reagierten ebenso oft auf körperliche Kontaktaufnahme dieser Person wie die Vergleichskinder. Sie reagierten aber auf Sprache – z. B. einfache Aufforderungen oder Fragen – viel seltener als die geistig behinderten Kinder. Beide Gruppen zeigten in der sozialen Phase des Experiments mehr Reaktionen als in irgendeiner anderen, jedoch war dies bei der psychotischen Gruppen auf nicht-sprachliche Kontakte beschränkt. Aus diesem Resultat geht hervor, daß man psychotische Kinder nicht ohne weiteres als sozial und emotional in sich zurückgezogen bezeichnen darf. Eine detailliertere Situationsanalyse zeigt deutlich, daß derart allgemeine Bezeichnungen nicht haltbar sind und daß genau definiert werden muß, worin dieses In-sich-Zurückgezogensein eigentlich besteht.

Aus diesen Ergebnissen könnte man versuchsweise verschiedene Schlußfolgerungen ableiten, die als Hypothesen in anschließenden Experimenten getestet werden müßten. Als erstes ist festzustellen, daß der Umfang des Reaktionsverhaltens von der Art der Umgebung abhängt. So kann das psychotische Kind seine Reaktionen anscheinend kontrollieren und lenken, obwohl vermutlich auch einige Störungen der Reaktionsstruktur durch ungerichtete motorische Aktivitäten vorhanden sind. Zweitens zeigen die Kinder insgesamt mindestens ebensoviel Interesse an der Anwesenheit eines Erwachsenen wie geistig behinderte Kinder und suchen den körperlichen Kontakt ebenso häufig wie diese. Drittens waren die verwendeten Verhaltensmaße nicht genügend empfindlich, um irgendwelche spezifischen Strukturen der sensorischen Organisation von Reizen aufzuzeigen. So müssen andere Techniken entworfen werden, um solche Besonderheiten nachzuweisen.

Es gibt nämlich einige Hinweise für eine hierarchische Struktur in der Empfänglichkeit für verschiedenartige Reize. Solche Hierarchien unterscheiden sich bei verschiedenen Arten, und es gibt auch im individuellen Lebenslauf Entwicklungsänderungen. Zur Illustration der Artverschiedenheit braucht nur kurz daran erinnert werden, daß z. B. Hunde auf Gerüche und Laute stärker reagieren als auf visuelle Reize. Katzen reagieren mehr auf Geräusche als auf Licht, und Ratten mehr auf Gerüche als auf Laute. Zur Illustration von Entwicklungsänderungen sei genannt, daß junge Vögel als Reaktion auf die Vibration des Nests (wenn die Eltern darauf landen) den Schnabel aufsperren. Etwas später reagieren sie auf die Geräusche, die von den Eltern ausgehen und schließlich auf deren Anblick. Ähnlich wird der Saugreflex beim menschlichen Säugling zunächst durch Berührungsreize, aber später schon allein durch visuelle Eindrücke hervorgerufen.

Wenn autistische Kinder gegenüber Umweltreizen relativ unempfänglich zu sein scheinen, so könnte das daran liegen, daß bei ihnen die Hierarchie der Sinnesmodalitäten anders als bei normalen Kindern ist. Es würde sich also lohnen, nach derjenigen Sinnesmodalität zu suchen, bei der sie wahrscheinlich am ehesten eine Reaktion zeigen.

Fühlen, Hören, Sehen

Im nächsten Experiment (Hermelin und O'Connor 1964) haben wir psychotischen und normalen Kindern gleicher Intelligenz und gleichen Alters zwei Reize verschiedener Sinnesmodalität simultan dargeboten: einen Laut und ein Licht, ein Licht und eine Berührung oder eine Berührung und einen Laut, und zwar jeweils einen Reiz auf der linken und den anderen auf der rechten Seite des Kindes. Das Kind wurde mit einer Süßigkeit belohnt, wenn es auf eines der beiden Signale zeigte oder sich ihm zuwandte, wobei es keine Rolle spielte, welches der beiden es wählte. Wir haben die Reizkombination mehrmals geboten und dabei die Rechts-Links-Position variiert, so daß wir für jedes Reizpaar feststellen konnten, auf welche Reizart stärker reagiert wurde. Wurden Licht und Laut gleichzeitig geboten, reagierten die psychotischen Kinder ebenso wie die Vergleichskinder sehr viel häufiger auf das Licht. Bestand die Kombination aus Licht und Berührung, dominierte immer noch die Reaktion auf das Licht, allerdings bei den psychotischen weniger als bei den normalen Kindern. Wurden Laut und Berührung gleichzeitig geboten, reagierten die psychotischen Kinder viel häufiger auf die Berührung, während die normalen Kinder häufiger lautorientierte Reaktionen zeigten.

Danach wiederholten wir dieses Experiment und variierten zusätzlich die Reizintensitäten, wobei wir nur Licht und Laut verwendeten. Wenn die Intensität beider Reize gleich war, dominierten die Reaktionen auf das Licht. Das war natürlich auch bei der Kombination von hellem Licht und schwachem Laut der Fall. Steigerte man die Lautintensität allmählich und verminderte man gleichzeitig die Lichtintensität, so traten mehr Reaktionen gegenüber dem Laut auf. Jedoch ergab sich als ein Teilergebnis, daß die Dominanz bei den psychotischen Kindern weniger ausgeprägt war als bei den Kontrollkindern: Ihre Reaktionen waren also gleichmäßiger auf die beiden Reize verteilt. Die Position des Reizes spielte bei ihnen neben der Sinnesmodalität eine stärkere Rolle. So zeigte sich also bei den psychotischen Kindern nicht nur eine etwas andere Hierarchie der Sinnesmodalitäten als bei den Vergleichskindern, sondern auch eine überhaupt schwächer ausgeprägte Hierarchie.

Wenn sich ein Reaktionsmuster in Abhängigkeit von der Reizsituation ändert, kann man schließen, daß die von außen kommende Information adäquat aufgenommen wurde. Wenn andererseits das Reaktionsverhalten trotz unterschiedlicher Reize konstant bleibt, kann man schließen, daß es von der Information der Reizgegebenheiten unabhängig ist. So zeigen die obigen Resultate zwar, daß bei den psychotischen Kindern eine gewisse Informationsaufnahme erfolgt, sie zeigen aber außerdem, daß vieles vom Verhalten dieser Kinder entweder durch irrelevante Informationen determiniert wird oder aus Reaktionsmustern besteht, die relativ unabhängig von Umweltreizen sind. Man könnte dieses Problem untersuchen, indem man das relative Gewicht der Komplexität von Reiz und Reaktion variiert. Zu diesem Zweck könnte man zunächst eine Situation herstellen, in der die Reizkonstellation komplex, die geforderte Reaktion aber einfach ist. Dies könnte man mit einer Situation vergleichen, in der die Reizstruktur einfach, die motorische Reaktion aber komplex ist. Wenn es in diesen beiden Situationen zu unterschiedlichen Leistungsausfällen kommt, würde man wissen, ob die Behinderung mehr im Bereich der Reizaufnahme und -verarbeitung oder mehr im Bereich der Reaktionsausführung liegt.

„Wo" und „Was"

Im nächsten Experiment wurde der erste Teil dieser Hypothese untersucht, wonach die Behinderungen im Bereich der Reizaufnahme und -verarbeitung liegen. Hierzu wurden psychotische und geistig schwer behinderte Kinder gleichen Intelligenz- und Lebensalters beim Lernen von drei Diskriminationsaufgaben miteinander verglichen. Bei diesem Experiment haben wir nicht nur psychotische mit geistig behinderten Kindern verglichen, sondern auch zwei Untergruppen der psychotischen Kinder: solche mit relativ gutem und solche mit relativ schlechtem Sprachverständnis. (Zur „besseren" Gruppe wurden alle Kinder gerechnet, die in einem Test des Sprachverständnisses mindestens das Leistungsniveau normaler Dreijähriger erreichten.) Bei allen drei Aufgaben stellten wir zwei umgedrehte Kästchen vor das Kind. Unter einem Kästchen lag eine Süßigkeit, die das Kind erhielt, wenn es dieses Kästchen hochhob.

Bei der ersten Lernaufgabe hatten die Kästchen eine identische weiße Oberfläche. Sie wurden in verschiedener Höhe vor dem Kind aufgestellt, eines auf dem Tisch und das andere auf einem höheren Gestell. Die Rechts-Links-Position des höheren und niedrigeren Kästchens wurde nach dem Zufall variiert. Ein Teil der Kinder mußte die Wahl des oberen, ein anderer Teil die Wahl des unteren Kästchens lernen. Diese Aufgabe lernten alle Kinder. Bei der nächsten Aufgabe wurden beide Kästchen in gleicher Höhe auf den Tisch gestellt. Eines war völlig weiß, auf dem anderen befand sich ein schwarzer Pfeil, der bei der Hälfte der Kinder nach oben, bei der anderen Hälfte nach unten zeigte. Das Kästchen mit dem Pfeil enthielt die Belohnung. Seine Position wurde von Versuch zu Versuch nach Zufall variiert. Alle geistig behinderten Kinder lernten dieses Problem, ebenso 9 der 10 psychotischen Kinder mit besserem Sprachverständnis. Von den 10 psychotischen Kindern mit schlechterem Sprachverständnis lernten 4 die Aufgabe nicht. Schließlich bestand bei der dritten Aufgabe der Unterschied zwischen den Kästchen darin, daß sich auf dem einen ein aufwärtszeigender, auf dem anderen ein abwärtszeigender Pfeil befand. Bei der Hälfte der Kinder war der aufrecht zeigende Pfeil das Zeichen für die Belohnung, bei der anderen Hälfte der abwärts zeigende. Dieses Problem wurde von 9 der 10 geistig behinderten, von 7 der psychotischen Kinder mit besserem Sprachverständnis und von keinem der psychotischen Kinder mit geringerem Sprachverständnis gelöst.

In zweierlei Hinsicht sind diese Ergebnisse von theoretischem Interesse. Erstens bestätigen sie die Ausgangshypothese, wonach die inadäquaten Reaktionen autistischer Kinder durch Fehler im Bereich der Reizaufnahme bzw. Reizverarbeitung verursacht sind. Die geforderte Reaktion war immer dieselbe: es mußte eines der Kästchen angehoben werden, um eine Süßigkeit zu erhalten. Wenn ein Kind diese Reaktion in einer bestimmten Situation richtig ausführt, in einer anderen aber nicht, dann muß man schließen, daß die schwerer gewordene Reizkonfiguration die Ursache des Versagens ist.

Wichtig sind zweitens die Unterschiede im Lernerfolg zwischen den Kindern mit besserem und schlechterem Sprachverständnis. Damit stellt sich die Frage, welche Rolle die Sprache bei der Lösung derartiger Aufgaben spielt. Ich glaube nicht, daß man aus den Resultaten schließen kann, daß die autistischen Kinder mit geringem Sprachverständnis den Unterschied zwischen den zwei Kästchen nicht „sehen" können. Die eigentliche Ursache ihres Versagens ist vermutlich kein Defekt der Wahrnehmung, sondern eine andersartige Störung. Die Schwierigkeit liegt für sie vermutlich bei der Integration und Verarbeitung, nicht bei der Wahrnehmung von Informationen. Vielleicht besteht zwischen ihrer Unfähigkeit, die Aufgaben des Sprachtests zu lösen oder die Sprachverwendung zu lernen und ihrer scheinbar vorhandenen Unfähigkeit, Signalreize wahrzunehmen, ein innerer Zusammenhang.

Bei dem verwendeten Sprachtest wurden den Kindern Bilder von vier einfachen Gegenständen gezeigt. Der Experimentator nannte den Namen eines der Gegenstände, und das Kind sollte auf das entsprechende Bild zeigen. Wahrscheinlich war es diese Verknüpfung eines Wortes mit einem Bild – die schwieriger ist als die Verknüpfung eines Wortes mit einem realen Gegenstand oder Ereignis – worin für die Kinder die Schwierigkeit liegt. Sie können zwar das Wort nachsprechen und das entsprechende Bild ansehen, sind aber trotzdem nicht in der Lage, beides miteinander zu verbinden. So gelingt es ihnen auch nicht, eine Beziehung zwischen einem bestimmten Pfeil auf einem Kästchen und einer Belohnung herzustellen. Eine ähnliche Erscheinung kann man manchmal bei hirnverletzten Erwachsenen beobachten. So berichten Kinsburn und Warrington (1964) von einem Patienten, der Farbwörter benutzen und Farben einander richtig zuordnen konnte, der aber trotzdem nicht lernte, die entsprechenden Farben mit den Wörten „grün" und „rot" zu bezeichnen.

Den autistischen Kindern, die ein sehr geringes Sprachverständnis haben und nicht sprechen, fehlt vermutlich die Fähigkeit zur Integration und zum Wiedererkennen von Wahrnehmungsinhalten. Aus diesem Grund können sie mit diesen Inhalten keine festen Bedeutungen verbinden. Demzufolge wäre das Fehlen der Sprache nicht die Ursache für andere Ausfälle, sondern ein Symptom neben anderen für einen fundamentaleren Defekt.

An dieser Stelle möchte ich in meinem Tatsachenbericht ein kleines Stück Spekulation einfügen. Solange solche Spekulationen auf experimentellen Ergebnissen beruhen und man sich ihres hypothetischen Charakters bewußt ist, sind sie zulässig und als Orientierung für weitere Überlegungen sogar notwendig. Ich gehe von der Annahme aus, daß es zwei Arten von Informationen sind, die vom Gehirn aufgenommen werden: die Information „Wo ist es?" und die Information „Was ist es?". Unter Neurologen und Neurophysiologen besteht die allgemeine Übereinstimmung, daß die Information „Wo?" (die räumliche Lage und der gestaltmäßige Aufbau der Dinge) vorwiegend in der rechten Hirnhälfte, die Information „Was?" vorwiegend in der linken Hirnhälfte (durch sprachliches Benennen, Wiedererkennen, Bedeutungsanalyse) verarbeitet wird. Das ist natürlich ein stark vereinfachtes Bild der tatsächlichen Verhältnisse. Unsere Ergebnisse passen zu der Ansicht, daß bei autistischen Kindern die räumliche Orientierung besser funktioniert als Wiedererkennen und Bedeutungslernen. Dieser Befund wird durch die Beobachtung der Kinder im alltäglichen Leben bestätigt. Wenn sie relativ gute Intelligenzleistungen vollbringen, dann in Funktionsbereichen, die mit der rechten Hirnhälfte verbunden sind, z. B. beim Zeichnen (Gillies, 1965) oder bei Puzzle-Aufgaben (Meier, 1963). Ein weiteres Beispiel sind die musikalischen Fähigkeiten vieler autistischer Kinder. Zwar müßte diese Beobachtung noch durch systematische Untersuchungen abgesichert werden, man kann aber schon festhalten, daß auch die musikalische Fähigkeit eine Funktion der rechten Hirnhälfte ist.

Wichtig ist außerdem das folgende Ergebnis: In einer EEG-Untersuchung, die wir zusammen mit Dr. Margerison durchgeführt haben, zeigte sich bei einer Gruppe autistischer Kinder eine schwächere Hemisphärendominanz als bei einer Vergleichsgruppe geistig behinderter Kinder. Das Fehlen sprachlicher Fähigkeiten und die

Schwierigkeiten im Assoziieren und Wiedererkennen könnten ihre Ursache in der fehlenden Ausbildung der Dominanz der linken Hemisphäre haben. Natürlich gibt es die fehlende Dominanz auch bei normalen jungen Kindern. Bis zum Alter von acht Jahren ist sie nicht voll ausgebildet. Die Störungen autistischer Kinder könnten deshalb entweder eine starke Entwicklungsverzögerung oder eine pathologische Abweichung von der Norm darstellen. Nach den Ergebnissen des folgenden Experiments ist die erste Möglichkeit wahrscheinlicher.

Autismus – eine Entwicklungsstörung?

In diesem letzten Experiment, daß hier beschrieben werden soll (Hermelin und O'Connor, 1966 b), haben wir die Unterscheidung nach dem „Wo?" und nach dem „Was?" direkt miteinander verglichen. Wir haben dafür vier umgedrehte Aluminiumkästchen verwendet, zunächst von verschiedener, dann von gleicher Länge. Die Vergleichsgruppe zu den psychotischen Kindern waren normale drei- bis vierjährige Kinder mit gleicher Leistung im Seguin-Formbrett. Im ersten Teil des Experiments befand sich die Belohnung bei der Hälfte der Kinder immer an derselben Position, z. B. immer unter dem zweiten Kästchen von links, wobei dessen Größe unterschiedlich sein konnte. Bei der anderen Hälfte lag die Belohnung immer unter einem Kästchen bestimmter Länge, dessen Position variiert wurde. So gab es bei jeder der beiden Aufgaben eine „positive" Dimension (Position bzw. Länge), die das Anzeichen für die Belohnung und deshalb zu beachten war, und dementsprechend eine negative, die ignoriert werden mußte. Wenn das Kind das richtige Kästchen anhob, fand es darunter eine Süßigkeit. Das Ergebnis war, daß normale ebenso wie autistische Kinder viel schneller nach der Position als nach der Länge unterscheiden lernen. Die Positionsunterscheidung wurde nur von wenigen normalen und autistischen Kindern in 30 Versuchen nicht gelernt, die Längenunterscheidung dagegen bei gleicher Versuchszahl von weitaus mehr Kindern nicht. Dieses Resultat bestätigt das Teilergebnis aus dem dritten Experiment, wonach eine motorische Bewegung in bestimmter Richtung viel leichter gelernt wird als eine visuelle Unterscheidung, bei der die Richtung der Bewegung je nach der Reizgegebenheit verändert werden muß.

Wir führten nun dieses Experiment fort, indem wir in einem weiteren Versuch festzustellen suchten, wie sehr die Veränderung der Reizgegebenheit das Erlernen einer Reaktion stört. Wir verglichen Positionslernen bei Kästchen verschiedener Größe mit Positionslernen bei gleich großen Kästchen. Im ersten Fall gab es eine irrelevante Dimension, die ignoriert werden mußte, im zweiten Fall gab es ein solches störendes Element nicht. Wenn die Reizgegebenheiten eine Rolle spielen, müßte die zweite Aufgabe leichter als die erste sein. Aber das war nicht so. Es gab zwischen den Punktwerten in beiden Tests keine statistisch signifikante Differenz.

Die normalen Kinder in diesem Experiment waren drei bis fünf Jahre alt und den autistischen Kindern auf Grund ihrer Leistung in einer visuo-motorischen Aufgabe paarweise zugeordnet. Die Ergebnisse zeigen, daß der Entwicklungsstand der Wahrnehmung und die Organisation von Reaktionen bei beiden Gruppen sehr ähnlich war, was vermuten läßt, daß die autistischen Kinder sich entwicklungsmäßig noch auf der Stufe von Drei- bis Fünfjährigen befanden. Die Ergebnisse demonstrieren außerdem, daß kontrollierte Studien wie diese notwendig sind, damit man Erziehungs- und Unterrichtsmethoden auf wissenschaftlichen Analysen statt intuitiven Vermutungen aufbauen kann. Fantasievolle Interpretationen wirken nur dann überzeugend, wenn das Verhalten, das sie erklären wollen, bizarr und unstrukturiert ist. Je weniger man über dieses Verhalten weiß, desto größer ist die Anzahl verschiedenartiger Theorien darüber. Wenn die Struktur dieser Verhaltensweisen jedoch durch experimentelle Verfahren und Methoden aufgehellt ist, kann man sich mit dem Problem auf eine nüchternere, realistischere und präzisere Weise befassen.

Ein pädagogisches Lernexperiment

Es ist vielleicht angebracht, hier ein Beispiel für diese an experimentellen Analysen orientierte Vorgehensweise aus dem Bereich der pädagogischen Arbeit mit geistig behinderten Kindern zu geben. Wir haben geistig schwer behinderten Kindern mit IQ-Werten unter 50 das Wiedererkennen gedruckter Wörter beigebracht (O'Connor und Hermelin, 1963), und zwar mit einer Methode, die auf Millers Ergebnis (1956) beruht, daß normale Menschen Informationen um so besser unterscheiden und einordnen können, je stärker diese Informationen durch unterschiedliche Sinnesqualitäten voneinander abgegrenzt sind. So kann man zwei Töne, die sich nur in der Tonhöhe unterscheiden, schwerer unterscheiden als zwei Töne, die sich in Tonhöhe und Lautstärke unterscheiden. Skinner (1938) hat sich dieses Prinzip zunutze gemacht, um Tauben Formunterscheidungen beizubringen. Da für diese Tiere Formunterscheidungen schwer sind, jedoch Farbunterscheidungen leicht, wurden die zwei Formen auf verschiedenfarbigen Karten geboten. Diese irrelevante Dimension der Farbe wurde im Verlauf der Versuchsreihe allmählich abgeschwächt, bis sie völlig verschwunden war. Bei dieser Technik lernten die Vögel schneller, als wenn von Anfang an nur die zwei verschiedenen Formen geboten wurden. In unserem pädagogischen Experiment bestand das Material aus 24 weißen Karten, 25 × 75 mm groß, auf die je ein Wort gedruckt war. Wir arbeiteten mit vier Wörtern: „Pferd", „Schwan", „Panther" und „Fisch". Jedes Wort gab es in sechs verschiedenen Buchstabengrößen: die Buchstabenhöhe war 3, 4, 5, 6, 8 oder 10 mm.

Jedes Kind der experimentellen Gruppe lernte diese Wörter in sechs Schritten. Zunächst wurde ein Bild gezeigt, das es benennen sollte. Danach wurden ihm vier Wortkärtchen vorgelegt, aus denen es dasjenige heraussuchen sollte, das zu dem gesprochenen Wort gehört. Beim richtigen Wort war die Buchstabenhöhe 10 mm, bei den anderen Wörtern 3 mm. Wenn das Kind die richtige Wahl traf, erhielt es eine Belohnung, war die Wahl falsch, wurde ihm das richtige Wort gezeigt. Das wurde solange wiederholt, bis das Kind zehnmal hintereinander das richtige Kärtchen wählte. Natürlich wurde der Platz des richtigen Worts ständig nach einem vorher festgelegten Plan verändert. Sobald das Lernkriterium erreicht war, folgte ohne Kommentar unmittelbar das nächste Stadium. Hierbei wurde das richtige Wort in der nächst kleineren Stufe, also in 8 mm Höhe, geboten. So wurde dieses Wort immer kleiner, bis es mit 3 mm die Größe der anderen Wörter erreicht hatte. In den nächsten Tagen wurde nach dem gleichen Verfahren mit den anderen Wörtern geübt, bis alle Wörter gelernt waren. Danach wurde ein Gedächtnistest durchgeführt. Hierbei wurde mit jedem Wort nur ein Versuch durchgeführt, bei dem alle vier Wörter gleiche Größe hatten. Das Kind sollte sie laut lesen und den entsprechenden Bildern zuordnen.

Eine zweite Gruppe von Kindern, die Kontrollgruppe, durchlief die gleiche Versuchsserie, mit dem Unterschied, daß alle Wörter immer nur mit Buchstaben von 3 mm Höhe geboten wurden. Beide Gruppen lernten diese Aufgaben, und zwar im Verlauf der Übungen immer besser. Jedoch lernte die Experimentalgruppe wesentlich schneller als die Kontrollgruppe: die Kinder dieser Gruppe brauchten rund 8 Darbietungen zum Lernen eines Worts, die Kontrollkinder aber rund 19 Darbietungen. Im Behaltentest gab es keinen so großen Unterschied: Die Kinder der Experimentalgruppe lasen durchschnittlich 3 der 4 Wörter richtig, die Vergleichskinder durchschnittlich 2,3 Wörter. Dieser Unterschied ist aber gering und statistisch nicht signifikant.

Die Besonderheit der verwendeten Methode besteht darin, daß die richtige Antwort zunächst durch ein besonders auffälliges zusätzliches Merkmal herausgehoben ist. Dieses eigentlich irrelevante Merkmal wird allmählich abgeschwächt, bis es ganz verschwunden ist. Die Ergebnisse zeigen, daß bei diesem Vorgehen wesentlich schneller gelernt wird als ohne diese Hilfe, ohne daß es dadurch zu einer Beeinträchtigung des Behaltens kommt. Ähnliche Techniken kann man anwenden, um autistischen Kindern bei der Überwindung von Lernschwierigkeiten zu helfen; einige davon werden im Kapitel 9 beschrieben.

Kapitel 7
Einrichtung von Spezialschulen für autistische Kinder

Mary D. Wilson

Ich bin kein Experte in Fragen des Autismus. Ich habe nie mit einem autistischen Kind zusammengelebt, und ich kenne die Ursachen dieser Behinderung nicht. Meine Arbeit besteht darin, Schulen für behinderte Kinder zu besuchen, und dabei habe ich sehr gute Möglichkeiten, diese Kinder zu beobachten. Besonders haben mich autistische Kinder interessiert, weil ihre Behinderung so überaus merkwürdig und unverständlich ist. Es liegt an der Art dieser Behinderung, daß es für andere Menschen, besonders natürlich für Eltern und Lehrer, so schwer ist, diesen Kindern die Hilfe zu geben, die sie brauchen. Ich habe autistische Kinder in den verschiedenartigsten pädagogischen Einrichtungen gesehen, auch in Tagesstätten und Krankenhausabteilungen. Einige waren in Spezialeinrichtungen für autistische Kinder und andere in Einrichtungen, die für einen völlig anderen Zweck bestimmt waren, und wohin die Kinder zum Teil zufällig gelangt waren. Während der Zeit, in der ich diese Kinder beobachtet habe, bin ich zu bestimmten gefühlsmäßigen Annahmen gekommen, die natürlich durch exakte wissenschaftliche Untersuchungen widerlegt werden könnten, die ich aber trotzdem als meine heutige Ansicht in diesem Kapitel aufzeichnen will.

Ich weiß nicht, ob autistisches Verhalten geheilt werden kann. Zum Glück ist dies für einen Pädagogen in gewissem Grad irrelevant. Man braucht keine vollständige Diagnose, bevor man für eine spezielle Erziehung sorgt. Der Lehrer beginnt auf der Stufe, auf der das Kind gerade steht und versucht durch direkten Kontakt herauszufinden, was es kann und was nicht. Manchmal erhält er natürlich Hilfe von anderen Spezialisten. So ist es wichtig zu wissen, ob das Kind richtig sehen und hören kann, auch die Ergebnisse psychologischer Tests ergeben wertvolle Hinweise und Orientierungen, aber letzten Endes muß der Lehrer selbst im Kontakt mit dem Kind herausfinden, was zu tun ist. Eine pädagogische Beurteilung besteht nicht in einer einmaligen Diagnose, sondern in einem ständigen Urteilsprozeß, der sich über die ganze Unterrichtszeit erstreckt. Das Wort „Diagnose" ist in der Pädagogik unangebracht. Auch das Wort „heilen" ist unangemessen. Pädagogen heilen nicht irgend jemanden von irgend etwas. Sie versuchen, in Einklang mit dem Reifungsprozeß so zu arbeiten, daß das Kind möglichst große Fortschritte macht. Manchmal überschneiden sich natürlich Erziehung und Therapie. Jeder Lehrer begegnet Kindern, die Gefangene eines fehlgelaufenen Lernprozesses sind. Dann muß etwas *verlernt* werden, und dazu ist es vielleicht nötig, zunächst einige Schritte zurückzugehen, um später um so schneller voranzukommen. Im Ganzen gesehen ist der Erziehungsprozeß jedoch nicht von dieser Art, sondern bewegt sich ständig vorwärts. Das Ziel ist immer, das Kind weiter voranzubringen, seine geistigen Fähigkeiten zu erweitern. Gute Lehrer verstehen die Rollen der Eltern, des Arztes und des Therapeuten, aber sie unterscheiden diese deutlich von ihrer eigenen Aufgabe und konzentrieren sich auf das, wofür sie am besten geeignet sind.

Die ersten Erzieher des Kindes sind seine Eltern. Sie geben ihren Kindern das Gefühl des Geliebt- und Verstandenwerdens, und deshalb möchten die Kinder wie ihre Eltern werden und dieselben Dinge wie diese tun. Die Arbeit des Lehrers hat hiermit etwas gemeinsam. Es gibt aber Aspekte, in denen sie anders ist. Zwar beruht alles gute Lehren ebenso wie die gute Erfüllung der Elternrolle auf einer liebevollen Beziehung zum Kind, aber die Beziehung zwischen Lehrer und Kind ist weniger gefühlsbetont als die Beziehung zwischen Eltern und Kind. Deshalb kann der Lehrer rigorosere Forderungen stellen, ohne das Kind zu verletzen oder ihm Kummer zu bereiten. Gerade bei der Erziehung behinderter Kinder ist dies sehr wertvoll.

Im natürlichen Lernprozeß bis zum Alter von fünf Jahren, also bevor sie Lehrern begegnen, gehen Kinder an Aufgaben ganz unbekümmert und naiv heran. Wenn sie in gute Schulen kommen, haben sie immer noch die Möglichkeit dazu. Es wird ihnen eine reiche und vielfältige Umwelt geboten, und sie werden zum Selbstlernen ermutigt. Da jedoch die Dinge, die Kinder in der Schule lernen müssen, in gewisser Weise weniger natürlich und für das kindliche

Gefühl weniger begehrenswert sind, ist eine stärkere Systematisierung der Kenntnisse und eine stärkere Lenkung durch den Lehrer notwendig. Das gilt besonders für Kinder mit schweren Behinderungen, die oft nicht auf einfache und „natürliche" Weise lernen können, auch wenn ihre Motivation hoch ist. So müssen taube Kinder mit Spezialmethoden unterrichtet werden, um die Sprache zu lernen, die sie eben *nicht* „spielend" erwerben. Ebenso ist es bei aphasischen Kindern, die ihre eigene Sprache beinahe wie eine Fremdsprache lernen müssen. Auch autistische Kinder müssen zunächst einen speziellen Weg gehen, bevor sie sich Informationen und Fertigkeiten wirklich selbst aneignen können.

Bevor wir mit Überlegungen zu ihrer Erziehung beginnen, müssen wir uns deshalb fragen, was die autistischen Kinder nicht können. Die Antwort scheint vom Lehrerstandpunkt zunächst sehr einfach zu sein: Sie haben Lernschwierigkeiten, weil sie nicht aufpassen. Gewöhnlich möchten es Kinder ihren Lehrern recht machen, aber das autistische Kind verhält sich nicht so, wenigstens nicht am Anfang. Es nimmt möglicherweise überhaupt keine Notiz vom Lehrer, ausgenommen vielleicht als ein Werkzeug für Hantierungen oder als ein Kissen zum Anlehnen. Schwer behinderte autistische Kinder bemerken anscheinend die Dinge ihrer Umgebung nicht oder nur solche Dinge, die andere für die unwichtigsten halten würden. Sie nehmen einige kleine Objekte und zwirbeln sie in der Hand, eine Tätigkeit, die für andere Menschen keine Bedeutung hat. Ihre Wahrnehmung scheint extrem selektiv zu sein. Sie werden anscheinend viel weniger als normale Kinder durch das gelenkt, was sie sehen oder hören, sondern viel stärker durch taktile und kinästhetische, ja sogar durch Geruchs- und Geschmacksempfindungen.

Dies weiß bestimmt jeder Lehrer, der mit einem autistischen Kind gearbeitet hat, selbst wenn nur für kurze Zeit. Das Hauptproblem besteht darin, soviel Kontakt zum Kind herzustellen, daß es ein Bewußtsein für die wichtigen Dinge der Umwelt erwirbt und im Umgang mit ihnen lernen kann. Hierfür braucht es sehr viel Zuwendung von Seiten Erwachsener. Man kann ihm nicht helfen, indem man es allein läßt. Ein autistisches Kind, das sich in einer größeren Gruppe von Kindern befindet, die nicht autistisch sind, wird sehr wahrscheinlich ignoriert. Lehrer sind nur Menschen, sie werden auf diejenigen Kinder reagieren, die ihre Aufmerksamkeit herausfordern, und die anderen leicht übersehen.

In ihrer Fähigkeit, Kontakte herzustellen, unterscheiden sich autistische Kinder sehr von den schüchternen und scheinbar in sich zurückgezogenen Kindern. Man sieht manchmal ein isoliertes Kind, das es nicht wagt, Kontakte herzustellen, nicht weil die Barriere zu den anderen Menschen undurchdringbar ist, sondern weil es sehr empfindsam ist und durch soziale Kontakte zu sehr beansprucht und belastet wird. Natürlich sollte man diese neurotischen Kinder nicht zu sehr bedrängen, sondern sie zunächst allein lassen und sich ihnen nur sehr behutsam nähern. Ich habe einmal gedacht, daß autistische Kinder ähnlich sensibel seien und sich deshalb in sich zurückgezogen hätten. Vielleicht ist es wirklich so, aber ich glaube es heute nicht mehr. Die Kinder *vermieden* nicht den Kontakt, es gibt eine echte Barriere, die ihn *verhindert*. Deshalb ist es für den Lehrer so schwer zu wissen, inwieweit er solch ein Kind, das den Kontakt anscheinend nicht wünscht, dazu drängen soll. Aber wenn er ein guter Lehrer ist, hat er das natürliche Einfühlungsvermögen, das ihm sagt, wann das Kind aufnahmebereit ist und wann man von ihm ablassen sollte.

Unter „Einfühlungsvermögen" stellt man sich manchmal eine Art magischer Intuition vor, aber vielleicht besteht das, was dabei geschieht, einfach darin, daß der Lehrer die Bedeutung von Zeichen erfaßt, die vom Kind ausgehen. Dies kann schwer sein, weil das autistische Kind nicht die üblichen Zeichen verwendet, also den Lehrer nicht ansieht und nicht zu ihm spricht. Wenn man aber entdeckt hat, was es gern tut, kann der Kontakt zu einem Vergnügen werden. (Allerdings ermutigt man es nicht unbedingt dazu, diese Dinge fortwährend zu tun.) Die Zuwendung eines Erwachsenen ist also außerordentlich wichtig, allerdings ist eine strenge Einzelbeziehung nicht den ganzen Tag über erforderlich. Manchmal möchte sich das Kind in eine Ecke kauern oder sich allein um sich selbst drehen, und man muß diese Tätigkeiten nicht völlig verhindern.

Nicht die Häufigkeit und Dauer der Zuwendung ist entscheidend, sondern deren Qualität. Bei der Auswahl der Menschen für diese Arbeit ist die Persönlichkeit des Lehrers das Wichtigste. Lehrer autistischer Kinder müssen sehr aktive und lebensbejahende Menschen sein. Es stimmt zwar, daß passive Lehrer in bestimmten Fällen ausgezeichnet sein können. Ich kenne eine Kunsterzieherin, die scheinbar nie irgendetwas tut, aber ihre Kinder produzieren die wunderbarsten Bilder. Sie hat jene akzeptierende Art, die das Beste aus den Kindern herausholt und sie dahin bringt, es in Bildern auszudrücken. Diese Methode scheint bei autistischen Kindern nicht zu funktionieren; der Lehrer muß daher aus sich herausgehen und mehr geben. Er muß liebevoll und lebensbejahend sein, freundlichen und gütigen, aber aktiven Kontakt herstellen, und er darf keine falsche Würde haben. Lehrer dieser Kinder müssen sich, wenn nötig, auf den Fußboden setzen, und sie müssen auch recht viel Liebkosungen von einem Kind entgegennehmen können, zu dessen Körpergröße das eigentlich nicht mehr paßt.

Angenommen, die Persönlichkeit des Lehrers entspricht diesen Vorstellungen, so berücksichtigt man bei der Auswahl als zweites die Ausbildung, obwohl man manchmal nicht genau weiß, welche Ausbildung die beste ist. Das Wichtigste ist wahrscheinlich ein praktisches und theoretisches Verständnis der kindlichen Entwicklung; denn wenn bei autistischen Kindern eine Entwicklung einsetzt, dann gehen sie durch dieselben emotionalen Entwicklungsstufen wie alle anderen Kinder, wenn vielleicht auch mit Verzögerungen oder Unregelmäßigkeiten. Neben diesen Kenntnissen ist die Ausbildung während der Tätigkeit selbst sehr wichtig, weil man selbst durch umfangreiche Lektüre zu keiner klaren Vorstellung von der Eigenart autistischer Kinder kommt. Als wir in London unsere erste Lehrerin für autistische Kinder einstellten, wählten wir eine sehr erfahrene Lehrerin kleiner Kinder, die mehrere Jahre hervorragender Praxis hinter sich hatte und auch eine Ausbildung für die Erziehung verhaltensgestörter Kinder besaß. Nach drei Monaten ihrer neuen Tätigkeit erklärte sie, daß sie all ihre Vorstellungen, wie an diese Kinder heranzugehen sei, ändern müsse. Nichts, was sie früher gelernt habe, sei noch irgendwie verwendbar. Das war wahrscheinlich nicht völlig richtig: das Selbstvertrauen, das sie aufgrund ihrer Ausbildung besaß, erlaubte es ihr, ihre Ansichten zu ändern. Es ist nur die Unsicherheit, die solche Meinungsänderungen nicht zuläßt.

Alle anderen Erwachsenen, die mit diesen Kindern in einer Schule umgehen, brauchen keine Ausbildung von gleich hohem Niveau. In diesen Schulen sind relativ viele Mitarbeiter nötig, und man könnte, wenn alle hochqualifiziert sein sollten, weder die finanziellen Mittel dafür aufbringen, noch überhaupt genügend Mitarbeiter finden. Natürlich können auch junge Helferinnen mitarbeiten, sofern sie sich in ihrer Wesensart dafür eignen, ebenso verheiratete Frauen, die eine Familie versorgt haben, aber immer noch gern ein Baby um sich hätten und gern mit Kindern umgehen. Wenn man unausgebildete Personen anstellt, muß man dafür sorgen, daß sie in Verbindung mit ihrer Arbeit für diese Tätigkeit vorbereitet und geschult werden. Es mag sein, daß sie nicht alle komplizierten Einzelheiten verstehen; wenn aber Menschen, denen es an einer grundlegenden Ausbildung fehlt, gut mitarbeiten sollen, dann müssen sie unbedingt wissen, daß sie in einem ziemlich schwierigen Bereich wertvolle Helfer sein können.

Alle Mitarbeiter, die mit diesen Kindern zu tun haben, brauchen ständige Unterstützung und Ermutigung, denn sonst kommt es leicht dahin, daß sie sehr unsicher und beunruhigt, sehr enttäuscht und körperlich sehr erschöpft sind. Es muß eine große Hilfe für Mrs. Elgar gewesen sein, die Society for Autistic Children hinter sich zu wissen – das Gefühl, daß andere Menschen ein sehr großes Interesse an der Arbeit haben. Das bedeutet nicht, daß der Lehrer autistischer Kinder einen Psychiater braucht, der ihm erzählt, wie das Kind zu behandeln sei. Mehrere Psychiater haben gesagt, daß sie überhaupt nicht wüßten, wie ein Kind in der Schulklasse zu behandeln sei, und warum sollten sie es auch wissen? Es ist nicht ihre Aufgabe. Der Lehrer braucht aber die Möglichkeit, sich mit jemandem zu unterhalten, der autistische Kinder versteht, also z. B. mit einem Psychiater oder einem Psychologen. Kein Psychologe kann ein autistisches Kind für eine einstündige Sitzung kommen lassen und am Ende einen IQ-Wert präsentieren. Aber er kann anhand von Entwicklungsnormen Kinder über einen längeren Zeitraum beobachten und Anzeichen für die Entfaltung ihrer Fähigkeiten sehen, womit er dem Lehrer sehr helfen kann. Ich hoffe natürlich auch, daß Schulaufsichtsbeamte manchmal Ideen beisteuern und dadurch mithelfen. Ein weiterer Grund, warum Fachleute zur Verfügung stehen sollten, ist die Notwendigkeit zur Bewertung der Arbeit. Gegenwärtig wissen wir im Grunde nicht, wie man diese Kinder erziehen sollte. Der Lehrer hat vielleicht das Gefühl, daß ein bestimmtes Kind keine Fortschritte macht, und ist deshalb sehr entmutigt, aber ein Außenstehender, der das Kind einige Zeit nicht gesehen hat, stellt vielleicht einen Fortschritt fest. Es ist aber auch möglich, daß ein Lehrer völlig in der Welt der behinderten Kinder aufgeht und manchmal recht überoptimistisch wird.

Alle autistischen Kinder sollten in irgendeinem Stadium ihrer Entwicklung Gelegenheit zum Kontakt mit anderen Kindern haben. Das können an erster Stelle andere autistische Kinder sein, denn selbst dadurch erhalten sie ein Bewußtsein, daß andere Kinder existieren. Es ist allgemein bekannt, daß kleine Kinder nur nebeneinander spielen, bevor sie es *miteinander* tun. Das gilt auch für autistische Kinder. Wenn sie einmal so weit sind, daß sie ihre erwachsenen Bezugspersonen mit anderen Kindern teilen können, läßt sich recht schwer entscheiden, mit welcher Art von Kindern sie zusammenkommen sollten. Die Auffassung, daß es für behinderte Kinder immer besser ist, mit normalen Kindern zusammen zu sein, scheint mir recht sentimental zu sein. Man muß behinderte Kinder davor schützen, in Situationen zu geraten, in denen sie ein vollkommenes Versagen erleben, wenn sie in jeder Hinsicht schlechter dastehen als die anderen Kinder. Jedes Kind hat das Recht, Kontakt zu Gefährten zu haben, aber diese Gefährten sind nicht unbedingt Kinder des gleichen Alters. Man hat behauptet, daß emotional gestörte Kinder autistischen Kindern helfen können; zwar glaube ich das auch, aber vermutlich haben die emotional gestörten Kinder mehr Freude an diesem Kontakt als die autistischen. Normale Kinder können zu behinderten Kindern sehr freundlich sein, aber Freundlichkeit ist nicht genug. Kinder sollten nicht immer auf der entgegennehmenden Seite stehen und ständig die Abhängigen sein. Wenn man autistische mit normalen Kindern zusammenbringen will, muß man deshalb sehr sorgfältige Vorbereitungen treffen, und wenn sie tatsächlich zusammenkommen, muß man alles, was geschieht, gut überwachen.

Als unsere Londoner Schulbehörde zuerst begann, Spezialklassen für autistische Kinder einzurichten, haben wir uns viel Gedanken über die pädagogische Umwelt gemacht, die diese Kinder brauchen, und ich habe meine Ansichten seither mehrere Male geändert. Es ist wohl natürlich, wenn man zuerst meint, daß die Kinder, die ja durch die vorschulischen Entwicklungsphasen hindurchgehen sollen, eine gute Kindergarteneinrichtung brauchen: eine Menge großer Spielzeuge, Puzzlespiele und Klötze zum Bauen, Perlen zum Aufreihen, Sand zum Spielen, Wasser zum Plantschen, Knete und Teig zum Modellieren, Bilder zum Ansehen, Scheren zum Ausschneiden, Bücher zum Ansehen, Musik zum Zuhören, Kleider zum Anziehen, eine Hausecke, in der man mit Töpfen und Pfannen herumwirtschaften und dann abwaschen kann. Der Grundgedanke ist dabei, daß die Kinder von selbst lernen werden, wenn man ihnen diese reichhaltige Umwelt zur Verfügung stellt und ihr Interesse anregt. Natürlich ist das nicht so einfach. Alle diese Dinge sind für ein autistisches Kind wertvoll, aber wenn man sie ihm nur einfach hinstellt, nimmt es sie vielleicht nicht einmal wahr, oder es wird von ihnen überwältigt. Man muß eine viel stärkere Auswahl treffen und dem Kind viel mehr direkt anbieten, als man es in einer gewöhnlichen Kindergartengruppe tun würde. Außerdem gibt es einen praktischen Gesichtspunkt: autistische Kinder gehen nämlich manchmal durch ein sehr destruktives Stadium. Sie haben nicht die willentliche Absicht, ein Zerstörungswerk zu vollbringen, aber sie haben, ebenso wie manche Säuglinge in einer bestimmten Phase, die Neigung, Dinge aufzunehmen und sie dann auf die Erde zu werfen. Drei oder vier autistische Kinder können einen wunderschön ausgestatteten Kindergartenraum innerhalb kürzester Zeit in ein Chaos verwandeln. Man sollte die Sachen in Wandschränken oder auf hohen Regalen unterbringen und nur ein oder zwei Dinge auf einmal herausgeben. Im Idealfall haben die Kinder drei verschiedene Plätze, an denen sie sein können: ein Klassenzimmer, in dem sie arbeiten; eine Stelle, wo sie sich schmutzig machen können, wenn sie wollen; schließlich ein kleines ruhiges Plätzchen, wo sie sich hinlegen und still sein können, wenn ihnen danach zumute ist. Wir sind gefragt worden, warum sie sich so gerne zusammengerollt hinlegen. Ich weiß nur, daß viele Menschen die Tendenz haben, das zu tun, wenn sie müde oder traurig sind. Vielleicht müssen autistische Kinder manchmal einem Überangebot von Reizen entfliehen. Vieles, was autistische Kinder tun, ist von Erwachsenen als eine Form von Regression interpretiert worden. Diese Theorie ist aber eigentlich nicht zutreffend. Sie reifen langsam, aber sie machen *wirklich* Fortschritte, und das sollte unterstützt werden. Mit der Frage, worüber die Kinder nachdenken, verhält es sich ähnlich. Es ist eine natürliche Annahme, daß dann, wenn Menschen still sind, ihr Geist voll der erregendsten und berauschendsten Dinge sein muß, aber ebenso, wie man sich davor hüten sollte, menschliche Wünsche und Einstellungen auf Tiere zu übertragen, sollten wir vorsichtig sein, Annahmen darüber zu machen, was im Geist von Kindern vorgeht, deren Sprache rudimentär ist.

Ich möchte zusammenfassen: Wir müssen die Lehrer autistischer Kinder sehr sorgfältig auswählen, im Unterricht direktere Unterrichtsmethoden als bei normalen Kindern einsetzen und unsere Reaktionen stärker akzentuieren. Sehr wichtig ist auch, daß die Lehrer mit den Eltern zusammenarbeiten, aber nicht versuchen, elterliche Funktionen zu übernehmen. Erfreulich und ermutigend ist, daß eine Beziehung, die sich zwischen einem bestimmten Lehrer und einem Kind gebildet hat, anscheinend übertragbar ist, wenigstens auf einen anderen Lehrer. Ich weiß nicht, wie die Erfolge der heilpädagogischen Erziehung mit diesen Kindern sein werden. Wenn die Kinder jemals geheilt werden, so wahrscheinlich durch die medizinische Wissenschaft. Aber eins ist sicher: Wenn autistische Kinder eine umsichtige Erziehung erhalten, dann werden sie im Verlauf ihrer Entwicklung uns anderen Menschen ähnlicher werden, und das Zusammenleben mit ihnen wird besser sein. Sie werden dann auch mehr von der Welt aufnehmen und sich an ihrem Leben mehr freuen können. Wenigstens hierin bin ich ganz sicher.

Kapitel 8
Grundlagen der Heilpädagogik für autistische Kinder

J. K. Wing und Lorna Wing

In seinem ausgezeichneten Sammelreferat über die Entwicklung von pädagogischen Einrichtungen für Behinderte, in der die Periode von 1760 bis 1960 erfaßt ist, erwähnt Pritchard (1963) den kindlichen Autismus nicht. Für diese Auslassung gibt es zwei Gründe, und jeder enthält für diejenigen, die an den Prinzipien der Heilpädagogik für autistische Kinder interessiert sind, eine aufschlußreiche Lehre. Erstens ist das klinische Syndrom als solches erst vor relativ kurzer Zeit beschrieben worden (Kanner, 1943), und deshalb hat man bei früheren Erkenntnissen, wie denen von Itard im Jahr 1799 und von Witmer im Jahr 1920 nicht gesehen, daß sie allgemeiner, also auf eine größere Gruppe ähnlicher Kinder anwendbar sind. Zweitens gibt es bei den meisten hirngeschädigten Kindern eine große Zahl lernhemmender Behinderungen, von denen nur einige krankheitsspezifisch (wie etwa Dyslexie oder Taubheit), andere hingegen sekundär sind (wie etwa das Fehlen grundlegender Fertigkeiten als Folge einer Verzögerung im Spracherwerb, oder Verhaltensabnormitäten, die zu Konzentrationsminderungen führen, oder ein scheinbarer Motivationsmangel). Die fehlende Unterscheidung zwischen spezifischen und sekundären Behinderungen führt zur Verwendung globaler Begriffe wie „geistige Minderbegabung" oder „emotionale Störung", was zur Folge hat, daß die Vorstellungen über die Erziehung in ihrer Tendenz entweder negativ oder in so allgemeine Begriffe gekleidet sind, daß sie nur sehr begrenzten Wert haben.

Pritchards geschichtliche Darstellung bietet Anschauungsbeispiele für beide Gefahren. Zum Beispiel wurde lange Zeit nicht erkannt, daß taube Kinder den Sprachgebrauch lernen können. Sie wurden deshalb viele Jahrhunderte lang in die Gruppe der schwer Schwachsinnigen eingeordnet, und man hat keine Versuche gemacht, spezielle

Methoden für ihre Erziehung zu entwickeln. Selbst als dieser fundamentale Fehler im 16. Jahrhundert von Cardano erkannt wurde, dauerte die Entwicklung allgemein anerkannter Unterrichtsmethoden noch 300 Jahre. Während dieser Zeit war ein großer Teil der Literatur über diese Frage unsystematisch, spekulativ, anekdotisch oder der Ausdruck reiner Vorurteile.

Geschichtlicher Rückblick

Das Beispiel, das für den kindlichen Autismus die größte Bedeutung hat, ist der Fall des wilden Jungen von Aveyron (Itard, 1932)[1]. 1799 wurde ein Junge von vielleicht elf oder zwölf Jahren in den Wäldern von Aveyron in Frankreich gefunden. Er war nackt und mit Narben bedeckt, die wahrscheinlich von den Gefahren eines Lebens in den Wäldern herrührten. Es hatte schon seit einigen Jahren Berichte über diesen wilden Jungen gegeben. Verschiedene Leute hatten ihn gesehen, wie er Nüsse, Wurzeln und Eicheln zum Essen suchte, aber er war immer entkommen, wenn man ihn fangen wollte. 1799 wurde er schließlich gefangen und nach Paris gebracht. Dort „glaubte ein Staatsminister mit wissenschaftlichen Interessen, daß dieses Ereignis auf die Wissenschaft vom menschlichen Geist einiges Licht werfen könne", und der Junge wurde in die Obhut eines jungen Arztes, Jean-Marc-Gaspard Itard gegeben, der Arzt in der neuen Institution für Taubstumme war. Itard beschreibt seinen ersten Eindruck von dem Jungen: Er war schauderhaft schmutzig, befallen von krampfartigen Bewegungen, wiegte sich vor und zurück wie ein Tier in einem Käfig, biß und kratzte jeden, der ihm entgegentrat. Er zeigte keinerlei Gemütsbewegungen und beachtete überhaupt nichts.

Der berühmte Arzt Pinel kam zu dem Schluß, daß es sich um eine angeborene Idiotie handele und daß der Junge aus diesem Grund verstoßen worden sei. Itard andererseits war erfüllt von der Begeisterung für neue Ideen und dem Gefühl der geistigen Befreiung, das zur Zeit der Französischen Revolution allgemein verbreitet war. Er sah in seinem abstoßenden Schützling den Prototyp des natürlichen Wilden, ein von der Erziehung vollkommen unberührtes menschliches Wesèn. Für den heutigen Leser kann kein Zweifel bestehen, daß der wilde Junge von Aveyron die meisten diagnostischen Zeichen des Autismus zeigt – was auch immer die ursprüngliche Krankheitsursache gewesen sein mag. Sein Verhalten ist uns bis in die Einzelheiten auf eine geradezu unheimliche Weise vertraut. Itard beschreibt, in welch unzulänglicher Weise der Junge zunächst von seinen Augen und Ohren Gebrauch machte. Er fixierte weder Objekte noch Menschen. Er zeigte keine Reaktion auf einen Pistolenschuß direkt hinter seinem Kopf. Aber sobald jemand eine Walnuß knackte, und sei es noch so leise, blickte er sofort auf, in der Hoffnung, etwas von seiner Lieblingsnahrung zu bekommen. Er spielte nie mit Spielzeug, lachte aber voller Freude, wenn er mit dem Wasser in seiner Badewanne spritzen und plantschen durfte. Er führte Personen die Hand, um ihnen zu zeigen, was er wollte. Wenn unwillkommene Besucher zu lange blieben, konnte es geschehen, daß er ihnen Hut, Stock und Handschuhe gab, sie aus dem Zimmer schob und die Tür hinter ihnen energisch zumachte. Er widersetzte sich jeder Veränderung in seiner Umwelt und hatte ein ausgezeichnetes Gedächtnis für den Platz von Gegenständen in seinem Zimmer, die immer in genau derselben Anordnung bleiben sollten. Er liebte Tastempfindungen und berührte und befühlte deshalb gern Kleidungsstücke, Hände und Gesichter ihm vertrauter Personen. Er schien aber zunächst völlig unempfindlich gegenüber Hitze und Kälte. Bei den Menschen, die für ihn sorgten, weckte er offensichtlich großes Interesse und große Zuneigung. Selbst der alte Mann, der ihn nach Paris brachte, um ihn Itard zu übergeben, sagte, daß er sich um das Kind kümmern wolle, wenn man ihn in der Taubstummenschule nicht behalten könne. Itard war von der Unschuld des Jungen beeindruckt. Anfangs nahm er sich die Dinge, die er haben wollte, ohne die geringste Vorstellung, daß er damit stehlen würde. Mit anderen autistischen Kindern teilte er auch die unglaubliche Erfindungsgabe, Antriebsstärke und Ausdauer, um etwas zu bekommen, was er wollte.

Die Beschreibung von Victors Verhalten ist schon an sich interessant, aber noch faszinierender ist Itards Bericht über sein Vorgehen bei der Erziehung des Kindes. Ohne frühere Berichte als Richtschnur mußte er die Methoden entwerfen, mit denen er Victor im Gebrauch eines jeden seiner Sinne unterrichten konnte. Alle Unterrichtsmittel mußte er selbst herstellen. Er machte sich das gute Gedächtnis des Jungen, seine zwanghaften Tendenzen, seine Vorliebe für bestimmte Nahrung, seine entstehende Anhänglichkeit an vertraute Personen als Mittel für den Unterricht in neuen Fertigkeiten zunutze. Und er beschrieb seine Methoden im Detail.

Victor wurde nie normal und sprach nie, aber sein soziales Verhalten besserte sich so sehr, daß es nicht wiederzuerkennen war. Er konnte sogar einige Wörter lesen, geschriebene Instruktionen befolgen und mit anderen Menschen auf nicht-sprachliche Weise kommunizieren.

Diese Geschichte veranschaulicht einige wichtige Punkte, die für die Behandlung dieser Kinder von großer Tragweite sind. Itard nahm selbst die Rolle des Lehrers von Victor ein. Ihm wurde außerdem von einer Madame Guérin geholfen – die, wie Itard sagt, um Victor mit all der Geduld einer Mutter und der Intelligenz einer aufgeklärten Lehrerin sorgte. Die allmähliche Entwicklung von Victors Zuneigung zu Madame Guérin wird sehr ergreifend geschildert. Itards Theorie war, daß das Kind normal sei, aber keine Erziehung erhalten habe. Diese Anschauung hatte keinen speziellen Einfluß auf seine pädagogischen Methoden, kann aber zuletzt eine unglückliche Wirkung gehabt haben, weil Itard mit seinem Unterricht nach fünf Jahren aufhörte, vermutlich, weil ihm klar wurde, daß Victor niemals normal werden würde. Hätte er von Anfang an die Vorstellung akzeptiert, daß eine Behinderung vorliegt, wäre er in seiner Zielsetzung vielleicht realistischer und in seinen Bemühungen vielleicht ausdauernder gewesen.

Itard war später der Lehrer von Seguin, der wiederum Montessori beeinflußte, so daß die Prinzipien der heilpädagogischen Erziehung für Kinder mit Lernproblemen und die grundsätzlich pädagogische statt medizinische Orientierung nicht völlig verloren gingen. Aber das Wesen von Victors Zustand wurde nicht erkannt, und es verging mehr als ein Jahrhundert, bevor ein ähnliches Vorgehen in allen Einzelheiten aufgezeichnet wurde.

1920 beschrieb Lightner Witmer, ein amerikanischer Psychologe, der eine Schule für geistig behinderte Kinder leitete, seine Methode zur Erziehung eines schwer gestörten kleinen Jungen, den man heute autistisch nennen würde (1922). Im Alter von zwei Jahren und sieben Monaten verbrachte Don die meiste Zeit völlig versunken in die Betrachtung eines Kärtchens, das er in der Hand hielt und an dessen Oberfläche er behutsam mit einem Finger kratzte. Er beachtete weder Personen noch Gegenstände und schien selbst seinen Eltern gegenüber völlig indifferent zu sein; aber wenn man versuchte, ihm das Kärtchen wegzunehmen, schrie er wild. Er besaß praktisch kein Sprachverständnis und sprach nicht, aber er liebte Musik. Witmer dachte zuerst, er sei schwer und hoffnungslos schwachsinnig, schöpfte aber Hoffnung, als er sah, mit welch konzentrierter Hingabe sich Don mit denjenigen Dingen beschäftigte, die ihn interessierten. Eben diese Hingabe und feste Entschiedenheit erwies sich als eines der größten Probleme, das überwunden werden mußte, bevor irgendein Unterricht beginnen konnte. Don widersetzte sich jedesmal ärgerlich, wenn er gewaschen, angezogen, gefüttert oder in irgendein Tun einbezogen wurde, weil er dann den Gegenstand, den er gerade mit der Hand umklammert hielt, loslassen mußte. Weder freundliche Überredungsversuche noch Zorn hatten irgendeine Wirkung – wenn sein spezielles „Spielzeug" weggenommen wurde, schrie er gellend und hob seine Hände, um sein Gesicht zu zerkratzen, das schon von früheren Selbstverletzungen mit Narben bedeckt war. Als er wieder einmal tobte und schrie, hielt ihm schließlich die Lehrerin, die er am besten kannte, einfach die Hände fest; sie blieb ruhig und freundlich, aber ganz unerbittlich. Don leistete eineinhalb Stunden lang Widerstand, dann fügte er sich – und danach hörte er auf, das Gesicht zu zerkratzen, und hatte nie wieder einen dieser lang andauernden Wutanfälle.

Witmer beschreibt, wie er die Entwicklung von Aufmerksamkeit und Interesse beim Lernen förderte. Um seine eigenen Worte zu zitieren: „Die erste Aufgabe von Lehrern und Eltern ist, die Aufmerksamkeit des Kindes zu wecken und zu fesseln, indem sie ihm zuerst etwas geben, was es tun kann, und danach etwas, was es *nicht* kann ... Ich beobachte das Kind, um festzustellen, was es mit Interesse und ohne Mühe tut, und von hier aus lasse ich es einen Schritt vorantun, und zwar in eine sorgfältig kalkulierte Richtung, die es zum ‚nächst höheren Aufmehrksamkeitsniveau' führt."

Dons Lehrer scheinen angesichts der Widerstände von endloser Geduld, Erfindungsgabe und ruhiger Entschlossenheit gewesen zu sein. Als der Junge sechs Jahre alt war, sprach er ziemlich gut, konnte ebenso gut wie andere Kinder seines Alters lesen und war imstande, Beziehungen zu anderen Menschen aufzunehmen. Er war keineswegs normal. Zum Beispiel fürchtete er sich vor vielen ganz harmlosen Dingen, war sehr stark – weit über das übliche Interesse eines Kindes hinaus – von Booten, Zügen, Autos und anderen Fahrzeugen in Anspruch genommen, und wenn er sprach, wiederholte er anscheinend häufig immer wieder dieselben Ausdrücke. All das ist charakteristisch für autistische Kinder. Jedoch war er in seinem Verhalten ein ganz anderer geworden und hatte offensichtlich so große Fortschritte gemacht, wie man es nach der ersten Begegnung mit ihm nicht hätte vorhersagen können.

Nach Witmers Zeit kam es wieder zu einem Stillstand, abgesehen von der Arbeit, die in einigen privaten Schulen und von einigen engagierten Lehrern in öffentlichen Schulen geleistet wurde. Es gibt keine lebendige Tradition der Heilpädagogik für autistische Kinder, wie es sie für blinde und taube Kinder gibt. Für diese anderen Behinderungen sind heute die Regeln eines Spezialunterrichts recht gut niedergelegt, und jeder Lehrer lernt während der Ausbildung genau, was er im Unterricht tun muß. Die Lehrer tauber Kinder müssen nicht selbst ihre Methoden entwickeln, während sie im Unterricht vorangehen, wie es Anne Macy bei Helen Keller getan hat und wie es Lehrer autistischer Kinder tun müssen. Es gibt aber viele neue Ansätze in der ganzen Welt, von denen einige in einem späteren Abschnitt beschrieben werden, und man darf heute annehmen, daß der Unterricht für autistische Kinder schließlich einmal auf eine feste Grundlage gestellt werden wird. Bevor diese neuen Ansätze erörtert werden, ist es vielleicht sinnvoll, einige fundamentale Prinzipien für die Erziehung aller behinderten Kinder zu erörtern.

Die Ziele der Erziehung sind, dem Menschen zu helfen, ein so erfülltes Leben wie möglich zu führen, ihn darauf vorzubereiten, seinen Lebensunterhalt selbst zu verdienen, und ihn zu einem wertvollen Mitbürger zu machen. Erziehung – auch bei normalen Kindern – besteht nicht einfach nur in der Förderung der intellektuellen Entwicklung. Sie ist ein sozialer Prozeß, der die Persönlichkeit formt, Einstellungen herausbildet, wünschenswerte Handlungstendenzen fördert, Verhaltensstrukturen aufbaut und soziale Aktivitäten in bestimmte Richtungen lenkt. Alles, was in einem Kindergarten oder in einer Hochschule geschieht, ist Erziehung. Geistig behinderte Kinder brauchen unter Umständen eine Art Vorschuloder Kindergartenerziehung über das übliche Kindergartenalter hinaus, aber das bedeutet nicht, daß sie vom Prozeß der Erziehung im allgemeinen ausgeschlossen werden können. Die allgemeinen Erziehungsziele sind für behinderte Menschen dieselben wie für normale.

Die Aufgabe der Erziehung im größeren sozialen Zusammenhang ist an anderer Stelle ausführlich erörtert worden (ausgezeichnet von Ottoway, 1962), und so sind dazu keine weiteren Ausführungen nötig. Es muß aber nachdrücklich betont werden, daß in einer Demokratie Erziehung ein Grundrecht *aller* Kinder ist. Gesetzliche Regelungen, die es ermöglichen, Kinder aus dem öffentlichen Erziehungswesen auszuschließen, sind von einer schrecklichen Engherzigkeit[2]. Es gibt nur sehr wenige Kinder, bei denen eine Erziehung zwangsläufig unmöglich ist – aber das muß nicht noch ausdrücklich bescheinigt werden. Alle übrigen behinderten Kinder brauchen ebensoviel, wahrscheinlich sogar mehr Erziehung als normale Kinder.

Pädagogische Probleme bei autistischen Kindern

Die Behinderungen, die den Erziehungsfortgang autistischer Kinder erschweren, sind im ersten Teil dieses Buchs in den Grundzügen dargestellt worden. Man kann sie in drei Gruppen zusammenfassen:

a) Biologische: die grundlegenden Wahrnehmungs- und Sprachstörungen, die in den Kapiteln 1 und 2 zusammenfassend beschrieben sind.

b) Sekundäre individuelle: der Versuch eines Kindes, das zur Kommunikation unzureichend ausgerüstet ist, es mit den Anforderungen seiner Umwelt aufzunehmen, wodurch es sogar in der verständnisvollsten Umgebung ein Repertoire sonderbarer Verhaltensweisen entwickelt.

c) Sekundäre soziale: die Reaktion des Kindes auf Umweltbedingungen, die auch bei einem normalen Kind abnormes Verhalten hervorrufen würden. Solche Bedingungen können ihrerseits Reaktionen auf das Verhalten des Kindes sein oder unabhängig davon bestehen.

Diese drei Arten von Störungen wirken wechselseitig aufeinander ein, und zwar so, daß sich bei jedem Kind eine besondere Struktur gestörten Verhaltens ergibt. Wie bei anderen Zustandsbildern ist es wichtig, die verschiedenen Komponenten gesondert zu erfassen [3].

Es ist vielleicht nicht überraschend, daß wegen der Komplexität dieser Probleme und der für jeden Experten bestehenden Notwendigkeit, nur begrenzte, auf sein Fachgebiet beschränkte Aussagen zu machen, oft der Versuchung nicht widerstanden wurde, plakathafte Bezeichnungen wie „schwachsinnig", „hirngeschädigt", „nicht-kommunizierend", „emotional gestört", „antriebsarm" oder „faul" zu verwenden. Solche Begriffe erwecken den Anschein, als seien die Probleme gelöst, und lassen eine weitergehende gedankliche Arbeit als überflüssig erscheinen.

Die Bedeutung einer genauen Spezifierung bei relativ geringen Behinderungen ist von Orton erkannt worden, der „Beweise lieferte, daß spezifische Leseschwierigkeiten nicht auf emotionale Ursachen zurückgeführt werden können. Im Gegenteil, es ist das Versagen in einem Kommunikationsbereich von fundamentaler Bedeutung, das zur Störung der zwischenmenschlichen Beziehungen führt. Zu den befriedigensten Ergebnissen einer angemessenen heilpädagogischen Arbeit gehört in diesen Fällen die positive Veränderung der Einstellungen: die Verbesserung der Vorstellungen vom eigenen Ich und den eigenen Fähigkeiten und der Rückgang lernhemmender Einstellungen." (Cole und Walker, 1964)

Am anderen Ende des Spektrums könnte das schwerstbehinderte Kind mit Anencephalie eingeordnet werden, dessen Hirn so sehr geschädigt ist, daß all die verschiedenartigen Funktionen, auf denen das Lernen beruht, still liegen, so daß es wenig Sinn hätte, nach einer Struktur der Behinderungen zu suchen, auf der ein rationaler Versuch zur Heilerziehung und Heilbehandlung aufzubauen wäre, und es ebenso aussichtslos wäre, einen

Versuch zur Differenzierung zwischen primären und sekundären Behinderungen anzustellen.

Bei einer komplizierten Störung wie dem kindlichen Autismus mit seinen mannigfachen, veränderlichen und unvollkommen abgegrenzten primären Behinderungen (die trotz des gesunden und normalen Aussehens des Kindes wirklich gegeben sind) müssen die Schwierigkeiten, aufeinander abgestimmte und allgemein akzeptable Prinzipien für eine Heilerziehung bereitzustellen, ganz besonders groß sein.

Als Tizard (1964) in seiner Analyse des Unterrichts und der Erziehung geistig stark behinderter Kinder an einen ähnlichen Punkt gelangt war, formulierte er das Grundprinzip, daß diese Kinder ebenso wie normale Kinder *desselben Intelligenzalters* behandelt werden sollen. „Wir brauchen für geistig behinderte Kinder keine spezielle pädagogische Psychologie, die auf anderen Prinzipien als den für normale Kinder gültigen beruht." Mit diesem Prinzip wird die Gültigkeit des Konzepts eines allgemeinen Intelligenzniveaus und damit das Konzept einer allgemeinen intellektuellen Retardierung angenommen.

Ein Kind von zehn Jahren mit einem IQ-Wert von 50 müßte demnach in Hinblick auf seine Erziehung in kognitiver, emotionaler und sozialer Hinsicht einem Kind von fünf Jahren gleichgestellt werden. Ob dieses Prinzip nun für „geistig behinderte Kinder" gilt oder nicht, es gilt sicherlich nicht für autistische Kinder, die keineswegs in einer solch gleichförmigen Weise retardiert sind. Ihr motorischer Entwicklungsstand kann normal sein, ihre nicht-sprachlichen Fähigkeiten können gut entwickelt und ihre Lesefähigkeit kann relativ weit ausgebildet sein (Wolff und Chess, 1964).

Bei mongoloiden Kindern hat eine Untersuchung der Sprache ergeben, daß das Sprachniveau mehr vom chronologischen als vom Intelligenzalter und mehr vom motorischen als vom intellektuellen Niveau abhängig ist (Lenneberg et al., 1964). Diese Sprache unterscheidet sich jedoch in allen Stadien völlig von der Sprache autistischer Kinder (Rutter, 1965b; Wolff und Chess, 1965). Mongoloide Kinder scheinen die normalen Phasen der Sprachentwicklung zu durchlaufen, vom Lallen bis zu einfachen Sätzen, aber sie zeigen z. B. keine Echololie und keine Umkehrung von Pronomen wie autistische Kinder, deren Sprache *nicht* einfach nur in ihrer Entwicklung verzögert ist.

Globale Vorstellungen wie „Intelligenzalter" können deshalb nicht herangezogen werden, um Prinzipien der Heilerziehung für autistische Kinder aufzustellen. Vom Gesichtspunkt der Lehrer und Eltern ergeben die meisten primären Behinderungen zusammen ein zentrales Problem: die Schwierigkeit des Kindes, „eine Welt aufzubauen". Hierzu hat Hermelin in Kapitel 6 ausgeführt: „Während der normalen Kindheitsentwicklung wird durch das Zusammenspiel von Assoziationen und Akkomodationen allmählich ein Modell der Umwelt aufgebaut. So entwickelt sich aus einem zunächst undifferenzierten Gesamtbild das Bewußtsein vom Unterschied zwischen Subjekt und Objekt, innen und außen, Seelischem und Körperlichem, Permanentem und Momentanem. Beim autistischen Kind sind diese ersten Differenzierungen verzerrt und unvollständig, so daß es mit seiner Umwelt anscheinend nach einem reinen ad hoc-Verfahren umgeht." Die zugrunde liegenden Wahrnehmungsanomalien können von Kind zu Kind verschieden sein, aber wenn man das Problem einmal in dieser Weise formuliert hat, bieten sich viele Methoden der Hilfe geradezu von selbst an.

Die erste Konsequenz ist, daß die Umwelt strukturiert, organisiert und logisch aufgebaut sein muß, und daß man das Kind nicht einfach gewähren lassen darf. Der Verzicht auf Lenkung ist ein Mittel, kein Selbstzweck – eine Methode, die man einsetzt, wenn sie eindeutig erforderlich ist, die aber kein Prinzip ist, auf dem das gesamte pädagogische Vorgehen beruht. Die zweite Konsequenz ist, daß viel von dem, was gelehrt wird, trivial erscheinen mag. Ein autistisches Kind weiß vielleicht zuerst nicht, was „ein Haus" ist, obwohl es das Wort möglicherweise kennt und wiederholen kann. Wenn es aber Freude daran hat, Bilder anzusehen (was möglicherweise erst mit 6 Jahren oder noch später eintritt), kann man ihm eine Fotografie seines Hauses zeigen und es dann nach draußen nehmen und das reale Ding zeigen, so daß eine sinnvolle Beziehung zwischen dem Wort und dem Objekt hergestellt wird. Solche Lektionen müssen bei unzähligen Gelegenheiten wiederholt werden, in allen Erfahrungsbereichen und mit verschiedenen Methoden, je nach dem Alter und den vorliegenden Behinderungen des Kindes. So wird Stück für Stück allmählich eine Welt aufgebaut. Eine dritte Konsequenz ist, daß ein Teil des anfänglichen Lernens uneingeweihten Beobachtern

„leer" und sinnlos vorkommen mag. Vielleicht wird einem autistischen Kind beigebracht, seinen Vater zu umarmen, wenn er von der Arbeit heimkommt, seiner Mutter einen Kuß zu geben, den Mund zu einem Lächeln zu formen, „bitte" und „danke" zu sagen, gute Tischmanieren anzunehmen und keine Waschmittelpakete aus dem Supermarkt mitzunehmen – ohne daß das Kind „versteht", warum es sich so zu benehmen hat. Das ist natürlich genau die Art und Weise, wie ein normales Kind soziales Verhalten lernt, mit dem Unterschied, daß vieles davon spontan durch Imitation und in einem früheren Alter geschieht. Das Moment der „Sinnlehre" ist trotzdem ebenso vorhanden; es ist beim autistischen Kind nur wegen seiner fortgeschrittenen körperlichen Entwicklung besonders auffällig. Die wohlüberlegte Organisation einer Schulatmosphäre mit morgendlichem Appell, Schreibpulten, Spielzeiten und Sternchen für gutes Verhalten gehört ebenfalls hierher. Das Kind wird erst später wissen, sofern die Erziehung erfolgreich war, was dieses äußere Arrangement bedeutet – in der Zwischenzeit wird es damit vertraut und lernt, wie man sich in einer Umgebung verhält, die „normal" ist, ohne daß es das weiß. Sobald das Kind beginnt, auch ohne künstliche Auslöser angemessen zu reagieren, können die eingebauten Hilfen allmählich weggenommen werden. Wenn das Kind einmal ein gewisses Verständnis seiner eigenen Welt hat, vielleicht im Alter von 9 oder 10 Jahren, wird es möglich, es in die Welt anderer Menschen einzuführen, und erst danach ist es zu einem sozialen Spiel fähig.

Das Geschick des Lehrers besteht zu einem ganz wesentlichen Teil darin, zu erkennen, wann eine beharrliche Forderung nach weiterem Vorangehen angebracht ist und wann diese Forderung fruchtlos oder gefährlich wäre. Autistische Kinder haben oft einen sehr starken Willen, und manchmal mag es scheinen, als sei die Erlaubnis, daß sie ihre eigenen Wege gehen dürfen, die einzige Methode, um das Leben für den Lehrer erträglich zu machen. Es gibt jedoch Aspekte des sozialen Verhaltens, die das Kind lernen muß, wenn es in seiner Familie bleiben soll, und es ist keine Hilfe für das Kind und sicherlich keine für seine Eltern, wenn man den Schwierigkeiten durch übermäßige Nachgiebigkeit aus dem Weg geht. Wenn autistische Kinder einmal ein höheres Verhaltensniveau erreicht haben, scheuen sie oft vor Aufgaben zurück, die nach ihrem Gefühl für sie zu schwer sind. Die Berichte von Itard über seine Erziehung von Victor, von Lightner, Witmer über Don und von Anne Macy über Helen Keller enthalten viele Beispiele für diesen fundamentalen Machtkampf, bei dem der Lehrer wissen muß, daß er ihn zum Besten seines Schülers durchstehen und ausnutzen kann.

Pädagogik und Therapie

Zwischen einem erfahrenen Lehrer und seinem Schüler bildet sich während des gewöhnlichen Erziehungsprozesses ganz natürlich eine wechselseitige Beziehung. Die Anweisung, die Lehrern autistischer Kinder so oft gegeben wird: „Stellen Sie als erstes eine Beziehung her" kann irreführend sein, wenn keine spezifischen Instruktionen gegeben werden, wie das auszuführen ist. Die wertvollste Beziehung entwickelt sich aufgrund des Wissens des Lehrers, wie dem Kind bei der Bewältigung seiner Behinderungen zu helfen ist, wann er auf einem Vorangehen beharren muß, wann er einen kleinen Rückfall erlauben darf. Dabei muß er die Situation immer in der Kontrolle behalten. Ohne dieses Geschick wird keine Beziehung von Wert sein. Ist es aber vorhanden, so erübrigt sich die Anweisung „eine Beziehung herstellen", weil die Beziehung dann bestimmt von selbst entsteht. Die Anfangsschritte mit einem jungen autistischen Kind sind von Clark (1965) gut beschrieben worden. Auch Furneaux (1966) hat eine Schule beschrieben, in der man mit sehr gestörtem Verhalten gut zurechtkommt.

Diese grundlegende Begabung ist allen guten Lehrern gemeinsam und nicht spezifisch für Lehrer behinderter Kinder. Wie Wilson in Kapitel 7 ausgeführt hat, ist Lehren keine minderwertige Form von Psychotherapie und sollte auf keinen Fall mit therapeutischer „Behandlung" vermengt werden. Die Einstellungen und Fertigkeiten eines Lehrers sind andere als die einer Kindergärtnerin, eines Beschäftigungstherapeuten, eines Sozialarbeiters oder eines Arztes. Ein guter Lehrer wird keine Zeit verlieren. Vor allem aus diesem Grund sollten behinderte Kinder in einer Schule sein. Sie verlieren schon Zeit, weil sie nicht in normalem Tempo lernen können. Aber zusätzlich verlieren sie noch viel mehr, weil keine geeigneten Schulen zur Verfügung stehen oder weil man meint, daß sich bei diesen Kindern eine Erziehung nicht lohnt.

Ebenso wie die Eltern müssen sich die Lehrer mit den Problemen auseinandersetzen, die durch das soziale Verhalten des Kindes, seine unvermeidlich gestörten Einstellungen zu sich selbst und seine Interaktionen mit seiner Familie oder anderen sozialen Gruppen entstehen. Die Probleme der schulischen und der familiären Erziehung lassen sich nicht trennen, und die Einsichten des Lehrers können den Eltern für die Arbeit zu Hause eine sehr wertvolle Hilfe sein. Diese Rolle des Lehrers, eine Hilfe für das familiäre Leben zu geben, wird zusammen mit der Rolle des Psychotherapeuten, der zum Teil dieselbe Aufgabe hat, an späterer Stelle erörtert. Hier genügt es zu sagen, daß, wenn immer möglich, das Kind zu Hause bleiben und von dort aus eine Schule besuchen sollte, daß aber wegen der Belastung, die dadurch möglicherweise entsteht, eine erhebliche Hilfestellung für die Familie erforderlich sein kann. Detaillierte Beispiele, wie die Eltern unterwiesen werden sollten, mit dem Kind zu Hause umzugehen, besonders während schwer gestörter Phasen, werden in Kapitel 10 gegeben.

Gegenwärtige Ansätze für den Unterricht autistischer Kinder

Autistische Kinder werden häufig in Rudolf-Steiner-Schulen[4] betreut – häufiger als in irgendeinem anderen speziellen Schultyp. Steiners Erziehungsgrundsätze sind in einer Reihe von Vorträgen beschrieben, die er in Ilkley, Yorkshire, 1923 gehalten hat und die 1928 von der Anthroposophical Publishing Company in London veröffentlicht wurden[5]. Die Hingabe der Lehrer in diesen Schulen steht außer Frage, und wenn alle anderen Hilfen versagen, nehmen die Steiner-Schulen – vorausgesetzt, daß die Kosten bezahlt werden können[6] und ein Platz frei ist – oft Kinder auf, die als hoffnungslos aufgegeben wurden. Es handelt sich gewöhnlich um Heimschulen, weit entfernt vom Elternhaus der Kinder, und Lotter (1966) fand bei seiner Erhebung in Middlesex, daß mehrere Kinder nur deshalb dorthin gingen, weil keine geeigneten Schulklassen am Wohnort vorhanden waren. Die Steiner-Schulen füllen offensichtlich eine Lücke in den pädagogischen Dienstleistungen aus.

Ein anderer berühmter Name für den Unterricht behinderter Kinder ist der von Montessori, deren Bücher kürzlich von der Theosophical Press (1962, 1963) nachgedruckt wurden[7]. Ihre Methoden entwickelten sich aus den Methoden von Itard und Seguin und beruhen auf dem Prinzip des gleichzeitigen Trainings in mehreren Sinnesmodalitäten. Sie haben das Ziel, ein Verständnis für Zahl, Farbe, Länge, Form, Gewicht, für das Alphabet und andere grundlegende Vorbedingungen des Unterrichts aufzubauen. Clark (1964) empfiehlt die Verwendung des Materials – aber nicht der Methode –, und Elgar beschreibt in Kapitel 9, wie es für den Unterricht autistischer Kinder übernommen werden kann. Eine neue Untersuchung scheint die Überlegenheit des Materials und der Methode gegenüber orthodoxen Gruppenmethoden beim Unterricht von Kindern mit cerebralen Lähmungen zu beweisen (Argy, 1965), obwohl das, was getestet wurde, die individuelle Art des Unterrichts gewesen sein mag, nicht die verwendeten Methoden an sich.

Abgesehen von diesen schon lange bestehenden Richtungen sind mehrere andere Vorgehensweisen parallel zueinander entwickelt worden, wobei mehr empirisch orientierte Methoden zur Überwindung von Behinderungen im Wahrnehmungsbereich verwendet wurden – Ansätze, die viel gemeinsam haben, von denen aber bis jetzt keiner im Detail aufgezeichnet wurde.

Karl Fenichel, der Leiter der Leage School for Seriously Disturbed Children in New York baut sein Vorgehen darauf auf, das Kind in der Familie zu lassen, selbst wenn es im Verhalten sehr gestört ist. Es wird keine Kinderpsychotherapie durchgeführt. Fenichel meint, daß Bezeichnungen wie „Psychose" oder „Autismus" leicht die grundlegenden Ähnlichkeiten zwischen Kindern mit den verschiedenen Arten hirnorganischer Syndrome verbergen, bei denen Wahrnehmungsstörungen bestehen; diese Kinder würden sich zwar in den einzelnen Lernproblemen unterscheiden, jedoch auf dasselbe gemeine Vorgehen ansprechen. Die klinische Diagnose bedeutet deshalb für ihn sehr wenig, und das Erziehungsprogramm wird auf einer Beurteilung der „spezifischen Stärken, Behinderungen, Probleme und Potentiale" jeden einzelnen Kindes aufgebaut. Zum ersten Stadium dieser Beurteilung gehört die Beobachtung der meisten Funktionen, die für das Lernen notwendig sind – „Intaktheit des sensorischen Apparats, neuro-motorischer Entwicklungsstand, Raumorientierung, Körpervorstellung, visuelle und auditive Unterscheidungsfähigkeit und Begriffsbildung". Wenn die primären Behinderungen identifiziert sind, wird für jedes Kind ein heilpädagogisches Programm entworfen mit dem Ziel, die Behinderungen zu beseitigen, zu reduzieren oder zu kompensieren, wenn sie sich als unveränderlich erweisen.

Der Lehrer unterstützt und bekräftigt das Kind und sorgt für eine gut bekannte und vertraute Schulumwelt, um die Verworrenheit des Kindes zu vermindern. Der Lebensraum ist „sicher, überschaubar, stabil, strukturiert und behaglich". Viele autistische Kinder reagieren auf ihre Umgebung extrem stark, und Fenichel weist darauf hin, daß sie „ständig irgendwelchen von außen herankommenden und irrelevanten Details ausgeliefert sind. Umweltreize müssen drastisch reduziert oder ganz fortgenommen werden, um die Ablenkung zu vermindern und dem Kind zu erlauben, erfolgreicher zu arbeiten."

Wenn erforderlich, wird ein multi-sensorisches Vorgehen verwendet. Der Lehrer zeigt dem Kind, wie es sensorische Informationen aufnehmen und zu seinem sinnhaltigen Begriff integrieren kann. Jede spezielle Aufgabe ist unter Umständen in eine Serie kleinster Schritte zu zerlegen, von denen jeder erfaßt sein muß, bevor die gesamte Struktur einen Sinn bekommt.

„Eine große Vielzahl vorher geplanter Erfahrungen innerhalb und außerhalb der Schule hilft, die Interessen anzureichern, zu beleben und auszuweiten und bildet so den Hintergrund der Vorbereitung des Kindes auf die schulische Arbeit."

Dieses Vorgehen ähnelt demjenigen, das von Elgar in Kapitel 9 beschrieben wird, obgleich es unabhängig davon entwickelt wurde. Die Darstellung von Clark (1964, 1965) über die in der High Wick School verwendeten Methoden zeigt viele ähnliche Züge, mit derselben Grundforderung nach einem flexiblen Arbeitsschema, das auf einer sorgfältigen Beobachtung der Behinderungen des einzelnen Kindes beruht. Clark legt das Schwergewicht auf Störungen von Wahrnehmungsfunktionen, besonders taktile, auditive und visuelle.

Sie sorgt für eine stabile Situation in der Schulklasse und wählt für den ersten Anfang gerade das Niveau, mit dem sich das Interesse des Kindes gewinnen läßt. Selbst auf primitivstem Niveau (klopfen, summen, zusammen hüpfen, das Kind herumschwingen usw.) ist es möglich, die Anfänge für einen formaleren Unterricht zu legen – zum Beispiel 1, 2, 3 zählen, bevor man so tut, als würde man das Kind in die Luft werfen. Musik wird als eine große Hilfe empfunden. Nichts kann als selbstverständlich vorausgesetzt werden, selbst die Teile des eigenen Körpers müssen gelernt werden. Nachdem der Kontakt zum Kind hergestellt ist, verwendet Clark das Montessori-Material; sie hält es für „unschätzbar zur Festigung der schon ausgebildeten Wahrnehmungsprozesse; zur Förderung der Koordination von Auge und Hand, der Differenzierung von Farbe, Form, Größe und Struktur, und zur Verbesserung der manuellen Geschicklichkeit". Später können die eigenen Vorlieben der Kinder als konstruktive Hilfen beim Aufbau einer differenzierteren Welt herangezogen werden. Auf diese Weise kommt es zu emotionalem, personalem und sozialem ebenso wie zu intellektuellem Lernen.

Wenn das Kind etwas herangereift ist und ein elementares Verständnis für seine Umwelt gewonnen hat, wenn es eine Anzahl von Erwachsenen und Kindern identifizieren und affektiv auf sie reagieren und wenn es am alltäglichen Leben ein wenig teilnehmen kann (einkaufen, reisen, Briefe schreiben, gärtnern, abwaschen, Leute grüßen usw., selbst wenn es nicht alle Einzelheiten versteht) – dann werden die Aufgaben eines eher formalen Schulunterrichts vordringlicher, und damit erhalten diejenigen Methoden mehr Bedeutung, die für Kinder mit isolierteren Behinderungen und daher geringeren Verhaltensstörungen und Entwicklungsverzögerungen erarbeitet wurden. Sobald das Kind sein Schreien und seinen „Autismus" aufgegeben, akzeptable Tischmanieren und einen ausreichenden affektiven Kontakt entwickelt hat, erkennt man, daß die verbleibenden Behinderungen ähnlich, allerdings zahlreicher sind wie bei anderen Kindern mit „Lernbehinderungen" – beispielsweise ähnlich wie bei denjenigen, für die Russell (1964) ein spezielles Unterrichtsprogramm in einer Schule in New Jersey entworfen hat. Russel (1964) hat eine Reihe diagnostischer Verfahren zusammengestellt, mit denen die Behinderungen des Kindes erkannt werden sollen, besonders in den

Bereichen der rezeptiven und expressiven Sprache, der rezeptiven visuellen Prozesse, der senso-motorischen Prozesse, der (visuellen und sprachlichen) Begriffsbildung und der motorischen Koordination. Für jeden Bereich wurde eine Stufenfolge von Lernschritten entworfen. Das Kind beginnt innerhalb jeder Stufenfolge auf dem Niveau, auf dem es seine eigenen Fehler spontan korrigieren kann. Dieses Vorgehen ähnelt sehr der Arbeit mit Lernmaschinen, allerdings meint Russell, daß keine Maschine die Komplexitäten eines Unterrichts mit hirngeschädigten Kindern bewältigen könne. Man arbeitete nach diesem Programm im Einzelunterricht und fand, daß man die Hyperaktivität der Kinder kontrollieren und recht schnell Fortschritte erzielen konnte. Das Montessori-Material erwies sich dabei als sehr wertvoll. Wie auch andere Autoren stellt Russell fest, daß es wichtiger war, nicht nur mit den Kindern, sondern auch mit den Eltern zu arbeiten, damit die Arbeit zu Hause fortgesetzt werden konnte.

Lea (1965) hat einige der Methoden beschrieben, die in der Moor House School für das Sprachtraining bei Kindern mit angeborener oder erworbener rezeptiver Aphasie verwendet wurden. Alle Kinder erreichten in nicht-sprachlichen Tests durchschnittliche oder überdurchschnittliche Intelligenzleistungen, hatten aber sehr niedrige Werte im sprachlichen Verständnis. Die meisten Sprachschwierigkeiten, die Lea beschreibt, sind Lehrern autistischer Kinder vertraut. Das Kind versteht „eine begrenzte Anzahl besonders wichtiger einzelner Wörter wie 'Mama', 'Papa', 'komm', 'Bett', 'gut' usw., kann diese Einzelwörter aber nicht zusammenfügen... Wenn es versucht, etwas zu beschreiben, wählt es die richtigen Wörter, kann sie aber zu keiner konventionellen Struktur zusammenfügen"... Das Kind muß beobachten, wie das Wort *Ball* verschieden großen und verschieden farbigen Bällen zugeordnet wird, bevor es versteht, daß mit diesem Wort alle Bälle gemeint sind." Wenn ihm beigebracht wurde „Gib das Salz" zu sagen, kann es nicht automatisch auch „Gib den Pfeffer" sagen – dies muß es gesondert lernen. „Um einem Kind mit rezeptiver Aphasie Sprache beizubringen, muß man die Sprache in kleinste Einheiten aufteilen und darf nie zu einem neuen Problem übergehen, bevor das vorangegangene ganz sicher bewältigt ist." Lea entwickelte eine Methode, Grammatik zu lehren, bei der verschiedene Farben für verschiedene Spracheinheiten verwendet werden – rot für Substantive – gelb für Verben usw. Elgar entwarf unabhängig davon dieselbe Technik für den Unterricht bei autistischen Kindern. An der Tesdale School haben Singer und Nicholls konventionelle Methoden so verallgemeinert, daß sie bei allen Kindern mit Lernschwierigkeiten verwendet werden können (Nicholls, 1963; Wastnedge, 1963).

Bisher gibt es keine allgemein anerkannte Tradition des Unterrichts bei Kindern mit Wahrnehmungs- und Sprachbehinderungen, sondern nur viele Einzelansätze. Es ist zweifellos nötig, diese Ansätze in der nächsten Zeit zusammenzufassen und eine Reihe von Prinzipien der Heilpädagogik bei autistischen Kindern zu formulieren. Zu den am allgemeinsten anwendbaren Vorgehensweisen, die der gesamten Bewegung eine gewisse Einheitlichkeit geben könnte, gehört die Methode des operanten Konditionierens, die in Verbindung mit autistischen Kindern besonders durch Lovaas bekannt wurde[8]. Lovaas hat hauptsächlich mit sehr schwer behinderten autistischen Kindern gearbeitet, von denen viele durch eine sehr frühe Unterbringung in Anstalten eigentlich vermeidbare sekundäre Störungen entwickelt hatten. In England jedenfalls wird man derart schwere Selbstverletzungen, wie sie Lovaas et al. beschreiben (1965), wohl nur sehr selten zu Gesicht bekommen. Die Methode ist jedoch bei allen Behinderungsformen anwendbar und liegt im Wesentlichen auf der von Clark, Elgar, Fenichel, Lea, Russell und Singer empfohlenen Linie: das zu lernende Verhalten wird in eine Reihe kleiner Schritte zerlegt, von denen jeder so lange wiederholt wird, bis das Kind erfaßt, was man von ihm verlangt. Das wirkliche Verständnis kommt später.

Um dem Kind z. B. den Begriff der Zeit zu vermitteln (einer der schwierigsten Begriffe für ein autistisches Kind), legt Lovaas zwei Gegenstände vor das Kind, etwa ein Wasserglas und ein Buch. Er nimmt das Wasserglas zuerst weg, dann das Buch und fragt das Kind: „Was habe ich weggenommen, *bevor* ich das Buch genommen habe?" Zunächst werden Hilfen gegeben, damit das Kind die richtige Antwort sagen kann. Die Handlungssequenz und die Frage werden so lange wiederholt, bis es drei- oder viermal nacheinander richtig antwortet. Danach wird das Buch vor dem Wasserglas weggenommen, wobei man wieder so lange mit dem Kind übt, bis es auch diese Aufgabe gemeistert hat. Dann wird in der Reihenfolge gewechselt, indem man in zufälliger Folge entweder zuerst das Buch oder zuerst das Glas wegnimmt. Dann werden drei Gegenstände verwendet, dann vier. Schließlich wird die Methode bei anderen Verhaltensweisen angewendet, z.B. Aufstehen und Sich-setzen. Zuletzt fragt man das Kind danach, was es zum Frühstück gegessen hat, was zum Mittagessen und was am vorigen Abend. In derselben Weise kann das Kind auch den Begriff „danach" lernen.

Hewett (1964, 1965) und Ferster (1961, 1966; Ferster und De Meyer, 1961, 1962) haben das operante Konditionieren auch zur Überwindung von Lernblockierungen bei autistischen Kindern verwendet.

Zu einem weiteren systematischen Ausbau dieses methodischen Vorgehens wird es wahrscheinlich kommen, wenn Lernmaschinen (mit denen sogar extrem isolierte autistische Kinder gern spielen) so komplex und so preiswert werden, daß man sie in diesem Bereich einsetzen kann.

Noch ein anderes Vorgehen, das aber eigentlich kein heilpädagogisches ist, muß erwähnt werden. Im Gegensatz zu den anderen Bemühungen, die in diesem Abschnitt erwähnt wurden, liegt darüber bisher keine systematische Beschreibung und keine wissenschaftliche Bewertung vor. Man scheint im Wesentlichen von der Annahme auszugehen, daß das Kind zu normalem Verhalten zwar fähig, aber nicht willens ist, und daß es Sprache perfekt versteht; man meint, daß sein Verhalten in vielerlei Einzelheiten den Wunsch ausdrückt, an die Brust der Mutter oder in ihren Leib zurückzukehren (was etwa im Spiel mit Flaschen bzw. an der zusammengekrümmten, „fötalen" Haltung beim Liegen erkennbar sei). Eine genaue Beschreibung dieser Theorie, der Methode und der Ergebnisse im Vergleich zu den Ergebnissen heilpädagogischer Vorgehensweisen wird dringend benötigt[9].

Ein Universitätszentrum für Heilpädagogik autistischer Kinder

Der beste Weg, eine heilpädagogische Schule für Kinder mit Wahrnehmungs- und Lernbehinderungen einzurichten, wäre die Gründung eines Zentrums an einer Universität, in dem die verschiedenen Vorgehensweisen zusammengetragen werden könnten. Sicherlich hilft es autistischen Kindern am meisten, wenn man ihre Erziehungsprobleme in Beziehung zu den Lernbehinderungen andersartig gestörter Kinder sieht. Die Abgrenzung des Syndroms des frühkindlichen Autismus durch Kanner hat zwar die nützliche Folge gehabt, daß die Aufmerksamkeit auf Kinder gelenkt wurde, die früher vielleicht als schwachsinnig aufgegeben wurden, hat aber andererseits die Tatsache verwischt, daß diese Kinder Behinderungen und Lernschwierigkeiten mit vielen anderen Gruppen behinderter Kinder gemeinsam haben. Vorbildlich wäre ein wissenschaftlicher Ansatz, wie er in den verschiedenen Zentren für „Ausnahmekinder" (Exceptional Children) in den USA besteht, der vom Begriff der Lernbehinderung und nicht vom Begriff der Krankheit ausgeht. Wenn man auf dieser Grundlage arbeitet, würde man bei der Lösung der Probleme wohl am meisten vorankommen.

Der Wert der verschiedenen heilpädagogischen Methoden könnte in derselben Weise ermittelt werden, wie es bei therapeutischen Maßnahmen in der Medizin geschieht. So können Fehler vermieden und erfolgreiche Methoden allgemein übernommen werden. Bei einem Zustandsbild wie dem frühkindlichen Autismus, bei dem oft eine Tendenz zur Besserung besteht – manchmal eine sehr ausgeprägte und dramatische – ist diese Kontrolle besonders wichtig. Schon mehrfach sind Einzelfälle, bei denen eine solche Besserung eingetreten ist, als Beweis für den „Erfolg" unterschiedlicher therapeutischer Methoden in Anspruch genommen worden. Nur durch ein formales Bewertungsverfahren läßt sich feststellen, welches die wirklich wertvollen Methoden sind.

Kapitel 9
Unterricht mit autistischen Kindern

Sybil Elgar

Die Ziele eines Lehrers autistischer Kinder unterscheiden sich nicht von den Zielen irgendeines anderen Lehrers. Wir hoffen alle, daß unsere Schüler die Welt verstehen lernen und sich an ihr freuen können, daß sie genügend praktische Fähigkeiten erwerben, um etwas Nützliches in der Gemeinschaft zu leisten, und daß sie sich wohlerzogen und gesittet genug verhalten, um angenehme Mitmenschen zu sein. Einige Lehrer möchten mehr als das erreichen, einige Erziehungstheorien verlangen mehr, aber diese Ziele sind nach meiner Meinung die Minimalforderungen, an denen sich die meisten realistisch eingestellten Lehrer orientieren. Oft genug sind wir schon beim Unterricht normaler Kinder mit unseren Bemühungen unzufrieden, halten aber trotzdem an diesen allgemeinen Zielvorstellungen fest.

Die Besonderheiten der Erziehung autistischer Kinder liegen also weniger in den Zielsetzungen als in den Methoden, mit denen wir die Ziele zu erreichen hoffen. Um zu verstehen, welche besonderen Methoden erforderlich sind, muß man sich als erstes darüber im klaren sein, daß die Kinder behindert sind. Wenn man nicht vom Konzept der Behinderung ausgeht, bleibt nur die schützende, zwar menschliche, aber schließlich sehr begrenzte Haltung von Mitleid, Liebe und Toleranz. Diese Haltung würde helfen, daß die Kinder sich so weit entwickeln, wie sie es von sich aus können, sie würde ihnen aber niemals helfen, ihre spezifischen Behinderungen zu überwinden – ebenso wie Liebe allein ein blindes Kind nicht lehren kann, die Brailleschrift zu lesen.

Es ist wichtig, mit dieser Feststellung zu beginnen, weil so oft gesagt wird, daß der fundamentale Mangel bei diesen Kindern darin besteht, daß sie niemals geliebt worden sind und daß sie Liebe brauchen, um in die Normalität zurückzufinden – daß sie aber danach ebenso wie andere Kinder lernen können. Das ist kein pädagogisches, sondern ein therapeutisches Konzept, und demzufolge wäre ein Unterricht nicht notwendig, eher sogar schädlich, bevor der grundlegende Mangel ausgeglichen ist. Diese Theorie lehne ich völlig ab. Ich selbst habe noch kein autistisches Kind unterrichtet, das in seiner Familie nicht geliebt wurde, weiß allerdings, daß es auch solche Kinder gibt. Zwar scheinen die Verhaltensschwierigkeiten um so größer zu sein, je mehr Konflikte und Probleme es in der Familie gibt, aber sobald man diese Überlagerungen in einer strukturierten schulischen Umgebung richtig angefaßt hat, unterscheiden sich die verbleibenden Behinderungen nicht von denen der anderen Kinder. Unter den Eltern meiner Schüler sind alle Temperamente und Charaktere vertreten, die man auch sonst trifft. Fast alle haben noch mehr Kinder, die ganz normal sind. Ebenso wie Eltern von Kindern mit anderen Behinderungen machen sie Erziehungsfehler, aber nicht mehr als diese. Man fragt sich, wie es gerade zu der Ansicht, die Eltern autistischer Kinder seien gefühlskalt und lieblos, gekommen sein mag. Wenn diejenigen, die solche Meinungen propagieren, einmal ein autistisches Kind in der eigenen Familie hätten, um das sie sich von Geburt an sorgen und bemühen, so würden wir diese Ansicht seltener zu hören bekommen.

Nachdem ich nun so nachdrücklich auf die Bedeutung von Erziehung und Unterricht hingewiesen habe, will ich gleich die Warnung anfügen, daß nach meiner Auffassung die Frage nach der Gestaltung der pädagogischen Arbeit noch weitgehend offen ist. Jedenfalls kenne *ich* die richtigen Antworten sicher nicht. Jedoch habe ich während der vergangenen vier Jahre Erfahrungen sammeln können, von denen ich nach Diskussionen mit Kollegen und anderen Fachleuten glaube, daß sie nicht nur für meine eigene Gruppe von Kindern gültig sind. Es gibt anscheinend gewisse Unterrichtsprinzipien, die man bei den meisten „autistisch" genannten Kindern anwenden kann (aber auch bei vielen anderen Kindern, denen man andere Bezeichnungen gegeben hat). Ich kann diese Prinzipien nicht in akademischer Weise beschreiben. Ich will aber versuchen, einen Bericht über die praktischen Probleme zu geben, die anscheinend immer auftreten, wenn man zwei oder drei autistische Kinder zusammenholt. Außerdem will ich einige der Zwischenlösungen beschreiben, von denen ich durch Versuch und Irrtum gefunden habe, daß sich mit ihnen arbeiten läßt.

Die Behinderungen autistischer Kinder aus der Sicht des Lehrers

Lange bevor ich das Wort „autistisch" gehört habe (das nach meinem Gefühl für meine Schüler sehr wenig zutreffend ist), wußte ich, daß sich Kinder in ihren Fähigkeiten sehr stark unterscheiden und daß es verschiedene Arten von teils leichteren, teils schwereren Behinderungen und Lernproblemen gibt. Ich würde es deshalb eigentlich vorziehen, mich allgemeiner mit den Problemen der verschiedenartigen „Lernblockierungen" bei Kindern zu beschäftigen. Da aber fast allen Kindern, die ich unterrichtet habe, die Bezeichnung „kindlicher Autismus" oder „Psychose" gegeben wurde, behandele ich diejenigen Blockierungen, die für diese Gruppe besonders charakteristisch sind. Ich muß allerdings betonen, daß jedes autistische Kind anders ist, jedes eine ganz besondere Struktur von Behinderungen hat. Deshalb muß man in jedem Einzelfall nach der Methode von Versuch und Irrtum herausfinden, welcher Weg am besten voranführt. Außerdem – und das ist vielleicht noch wichtiger – gibt es viele Kinder, die nicht „autistisch" genannt werden und teilweise dieselben Behinderungen haben. Eine medizinische Diagnose mag für den medizinischen Bereich nützlich sein, aber für pädagogische Zwecke braucht man vielleicht eine ganz andere Klassifikation. Dasselbe gilt für die Behinderungen selbst, die auch in den verschiedenen anderen Kapiteln dieses Buches beschrieben werden. Ich möchte hier eine Interpretation vom Standpunkt des Lehrers geben.
Es gibt für mich gar keinen Zweifel, daß die Sprache das zentrale Problem darstellt. Das Kind kann nur schwer oder gar nicht verstehen, was gesagt wird, und es kann ebenso schwer ausdrücken, was es sagen möchte. Die offensichtlichste Folgerung für den Lehrer ist, daß es wenig Sinn hat, dem Kind zu sagen: „Mach die Tür zu" oder „Setz dich", wenn es die Wörter „zu", „Tür" und „setzen" noch nicht einzeln gelernt hat. Das Kind ist nicht vorsätzlich ungehorsam. Wenn es gelernt hat, die Bedeutung der Wörter aufzufassen,

kann man sein Verhalten viel leichter beeinflussen. Schon allein daraus folgt, daß ein hoher Anteil pädagogischer Mitarbeiter unbedingt erforderlich ist. Mindestens am Anfang muß der Unterricht zum großen Teil durch direkte körperliche Lenkung ausgeführt werden – die Hände oder die Füße oder der Körper des Kindes müssen so geführt werden, daß sie die richtige Haltung einnehmen oder die richtigen Bewegungen ausführen. Die zweite Folge der Sprachbehinderung ist, daß das Sozialverhalten des Kindes auf einer frühkindlichen Stufe stehen bleibt, weil die Umgangsformen und Sozialtechniken, die gewöhnlich fast automatisch durch Imitation erworben werden, dem autistischen Kind noch bis ins Schulalter unverständlich sind. Dies sind sekundäre Behinderungen, obwohl sie für die Eltern und den unerfahrenen Lehrer meist das auffälligste am Verhalten des Kindes sind.

Die visuellen Probleme sind vielleicht wegen der anderen Abnormitäten, die größere Schwierigkeiten bereiten, weniger leicht festzustellen. Ich weiß nicht, ob alle Kinder sie haben, aber in einigen Fällen sind sie recht schwer. Man erkennt sie am deutlichsten, wenn die Zeit gekommen ist, den Kindern das Betrachten von Bildern, das Lesen und Schreiben beizubringen.

Wenn sowohl visuelle wie auditive Schwierigkeiten zusammen auftreten, sind die „Lernblockierungen" offensichtlich am schwerwiegendsten. Die sekundären Verhaltensstörungen können dann außerordentlich stark sein. Jedoch reagieren autistische Kinder – wie vermutlich alle behinderten Menschen – auf ihre Schwierigkeiten sehr verschieden. Alle sind von Zeit zu Zeit sehr frustriert. Für den Lehrer besteht eines der größten Probleme darin, wie er ihnen helfen kann, ihre Mißerfolgserfahrungen zu überwinden. Sie haben oft einen enormen Widerstand gegen das Lernen – zweifellos eine Folge davon, daß sie so häufig etwas nicht verstehen konnten, was ihnen gesagt oder gezeigt wurde. Die meisten hatten diese Mißerfolgserfahrungen, bevor sie zur Schule kommen. So begegnet der Lehrer der Abwehrhaltung von Anfang an. Nur durch Geduld und durch Kenntnis geeigneter Methoden läßt sie sich überwinden. Je erfolgreicher unser Unterricht ist, desto eher wird dem Kind bewußt, daß es nicht so ist wie andere Kinder, und desto mehr Hilfe braucht es, um Selbstverständnis und Selbstvertrauen zu gewinnen.

Ein anderes Beispiel für eine sekundäre Verhaltensstörung ist die Furcht vieler autistischer Kinder vor bestimmten Gegenständen oder Situationen. Da sie sich zunächst nicht äußern können, wenn ihnen etwas weh tut, kann es leicht geschehen, daß sie nur nach einer einzigen unangenehmen oder schmerzhaften Erfahrung (wenn sie z. B. zu enge Schuhe getragen oder sich den Finger unter einer Tischplatte eingeklemmt haben) die betreffende Situation völlig meiden (sich also zum Beispiel weigern, Schuhe anzuziehen oder an einem Tisch zu sitzen) und großes Unbehagen zeigen, wenn man sie trotzdem dazu zwingt. Die Eltern oder Lehrer wissen nicht, woher die Furcht kommt. Sprachliche Beschwichtigungen bewirken natürlich nichts. Das Problem läßt sich nur lösen, indem man das Kind mit dem Gegenstand konfrontiert, vor dem es sich fürchtet, ihm aber gleichzeitig etwas anderes bietet, an dem es *wirklich* Freude hat. Auf diese Weise kann nach meiner Erfahrung die Furcht schließlich in jedem Fall überwunden werden.

Ich will noch ein drittes Beispiel für ein Verhalten geben, das wahrscheinlich durch die zugrunde liegenden Behinderungen des Kindes entsteht, aber selbst nicht primärer Natur ist. Das sind die absonderlichen routineartigen Gewohnheiten, Rituale, Sammeltricks oder irgendwelche Tätigkeiten, denen das Kind auf Kosten nahezu aller anderen Möglichkeiten hartnäckig nachgeht. Vielleicht ist dieses Verhalten ein gesunder Versuch des Kindes, in seine chaotischen sinnlichen Erfahrungen Ordnung und Sinn zu bringen. Hierzu verwendet es diejenigen Fertigkeiten und Kenntnisse, die ihm zur Verfügung stehen. Wird damit irgendein Erfolg erreicht, kommt es anscheinend zu einer endlosen Fortsetzung dieses Verhaltens auf Kosten alles anderen. Dies ist nicht selten eines der schwierigsten Probleme beim Unterricht. Alle autistischen Kinder, die ich kenne, sind durch diese Phase gegangen (und einige sind noch darin, manche sogar recht stark). Bei fester Führung und vor allem bei geeigneten Unterrichtsmethoden, mit denen die primitiven Aktivitäten durch kompliziertere und konstruktivere Tätigkeiten abgelöst werden, läßt sich diese Phase mit zunehmender Reife gewöhnlich überwinden.

Ich hoffe, daß ich genug geschrieben habe, um klar zu machen, daß auch die anderen, häufig auftretenden Verhaltensprobleme wie Zerstörungsdrang, Schreien, Selbstverletzungen oder Abkapselung keine unüberwindbaren Hindernisse für den Unterricht sind. Diese Probleme verschwinden, wenn das Kind heranwächst und seine Welt verstehen und kontrollieren lernt. Obwohl ich das allgemein gebräuchliche Wort „Autismus" verwende, distanziere ich mich ausdrücklich von allen Implikationen, die es bei vielen anderen Autoren hat. Abkapselung, Meidung des Augenkontakts und alle derartigen Verhaltensweisen sind weder die wichtigsten noch die zentralen Probleme dieser Kinder. Die primären Störungen sind die sprachlichen und die visuellen Lernbehinderungen.

Die allgemeine Bedeutung der Heilpädagogik

In jeder Schule gibt es drei Arten von Erziehungsvorgängen: Einübung des allgemeinen Sozialverhaltens, Korrektur oder Kompensation spezieller Schwächen oder Störungen, Training in den komplexen Grundfertigkeiten und -kenntnissen der modernen Kultur. Alle diese Prozesse erfolgen auch in einer Schule für autistische Kinder, aber nur der zweite ist nach meinem Verständnis ein „heilpädagogischer". Ich gebrauche diesen Begriff nicht im Sinn von „therapeutisch". Wie Dr. Mary Wilson in ihrem Kapitel ausgeführt hat, gehört eine therapeutische „Behandlung" von Kindern nicht zu den Aufgaben des Lehrers.

Alle drei Prozesse müssen gleichzeitig vor sich gehen. Wir brauchen nicht darauf zu warten, daß die Verhaltensstörungen nachlassen, bevor wir mit der heilpädagogischen Arbeit beginnen. Auch müssen wir nicht warten, bis eine Lernblockierung überwunden ist, bevor wir mit einem normalen Schulunterricht beginnen. In Wirklichkeit unterstützen sich alle drei Prozesse gegenseitig. Mit zunehmender Reifung des Kindes verlagert sich allerdings der Hauptakzent der pädagogischen Arbeit zunächst vom ersten zum zweiten, dann zum dritten Prozeß.

Heilpädagogische Autoren hatten bisher die Tendenz, das autistische Kind als hoffnungslos aufzugeben, aber das lag fast immer daran, daß sie nicht genug über dieses Syndrom wußten. Sie haben aus der psychiatrischen Literatur ein Konzept von emotionaler Störung oder geistiger Retardierung übernommen und meinen, daß aus diesen Begriffen hervorgeht, das autistische Kind könne von ihren Techniken nicht profitieren.

Ich beschreibe im folgenden einige der Methoden, die dem Kind helfen können, seine Schwierigkeiten zu überwinden und eine gewisse Kontrolle über seine Welt zu erlangen. Ich möchte aber noch einmal betonen, daß ich nichts Endgültiges über heilpädagogische Methoden anzubieten habe. Im Gegenteil, unsere Methoden können bestimmt erheblich verbessert werden. Ich glaube, daß wir zur Zeit erst am Anfang einer Entwicklung stehen, die sich als eine fundamentale Veränderung in den Unterrichtsmethoden für Kinder mit Lernblockierungen erweisen wird – vergleichbar dem, was schon bei blinden und tauben Kindern erreicht worden ist.

Soziale Erziehung

Verhaltensstörungen wie Trotzanfälle, Schreien, Beißen und Schlagen, Überaktivität, Destruktivität, Unbeherrschtheit und Unaufmerksamkeit treten irgendwann einmal bei den meisten autistischen Kindern auf. Im häuslichen Bereich können die Eltern diese Störungen durch geschickte Lenkung auf ein Minimum reduzieren (siehe Kapitel 10), wenn ein Kind aber erstmals zur Schule kommt, kann der Umgebungswechsel wenigstens für eine gewisse Zeit einen Rückfall hervorrufen. Der Lehrer darf dann nicht der Versuchung nachgeben, die Ursache dafür in den falschen Erziehungsmethoden der Eltern zu sehen, was ganz ungerechtfertigt sein kann. Ebenso müssen die Eltern einsehen, daß die Schuld nicht bei der Schule liegt und daß die Schwierigkeiten nur vorübergehend sind.

Vom praktischen Gesichtspunkt gesehen sind die Verhaltenstörungen beim ersten Schuleintritt zunächst das dringlichste Problem, das man sobald wie möglich meistern muß, um mit konstruktiveren Lernschritten beginnen zu können. Wenn der Lehrer z. B. bei jedem Schreien von seinen Forderungen nach normalem Sozialverhalten abläßt, wird dieses Schreien belohnt und als Verhaltenstendenz noch verstärkt. Dasselbe gilt von unbeherrschtem oder destruktivem Verhalten. Wenn man einmal entschieden hat, daß das Kind lernen soll, sich selbst die Knöpfe zuzuknöpfen, darf kein Schreien den Lehrer von dieser Forderung abbringen. Eine der wichtigsten Fähigkeiten des Lehrers, die leider nicht durch Bücher vermittelt, sondern nur in der Praxis erworben werden kann, ist die Fähigkeit zu erkennen, wann ein Kind Forderungen verstehen kann und wann die Zeit gekommen ist, auf einer Forderung zu beharren. Nach meiner Erfahrung sind autistische Kinder in der Schule selten länger als ein paar Wochen bei ihrem Schreien geblieben. Derartige Verhaltensstörungen bleiben häufig erhalten, weil sie letzten Endes belohnt werden. Deshalb könnte ein unnachgiebiges Vorgehen, das hart wirken mag, dem Kind schließlich doch am meisten helfen.

Dieses Prinzip ist auch auf andere Arten von Verhaltensstörungen anwendbar, besonders auf Rituale und Sammelticks, die sich so leicht herausbilden. Bei der kleinsten Unterstützung können sie bald das Leben für alle unerträglich machen. Eltern (und sogar Lehrer) neigen dazu, nachzugeben, wählen den Weg des geringsten Widerstandes, stellen aber zu ihrem Kummer fest, daß die Dinge dadurch nur schlimmer werden. Ein Kind wollte seinen Eltern nicht erlauben, mit gekreuzten Beinen zu sitzen und schrie, wenn es dies dulden mußte. Ein anderes bestand darauf, daß sein Vater sein Hemd auszog, bevor er sich zum Essen setzte. Niemand, der einmal ein mehrstündiges Schreien ertragen mußte, wird unterschätzen, wie groß die Versuchung zum Nachgeben ist. Aber niemand, der gesehen hat, wie das Leben einer ganzen Familie um die Absonderlichkeiten eines kleinen Tyrannen kreisen kann, wird daran zweifeln, daß man eine derartige Entwicklung nicht zulassen darf. Der daraus folgende „Machtkampf" ist von jedem Autor beschrieben worden, der ein realistisches Bild der Erziehung autistischer Kinder gegeben hat. Nur wenn der Lehrer sich seiner Autorität gewiß ist und die sichere Überzeugung besitzt, auf dem richtigen Weg zu sein und im Interesse des Kindes und aus Liebe zu ihm zu handeln, wird er dieses besonders schwere Problem erfolgreich lösen. Ist das geschehen, kann ein konstruktiveres Lernen beginnen.

Wir verwehren dem Kind natürlich nicht grundsätzlich, seinen besonderen Interessen nachzugehen, z. B. irgendwelche Gegenstände zu sammeln, an denen es Freude hat. Wir bestehen in diesem Fall aber darauf, daß nur bestimmte Arten von Gegenständen (z. B. keine scharfen und spitzen) akzeptabel sind, und daß sie während der Unterrichtsstunden zusammen mit Mütze und Mantel im Garderobenraum bleiben müssen.

Ein ruhiger Raum abseits von den übrigen Klassenzimmern ist ein wesentlicher Bestandteil in jeder Schule für autistische Kinder. Dort bleiben schreiende Kinder mit einem Erwachsenen, bis der Trotzanfall vorbei ist. Danach gehen sie sofort in die Klasse zurück. In solchen Situationen ist eine Bestrafung völlig unangebracht.

Will man ein Kind für gutes Verhalten loben, muß man dies in Mimik, Gestik und Sprache auf eine besonders klare und nachdrückliche Weise zum Ausdruck bringen. Jeder kleine Fortschritt muß belohnt werden; denn es ist wichtig, daß das Kind möglichst viel Erfolge erlebt, für soziale Belohnungen empfänglich wird und sie aus eigenem Antrieb sucht. Ein deutliches Lob ist deshalb geeigneter als Schokolade und auf die Dauer auch wirksamer. Die Freude des Lehrers am Erfolg des Kindes erhält schließlich einen Belohnungswert.

Bei vielen anderen Formen abnormen Verhaltens können zwar Monate oder Jahre bis zu ihrer Überwindung vergehen, sie bereiten dem Lehrer aber weniger Mühe. Im allgemeinen lassen sich abnorme Verhaltensweisen um so besser kontrollieren, je aktiver und konstruktiver das Kind gelenkt wird und je weniger es sich selbst überlassen bleibt. Die Langeweile ist ein großer Erfinder von Ritualen und Sammelticks. Die Aufmerksamkeit des Kindes sollte ständig durch eine Reihe interessanter Tätigkeiten in Anspruch genommen werden, mit denen es sich immer so lange beschäftigt wie es kann, aber nicht länger. Um geeignete Tätigkeiten zu finden, braucht man Fantasie und eine genauere Kenntnis des einzelnen Kindes, aber meist kommt man schließlich zum Erfolg.

Die längste Zeit, die bei einem meiner Kinder eine abnorme Verhaltensweise bestehen blieb, war 18 Monate. Es handelte sich um ein kleines Mädchen, das mit 5 Jahren zu uns kam und nur aß, wenn man es mit Brei fütterte. Bei geduldiger Anleitung machte es allmählich Fortschritte, und heute ißt es zusammen mit den anderen das normale Schulessen und benutzt dazu einen Löffel und eine Gabel.

Auch die Reinlichkeitserziehung kann ein Problem sein. Mehrere

Kinder waren nicht sauber, als sie zu uns kamen, aber innerhalb von vier Monaten sind sie immer sauber geworden.

Diese Beispiele bezogen sich auf die „negativen" Aspekte der sozialen Erziehung, den Abbau abnormer Verhaltensweisen. Die positive Seite ist aber ebenso wichtig. Sie gehört zu der üblichen Kindergartenerziehung. Diese Phase dauert vielleicht länger als beim normalen Kind, aber sie ist ebenso eine Vorbereitung für die spätere schulische Arbeit. Es gibt autistische Kinder, die in die Schule kommen und überhaupt keinen der alltäglichen Handgriffe können – sie können sich selbst nicht anziehen, nicht mit Messer und Gabel essen, nicht die Hände waschen oder die Toilette richtig benutzen. Das alles müssen sie lernen, nicht nur, weil es an sich und für das Zusammenleben wichtig ist, sondern auch, weil es eine Vorübung für das Lernen komplexerer Fähigkeiten ist. Zum Beispiel führt der Lehrer die Finger des Kindes beim Zuknöpfen des Mantels – ebenso wie er es später bei den ersten Schreibübungen tut. Oder ein Kind lernt, Messer und Gabel an den richtigen Platz auf dem Tisch zu legen – und so entwickelt sich sein Richtungssinn, der später für das Lesen und Schreiben gebraucht wird.

Sehr wenig kann als selbstverständlich vorausgesetzt werden. Es gibt Kinder, die lernen müssen, daß man nicht durch eine geschlossene Tür gehen kann, wie man Türen richtig öffnet und schließt, welche Dinge man nicht in den Mund nehmen darf, daß man auf dem Gehsteig und nicht auf der Straße geht, daß Möbelstücke schonend behandelt werden müssen und Spielsachen aufgeräumt werden sollten.

Die Kraftlosigkeit und Unbeholfenheit des Kindes in der Feinmotorik und sein sehr schlechtes Sprachverständnis (es kann nur allereinfachste Aufforderungen verstehen) machen die Durchführung dieses Programms schwer, aber mit Fantasie und Geduld wird man zum Erfolg kommen. Knöpfen und Schnürsenkelbinden kann zum Beispiel an Gestellen geübt werden. Das Anziehen wird vielleicht besser gelernt, wenn das Kind sich selbst dabei im Spiegel sehen kann. Wichtig ist, daß auch die Eltern die Entwicklungsfortschritte sehen und sich darauf einstellen, denn sonst tritt die typische Situation ein, daß dem Kind Aufgaben, die es in der Schule einwandfrei selbst bewältigen kann, zu Hause abgenommen werden.

So schwierig und störend die Verhaltensprobleme des Kindes auch sein mögen, so sprechen sie doch paradoxerweise mehr auf unspezifische Methoden an als die anderen Behinderungen, die nach Bewältigung dieser Schwierigkeiten übigbleiben. Bieten Schule und Elternhaus eine freundliche und sichere Lebenssituation, so kommt es infolge von Reifungsvorgängen anscheinend häufig zu einer Besserung, die unabhängig von den speziellen Unterrichtsmethoden ist. Bei vielen Kindern, die überhaupt nicht zur Schule gegangen sind, hat sich diese Besserung gezeigt. Sie scheint in anregungsarmen und lieblosen Erziehungsheimen nicht einzutreten. Wie weit die Besserung ohne die Hilfe einer speziellen schulischen Einrichtung gehen kann, darüber läßt sich streiten. Dr. Rutter meint in Kapitel 3, daß die Fortschritte dann nur gering sind, obwohl es gelegentliche Beispiele einer sehr beträchtlichen, zur Normalität hinführenden Veränderung gibt.

Diese spontanen Fortschritte werden nach meiner Ansicht durch eine gezielte heilpädagogische Arbeit unterstützt, durch ein ungezieltes nicht-direktes Verfahren aber nicht. Das unstrukturierte, nicht-direktive und unspezifische schulische Geschehen wird die „natürliche" Tendenz zur Besserung wahrscheinlich nicht stören, sofern die gesamte Situation freundlich und nicht zu verwirrend ist, wird aber die Entwicklung auch nicht beschleunigen. Zwar wird in seltenen Fällen ein Kind so viel Fortschritte machen, daß es ohne vorhergehenden heilpädagogischen Unterricht in eine normale Schule gehen kann, jedoch würde es der Sache der autistischen Kinder schaden, wenn man derartige Ausnahmefälle als allgemeine Rechtfertigung für das nicht-direktive Verfahren werten würde.

Bei den meisten Kindern gibt es die oben erwähnte spontane Ausheilung *nicht,* und so bietet sich mit Abnahme der Verhaltensstörungen die Möglichkeit für einen speziellen Unterricht geradezu von selbst an. In diesem Stadium wäre ein nicht-direktives Vorgehen, also der Verzicht auf den Versuch einer heilpädagogischen Förderung, unbedingt zu verurteilen. Es wäre dasselbe, als würde man einem tauben Kind die Möglichkeit verweigern, das Ablesen von den Lippen zu lernen. Nichts ist nach meinem Gefühl tragischer, als ein Kind, das die Voraussetzungen dafür besitzt, die Welt besser verstehen zu lernen, dem aber eine Art unterhaltsamer Beschäftigungstherapie geboten wird, in dem fehlgeleiteten Glauben, daß dadurch seine vermeintlich intakten Lernfähigkeiten ans Tageslicht kommen würden.

Spezielle heilpädagogische Methoden

In diesem Abschnitt werde ich einige Beispiele für diejenigen Methoden geben, die wir in der Society School for Autistic Children (Schule der Gesellschaft für autistische Kinder) verwendet haben. Es ist unmöglich, alles darzustellen, aber ich habe versucht, repräsentative Beispiele auszuwählen. Einige dieser Methoden sind unabhängig von uns auch anderswo eingesetzt worden (z. B. von Lea in der Moor House School), und einige unserer allgemeinen Prinzipien sind Jahrhunderte alt. Die Lehrer, die in diesem und in verwandten Bereichen tätig sind, haben erst vor verhältnismäßig kurzer Zeit gemerkt, daß sie parallel zueinander an denselben Problemen arbeiten und daß ihre Versuche einmal zu einem logisch zusammenhängenden heilpädagogischen System zusammengefügt werden sollten. Meine eigenen Methoden werden ständig abgewandelt, und ich bin mir ihrer Mängel sehr bewußt. Trotzdem hoffe ich, daß dieser Bericht für andere Lehrer von Interesse ist, mindestens als Ausgangspunkt für eigene Versuche und Entwicklungen.

Verstehen und Sprechen

Die meisten Kinder meiner Schule haben sehr wenig gesprochen, als sie zu uns kamen, einige waren stumm. Wir gehen nach dem Worster-Drought Prinzip vor, die Sprache für jüngere Kinder zu vereinfachen und kompliziertere Sätze zu vermeiden. Gegenstände werden immer mit ihrem richtigen Namen benannt – nicht Puff-Puff oder Wau-Wau. Wir verwenden zunächst für einen Gegenstand immer nur ein und dasselbe Wort. Der Aufbau des Wortschatzes beginnt zu Hause, kann aber in der Schule systematisch fortgesetzt werden. Jedes Wort wird unter Einbeziehung möglichst vieler Sinne veranschaulicht. Von dem Augenblick an, in dem das Kind die Schule betritt, werden die Gegenstände benannt: „Jacke", „Haken", „Klassenzimmer", „Tisch", „Stuhl" usw. Die kleinsten Erfolge werden durch Streicheln, Lächeln und anerkennende Worte belohnt. Während des Unterrichts bestehen wir darauf, daß das Kind mit voller Aufmerksamkeit teilnimmt. Anfangs sind die Arbeitseinheiten nicht sehr lang, aber allmählich werden sie ausgedehnt. Da das autistische Kind ein sehr chaotisches Bild von der Welt hat, muß man ihm systematisch und kontinuierlich Ordnungsprinzipien vermitteln. Sobald es z. B. Freude daran hat, sich Bilder anzusehen, zeigen wir ihm Gruppen von zusammengehörenden Bildern (z. B. Dinge im Badezimmer, im Garten, im Zoo oder im Auto). Jedes Bild wird benannt, und das Kind soll außerdem auf jedes Objekt zeigen. Bei etwas komplizierteren Varianten wird vom Kind z. B. verlangt: „Zeig mir, womit du dein Haar bürstest". Am Anfang geben wir bei schwierigen Namen kleine Hilfen, später nehmen wir diese Hilfen wieder zurück. Verben stellen wir durch Handlungen dar, ebenso die sprachlichen Ausdrücke mit modaler oder lokaler Bedeutung.

Sobald das Kind einige Wörter zusammenfügen kann, beginnt der Prozeß der Satzkonstruktion. Zunächst bleibt dies auf den Bereich der Bitten beschränkt. Dem Kind wird nichts gegeben, bevor es ordentlich darum bittet. Es soll z. B. „Kann ich bitte Milch haben?" sagen, denn sonst wird es sich weiterhin mit „Milch" begnügen. Dabei kann man sich die Tendenz zur Echolalie zunutze machen, indem man dem Kind die richtigen Sätze vorspricht, die es zunächst einfach als Echo widergibt. Diese Methode ist anhand des Beispiels auf Seite 238 leicht zu verstehen.

Lesen und Schreiben

Einige autistische Kinder lernen leicht lesen, manche können sogar einzelne Wörter lesen, bevor sie sprechen. Aber viele haben nach meiner Erfahrung mit dem Lesen und Schreiben erhebliche Schwierigkeiten. Im Anfangsstadium sind sie schwer dazu zu bringen. sich

Bilder anzusehen oder Zeichen auf Papier zu schreiben. Läßt man „frei malen", so hat man am Ende bemalte Tische und Wände, aber kaum etwas in Richtung auf eine produktive Leistung. Das Lernen der Buchstaben ist ein spezielles Beispiel für das allgemeine Problem, die Namen von Formen zu lernen. Wir bringen dabei soviele Sinne wie möglich ins Spiel. Wir führen den Finger des Kindes über Montessoris Sandpapierbuchstaben und sprechen den Namen laut („A wie Apfel"), so daß also Berührung, Bewegung, Hören und Sehen kombiniert werden. Große dicke Buchstaben sind leichter zu erkennen als die übliche Druckschrift. Viele Kinder haben die charakteristische Dyslexie bei Buchstaben, die sich nur in einer Richtungseigenschaft unterscheiden (b, d; p, q; t, f; m, w; n, u; usw.). Oft stellen sie Buchstaben auf den Kopf oder schreiben sie horizontal statt vertikal. Manche haben Schwierigkeiten mit schrägen Strichen – sie schreiben z. B. „H" anstelle von „A".

Wenn das Kind so weit fortgeschritten ist, daß es den Unterschied zwischen Buchstaben wie „b" und „p" lernen sollte, benutzt man dafür am besten eine zusätzliche Lernhilfe. Man führt zunächst eine weitere anschauliche Eigenschaft ein (z. B. Größe oder Farbe), worin sich die Buchstaben unterscheiden. Man schreibt z. B. das „b" immer in normaler Größe, das „d" aber viel größer. Kann das Kind die Buchstaben mit dieser Hilfe unterscheiden, verringert man die Größe des „d" sehr langsam, bis das Kind den Unterschied auch bei gleich großen Buchstaben erkennt. (Hermelin beschreibt in Kapitel 6 dasselbe Vorgehen an einem anderen Beispiel.)

Zu den Vorübungen zum Lesen gehört die Zuordnung von Wörtern zu den entsprechenden Bildern. Wir betonen dabei den Anfangslaut des betreffenden Wortes. So wird das Schriftbild gelernt, gleichzeitig aber auch die Grundlage für die phonetische Analyse gelegt. Wenn das Kind schließlich nach langen und geduldigen Übungen den Gedanken des Aufbaus von Wörtern aus phonetischen Buchstaben verstanden hat, wird seine Lesefähigkeit weiter entwickelt – in kleinen Schritten, möglichst an konkrete Erfahrungen anknüpfend und unter Einbeziehung möglichst vieler Sinne. Autistische Kinder haben wenig Vorstellungsvermögen und sind selten für fiktive Ereignisse zu interessieren. Die ersten Lesebücher können aus einer Reihe von Fotografien häuslicher Ereignisse bestehen, wie „Teekochen". Die Bilderfolge könnte sein: „Mama läßt Wasser in den Teekessel; Mama stellt den Teekessel auf die Herdplatte; Mama tut Tee in die Teekanne; Mama gießt Wasser in die Teekanne; Sally gießt Milch in die Tasse; Sally tut Zucker in die Tasse; Mama gießt Tee ein; Sally rührt den Tee um; Sally trinkt Tee", wobei jedes Ereignis durch ein entsprechendes Foto illustriert ist, unter dem diese kleinen Sätze stehen. Da das Kind die Wortsequenz möglicherweise relativ leicht auswendig lernt, ohne die einzelnen Wörter lesen zu können, werden auch Einzelkärtchen mit je einem Wort („Mama", „gießt", „Teekessel" usw.) vorbereitet. So kann das Kind neben Sätzen auch einzelne Wörter lesen lernen. Wenn autistische Kinder einmal die Buchstaben gelernt und den nächsten Schritt, einfache Wörter zu lesen, getan haben, so haben sie große Freude an dieser Form des Lesens. Man kann andere Bücher vorbereiten, in denen Tätigkeiten in der Schule, im Haushalt, im Garten, in den Geschäften usw. gezeigt werden. Allmählich gehen wir zur Untersuchung der Natur, zu elementarer Biologie und Geographie über.

Ebenso wie die Kinder zum Flüstern neigen, wenn sie die Antwort auf eine Frage nicht sicher wissen, so können ihre ersten Versuche, Buchstaben zu schreiben, zaghaft und zittrig sein, wobei sie oft kurz zum Lehrer hinsehen, um sich zu vergewissern, ob alles richtig ist. Es ist sehr schön, in dieser Phase das wachsende Selbstvertrauen des Kindes und seine zunehmende Freude an diesen Tätigkeiten zu beobachten.

Rechnen

Die Zahlen werden von den Kindern oft leichter als Buchstaben und Wörter gelernt. Die besondere mathematische Begabung einiger autistischer Kinder ist schon erwähnt worden. Das Montessori-Material ist sehr wertvoll, weil es Zahl und Menge auf eine konkrete Art veranschaulicht, die dem autistischen Kind zusagt. Das Lehren der Zahlen ähnelt dem Lehren der Buchstaben, so daß dieselben Methoden anwendbar sind. Ziemlich häufig kann ein autistisches Kind eher die Anzahl der Gegenstände seiner speziellen Sammlung angeben als deren Formen oder Farben.

Addition, Subtraktion, Division und Multiplikation veranschaulicht man am besten an Modellen, mit denen das Kind hantieren darf. Oft werden hierbei schnelle Fortschritte gemacht.

Widerstände gegen das Lernen

Wenn die kritische Schwelle des generellen Widerstandes gegen das Lernen einmal überwunden ist, bekommen die Kinder allmählich Freude am Unterricht. Nun hat der Lehrer seine große Chance, denn nun kann das Kind beginnen, seine eigenen konstruktiven Fähigkeiten zu entwickeln. In zwei Situationen lebt der alte Widerstand gegen das Lernen wieder auf: bei der Einführung eines völlig neuen Themas und bei der Konfrontation mit Aufgaben, die für das Kind wegen seiner primären Behinderungen unlösbar sind. Man braucht Geduld und Erfahrung, um diese beiden Situationen zu unterscheiden – aber nur so läßt sich sicher beurteilen, ob auf das Kind noch weiter Druck ausgeübt oder ob ein Weg zur Umgehung der Schwierigkeit gesucht werden soll. Zur Lösung solcher Probleme ist die Zusammenarbeit mit einem Psychologen, der Erfahrung mit Verhaltensmodifikationen, Lernmaschinen und Testmethoden im kognitiven Bereich hat, sehr wertvoll.

Sport und Gymnastik, Malen, Spiele

Ich habe die schulischen Leistungen, zu denen diese Kinder gelangen können, wenn sie einen guten heilpädagogischen Unterricht erhalten, mehr betont als das sonstige Training, das sie brauchen, um ihre Welt aufzubauen. Der kognitive Aspekt wird nämlich bei der allgemeinen Kurzsichtigkeit, die aus der Diagnose „emotionale Störung" folgt, so oft übersehen.
Durch die Behinderungen des Kindes sind auch alle alltäglichen Tätigkeiten beeinträchtigt, und deshalb müssen Heilmethoden zur Überwindung dieser vielen Einzelprobleme entwickelt werden. Z. B. werden die Apraxien häufig vergessen. Die Kinder sind oft in ihren Bewegungen graziös und können komplizierte Melodien summen

(einer meiner Schüler konnte mit 5$^1/_4$ Jahren die Eröffnungstakte von Le Sacre du Printemps richtig singen). Man erwartet deshalb, daß sie bei rhythmischen Übungen besonders gut sind, aber das sind sie nicht. Sie können nicht im Takt der Musik in die Hände klatschen oder hüpfen. Fordert man sie auf, Schwimmbewegungen zu machen, bewegen sie vielleicht beim Armschlag die Arme nach innen statt nach außen. Oft besteht bei ihnen eine gemischte Lateralität. Sie sind dann mit beiden Händen ungeschickt und wissen nicht, welchen Fuß sie nehmen sollen, um einen Ball zu treten. All diese Fertigkeiten müssen geduldig geübt werden. Es ist nicht nötig, daß ich hier die selbstverständlichen Einzelheiten dieser motorischen Übungen genau beschreibe.

Die beste Methode, einem Kind zu helfen, einen Ball zu fangen, besteht darin, sich hinter es zu stellen und seine beiden Hände zu halten. Wenn der Ball ankommt, bewegt man seine Hände so, daß sie ihn auffangen. Allmählich verringert man diese Hilfestellung, bis das Kind die Sache selbst kann.

Schwimmstunden sind sehr wertvoll. Allerdings sind einige ältere Kinder gegenüber Kälte sehr empfindlich und gehen nur ins Becken, wenn das Wasser erwärmt ist.
Eine häufig geäußerte romantische Erwartung ist, daß die Kinder während einer Periode freien Malens erstauliche Bilder hervorbringen würden. Ich vermute, daß dies etwas mit dem Wort „Psychose" zu tun hat, das oft zur Kennzeichnung der Kinder benutzt wird. Leider haben die meisten autistischen Kinder nicht die Vorstellungsfähigkeit, um mit Leben erfüllte Bilder zu produzieren. Es ist recht mühsam, sie zu mehr als einer ziellosen Kleckserei zu bringen. Das Spiel mit Wasser und Sand unterstützen wir natürlich während einer bestimmten Entwicklungsperiode, aber wir glauben nicht, daß es irgendeine therapeutische Wirkung hat – es macht nur eben schrecklich viel Spaß.
Einfache Gruppenspiele erfordern in der Anfangsphase viel Beaufsichtigung, weil für autistische Kinder die schwierigste aller Leistungen darin besteht, mit gleichaltrigen Freunden zu kooperieren. Deshalb lege ich auch keinen besonderen Wert darauf, daß sie in einem frühen Stadium mit normalen Kindern zusammenkommen (ausge-

nommen natürlich zu Hause, wo die meisten von ihnen normale Geschwister oder bemerkenswert tolerante Nachbarn haben). Wenn ein Kind so weit gekommen ist, daß es die Welt aus der Perspektive eines anderen Menschen sehen kann, *dann* ist der Kontakt zu normalen Kindern sehr wichtig, dann kann es auch mindestens für einige Stunden in eine Schule für normale Kinder gehen.

Auf die vielen alltäglichen Handlungen, die von allen Kindern erwartet werden, brauche ich sicherlich nicht besonders einzugehen. Tischdecken, Tischabräumen, Mützen und Jacken aufhängen, zum Einkaufen und auf Schulausflüge mitgehen, nach einem Gang zur Toilette die Hände waschen, und alle derartigen Routinehandlungen lernen die Kinder bei uns wie selbstverständlich. Besonders zu erwähnen ist die Verkehrserziehung, weil der Begriff „Gefahr" (ebenso wie „Tod" oder „Verletzung") den Kindern erst ziemlich spät in ihrer Schulzeit klar wird.

Eine Schule für autistische Kinder

Praktische Überlegungen, z. B. hinsichtlich des Personals, der Größe und Lage der Gebäude sind von entscheidender Bedeutung. Von ihnen kann der Erfolg oder Mißerfolg einer Schule abhängen. Die Society for Autistic Children hat eine Schule in Ealing gegründet, deren organisatorischer Aufbau sich als sehr zufriedenstellend erwiesen hat und die ich deshalb als geeignetes Modell vorstellen möchte. Gebäude und Grundstück wurden vom Kapital dieser Gesellschaft erworben und hergerichtet. Die Gehälter und Ausbildungskosten wurden von lokalen Behörden übernommen, aber es ist in jedem Jahr mit einem Defizit zu rechnen, das durch freiwillige Spenden ausgeglichen werden muß. Schul- und Ferienzeiten sind dieselben wie in allen anderen Schulen des Landes. Der Unterricht beginnt um 9.30 Uhr und endet um 16.00 Uhr. Die Kinder bekommen Mittagessen und Tee. Anfangs hatten wir 10 Kinder, die ich zum größten Teil vorher in einer anderen Schule unterrichtet hatte. Wir haben deshalb mit dem erheblichen Vorteil begonnen, daß viele Kinder an einen bestimmten Ablauf gewöhnt waren und schon einen recht guten Verhaltensstan-

dard erreicht hatten. Hierdurch war die Atmosphäre für die Neu-
ankömmlinge vorgezeichnet. Wir hatten 8 Jungen und 2 Mädchen.
Wir hätten mehr Mädchen aufgenommen, es wurden aber fast nur
Jungen angemeldet.

Nach unseren ersten Ferien hatten wir 13 Kinder, von denen sich
10 gut eingewöhnt hatten und in den Unterrichtsstunden zufriedenstellend mitarbeiteten, während die drei Neuankömmlinge in
ihrem Verhalten noch sehr gestört waren. Wir haben fünf Vollzeit-
mitarbeiter, einen Kunsterzieher, einen Sprachtherapeuten und drei
Studenten als Teilzeitmitarbeiter. Außerdem gibt es eine Sekretärin,
eine Köchin und eine Putzfrau.

Wir werden allmählich mehr Kinder aufnehmen, bis das Maximum
von 25 erreicht ist. Die Zahl der Mitarbeiter muß ebenfalls erhöht
werden, damit das Mitarbeiter-Schüler-Verhältnis gleich bleibt. Es
wird sicherlich immer zwei oder drei Kinder geben, die eine schwierige Phase durchmachen, wenn sie in die Schule eintreten, und so muß
genügend Personal vorhanden sein, damit diese Kinder individuell
betreut werden können.

Gegenwärtig gibt es keine spezifische Ausbildung für den Unterricht
autistischer Kinder. Wichtig ist Unterrichtserfahrung mit normalen
Kindern. Vorteilhaft ist eine Kenntnis der Methoden von Montessori.
Erfahrung mit tauben, blinden und in gewissem Grad auch mit
lernbehinderten Kindern kann eine recht gute Hilfe sein. Es gibt
keine speziellen Lehrgänge und deshalb keinen Ersatz für die praktische Arbeit mit den Kindern unter der Anleitung eines erfahrenen
Lehrers.

Die Schule hat Kinder von 4 Jahren aufwärts angenommen. Eine
obere Altersgrenze ist nicht festgelegt, weil autistische Kinder oft
erst in der späten Kindheit zu lernen beginnen und eine Erziehung
bis ins frühe Erwachsenenalter brauchen. Die Grenze wird nicht
durch die Schule gesetzt, sondern durch die Bereitschaft der lokalen
Schulbehörde, Schulgeld zu zahlen. Jedes Kind, das ausreichende
Fortschritte macht, kann in eine normale Schule oder Ausbildungs-
stätte übergehen, wobei es in einer Übergangsphase zum Teil noch
unsere, zum Teil die neue Schule besucht. Wir haben einen kleinen
siebenjährigen Jungen, der diesen Übergang vermutlich bald machen kann, und einen älteren Jungen, der in einer Techniker-

schule Holz- und Metallwerkerklassen besucht hat und wieder besuchen wird.

Die meisten Kinder kommen täglich von zu Hause zur Schule. Es gibt außerdem ein nahegelegenes Haus, in dem 8–10 Kinder wohnen können. Sie sollen dort in Familiengruppen zusammenleben, die von Hausmüttern betreut werden und die unter der Aufsicht der Schulleiterin stehen.

Über die Aufnahme der Kinder entscheidet ein Auswahlausschuß, zu dem ein Kinderpsychiater gehört. Der Anmeldung muß ein Bericht des Spezialisten beigegeben sein, der das Kind kennt. In diesem Bericht müssen die Entwicklung und das gegenwärtige Verhalten des Kindes dargestellt sein. Die lokale Schulbehörde muß bereit sein, das Schulgeld zu zahlen. Neuanmeldungen werden entgegengenommen, wenn Plätze frei werden; eine Warteliste wird nicht geführt. Dadurch soll vermieden werden, daß falsche Hoffnungen entstehen, wodurch die Eltern verleitet würden, einen anderen Platz in einer anderen Schule abzulehnen. Spezialschulen, die Wartelisten führen, sammeln oft so viele Voranmeldungen, wie sie jahrelang nicht aufnehmen könnten – ein ziemlich unrealistisches Verfahren.

Die meisten Kinder sind bereits als „autistisch" diagnostiziert worden, jedoch ist unser Kriterium für ihre Aunahme, ob sie die in Kapitel 1 und 2 beschriebenen Behinderungen haben. Jedes Kind ist ein Individuum mit seinen ganz speziellen Problemen, aber trotzdem sind die Kinder in unserer Schule einander so ähnlich, daß die Mitarbeiter eigene Erfahrungen und Methoden entwickeln können, die in der Regel bei allen Kindern anwendbar sind. Emotional gestörte Kinder werden akzeptiert. Die meisten autistischen Kinder gehen durch eine schwierige Phase, wenn sie mit einer neuen Umwelt konfrontiert werden. Allerdings darf der Anteil der unruhigen oder destruktiven Kinder nicht zu groß sein, damit eine Gesamtsituation erhalten bleibt, wie sie für eine fruchtbare Erziehungsarbeit erforderlich ist. Eine Spezialschule mit viel Platz und einem hohen Mitarbeiter-Schüler-Verhältnis hat den Vorteil, daß auch stärker gestörte Kinder aufgenommen und behalten werden können – hätte man dagegen nur eine kleine Spezialklasse, die einer anderen Schule angegliedert ist, so bestünde leicht die Gefahr, daß man Kinder, die unruhig oder destruktiv sind, wieder ausschließen müßte.

Unser Schulgebäude besteht aus einem großen viktorianischen Haus und einem Zusatzbau mit vier Räumen im Garten. Die Kinder werden in Anfangs-, Mittel- und Seniorenklassen eingeteilt, wobei nicht ihr Alter, sondern ihr Entwicklungsstand maßgebend ist. Die Anfänger brauchen die meiste Zeit individuelle Betreuung. Höchstens fünf von ihnen sind in einem Klassenzimmer von etwa 49 m².

Die Kinder der Mittelgruppe sollten imstande sein, teilweise selbständig zu arbeiten, so daß beim regulären Schulunterricht ein Lehrer zwei Kinder betreuen kann.

In die „Senioren"-Klasse gehen die am meisten fortgeschrittenen Schüler. Bei uns sind es zur Zeit fünf. Sie werden von einem Lehrer und einem in Teilzeit tätigen Praktikanten betreut.

Im Schulgebäude ist Platz für alle diese Klassenräume, außerdem für einen Zeichensaal, einen Gymnastikraum, eine überdachte Fläche für Spiele bei regnerischem Wetter, einen Eßraum, eine Küche und einen Büroraum für die Sekretärin. Im Zusatzbau gibt es einen ruhigen Raum abseits von der übrigen Schule, in dem sich ein Lehrer mit einem sehr unruhigen Kind aufhalten kann, bis es sich beruhigt hat.

Der Schultag beginnt mit Versammlung und Appell, bei dem jedes Kind lernt, auf seinen Namen zu reagieren. Es folgt ein Musikstück von einigen Minuten, das sich die Kinder ruhig sitzend anhören (eine sehr wertvolle Übung). Dann gehen sie in ihre Klassen und arbeiten bis zur Frühstückspause um 10.45 Uhr. Danach haben sie eine Pause von 20 Minuten zur freien Betätigung, während der sie beobachtet, aber nicht dirigiert werden. Wir haben das Gefühl, daß es gut ist, wenn sie an jedem Tag etwas Zeit für sich haben, weil sie den größten Teil der übrigen Zeit unter einem gewissen Druck stehen. Nach dieser Pause ist bis zum Mittagessen wieder Unterricht, wieder gefolgt von einer Zeit zur freien Beschäftigung. Am Nachmittag gibt es nochmals etwas Unterricht im Lesen, Schreiben und Rechnen, ferner zweimal wöchentlich Schwimmen, Musik und Malen. Tee gibt es um 15.00 Uhr, danach folgen die Unterrichtsstunden in Musik, Gymnastik oder künstlerischer Arbeit, die den Schultag abschließen. Die Kinder haben eine feste Routine, mit der sie sich für den Heimweg vorbereiten.

Es ist sehr ermutigend zu sehen, wie die Kinder allmählich den Zeitplan und den routinemäßigen Ablauf erfassen und wie sie mit der ganzen Schule, den Arbeitsräumen und ihren Aufgaben vertraut werden.

Wir haben eine Vielzahl von Unterrichtsmitteln angeschafft. Das gesamte Montessori-Material steht uns zur Verfügung, ferner Material zum Lesen-, Schreiben- und Rechnenlernen, das die Lehrer selbst entworfen und hergestellt haben. Modelle und Bilder von Tieren und Gegenständen sind in ständigem Gebrauch. Große Spielgeräte, die im Freien oder im Spielbereich benutzt werden können – Dreiräder, Tretautos, Schaukelpferde usw. – benutzen die Kinder sehr gern. Wir haben ein Fernsehgerät und einen Plattenspieler. Einen Teil des Gartens benutzen die Kinder für eigene Gartenarbeit.

Lehrer, die in diesem Bereich tätig werden wollen, sollten bereit sein, sich geeignetes Material für ihre Schüler auszudenken und selbst herzustellen und außerdem die große Breite der schon verfügbaren Materialien zu verwenden. Diejenigen Dinge, die das autistische Kind wirklich interessieren, seine eigenen unmittelbaren Erfahrungen und die Gegenstände seiner Umwelt, müssen als Lernhilfen verwendet werden.

Die beschriebene Schule hat sich auf den Unterricht autistischer Kinder spezialisiert. Wir hatten das Gefühl, daß diese Kinder in den Anfangsstadien wenig oder gar nichts gewinnen, wenn sie mit anderen Kindern gemeinsam unterrichtet werden oder mit ihnen zusammen spielen. Sofern sie eine kommunikative Sprache erwerben, hilft es ihnen weiter, wenn sie bei bestimmten Gelegenheiten unter sorgfältiger Aufsicht mit anderen Kindern zusammenkommen. Einige, die noch mehr Fortschritte machen, können später in Schulen mit normalen Kindern eingegliedert werden. Wenn dieses Stadium aber noch nicht erreicht ist, werden sich nach meiner Meinung die Lehrer einem autistischen Kind kaum richtig zuwenden können, das sich als einziges mit dieser Störung in einer Klasse normaler, verhaltensgestörter oder lernbehinderter Kinder befindet. Auf keinen Fall können sie spezielle Unterrichtsmethoden entwickeln und spezielle Erfahrungen sammeln, was aber beides notwendig ist. Außerdem besteht die Gefahr, daß ein schreiendes autistisches Kind die ganze Klasse, die ebenfalls die Aufmerksamkeit des Lehrers braucht, völlig durcheinander bringt. Die ideale Situation für das autistische Kind ist es, wenn es in der eigenen Familie bleibt, an deren Leben teilnimmt und von dort aus eine Spezialschule oder -klasse für die spezielle heilpädagogische Erziehung autistischer Kinder besucht.

Welche Erfolge haben wir?

Ich möchte überhaupt keine Behauptungen über den Erfolg unserer Bemühungen aufstellen. Ich habe ein tiefes Mißtrauen gegenüber leicht aufgestellten Behauptungen und erwarte nicht, daß irgendjemand meine eigene Bewertung der Leistung unserer Schule akzeptiert. Ich würde eine wissenschaftliche Prüfung unserer Methoden und unseres Vorgehens begrüßen. So könnten wir aus unseren Fehlern lernen, und so könnten andere von unseren Erfolgen profitieren.
Trotzdem würde ich den Ideen, die ich vertrete, die andere vor mir ausgearbeitet haben, und die meines Wissens viele andere heute teilen, Unrecht tun, wenn ich nicht wenigstens Folgendes sagen würde: Diese Kinder machen tatsächlich Entwicklungsfortschritte, sie werden ausgeglichener, lernen ihr Verhalten zu kontrollieren, gelangen zu einer besseren sozialen Integration und werden – das vor allem – glücklicher. Wie groß ihre Chance ist, unabhängig zu werden, ob etwa ebenso wie blinde Kinder, ist weniger klar. Einige von ihnen werden als Erwachsene eine beschützende Umwelt brauchen. Ich bin aber sicher, daß sie in die menschliche Gemeinschaft eingegliedert werden und ein erfüllteres Leben führen können, und daß dies ohne Erziehung meist nicht der Fall wäre.

Anhang zu Kapitel 9:
Sieben autistische Kinder

Die folgenden kurzen Berichte werden hier angefügt, weil sie die Art der Schwierigkeiten veranschaulichen, denen wir begegnet sind. Sie beziehen sich auf die ersten sieben autistischen Kinder, die ich unterrichtet habe, und die ich alle zwei bis vier Jahre lang kenne: lange genug, um ein vorsichtiges Urteil über den Fortgang ihrer Entwicklung abgeben zu können. Dieses Urteil will ich aber dem Leser überlassen. Die Namen sind natürlich verändert worden. Mit Ausnahme der ersten Sätze beschreiben die Berichte den Entwicklungsstand Ende 1965.

Adam: 9 Jahre alt

Als Adam vor vier Jahren in die Schule aufgenommen wurde, war er emotional sehr gestört, destruktiv, hyperaktiv und stumm. Er warf alles Erreichbare umher und zerriß alles Zerreißbare. Bei sich zu Hause mußten beinahe täglich die Fensterscheiben ersetzt werden. Und seine Mutter sagte: „Wir waten buchstäblich knöcheltief in Papier." Man konnte ihn nicht in Geschäfte mitnehmen, nicht auf Ausflüge, in keinem anderen Verkehrsmittel als dem elterlichen Auto fahren (und selbst dann war – ausgenommen bei ganz kurzen Fahrten – außer dem Fahrer noch eine Eskorte erforderlich). Wir brauchten viel Zeit, um die Kooperation dieses kleinen Jungen zu gewinnen. Jetzt kennt er die Unterschiede in Größe, Farbe, Form, Durchmesser und Länge. Selbst *ohne* Sprache erlernte er die Zahlen und die phonetischen Laute für die Buchstaben. Er kann jetzt jede Zahl im Einer-, Zehner-, Hundertersystem und die entsprechenden Mengen herstellen – er kann einstellige Zahlen addieren und substrahieren – er kann auf der Multiplikationstafel Tabellen bis zur Multiplikation mit 5 ausarbeiten. Er erkennt verschiedene Geldstücke und hat ein gewisses Verständnis für die Zeit: „Nach den Ferien", „Schwimmen am Freitag".

Adam kann einfache phonetisch geschriebene Wörter aus drei bis vier Buchstaben lesen und buchstabieren. Er kann aufgrund seines Gedächtnisses Wörter Bildern zuordnen. Sein Sprachverständnis hat sich gebessert. Er benutzt jetzt viel mehr Wörter, sein Wortschatz ist wesentlich umfangreicher geworden. Malen macht ihm Freude, er benutzt Pinsel und Farben, malt damit Formen und setzt die Farben gegeneinander ab. Handwerkliche Tätigkeiten kann er schlechter, er verliert auch schnell das Interesse daran.

Seine motorische Koordination ist gut: er kann springen, werfen und einen Ball fangen, Fußballspielen und einen Ball genau in einen Behälter werfen. Aber er schwimmt nicht gern, obwohl ihn das Meer, Seen und Flüsse sehr interessieren. Wenn er an den Schwimmtagen in der Schule ankommt, beklagte er sich: „Nicht schwimmen, kranker Junge", „Schwimmen ganz weg". Adam nimmt wahr, was die anderen Gruppenmitglieder tun, obwohl er nicht mit ihnen kooperiert. Er macht z. B. oft auf Tätigkeiten anderer Kinder aufmerksam, besonders wenn er darin ein Vergehen gegen Gebote sieht – er sagt dann: „Ungezogener Junge, Charly". Er fährt gern mit Roller, Schlitten und anderen Fahrgeräten und spielt gern mit einem Fußball. Bisher hat er keine Neigung, mit anderen Kindern zusammen zu spielen. Das Singen in der Gruppe scheint ihn zu interessieren, aber er kann nicht mit den anderen gemeinsam singen, sondern singt hinterher für sich allein. Er singt nicht sehr melodisch, hat aber ein gewisses Gefühl für Rhythmus.

Adam hat ein außerordentliches Talent, etwas zu genießen und sich daran zu freuen. Schon im vorhinein stellt er sich auf zukünftige Ereignisse ein. Auf Exkursionen verhält er sich gut und gesittet. Er ißt ordentlich und sauber, wartet, bis er an der Reihe ist, akzeptiert, daß Geschenke geteilt werden müssen, und fügt sich in den Ablauf des Tages ein.

Er hat immer noch Perioden, in denen er unkooperativ und negativistisch ist, aber im allgemeinen ist er viel glücklicher und gelöster geworden.

Bei der Aufnahme war Bobby hyperaktiv, furchtsam und unglücklich. Er benutzte folgende Wörter, die für ihn wenig oder keine Bedeutung hatten: „Mond", „arme Eule" und „Tunnel". Er fürchtete sich schrecklich vor harmlosen Vorgängen (etwa dem Anhalten des Autos vor Verkehrsampeln) und schrie bei solchen Gelegenheiten. Bobby hat jetzt ein gutes Verständnis für Zahlen und kann mit den vier Grundregeln schnell und richtig arbeiten. Er kann Probleme mit Geld, Länge, Gewicht, Zeit und Rauminhalt lösen. Seine Arbeit ist sauber und ordentlich, er braucht keine ständige Aufsicht. Sein Lesen, Rechtschreiben, seine Satzbildung und sein Satzverständnis haben sich gebessert, sein Wortschatz ist gewachsen. Er hat noch Schwierigkeiten mit Pronomen und Präpositionen. Er spricht sehr schnell, wenn er aufgeregt ist, und scheint Schwierigkeiten mit den Zungenbewegungen zu haben.

Bobby hat an Sport und Gymnastik Freude, seine Bewegungen sind gut koordiniert. Er ist in diesen weniger formalen Unterrichtsabschnitten weniger kooperativ und lenkbar. Das Schwimmen macht ihm Freude, er hat seine Furcht vor dem Wasser völlig überwunden.

Bobby ist sich der Gegenwart der anderen Gruppenmitglieder bewußt, aber er spielt oder kooperiert nicht mit ihnen. Er gibt Kommentare, wenn ein anderes Kind nicht da ist, und sagt etwa: „Armer Francis – zum Zahnarzt gegangen" oder wenn ein Kind in einer Notlage ist: „Ungezogener Adam – kein Schwimmen für Adam". Er hat Freude am Kochunterricht in der Gruppe und liebt den Mal- und Zeichenunterricht. Seine Bilder zeigen Formen und Ordnung und lassen sogar etwas Vorstellungsfähigkeit erkennen. Er schreibt auf der Schreibmaschine, am liebsten nur mit einer Hand, kann aber innerhalb einer Reihe die richtigen Finger für die entsprechenden Tasten benutzen. Seine Konzentration ist begrenzt.

Bobby freut sich auf Veranstaltungen, Feiern und Ausflüge und verhält sich dabei gut und gesittet. Er ißt jetzt gut und normal, während er früher sehr mäklig war. Er neigt dazu, die Erwachsenen gegeneinander auszuspielen; wenn er getadelt wird, wendet er sich sofort an eine andere erwachsene Person, setzt sich auf deren Schoß und legt die Arme um sie. Er ist jetzt viel glücklicher als noch vor einiger Zeit und im allgemeinen sehr bemüht, alles recht zu machen. In freien Spielperioden hat er ein- oder zweimal einen Kicheranfall, bei dem er seinen Kopf verbirgt. Er kann immer noch nicht richtig spielen.

Charles: 7 Jahre alt

Bei der Aufnahme war er stumm, hyperaktiv, ängstlich und weinerlich und fürchtete sich vor Geräuschen und Menschen. Er war noch nicht sauber und trug Windeln. Er hatte Eßprobleme. Er drehte sich in ritualistischer Weise umher und zwirbelte ständig ein Stöckchen oder ein Stück Schnur in seinen Fingern. Dieser kleine Junge reagierte erstaunlich rasch auf unsere Erziehung und erkannte bald Unterschiede in Farbe, Form, Größe, Tonhöhe, Gewicht, Umfang und Länge. Er ist in der Lage, den Tisch zu decken, abzuräumen und ganz allgemein zu helfen, wenn es von ihm verlangt wird. Er hat einen guten Zahlbegriff, kann addieren, subtrahieren und multiplizieren und hat gerade mit der Division angefangen. Er kennt das Geld und kann den Preis von Artikeln in einer Preisliste nachsehen und den richtigen Betrag angeben. Er hat eine Vorstellung von der Zeit und kennt die Tage der Woche und die Monate des Jahres. Er schreibt sorgfältig und sauber. Rechtschreibung, Lesen, Wortschatz, Satzkonstruktion und Satzverständnis – das alles hat sich verbessert.
Sein Malen, Zeichnen und Werken sind gut. Es fehlt ihm bisher dabei die Vorstellungsfähigkeit, aber er kann mit Farbe und Pinsel Formen malen und Farben gegeneinander setzen. Er kann mit der Schere schneiden, Papier falten und mit Bast arbeiten. Er liebt sportliche Betätigung, und seine motorische Koordination ist gut: er kann springen, hüpfen, einen Ball werfen und fangen, mit einem Schläger einen Ball zurückschlagen und sich im Schwimmbad über Wasser halten, allerdings nicht mit den vorschriftsmäßigen Bewegungen, sondern mit einer Art Hundepaddeln.
Charles ist sich der Gegenwart der anderen Gruppenmitglieder sehr bewußt und kooperiert gut mit ihnen. Er nimmt an allem teil, was

von ihm erwartet wird, und liefert einen positiven Beitrag zum Gruppenleben. Er singt in der Gruppe oder allein mit Klavierbegleitung. Er ist jetzt sozial sehr gut integriert. Er verhält sich in der Schule und anderswo gut und diszipliniert. Er freut sich im voraus auf Ausflüge, Veranstaltungen, Wochenendfahrten und andere Feste und genießt diese Ereignisse. Emotional ist er immer noch unreif, aber er müßte trotzdem als Hilfe für seine Entwicklung zeitweise die Möglichkeit haben, in einer anderen Umgebung zu sein. Er ist sich der Absonderlichkeiten bei den anderen Kindern bewußt und macht Kommentare darüber. Nach meiner Ansicht würde er von einem Programm profitieren, bei der er die Hälfte jeden Tages in einer Gruppe normaler Kinder sein könnte, und den Rest innerhalb seiner jetzigen Umwelt verbringt, die ihm einen Rückhalt gibt.

Dennis: 7 Jahre alt

Bei der Aufnahme war er noch nicht sauber, trug Windeln und mußte gefüttert werden. Er war hyperaktiv und stumm. Er schien die Anwesenheit von niemandem wahrzunehmen und war taub und blind gegenüber Sprache und Gesten. Er hüpfte auf den Zehenspitzen umher, den Kopf hochgereckt, wobei er besondere Gurrlaute hervorbrachte und mit den Armen wie mit Flügeln schlug. Wenn er sich hinsetzte, schaukelte er ständig vor und zurück. Er schien unfähig, irgend etwas in seinen Händen festzuhalten.
Er konnte anscheinend Gegenstände in Augenhöhe nicht sehen, lief mit voller Wucht gegen eine Querstange am Ende des Gartens, die sich in dieser Höhe befand. Er schien ganz unempfindlich gegenüber Schmerz und war überhaupt nicht beeindruckt, stand gleich wieder auf, drehte sich um, lief zurück und hätte die Handlung noch oft wiederholt, hätte man ihn nicht daran gehindert. Visuelle Reize über und unter Augenhöhe zogen seine Aufmerksamkeit vorübergehend auf sich. Diese visuelle Behinderung ist nicht mehr erkennbar, auch nicht die Immunität gegenüber Schmerz und körperlichen Beschwerden. Es dauerte lange, zu ihm Kontakt zu finden und seine Kooperationsbereitschaft zu gewinnen, aber jetzt sitzt er vergnügt

da und arbeitet mit dem sensorischen Material, er kommt, wenn er gerufen wird, und befolgt einfache Aufforderungen.

Er kann nach Form, Größe, Farbe und Umfang sortieren. Er arbeitet mit manipulativem Material und Puzzlespielen schnell und gut. Er kann die Zahlen 1–5 wiedererkennen und Bilder einander zuordnen, obwohl er nur bei einigen die Namen kennt. Malen, Zeichnen und Werken kann er bisher noch nicht.

Dennis hat Freude an Sportstunden, obwohl er bisher nicht nachmacht, was vorgemacht wird. Er hat Freude am Schwimmen und kann sich durch eine Art Hundepaddeln über Wasser halten. Er ist sich bisher der anderen Gruppenmitglieder nicht bewußt und braucht die Bekräftigung und Unterstützung eines Erwachsenen. Er kann sich immer nur für sehr kurze Zeit konzentrieren. Während vieler Spielperioden ist Dennis hyperaktiv, beschäftigt sich aber eine gewisse Zeit mit einem Roller oder Tretauto.

Dennis hat vor kurzem eine sehr unruhige Periode durchgemacht, hat Trotzanfälle bekommen, die er vorher nicht gezeigt hatte, hat sich gelegentlich selbst gekratzt und gebissen. Diese Veränderung könnte mit Vorfällen zu Hause in Verbindung gestanden haben, denn als sich in der Mitte des Schuljahresabschnittes die Dinge normalisierten, wurde seine Selbstkontrolle besser, und er schien wieder zugänglicher und glücklicher zu sein.

Elisabeth: 7 Jahre alt

Bei der Aufnahme war dieses kleine Mädchen hyperaktiv und noch nicht sauber, sie hatte lange Schreianfälle, wobei sie den Kopf anschlug. Auch schien sie sich der Menschen und Dinge ihrer Umgebung überhaupt nicht bewußt zu sein. Es brauchte lange Zeit, um irgendeinen Einfluß auf sie zu bekommen. Jetzt ist sie in der Schule und zu Hause in ihren Toilettengewohnheiten einigermaßen zuverlässig. Sie ist wenig selbständig, zieht sich z. B. nicht selbständig Kleidung oder Schuhe an und aus. Sie arbeitet mit dem sensorischen Material sehr gut und schnell, kann Farben zuordnen und benennen und nach Form, Größe und Umfang, Höhe, Länge und Breite sortieren. Sie arbeitet mit manipulativem Material oder Puzzlespielen fehlerfrei und schnell. Sie liebt Arbeiten im Haushalt und ist in ihren Bewegungen präzise und schnell. Sie kennt ihre Zahlen von 1–10 und kann die entsprechenden Mengen legen. Sie kennt die Buchstaben des Alphabets und die entsprechenden phonetischen Laute. Sie kann Bilder einander zuordnen und auf Aufforderung bestimmte Bilder geben, nach denen verlangt wird. Das Aufregendste an Elisabeths Fortschritten in diesem Schuljahrabschnitt ist der Beginn einer verstehbaren und sinnvollen Sprache. Sie sagt nun: „Hallo", wenn sie ankommt, und „Auf Wiedersehen", wenn sie geht – sie kann auch bestimmte Farben, Figuren und Buchstaben benennen.

Malen, Zeichnen und Basteln machen ihr Freude, sie kann auch mit Pinsel und Farbe einige Formen malen. Elisabeth hat Freude an Sportstunden, ihre Bewegungen sind gut und harmonisch. Sie hat Freude am Schwimmen.

Elisabeth ist sich der anderen Gruppenmitglieder nur insoweit bewußt, als sie dann, wenn sie ein Spielzeug möchte, das ein anderes Kind hat, in ihrer Entschlossenheit, das begehrte Objekt zu bekommen, bis zum Äußersten geht. Sie scheint die Musikstunden zu mögen, beteiligt sich aber aktiv gar nicht daran. In freien Spielperioden fährt sie mit Fahrgeräten umher oder spielt mit Wasser.

Elisabeths Tischmanieren haben sich gebessert, sie ist nicht mehr so mäklig und gebraucht den Löffel gut. Sie achtet sehr auf Sauberkeit und benutzt eine Papierserviette, um ihren Mund oder ihre Kleidung abzuputzen. Sie ist immer noch hauptsächlich mit der unmittelbaren Befriedigung ihrer eigenen Bedürfnisse beschäftigt, beginnt aber nun zu akzeptieren, daß auch andere Menschen Wünsche haben. Wutanfälle sind selten geworden. Bei Ausflügen ist ihr Verhalten gut und diszipliniert, und sie fürchtet sich nicht mehr vor neuen Situationen.

Francis: 13 Jahre alt

Als Francis zuerst zu uns kam, nahm er sich ganz willkürlich irgendwelches Material und bemühte sich gar nicht, es auch zu benutzen.

Er beantwortete keine Fragen und schien auch nicht an irgendwelchen Tätigkeiten interessiert. Heute arbeitet er schnell und fehlerlos und kann Aufgaben mit Geld, Rauminhalt, Länge, Gewicht und Zeit und mit einfachen Brüchen und Dezimalzahlen lösen. Er braucht immer noch individuelle Aufsicht. Seine schriftliche Arbeit ist meist nicht sorgfältig genug. Lesen, Rechtschreiben, Satzbildung und Satzverständnis – das alles hat sich gebessert; seine Versuche zum freien Schreiben sind amüsant, manchmal sogar realistisch, z.B.: „Meine Mutter hat rotes Haar, sie ist groß, sie ist fett."

Francis genießt die Vorfreude auf Sport- und Schwimmstunden, aber seine Bewegungen sind träge und unkoordiniert. Er kann jetzt einen Ball einigermaßen genau werfen und fangen, aber seine Versuche zu springen und zu hüpfen und zu anderen kontrollierten Gymnastikübungen sind nicht so erfolgreich. Er beginnt gärtnerische Aufgaben mit Begeisterung, hat aber nicht die Ausdauer, daß daraus eine wirkliche Arbeit wird. Er ist sich der anderen Gruppenmitglieder gut bewußt. In freien Spielperioden kommt es insofern zu Interaktionen, als er mit den Aktivitäten anderer Kinder in Konflikt geraten kann – er möchte von jemand anderem ein Tretauto oder die Sandspielzeuge haben. Sein Interesse an den Kochstunden in der Gruppe hat nicht angehalten. Francis scheint an musikalischen Tätigkeiten Freude zu haben, nimmt aber nicht aktiv daran teil. Er kann in der Gruppe nicht mitsingen. Er liebt den Malunterricht, bringt aber keine geordneten Formen zustande. Seine manuelle Arbeit entspricht einer viel jüngeren Altersstufe und besteht hauptsächlich im Zerreißen und Falten von Papier und im Aufreihen von Perlen.

Francis freut sich im voraus auf Geselligkeiten, Feiern und Ausflüge. Sein Verhalten außerhalb des schulischen Bereichs ist gewöhnlich gut, diszipliniert und ziemlich interessiert. Er scheint an der Erwartung meist mehr Freude als an der Verwirklichung zu haben. Er kann mit anderen Kindern teilen und erfaßt jetzt, daß andere Menschen innere Antriebe und Wünsche haben. Wir machten eine Wochenendfahrt mit drei Kindern, und Francis hatte wirkliche Freude an diesem Erlebnis. Es verwirrte ihn nicht, daß er von zu Hause fort war, und er versuchte die ganze Zeit über, hilfsbereit und kooperativ zu sein. In der zweiten Nacht war er lange Zeit wach, aber dabei ganz entspannt, er sang und sprach zu sich selbst. Sein Verhalten in Restaurants und Geschäften, in Bussen und Zügen war gut und diszipliniert. Ich stellte während unserer Spaziergänge fest, daß er rascher als die anderen Kinder ermüdete, sich zur Unterstützung an meinen Arm hing und die Füße schleifen ließ. Er braucht immer noch individuelle Unterstützung und Bekräftigung, weil er nicht über eine etwas längere Zeit in einer Gruppensituation arbeiten kann, aber seine negativistischen Perioden sind weniger häufig, und seine Konzentration hat sich gebessert. Er ist ein fröhlicher Junge, dessen Selbstvertrauen zunimmt und der in neuen Situationen, z. B. gegenüber plötzlichem Lärm und ähnlichem, nicht mehr so furchtsam ist wie früher.

Graham: 8 Jahre

Graham kam vor zwei Jahren in unsere Schule. Er hat als zusätzliche Behinderungen ein angeborenes Hüftleiden und eine spastische Lähmung.

Er verbrachte seine ersten Wochen mit langdauerndem Brüllen und Schreien und äußerte verschiedene sinnlose Wünsche: „Möchte Sardinen und Kondensmilch", „möchte hochgehen", „möchte runtergehen".

Er war noch nicht sauber und aß mit den Händen. Er ignorierte jede Anweisung oder Aufforderung, krümmte in solchen Fällen den Rücken und brüllte. Wenn er sich von einer Stelle zur anderen bewegen wollte, ließ er sich auf die Knie nieder und krabbelte.

Graham kann jetzt Farben zuordnen und benennen und kann nach Form, Größe und Umfang sortieren. Er arbeitet bei manipulativen Übungen gut, die Kontrolle und Koordination seiner Finger und Hände sind viel besser geworden. Er widersetzt sich jeder Übung mit Zahlen; obwohl er die Zahlen von 1–10 kennt und die entsprechenden Quantitäten legen kann, ist es meist sehr schwer, ihn zur Mitarbeit zu bewegen. Er kennt die meisten Buchstaben und die entsprechenden phonetischen Laute. Er erkennt und benennt Blumen, Früchte, Obst, Farben, Kleidungsstücke, Transportmittel, Möbelstücke, Spielzeuge usw. Sein Wortschatz hat sehr zugenommen, seine Echolalie ist erheblich zurückgegangen. Obwohl er am Sportunterricht nicht aktiv teilnehmen kann, freut er sich daran und ist in diesen Stunden mobiler – er bewegt sich mit seinen Krücken schnell umher und kann ohne Hilfe etwa eine Minute lang stehen. Er liebt die Schwimmübungen und hat dabei überhaupt keine Furcht.

Graham ist sich der anderen Gruppenmitglieder sehr bewußt und interagiert so viel, daß er den anderen bei ihren Aktivitäten in die Quere kommt oder an ihrem Tun teilzunehmen versucht. Er liebt die Musikstunden in der Gruppe, singt aber bisher nicht die richtigen Töne und nicht zur richtigen Zeit. Er ißt jetzt gut und sauber. Er freut sich auf Feste, Geselligkeiten und Ausflüge, scheint aber an der Erwartung mehr Freude zu haben als an der Wirklichkeit. Neue Lernsituationen kann er nur schwer tolerieren. Obwohl er immer noch hauptsächlich mit der Befriedigung seiner eigenen inneren Bedürfnisse beschäftigt ist, beginnt er jetzt zu erfassen, daß andere auch Wünsche haben. Er ist liebevoll, aufgeweckt und fängt an, sich um Lob zu bemühen.

3. Teil:
Soziale und organisatorische Aspekte

Kapitel 10
Die familiäre Erziehung autistischer Kinder

Lorna Wing

Dieses Kapitel ist vorwiegend für diejenigen bestimmt, deren Aufgabe darin besteht, Eltern oder Pflegeeltern bei der familiären Betreuung eines autistischen Kindes zu helfen. Die Organisationsform dieser Beratungsarbeit wird im nächsten Kapitel besprochen, wobei auch die Konzeption eines „Teams" beruflich geschulter Berater erörtert wird, die gemeinsam das verwirklichen, was der oft mißbrauchte Begriff „Gemeinwesenarbeit" bezeichnet. Wir befassen uns hier speziell mit den Erziehungsfragen und den pädagogischen und sozialen Problemen beim häuslichen Umgang mit dem Kind. Es ist eine etwas akademische Frage, welches die beste Berufsausbildung für diese Beratertätigkeit ist: die wichtigsten Voraussetzungen dafür sind Erfahrungen mit autistischen Kindern in vielen unterschiedlichen Situationen, die Fähigkeit, aus diesen Erfahrungen zu lernen, die Bereitschaft, die Eltern als Partner bei einem gemeinsamen Unternehmen zu akzeptieren, eine gründliche Kenntnis der verfügbaren Hilfseinrichtungen und eine gewisse Zurückhaltung gegenüber allem Theoretisieren am Grünen Tisch. Im folgenden Kapitel wird die Art der Beratung beschrieben, die die Eltern brauchen und zur Zeit oft nicht erhalten. Es ist eine der Thesen dieses Buches, daß *jeder,* der beruflich mit behinderten Kindern zu tun hat, wenigstens einige Grundkenntnisse des gesamten Problembereichs besitzen sollte, so daß Erörterungen über Abgrenzungen und Zuständigkeiten überflüssig sein müßten. Der Ausdruck „Berater" wird auf jeden angewandt – Arzt, Medizinalbeamter, Psychologe, Sozialarbeiter oder Lehrer –, der in dieser Rolle tätig werden könnte.

Kommt ein autistisches Kind in eine fremde Umgebung, z. B. in eine ärztliche Klinik, in das Büro eines Sozialarbeiters oder in eine neue Schule, so fällt es in seinem Verhalten oft auf eine primitivere Stufe zurück. In einer vertrauten Umgebung ist es dagegen meist weniger in sich zurückgezogen, freundlicher, lebhafter und kooperativer, bereitet aber andererseits auch viele Schwierigkeiten, die bei einem Besuch im Büro nur erahnt werden können. Auch bei einem Wechsel von einer vertrauten in eine fremde Umgebung kann es zu Regressionen kommen. Ein Kind, das eigentlich gern zur Schule geht, sagt möglicherweise am Sonntagabend: „Gar keine Schule. Nicht zur Schule gehen" und verhält sich vielleicht am Montagmorgen noch ablehnender. Am Freitagnachmittag (angenommen, es geht immer zu den Wochenenden nach Hause) sagt dann dasselbe Kind: „Gar nicht nach Hause. Nicht nach Hause gehen." Derartige Reaktionsweisen kennt man von erwachsenen Patienten in psychiatrischen Krankenhäusern, und die Krankenschwestern oder Ärzte, die nur die eine Seite sehen, neigen leicht zu der Ansicht, das *von ihnen* beobachtete Verhalten sei die Folge einer ungünstigen Wirkung der Besuche zu Hause, sie erkundigen sich aber nicht, wie die Dinge von der anderen Seite her aussehen. Dieses Beispiel soll das erste Prinzip für die häusliche Betreuung verdeutlichen: Der Berater muß sich des jeweiligen Einflusses vieler verschiedener Umwelten auf das Verhalten des Kindes bewußt sein, damit er die Bedeutung jeder einzelnen Situation abschätzen und daraufhin praktische Ratschläge für den Umgang mit dem Kind geben kann.

Das zweite Prinzip folgt aus dem ersten. Der Berater sollte nicht die vorgefaßte Meinung haben, daß *notwendigerweise* irgendeine Störung in der häuslichen Umwelt die primäre Ursache des abnormen Verhaltens ist. Ganz abgesehen davon, daß dies ein elementarer logischer Fehler ist, können Eltern behinderter Kinder wegen ihrer eigenen Schuld- und Angstgefühle für jede Andeutung eines Vorwurfs sehr empfänglich sein. Mancher Berater kann vielleicht schwer akzeptieren, daß es menschliches Leid ohne moralische Schuld gibt – denn dadurch wird er so deutlich an die eigene

Verwundbarkeit erinnert. Es ist sicherlich leichter, zu glauben, daß die Opfer ihr Schicksal irgendwie verdient haben. Dieses Thema sollte man offen diskutieren und den Eltern versichern, daß es keinen Grund für die Annahme gibt, *sie* seien für den Zustand des Kindes verantwortlich. Wenn der Berater *wirklich* glaubt (wie es manche tun), daß der Zustand durch persönliche Unzulänglichkeiten der Mutter verursacht ist, dann ist es am besten, dies ganz offen zu sagen. Man sollte dann auch erklären, daß diese Auffassung nur eine Hypothese darstellt, die keineswegs allgemein anerkannt ist, damit die Eltern sich überlegen können, ob sie einen anderen Berater wählen wollen. Die Zeit väterlicher Bevormundung bei der Beratungstätigkeit ist sicherlich vorbei, besonders, wenn man es mit Eltern zu tun hat, die intelligent sind und die Probleme selbst durchschauen können. Die Klienten erwarten nicht immer, daß Berater allwissend sind, nicht einmal, daß sie in allen Dingen recht haben. Viele können von einem Berater, der freimütig sagt, was er nicht weiß, mehr profitieren als von einem, der vorgibt, alle Antworten zu kennen.

Das dritte Prinzip mag nun das notwendige Gegengewicht zu den beiden anderen bilden. Die Umwelt hat ja tatsächlich einen starken Einfluß auf das Verhalten. Die primären Behinderungen, die in den Kapiteln 1 und 2 behandelt wurden, führen zu zahlreichen und verschiedenartigen sekundären Folgeerscheinungen. Die Eltern können es im Grunde gar nicht vermeiden, daß sie beim Umgang mit dem Kind viele Fehler machen. Die Methoden der Kindererziehung, die sie alle in irgendeiner Weise gelernt haben, sind natürlich auf die Bedürfnisse eines Kindes ausgerichtet, das etwa zur gleichen Zeit laufen und sprechen lernt. Motorische und intellektuelle Selbständigkeit entwickeln sich gemeinsam. Orton (1937) und Ingram (1959) haben darauf hingewiesen, wie ein Kind mit Sprachschwierigkeiten von seinen Eltern in der Regel bewacht und behütet wird. Wenn ein autistisches Kind ungewöhnlich ruhig und genügsam ist, beschäftigt sich seine Mutter vielleicht weniger als üblich mit ihm, besonders, wenn sie mit ihren älteren Kindern zu tun hat. Andererseits sind viele autistische Kinder sogar schon als Säuglinge extrem schwierig und verlangen eigentlich Tag und Nacht unterbrochen die Aufmerksamkeit beider Eltern. Dann entsteht das Problem der Überforderung der Eltern. Wenn autistische Kinder ins Kleinkindalter kommen, werden fast alle sehr schwierig und brauchen ständige Beaufsichtigung und nahezu ungeteilte Aufmerksamkeit von seiten der Eltern. Dies kann sich wiederum sehr nachteilig auf die anderen Kinder in der Familie auswirken. Sehr wenige Eltern haben das Glück, schon sehr früh zu entdecken, was mit ihrem Kind nicht in Ordnung ist und wie man seine Behinderungen verstehen kann. Die anderen müssen sich Tag für Tag abmühen, ohne zu wissen, warum ihr Kind so fremd, so eigenartig, so unberechenbar ist und so wenig Freude macht. Bei Kindern ohne zusätzliche körperliche Behinderungen (die ein Warnzeichen sein könnten) liegt in den ersten Lebensjahren der Kern des Problems in Folgendem: Die Eltern haben ein attraktives, gesund aussehendes Kind, das sie sehr lieben, an dem aber ihre Zuwendung und Zuneigung anscheinend völlig abgleiten. Sie sagen meist: „Nun gut, es spricht spät, wenn es einmal spricht, wird es anders sein, leichter, umgänglicher", aber die Zeit vergeht, und das Kind spricht immer noch nicht und wird größer, aktiver und schwieriger. Und doch wirkt es gelegentlich normal, schmiegt sich manchmal glücklich an seine Mutter an, wenn es auf ihrem Schoß sitzt und sie ihm ein Lied vorsingt. Aber bei anderer Gelegenheit scheint es sich ihrer Existenz wieder gar nicht bewußt zu sein. Man hat immer das Gefühl, daß nur irgendein kleines Ding an der richtigen Stelle „einrasten" müßte, und alles wäre normal. Diese Mischung aus normalem und bizarrem Verhalten bei einem scheinbar gesunden Kind ist etwas völlig Unverständliches.

Von autistischen Kindern weiß man in der Öffentlichkeit nichts. Die Leute haben davon gehört, daß Kinder geistig zurückgeblieben oder hochgradig schwachsinnig sein können und haben eine gewisse Vorstellung davon, aber autistisches Verhalten ist etwas völlig Unerwartetes. Den Eltern stehen keine fertigen Redensarten zur Verfügung, auf die sie zurückgreifen können, um anderen Menschen das schwierige Verhalten zu erklären. Ihr Kind ist vielleicht destruktiv, nicht sauber und hat schreckliche Tischmanieren, und all das macht die Familie bei Freunden und Nachbarn unbeliebt und kann das gesellige Leben auf ein Minimum reduzieren. Erklärungen anderer Leute reichen von „Es ist taub" oder „Es ist verwöhnt" bis zu „Es ist eben einfach schwachsinnig, aber ihr wollt das nicht einsehen".

Wenn die Eltern schließlich den Entschluß fassen, Fachleute zu konsultieren, dann sind sie gewöhnlich unglücklich, verwirrt, voller Schuldgefühle und vollkommen ohne Vertrauen in ihre Fähigkeit, das eigene Kind zu lenken. Die Frage, welche Institutionen in Anspruch genommen werden sollten, einschließlich der Frage einer Unterbringung und Erziehung außerhalb der Familie, wird im nächsten Kapitel behandelt. Spezielle Unterrichtsmethoden werden in den Kapiteln 8 und 9 dargestellt. An dieser Stelle sei Folgendes hervorgehoben: Je früher die Familie beraten wird, und je realitätsbezogener und empirisch fundierter diese Beratung ist, desto unwahrscheinlicher wird es, daß man einmal die Empfehlung geben muß, die Erziehung des Kindes den Eltern völlig aus der Hand zu nehmen. Welche Erziehungsprobleme in den einzelnen Lebensabschnitten auftreten können – bei Säuglingen, Kleinkindern und älteren Kindern – und welche Beratung dann erforderlich ist, wird im Folgenden dargestellt (Wing, 1964)[1].

Probleme in der Säuglingszeit

Sinnvolle Ratschläge für die erste Zeit im Leben eines autistischen Kindes zu geben, ist schwierig; denn wenn keine körperliche Abnormität vorhanden ist, durch die ein Arzt aufmerksam werden könnte, wird die Diagnose „Autismus" selten vor dem 2. Lebensjahr gestellt. In jüngster Zeit ist mehr über dieses Syndrom bekannt geworden, und so ist die Wahrscheinlichkeit einer Früherkennung vielleicht gestiegen, jedoch bleibt die Diagnose vor dem Alter des normalen Sprachbeginns immer unsicher. Aus den Berichten von Eltern autistischer Kinder läßt sich entnehmen, daß einige dieser Kinder als Säuglinge keine erkennbaren Abnormitäten zeigten, andere ungewöhnlich ruhig und genügsam waren und die übrigen ihrer Schreianfälle und Eßprobleme wegen extreme Schwierigkeiten bereiteten.

Eltern berichteten oft, daß ihre autistischen Kinder besonders als Säuglinge für körperliche Stimulationen wie Kitzeln, Liebkosen, Schaukeln und dergleichen sehr ansprechbar gewesen seien. In diesen Situationen hätten sie wie normale Kinder gewirkt. Ein vernünftiger Rat ist also, daß so viel körperlicher Kontakt wie möglich hergestellt werden sollte. Dabei sollten diejenigen Formen gewählt werden, an denen das Kind Freude hat. Wenn ein Säugling auf körperliche Kontakte wenig anspricht, sollte die Mutter es einmal anders als auf die ihr gewohnte Art versuchen.

Anspruchsvolle Säuglinge, die viel schreien, sind wahrscheinlich auch lebhafter und ansprechbarer und machen mehr Freude als die ruhigen und passiven. Sie sind aber eine starke Belastung für die Familie, weil sie unter Umständen schlecht schlafen und zu jeder Tages- und Nachtzeit stundenlang schreien. Wenn solche Probleme längere Zeit unverändert bestehen bleiben, sollte der Arzt ein geeignetes Beruhigungsmittel verschreiben. Autistische Kinder sind gegenüber Beruhigungsmitteln oft äußerst resistent und können durch ein ungeeignetes sogar in einen Erregungszustand geraten, so daß Medikamente niemals ohne ärztliche Verordnung gegeben werden sollten.

Probleme in der Kleinkindzeit

Wenn ein autistisches Kind das Alter von 12 bis 15 Monaten erreicht, ist meist sehr deutlich zu erkennen, daß seine Entwicklung nicht normal verläuft. Obwohl es immer noch auf körperlichen Kontakt ansprechbar ist, reagiert es überhaupt nicht, wenn Menschen zu ihm reden oder seinen Namen rufen. Wie jedes Kleinkind ist es aktiv und unternehmungslustig, läßt sich aber durch die Stimme seiner Mutter nicht leiten und kann seine Wünsche nicht mitteilen.

Zu diesem Zeitpunkt wird vielleicht die Diagnose „Autismus" gestellt, und der Berater muß den Eltern helfen, sich über die Konsequenzen klar zu werden. Viele Eltern wissen schon vorher, wie ernst das Problem ist, aber andere werden zunächst nicht erfassen, daß ihr Kind wahrscheinlich sein Leben lang behindert sein wird. Den Eltern das zu sagen und sie gleichzeitig zu überzeugen, daß sie ihrem Kind sehr viel helfen können, und daß ihre Anstrengungen sich lohnen, ist eine schwierige Aufgabe. Die Art und Weise, wie man sie angeht, kann das gesamte Schicksal des Kindes und der Familie bestimmen.

Die Wurzeln für viele spätere Schwierigkeiten liegen im Kleinkindalter, in dem die Verhaltensprobleme am größten sind, und in dem es sehr leicht geschehen kann, daß das ganze Familienleben nach diesem Kind ausgerichtet wird. Die Eltern gehen manchmal bis zum Äußersten, um die Schreianfälle zu vermeiden, denen man kaum ein Ende machen kann, wenn sie einmal angefangen haben. Das kann zu Bestechungsgeschenken in Form von Süßigkeiten oder Eis führen oder zu umständlichen Vorkehrungen, um den Wünschen des Kindes nachzukommen. Einige bemerkenswerte Beispiele sind folgende: Ein Kind, das eine ganze Familie dazu brachte, die Mahlzeiten auf dem Fußboden sitzend einzunehmen; ein kleines Mädchen, das keinem im Haus erlaubte, mit gekreuzten Beinen zu sitzen; ein Junge, dessen Bett wie ein Steingarten aussah, weil er von großen Zementplatten wie besessen war; ein kleiner Junge, der darauf bestand, daß die Schallplatte „Rock Around the Clock" ununterbrochen gespielt wurde, solange er wach war.

Es läßt sich schwer abschätzen, in welchem Umfang das gestörte Verhalten eines autistischen Kleinkinds durch geeignete Erziehungsmaßnahmen geändert werden kann. Einige Störungen sind zwar sekundär, aber es ist möglich, daß in diesem Entwicklungsstadium die Schreianfälle und einige der sonderbaren Bewegungen hauptsächlich durch die Unausgereiftheit des Nervensystems bedingt und damit durch irgendwelche äußeren Kontrollen nicht beeinflußbar sind. Es kann in der Kleinkindzeit also sehr lange dauern, bis die Bemühungen, das Verhalten des Kindes zu ändern, irgendwelche erkennbaren Resultate haben. Trotzdem sind die allgemeinen Prinzipien dieselben wie für den Umgang mit dem älteren und stärker lenkbaren Kind.

Man muß die Behinderungen des Kindes ganz genau kennen, um einen Erziehungserfolg zu erreichen. Es hat keinen Zweck, von einem Kind zu erwarten, daß es mehrere Anweisungen befolgt, die in einem komplizierten Satz enthalten sind, wenn es nur einfache Sätze verstehen kann. Es ist sinnlos, von ihm zu erwarten, daß es seinem Vater zuwinkt, der weit entfernt ist, wenn es Dinge nur innerhalb einer Entfernung von 10 m sehen und erkennen kann.

Ebenso wie die Behinderungen muß man auch die positiven Fähigkeiten des Kindes kennen, um sie als Grundlage für den Erwerb weiterer Fertigkeiten nutzen zu können. Hierzu braucht man Geduld, Fantasie und die Bereitschaft, aus den Erfahrungen anderer Menschen zu lernen. Die Kinder sind z. B. in ihren Nahsinnen weniger behindert als in den Fernsinnen, viele haben Interesse an nicht-sprachlichen Tätigkeiten wie Musik oder Bewegungen. Man muß unbedingt wissen, daß autistische Kinder, bevor ihre Behinderungen erkannt sind, bei ihrem Versuch, die Welt zu verstehen, kaum etwas anderes als Mißerfolge erleben, und daß dadurch ihr Bedürfnis, überhaupt noch irgendwelche Anstrengungen zu machen, vermindert oder ausgelöscht ist. Es ist immer möglich, dem Kind Erfolgserlebnisse zu vermitteln und damit seine Begeisterungsfähigkeit wieder zu wecken.

Die Eltern müssen soviel Zuversicht entwickeln, daß sie sich durch den Lernwiderstand des Kindes nicht entmutigen lassen. Als Beispiel sei ein Kind erwähnt, das eine Heim„schule" mit einem nicht-autoritären, nicht-direktiven Erziehungsstil besuchte, und das sich dort angewöhnte, bei allen Schwierigkeiten „Kann es nicht, hab keinen Verstand" zu sagen. Seine Mutter wußte, daß es sehr viel mehr konnte, als es überhaupt versuchte; sie erreichte eine Umschulung in eine andere Schule, in der an die Kinder direktere Anforderungen gestellt wurden. In der neuen Umgebung änderte sich die Einstellung des Kindes sehr schnell, und nach zwei oder drei Wochen konnte man diese Äußerungen von ihm nicht mehr hören.

Es ist äußerst wichtig, daß die Eltern einem gestörten Verhalten energisch und konsequent begegnen, denn sonst behindert es ernsthaft das Erlernen neuer Fähigkeiten und führt zum Verlust wertvoller Zeit.

Paradoxerweise wird es leichter, die Behinderungen des Kindes richtig zu erkennen, wenn sie etwas schwächer werden. Viele Eltern erfassen erst, wieviel Schwierigkeiten ihr autistisches Kind beim Sprachverständnis hat, wenn es selbst anfängt, einige Wörter zu sprechen. Das Ausmaß der Sehbehinderung wird ihnen oft erst dann bewußt, wenn das Kind anfängt, sich Bilder anzusehen und dazu Bemerkungen zu machen. Dagegen sind in den ersten Lebensjahren die Symptome so zahlreich und so schwer, daß man die einzelnen Behinderungen kaum als solche erkennen kann.

Sprachprobleme

Das zentrale Problem, das die Eltern angehen müssen, ist das Problem der Sprache. Mütter reden zu ihren Babys, und normale Säuglinge plappern, lallen und reagieren auf Sprache, lange bevor sie selbst irgendwelche Wörter sagen können. Autistische Kinder, die von Geburt an behindert sind, können anscheinend der Sprache, die sie hören, keinen Sinn entnehmen. Sie haben keine Freude daran, manchmal scheint das Zuhören für sie sogar schmerzhaft zu sein, denn es kommt vor, daß sie sich die Ohren zuhalten, um nichts davon zu hören. Bei einem solchen Kind müssen die Erwachsenen ihr gewohntes Verhalten ändern. Einige autistische Kinder horchen manchmal auf oder lachen vor Freude, wenn Wörter dicht an ihrem Ohr leise geflüstert werden, selbst wenn sie die normale Sprache nicht beachten. Andere verstehen manches, was man ihnen singend sagt, obwohl sie auf die gleichen Wörter nicht reagieren, wenn sie gesprochen werden. Das Wiederholen sehr einfacher Sätze oder Ausdrücke, die eine deutlich demonstrierbare Bedeutung haben, hilft wahrscheinlich mehr als ein Redefluß.

Wenn normale Kinder zu sprechen anfangen, greifen sie nur wenige Schlüsselwörter aus den Unterhaltungen um sie herum auf, wobei sie die übrigen Wörter anscheinend wenig stören. Dem autistischen Kind fällt diese Aussonderung der bekannten Wörter schwer. Es kann Sprache nicht wie selbstverständlich an den alltäglichen Gesprächen lernen. Man muß ihm die Wörter einzeln durch konkrete Demonstrationen beibringen. Am besten beginnt man mit alltäglichen Gegenständen (Bett, Stuhl, Tasse, Teller, Strumpf, Schuh usw.) und nennt den Namen jedesmal, wenn der Gegenstand benutzt wird. Sobald das Kind an die Namen gewöhnt ist, kann es sie spezifischer lernen: Man sagt z. B.: „Johnny, faß die Tasse an" und führt seine Hand so, daß er sie berührt. Hat er dies einmal verstanden, wird er trotzdem noch die Führungshand verlangen, aber diese Tendenz läßt sich allmählich abbauen, und schließlich wird er den genannten Gegenstand selbständig berühren. Danach können täglich einige neue Namen gelernt werden. Auch einfache Verben sind recht leicht zu lehren, ebenso einige Adjektive, wie „schön" zur Beschreibung beliebter Gegenstände oder Kleidungsstücke. Die schwierigsten Wörter sind Präpositionen und Konjunktionen, z. B. „in", „unter", „aber", „und". Wenn autistische Kinder selbst Sätze konstruieren (statt gehörte Ausdrücke als Echo wiederzugeben), tendieren sie dazu, nur die wichtigsten Wörter zu sagen und alle anderen auszulassen. Wenn man sie auffordert, etwas „über den Kopf" zu halten, geraten sie vielleicht in Verwirrung und Bedrängnis, weil sie die Verwendung von „über" nicht gelernt haben. Solche Wörter können sie einzeln nacheinander lernen, wozu man aber sehr viel Geduld und Zeit braucht. Auch der Umkehrung der Pronomen (eine Folge der Echolalie) kann man entgegenwirken, was allerdings nur mit äußerst intensiven Bemühungen zum Erfolg führt. Selbst wenn das autistische Kind viele Wörter spontan reproduzieren kann, ist es wahrscheinlich ohne sorgfältige Übung nicht in der Lage, Fragen zu beantworten. Ein kleines Mädchen hatte viel Spaß daran, als ihr Vater fragte: „Was sagt die Kuh", und seine eigene Frage beantwortete: „Die Kuh sagt muh". Schließlich gab sie selbst die Antwort, indem sie sagte: „Die Kuh sagt muh". Sie brauchte für den Satzanfang eine Hilfe, konnte aber später die ganze Antwort selbst produzieren. Später lernte sie, die Frage „Was ist im Ofen?" zu beantworten, weil darin ihre Lieblingsspeise war. Danach konnte sie Fragen nach dem Inhalt verschiedenartiger Behälter beantworten, selbst wenn diese Dinge sie nicht direkt interessierten.

Man darf nie annehmen, daß ein autistisches Kind irgendein Wort kennt, das es nicht speziell gelernt hat. Das Wort „Bleistift" mag zu Hause zahllose Male benutzt worden sein, ohne daß es die Bedeutung kennt. Bevor man ihm nicht ausdrücklich einen Bleistift gezeigt und den Namen mehrmals wiederholt hat, bringt man es mit der Aufforderung, einen Bleistift zu holen, in Schwierigkeiten. Sehr wahrscheinlich ist es hilflos, wenn man es drängt, etwas zu tun, was es nicht ganz verstehen kann. Dadurch wird es möglicherweise entmutigt, sich noch weiter anzustrengen. Man muß auf solche Situationen achten und sie zu vermeiden suchen, indem man Aufforderungen sehr einfach formuliert, das Kind bei der Hand führt und es selbst bei einem kleinen Erfolg ermutigt und lobt.

Ein anderes Problem ist das sehr konkrete Wortverständnis dieser Kinder. Wenn man einem autistischen Kind einen Malkasten und eine Vase mit Blumen gibt und ihm sagt: „Male die Blumen" („paint the flowers"), dann kann es durchaus geschehen, daß es sie wirklich anmalt. Die Anweisung muß genau und detailliert sein: „Male ein Bild von den Blumen auf das Papier". Das wird zur gewünschten Handlung führen, sofern das Kind vorher die Bedeutungen von „male", „Bild", „Blumen" und „Papier" gelernt hat.

Ein sehr häufiger Fehler ist die Annahme, das Kind könne alles verstehen, was gesagt wird. Viele Eltern erliegen diesem Fehlschluß, weil sie feststellen, daß das Kind sprachliche Instruktionen befolgt, wobei ihnen aber nicht bewußt wird, daß sie ihm zusätzliche Hinweise geben, beispielsweise durch Gesten. Die genaue Beobachtung zeigt meist ziemlich klar, daß das Sprachverständnis sehr begrenzt ist. Man sollte den Eltern raten, zu einem autistischen Kind nicht so zu sprechen, als sei es normal, es sei denn, dieser Ratschlag sei durch intensive Beobachtungen gut begründet. Es ist das beste, wenn man zu dem Kind nicht zu kompliziert spricht, andererseits aber auch nicht allzu einfach, so daß es sich zwar immer etwas anstrengen muß, aber auch eine Erfolgschance hat.

Für das Kind ist es eine gute Übung, anderen Familienmitgliedern einfache Nachrichten zu überbringen, wie etwa „Das Essen ist fertig, Papa". Es lohnt sich, die in dieser einfachen Aufgabe enthaltenen Probleme einmal zu überdenken und zu überlegen, welches das richtige Vorgehen ist. Wenn die Mutter das Kind auffordert: „Geh und sag Papa, das Essen ist fertig, nun geh, sag es Papa" (wenn sie also das sagt, was man einem normalen Kind sagen würde), dann lautet die Nachricht, die den Vater erreicht, wahrscheinlich: „Sag es Papa". Die richtige Methode ist, dem Kind zu sagen: „Das Essen ist fertig, Papa", es zu begleiten und ihm dann im Flüsterton Hilfen zu geben, bis es die Nachricht dem Vater richtig mitteilt. Im Verlauf einiger Wochen kann man allmählich auf die Hilfen verzichten; die Mutter braucht das Kind nicht mehr den ganzen Weg zu begleiten; und schließlich wird es die Nachricht selbständig überbringen und richtig mitteilen. Dieses Beispiel ist ein Muster dafür, wie ein Kind auf dem Weg über die Echolalie kommunikative Sprache lernen kann. Natürlich ist es für die Mutter viel leichter, die Nachricht selbst zu überbringen, aber dem Kind würde dadurch eine Lernmöglichkeit genommen.

Visuelle Probleme

Visuelle Probleme treten ziemlich häufig auf, sind allerdings schwerer zu entdecken als die Abnormitäten der Sprache. Viele autistische Kinder sehen sich bis zur späten Kindheit keine Bilder an. Einige erkennen bei kleinen Modellen nicht, um welche Gegenstände es sich handelt, während sie die betreffenden realen Gegenstände benennen können. Zum Beispiel wissen einige autistische Kinder mit kleinen Tiermodellen nichts anzufangen, obwohl sie eine richtige Kuh oder ein richtiges Pferd erkennen. Größere Modelle erkennen sie unter Umständen leichter. Ein Kind war an farbigen Bildern völlig uninteressiert, es gefiel ihm aber sehr, wenn man ihm auf weißem Grund große schwarze Silhouetten alltäglicher Gegenstände zeichnete, die es benennen konnte. Ebenso wie bei der Sprache gibt es also auch im visuellen Bereich die Notwendigkeit zur Vereinfachung. Dieses Kind sah sich später einfache farbige Bilder an und danach auch komplexere, wobei es allerdings meist dazu neigte, ein winziges irrelevantes Detail in irgendeiner Ecke herauszusuchen.

Ein autistisches Kind, das visuell behindert ist, kann durch die Unübersichtlichkeit einer fremden oder komplizierten Umgebung ganz aus der Fassung geraten. Ein überfülltes Kaufhaus kann es ängstigen, unbekannte Orte können es völlig verwirren. Das Kind darf vor neuen Erfahrungen nicht völlig abgeschirmt werden, weil es Gelegenheiten zum Lernen haben muß, doch sollte man sorgfältig im voraus planen, das Kind nur allmählich und anfangs nur kurzzeitig mit neuen Situationen konfrontieren, damit es nicht zu sehr beunruhigt wird. Manche autistische Kinder sind zunächst völlig blind und taub gegenüber allem, was sie umgibt, sowohl gegenüber Alltäglichem wie gegenüber Fremdem, aber wenn sie allmählich mehr wahrnehmen und mehr verstehen, können sie durch ein Stadium quälender Furcht gehen.

Ebenso wie Sprachstrukturen muß das autistische Kind auch visuelle Strukturen von sehr einfachen Anfängen an lernen. Ohne Hilfe erkennt es wahrscheinlich viele komplexe Objekte nicht als geschlossene Einheiten aus zueinander gehörenden Teilen; z. B. ist ihm möglicherweise nicht klar, daß eine Reihe von nebeneinander stehenden Häusern aus mehreren einzelnen Häusern besteht, von denen wieder jedes eine bestimmte Anzahl von Türen, Fenstern, usw. hat. Sobald das Kind sich Bilder ansehen kann, ist es eine nützliche Übung, die einzelnen Teile eines Hauses zu benennen und das Kind dann nach draußen zu nehmen und ihm die wirklichen Gegenstände zu zeigen. Eines der komplexesten Wahrnehmungsobjekte, das ein Kind erfassen muß, ist das andere menschliche Wesen: etwas, das sich ständig bewegt, verändert und in unterschiedlicher Weise auf das Kind einwirkt. Die Teile des Körpers zu lehren, indem man sie berührt, benennt und auf die jeweilige Person bezieht (Papas Augen, Mamas Augen, Davids Augen, Papas Hand, Mamas Hand, Davids Hand) ist eine Übung, die man viele Male wiederholen muß.

Es ist für autistische Kinder manchmal leichter, eine Handlungsreihe zu lernen, wenn sie ihre eigenen Bewegungen im Spiegel beobachten können (Russell, 1964). Auf diese Weise können das

Berühren und Benennen von Körperteilen geübt werden, sobald das Kind in der Lage ist, Menschen und Gegenstände auf Bildern zu identifizieren. Fotografien der Familie und der häuslichen Einrichtung sind nützliche Lernhilfen. Die Interessen des Kindes sind wegen seiner Behinderungen extrem begrenzt, aber vertraute Ereignisse, die es bei sich zu Hause erlebt, sind eine gute Grundlage für einfache Geschichten, an denen es Freude hat. Eltern können selbst eigene Bücher für das Kind herstellen, indem sie eine Serie von Handlungen fotografieren (z. B.: Mama beim Teekochen helfen, Papa im Garten helfen, mit dem Hund einen Spaziergang machen), die Fotos in ein einfaches Übungsbuch einkleben und sehr einfache Sätze unter die Bilder schreiben.

Die Tendenz autistischer Kinder, an Gegenständen und Menschen vorbeizusehen, statt sie direkt anzusehen, hat ihre Ursache zum Teil in der Bevorzugung des peripheren Sehens, zum Teil in der Meidung komplexer visueller Reize (siehe Kapitel 1). Diese Tendenz geht oft mit zunehmender Reifung zurück. Man kann ein Kind dahin bringen, Gegenstände oder Personen direkt anzusehen, indem man seinen Kopf einige Augenblicke in der richtigen Stellung festhält. Manchmal amüsieren sich die Kinder sehr über die kuriosen visuellen Effekte, die sie sehen, wenn sie ihre Nase gegen die eines anderen Menschen drücken und beide dann die Köpfe bewegen. Das entspricht in gewisser Weise dem Vergnügen, das diese Kinder haben, wenn Wörter in ihr Ohr geflüstert werden. Diese Spiele helfen, die Verwendung der visuellen und auditiven Sinne anzuregen.

Sehen und Hören sind eng miteinander verbunden, und die Übung des einen kann mit der Übung des andern kombiniert werden. Allerdings ist es notwendig, jedes Element langsam und umsichtig einzuführen, so daß das Kind nicht verwirrt und dadurch entmutigt wird.

Die anderen Sinnesbereiche

Die Sinne der Berührung, Bewegung, Vibration, des Geschmacks und Geruchs sind meist weniger beeinträchtigt als die des Sehens und Hörens. Man kann sie deshalb benutzen, um dem Kind praktische Fertigkeiten des Alltags beizubringen, die normalerweise vor dem Schuleintritt gelernt werden. Es ist unter Umständen unmöglich, einem autistischen Kind zu sagen oder zu zeigen, wie man Knöpfe aufknöpft; aber es ist möglich, seine Hände zu halten und seine Finger in der richtigen Weise zu führen. Zunächst werden sich seine Hände schlaff anfühlen, aber bei ausdauerndem Üben kann man die Anfänge eines ersten eigenen Versuchs spüren, und es wird nicht lange dauern, bis das Kind das meiste selbst tun kann. Es verlangt vielleicht immer noch nach der Führungshand, selbst wenn es seine Jacke sehr gut selbst zuknöpfen kann, aber das läßt sich langsam abbauen, bis das Kind alles gern selbständig tut. Dieses Vorgehen kann man auf alle anderen Tätigkeiten übertragen, angefangen beim Gebrauch von Messer und Gabel bis zum Fahrradfahren. Bei manchen Dingen sind zwei Erwachsene zur richtigen Demonstration erforderlich, aber diese Mühe lohnt sich.

Ein autistisches Kind benutzt natürlich mehr seine intakten Sinne, um die Welt zu untersuchen. Geschmack und Geruch stehen ihm gewöhnlich zur Verfügung, und demzufolge kann sein Verhalten mitunter recht befremdlich wirken, z. B. dann, wenn es an allem, was es ißt, vorher riecht. Das gleiche Verhalten kann man auch bei völlig blinden Kindern sehen. Es ist für das Kind sehr hart, wenn es an solchen Tätigkeiten völlig gehindert wird. Die Eltern müssen die sozialen Nachteile und die Bedürfnisse des behinderten Kindes gegeneinander abwägen. Beispielsweise könnte es nötig sein, ein Kind davon abzubringen, aus ganz unschuldiger Neugier die Kleidungsstücke von Fremden auf der Straße zu berühren. Seiner Freude daran, wie Dinge sich anfühlen, kann man dafür zu Hause mehr Raum geben. Viele Eltern kennen Situationen, in denen ihr Kind, weil ihm aus irgendeinem Grund unbehaglich oder ängstlich zumute ist, ihre Hand festhält und vielleicht daran leckt oder riecht, um Trost und Beruhigung zu finden. Es ist wichtig, sich darüber klar zu sein, daß dieser enge körperliche Kontakt eine Quelle der Sicherheit für ein Kind ist, das gerade beginnt, sich seiner Eltern als Menschen, die es kennt und liebt, bewußt zu werden.

Indem die Eltern diese Methoden anwenden, beginnen sie, für das autistische Kind in einem langwierigen Prozeß eine Welt aufzubauen. Zuerst scheint es, daß jeder einzelne Baustein an seinen Platz gebracht werden und einzementiert werden muß, und daß das Leben nicht lang genug ist, um auch nur das Fundament zu legen. Nach einiger Zeit jedoch, wenn das Kind genug Erfahrungen erworben hat, mit denen es sich selbst in neuen Situationen helfen kann, zeigen sich die ersten Generalisationen, und der Lernprozeß wird leichter und schneller. Das geschieht unmerklich, und nur im Rückblick über mehrere Jahre erkennen die Eltern, wieviel sie erreicht haben. Aufzeichnungen und Fotografien sind nützlich, um zu demonstrieren, daß ein Fortschritt stattgefunden hat. Besonders wichtig ist dies in einer gelegentlich auftretenden Phase, in der das Kind „festgefahren" scheint und vielleicht mehrere Monate lang nichts Neues hinzulernt.

Verhaltensprobleme

Man sollte die Eltern warnend darauf vorbereiten, daß ein autistisches Kind manchmal eine Fertigkeit lernt, ohne genau zu wissen, welche Konsequenzen sich daraus ergeben können. Das ist z. B. besonders gefährlich, wenn ein Kind plötzlich herausfindet, wie man ein Streichholz anzündet, aber die möglichen Gefahren nicht erkennt. Als ein anderes Beispiel sei ein kleines Mädchen erwähnt, das beobachtet hatte, wie die Mutter Wäsche wusch, daraufhin alle Kleidungsstücke sammelte, die irgendwo im Haus zu finden waren, sie in die Waschmaschine stopfte, sehr ordentlich Waschpulver hineintat und die Maschine anstellte. Das einzig Unangenehme war, daß die meisten Stücke schon sauber waren. Dasselbe Kind wurde gerade noch im letzten Moment daran gehindert, sein eigenes Haar abzuschneiden.

Viele Verhaltensschwierigkeiten autistischer Kinder sind sekundär, daher kommt es oft zu einer Verhaltensbesserung, wenn eine Hilfe in bezug auf die primären Behinderungen geschaffen wird. Wie jedoch an früherer Stelle erwähnt wurde, können Schreien, Trotzanfälle, Destruktivität, Aggressivität und Negativismus den Lern-prozeß ernstlich hemmen, so daß man die Auseinandersetzung damit nicht hinausschieben darf, bis das Kind einer verstandes-mäßigen Kontrolle zugänglich wird.

Lovaas und seine Mitarbeiter (Lovaas et al., 1965) haben in ihren Experimenten überzeugend nachgewiesen, daß manche Reaktion Erwachsener auf schwieriges Verhalten in Wirklichkeit für das Kind eine Art Belohnung darstellt und so die Wahrscheinlichkeit für das Wiederauftreten dieses Verhaltens erhöht. Viele Eltern wissen zu ihrem Leidwesen, was geschieht, wenn sie ihrem autisti-schen Kind ein Eis geben, damit es aufhört zu schreien. Für den Augenblick führt dies zum Erfolg, aber sehr wahrscheinlich wird das Kind in Zukunft jedesmal, wenn es einen Eisladen sieht, zu schreien anfangen, weil das nun nach seinem Gefühl die richtige Art und Weise ist, wie man zu einem Eis kommt.

Ein autistisches Kind schreit vielleicht, weil es etwas haben möchte, was es gern sammelt, z. B. ein Waschmittelpaket. Die Eltern soll-ten sich unbedingt ganz konsequent verhalten: wenn sie entschie-den haben, daß das Kind diese Pakete nicht haben darf, sollen sie sich selbst durch schlimmstes Schreien nicht von ihrer Ansicht ab-bringen lassen. Das ist zuerst sehr schwierig, weil autistische Kin-der einen Trotzanfall viele Stunden lang durchhalten können. Sie reagieren jedoch auf eine feste und konsequente Behandlung, und es ist eine Aufgabe des Familienberaters, diese Haltung zu unter-stützen.

Durch eine unmittelbare Aktion, etwa einen Klaps, ein lautes, festes „nein" oder das Entfernen des Kindes aus dem Raum kann man den Auftritt vielleicht abkürzen. Jedes Elternpaar muß den besten Weg zum Umgang mit dem eigenen Kind ausfindig machen. Was bei dem einen Kind zum Erfolg führt, wird vielleicht von einem anderen, das hartnäckig ist, ignoriert, ängstigt aber wieder-um ein drittes, das besonders sensibel ist.

Besonders schwer ist es, diese konsequente Haltung auch in der Öffentlichkeit durchzuhalten. Es ist äußerst peinlich, ein Kind in seiner Obhut zu haben, dessen Schreie weithin zu hören sind. Zuschauer machen vielleicht Bemerkungen darüber, wie unerzo-gen heute die Kinder sind; wenn die Eltern aber sehr unnachgiebig und fest auftreten, zeigen sie sich unter Umständen schockiert. Die Eltern müssen sich eine sehr dicke Haut zulegen, müssen nach ihrer eigenen Methode vorgehen und im übrigen solche peinlichen Vorfälle durchzustehen versuchen. Durch Nachgeben wird das Problem nur verlängert. Der andere Weg, das Kind so wenig wie möglich nach draußen mitzunehmen, ist sowohl für das Kind wie für die Familie schlecht. Die Eltern brauchen aber in dieser Zeit sehr viel Unterstützung und Ermutigung. Manchmal kann es einem Berater nutzen, wenn er eine Mutter und ihr Kind beim Einkaufen begleitet, um der Mutter zu helfen und um persönliche Erfahrungen mit den Schwierigkeiten zu gewinnen.

Die Weigerung, irgendwelche Veränderungen zu dulden und die Furcht vor allerlei alltäglichen Situationen kann zu Hause viele Schwierigkeiten verursachen. Es ist aber auch in diesen Fällen unklug, übermäßigen Forderungen nachzugeben. Sicherlich darf das Kind seine speziellen Gewohnheiten haben, seinen eigenen Platz am Tisch, seine Lieblingstasse und seinen Lieblingsteller und seine Zeremonie beim Schlafengehen, aber die Familie sollte nicht gezwungen sein, über das hinauszugehen, was auch normale Kinder mögen. Dadurch kann es zu Szenen kommen, aber diese verschwinden gewöhnlich im Lauf der Zeit.

Manches unerwünschte Verhalten der Kinder geht darauf zurück, daß es ihnen an andersartigen Beschäftigungen fehlt. Sammeln von Gegenständen, Zerreißen von Papier, Herumdrehen von Bindfäden, Kratzen an rauhen Oberflächen, ziellose Wiederholungen von Wörtern und Ausdrücken und viele Formen der Selbststimulation oder Selbstverletzung – das alles tritt viel häufiger auf, wenn das Kind nicht beschäftigt ist. Eltern oder Lehrer sollten den Tag so organisieren, daß das Kind sinnvoll beschäftigt ist und durch das eigene Tun lernen kann. Das ist in einer Schule mit ausreichendem Personal nicht schwer, für eine Mutter zu Hause aber sehr anstrengend, weil sie für den Haushalt und die anderen Kinder sorgen muß. Sie kann das autistische Kind aber auffordern, bei einfachen Aufgaben im Haushalt zu helfen, etwa beim Staubwischen und Tischdecken.

Viele autistische Kinder machen eine Phase durch, in der sie von zu Haus weglaufen, manchmal einfach mit der Absicht, eine alte

Dose oder einen anderen Gegenstand aufzusammeln. Sie kennen ihren Weg meist gut, aber es fehlt ihnen das Bewußtsein für die Gefahren des Straßenverkehrs. Es ist unter Umständen nötig, die Türen von Haus und Garten verschlossen zu halten, so daß das Kind sie nicht öffnen kann. Eine ebenso gute Hilfe ist ein Tagesprogramm, was gewährleistet, daß das Kind ständig beschäftigt ist und von jemandem beaufsichtigt wird.

Bei der Erziehung eines autistischen Kindes stehen diejenigen, die dem Kind helfen wollen, zu irgendeinem Zeitpunkt – gewöhnlich einem sehr frühen – dem Problem gegenüber, daß das Kind sich weigert, etwas Neues zu lernen, was wichtig ist und eigentlich bewältigt werden könnte. Es ist von entscheidender Bedeutung, daß dieser Kampf von Lehrern und Eltern gewonnen wird, nicht eines autoritären Prinzips wegen, sondern um in der Einstellung des Kindes zum Lernen eine Änderung zu erreichen, durch die es schließlich eine viel größere Unabhängigkeit erlangen wird. Diese Krisen im Erziehungsprozeß sind von Itard (1932), Macy, Witmer (1922) und Hewett (1964, 1965), die schwerbehinderte Kinder erfolgreich unterrichtet haben, anschaulich beschrieben worden. Ein ausgezeichnetes Beispiel, wie man einen solchen Kampf gewinnt, hat Furneaux (1966) gegeben.

Autistische Kinder neigen oft zu vielerlei sonderbaren Bewegungen und Grimassen, besonders wenn sie erregt sind. Das könnte durch primäre Abnormitäten der zentralnervösen Bewegungskontrolle verursacht sein, und deshalb mag es übermäßig hart erscheinen, wenn man die Kinder auffordert, diese Bewegungen zu kontrollieren. In den ersten Lebensjahren können sie es wahrscheinlich nicht, aber später, wenn sie Anweisungen besser verstehen, können sie das Armwedeln und Grimassenschneiden einstellen, wenn man sie dazu auffordert. Man sollte ihnen helfen, dieses merkwürdige Verhalten unter Kontrolle zu bringen, weil sie sonst von Fremden angestarrt und kritisiert werden. Zuerst können sie die Bewegungen vielleicht nur für kurze Zeit einstellen, aber meist wird die Kontrolle allmählich besser.

Soziales Verhalten in der Öffentlichkeit

Sobald die schlimmsten Verhaltensprobleme überwunden oder mit zunehmender Reife verschwunden sind, kann ein autistisches Kind lernen, wie man sich in der Öffentlichkeit verhält. Sein Erfahrungskreis wird hierzu allmählich ausgeweitet. Vernünftigerweise sind die Unternehmungen zunächst nur kurz – ein Kaffeebesuch bei einer befreundeten Familie oder eine Stunde im Zoo. Später kann die Zeit ausgedehnt werden. Das Kind soll Erfahrungen mit möglichst vielen Tätigkeiten des alltäglichen Lebens sammeln: wie man in einem Restaurant ißt, mit Bus und Eisenbahn fährt, usw. Solche Erfahrungen sind auch als Vorbereitung auf gemeinsame Ferien der Familie wertvoll. In den Ferien hat man es meist viel leichter, wenn man ein Ferienhaus mietet, in dem die Familie sich selbst versorgt und nach ihren eigenen Gewohnheiten leben kann. In einer Pension oder einem Hotel kann es zu Schwierigkeiten kommen, wenn sich das Kind noch nicht wirklich zuverlässig und gesittet verhält. Im Idealfall sollten Ferienort und -wohnung besichtigt werden, bevor man bucht, denn es könnte spezielle Gefahrenquellen geben, die den dortigen Familienaufenthalt verderben würden.

Häuslicher Unterricht durch die Eltern

Am allerbesten ist es, wenn ein autistisches Kind eine Schule besucht, in der es von erfahrenen Lehrern unterrichtet werden kann, die seine besondere Situation verstehen. Das ist manchmal unmöglich, weil keine derartige Schule vorhanden ist und selbst ein Hauslehrer nicht gestellt werden kann. Manche Eltern haben versucht, dieses Problem zu lösen, indem sie ihr Kind selbst unterrichtet haben[2]. Hierdurch ergeben sich offensichtlich zahllose Schwierigkeiten, besonders, wenn noch andere Kinder in der Familie sind. Trotzdem haben einige Mütter ihre Kinder mit beträchtlichem Erfolg unterrichtet und sie soweit gebracht, daß sie anschließend in eine kleine Privatschule für normale oder etwas behinderte Kinder gehen konnten. Diese Lösung erfordert ungewöhnliche Energie, und nur wenige Menschen können diesen Weg gehen. Denjenigen, die zu einem Versuch bereit sind, sollte man aber davon nicht abraten, es sei denn, man könne etwas Besseres zur Verfügung stellen.

Kinder, die keine Fortschritte machen

Es gibt vermutlich viele verschiedene Ursachen für Autismus, und bei einigen Kindern kann die zugrundeliegende Pathologie sehr ausgedehnt oder progressiv sein. Eine Besserung ist dann unwahrscheinlich, vielleicht kommt es sogar zu einer Verschlechterung. In diesen Fällen wird selbst die sorgfältigste Erziehungsarbeit nicht viel helfen. Glücklicherweise gilt das für die Mehrzahl der als autistisch diagnostizierten Kinder nicht. Das wichtigste ist, daß jedem Kind mit dieser Diagnose die bestmögliche Chance gegeben wird, sich so weit zu entwickeln, wie es kann.

Empfehlung von Hilfseinrichtungen

Eine der wichtigsten Aufgaben des Beraters ist es, der Familie die vermutlich am besten geeigneten Hilfseinrichtungen zu empfehlen und mitzuwirken, daß diese Hilfen tatsächlich zur Verfügung gestellt werden. Die notwendigen Hilfseinrichtungen werden im nächsten Kapitel im Einzelnen besprochen. Das erste, worauf man aufmerksam machen könnte, ist die freie Elternvereinigung*, durch deren Vermittlung die Eltern andere treffen werden, die vor ähnlichen Problemen wie sie selbst gestanden und sie erfolgreich bewältigt haben.

---

* Hilfe für das autistische Kind e. V., 588 Lüdenscheid, Postfach 1306

In *jeder* Familie gibt es irgendwelche Dinge, die Außenstehende als sonderbar ansehen würden, wenn sie davon wüßten. Man kann krankhafte psychische Erscheinungen immer finden, wenn man danach sucht. Wenn es in der Familie ein autistisches oder irgendein anderes behindertes Kind gibt, muß man deshalb unterscheiden, was von Bedeutung ist und was nicht. Auf bestimmte Schwierigkeiten sollte man besonders achten. Viele Eltern machen sich große Sorgen über die Ursache des Krankheitszustandes und fürchten, daß etwas, was sie getan oder versäumt haben, dafür verantwortlich sein könnte. Der Berater muß auf diese Schuldgefühle so früh wie möglich eingehen. Ein anderes Problem, das man vorhersehen und auf das man eingehen muß, ist die Ambivalenz. Obwohl die Eltern behinderter Kinder es vielleicht nicht immer zugeben, haben die meisten irgendwann einmal den Wunsch gehabt, ihr Kind möge tot sein. Solche Gefühle vertragen sich völlig mit der normalen Liebe zum Kind, aber die Eltern erkennen dies vielleicht nicht, bevor man es klar ausspricht. Einige Eltern sind intelligent genug, um diese Zusammenhänge von sich aus ohne Mühe zu durchschauen, und es wäre eine Bevormundung, dann in die Einzelheiten zu gehen. Der Berater muß sich auf der Grundlage vorsichtig tastender Erkundungen ein Urteil bilden; wenn er jedoch irgendwelche Zweifel hat, ist es am besten, auf solche Probleme einzugehen.

Eine Folge der Schuldgefühle kann eine Tendenz auf seiten der Eltern sein, sich mehr mit dem Kind zu befassen, als es für sie selbst und die übrige Familie gut ist. Tizard und Grad (1961) haben gezeigt, daß Familien mit einem behinderten Kind im Haus dazu neigen, ihre sozialen Kontakte auf ein Mindestmaß einzuschränken. Zum Teil ist dies während des Stadiums schwerer Gestörtheit unvermeidbar, der Berater kann aber vermeiden helfen, daß die Eltern damit zu weit gehen.

Die von einem gestörten Kind hervorgerufenen Spannungen können bei den Eltern oder Geschwistern emotionale Probleme zum Vorschein bringen, die unter anderen Umständen unterschwellig verborgen geblieben wären. Einige Eltern lassen sich fast scheiden, weil sie sich über die verschiedenen Fragen, die durch das Kind aufgeworfen werden (Erziehungsprobleme, Frage einer Heimunterbringung usw.) nicht einigen können. Die Geschwister können leiden, wenn dem autistischen Kind alle Aufmerksamkeit gewidmet wird. Solche Probleme ähneln wieder mehr denjenigen, mit denen sich Familienberater normalerweise beschäftigen, und so braucht hier nicht mehr darüber gesagt zu werden. Es stellen sich dabei keine *speziellen* psychotherapeutischen Probleme.

Zwar sind die Geschwister manchmal wegen eines autistischen Kindes emotional gestört, aber das ist gewöhnlich eine Folge der Einstellung der Eltern und keine direkte Auswirkung der Behinderung ihrer Geschwister. Viele Brüder oder Schwestern lernen, mit den Behinderungen des erkrankten Kindes sehr gut fertig zu werden, und diese Erfahrung ist für sie im späteren Leben wertvoll. Soweit möglich, sollte ihnen die Wahrheit über die betroffenen Kinder gesagt werden. Auch die normalen Kinder von Freunden, Verwandten und Nachbarn können wertvolle Erfahrungen gewinnen, wenn sie unter Beaufsichtigung in Kontakt mit behinderten Kindern kommen. Es hat keinen Sinn, ihnen vorzumachen, es gebe in der Welt nichts Trauriges, aber sie werden ebenso lernen, daß es einen konstruktiven Weg gibt, an die Probleme heranzugehen.

Verantwortung der Eltern

Die Rolle des Familienberaters ist in diesem Kapitel detailliert erörtert worden, und es müßte deutlich geworden sein, daß man sehr viele praktische Hilfen geben kann. Trotzdem muß die endgültige Entscheidung in allen wichtigen Dingen bei den Eltern bleiben. Sie werden diese Entscheidung besser und sicherer treffen, wenn zwischen ihnen und ihren Beratern ein Vertrauensverhältnis aufgebaut ist. Ob ein solches Verhältnis entsteht, wird von der Kenntnis, dem Geschick, dem Takt und der Anteilnahme der Berater abhängig sein.

Kapitel 11
Praktische Hilfen für autistische Kinder

Lorna Wing und J. K. Wing

Die Prinzipien, die den medizinischen, pädagogischen und sozialen Einrichtungen und Leistungen für autistische Kinder zugrundeliegen sollten, sind im Hauptteil dieses Buchs dargestellt worden. Im folgenden Kapitel werden wir die Anwendung dieser Prinzipien bei der Planung und praktischen Verwirklichung solcher Hilfen erörtern. Ärzte lernen selten, wie man eine sachgemäße Beratung hinsichtlich solcher Einrichtungen durchführt, obwohl dieser Teil der ärztlichen Tätigkeit ebenso wichtig wie die rein medizinische oder psychologische Beratung ist und – wenn schlecht ausgeführt – ebenso weitreichende Folgen haben kann. Ähnlich ist es bei Lehrern, die oft nicht wissen, welche pädagogischen Hilfsmöglichkeiten außer ihren eigenen zur Verfügung stehen. Dagegen erwartet man von Sozialarbeitern, daß sie eine große Vielzahl von Einrichtungen kennen und die Kenntnislücken ihrer Kollegen ausfüllen. Vermutlich ist es aber vernünftiger, wenn man fordert, daß Mitglieder aller Berufe (gleich welcher Disziplin, von praktischen Ärzten und Psychiatern bis zu Psychologen und Schulaufsichtsbeamten), die um eine Beratung der Eltern autistischer Kinder gebeten werden könnten, einige allgemeine Kenntnisse über Hilfseinrichtungen haben sollten.

Die folgenden Ausführungen sind zwar zur besseren Übersicht in Abschnitte aufgeteilt; es sei aber daran erinnert, daß der entscheidende Kern einer guten Hilfe im wechselseitigen Zusammenspiel verschiedener Maßnahmen liegt. Diese Maßnahmen müssen sich gegenseitig stützen, es darf also nirgends eine unüberbrückbare Kluft zwischen den verschiedenen Einrichtungen und Stellen bestehen, die eine Hilfe leisten. Es darf keine unvermittelt aufgestellten Forderungen an die Familie geben; auch kein plötzlicher Widerruf früherer Forderungen; kein Entzug der Hilfe, weil ein

Mitarbeiter der einen Stelle nicht weiß, was jemand an einer anderen entschieden hat. Jede Unterteilung kann also nur eine künstliche sein.

Diagnostische Dienste

Die medizinischen Einrichtungen, die man für einen diagnostischen Dienst braucht, sind von Connell in Kapitel 4 in den Grundzügen dargestellt worden. In jeder Region sollte es ein diagnostisches Zentrum geben, das über Spezialisten für heilpädagogische, genetische und psychiatrische Beratungen, Einrichtungen für Spezialuntersuchungen und Möglichkeiten für eine kurzfristige stationäre Aufnahme verfügt. Eine wichtigere Forderung ist, daß sich Schulärzte, Kinderpsychiater und praktische Ärzte um eine Frühdiagnose des Syndroms bemühen und ihren Teil zur anschließenden Betreuung von Kind und Familie und zur Empfehlung anderer Hilfseinrichtungen beitragen sollten.

Lotter (1966) hat gezeigt, daß bei Kindern mit zusätzlichen körperlichen Behinderungen das autistische Zustandsbild meist relativ früh erkannt wird, während es bei körperlich gesunden Kindern mit normaler motorischer Entwicklung oft lange unerkannt bleibt – solange, bis diese Kinder durch ihre Sprach- und Verhaltensschwierigkeiten oder erst durch Erziehungsprobleme in der Schule auffällig werden. Durch Schulung des Personals von Säuglingskliniken, durch Aufstellung von Risikolisten und Beobachtung der betreffenden Kinder und durch Information von Amtsärzten läßt sich bei einigen Kindern die Behinderung vermutlich früher erkennen – viel wichtiger ist es aber, praktischen Ärzten und Kinderärzten eine klarere Vorstellung von Entwicklungsproblemen bei Kindern zu vermitteln, damit sie die bestehenden Hilfsmöglichkeiten besser nutzen können. Neue Ärztegenerationen kann man vermutlich über die medizinischen Ausbildungsstätten und durch Artikel in der medizinischen Presse erreichen, aber es gibt eine große Gruppe von Hausärzten, die das Zustandsbild nicht kennen und deshalb nicht in der Lage sind, eine spezifische Beratung zu erteilen. Wie Lotter (1966) feststellte und wie es die Unterlagen der Society for Autistic Children bestätigen, sind in vielen Fällen die Eltern die ersten gewesen, die die Diagnose gestellt und die darauf bestanden haben, daß eine Untersuchung durch einen Fachmann durchgeführt wurde.

Der erste Schritt besteht also darin, zu erkennen, daß die Entwicklung des Kindes nicht normal verläuft und daß eine Untersuchung und Diagnose durch einen Spezialisten erforderlich ist. Der zweite Schritt ist, eine Diagnose im konventionellen Sinn zu stellen, was vermutlich keine langwierige Angelegenheit ist. Im Idealfall sollten sich die Spezialzentren mit einer Vielzahl von Entwicklungsproblemen befassen, wie es Kushlick (1966) vorschlägt. Seh- und Hörtests, Untersuchungen von Abnormitäten des Zentralnervensystems, eine erste psychologische Untersuchung und Verhaltensbeobachtungen können ambulant durchgeführt werden, so daß eine routinemäßige stationäre Aufnahme vermeidbar sein müßte.

Der nächste Schritt ist schwieriger und langwieriger. Er besteht darin, bei jedem Kind im Detail zu beschreiben, welches die primären Behinderungen sind, in welchem Ausmaß sekundäre Behinderungen bestehen, und welche sozialen Bedingungen möglicherweise das Zustandsbild beeinflussen. Dieser diagnostische Prozeß nimmt Monate, vielleicht sogar Jahre in Anspruch und verlangt die vereinten Kenntnisse und Beobachtungen von Ärzten, Psychologen, Sozialarbeitern und Lehrern. Nur die Anfangsphasen können in der Klinik abgeschlossen werden, später wird sich die Hauptarbeit in die häusliche Umwelt und die Schule verlagern. Eine diagnostische Kennzeichnung, sei sie „kindlicher Autismus", „Psychose", „emotionale Störung" oder „geistige Behinderung", ist ohne diese sorgfältige und fortgesetzte Analyse der Probleme des Kindes und seiner Familie nur ein Hindernis. Eine Empfehlung hinsichtlich der Hilfsmöglichkeiten läßt sich nur geben, wenn detaillierte Kenntnisse der visuellen, auditiven und sprachlichen Behinderungen, der Verhaltensstörungen, der Einstellungen und Belastungen der Familie, der sozialen, finanziellen und häuslichen Schwierigkeiten vorliegen. Es ist dieses Stadium der diagnostischen Arbeit, das ein Vorgehen im Team mit einer Kooperation über die beruflichen und verwaltungsmäßigen Abgrenzungen hinweg erfordert – ein zur Zeit ziemlich ungewöhnliches Verfahren. Diese Konzeption eines „Teams", das viel größer als die Dreiergruppe Arzt – Psychologe – Sozialarbeiter in den Kinderkliniken ist, wird in einem späteren Abschnitt ausführlicher beschrieben.

Soll man das Kind in ein Heim geben?

Eine der wichtigsten Entscheidungen, die das Team treffen muß, ist, ob das Kind eine Heimerziehung braucht. Lotter (1966) hat in seiner epidemiologischen Untersuchung in der englischen Grafschaft Middlesex gefunden, daß von 35 autistischen Kindern im Alter von acht bis zehn Jahren 16 nicht zu Hause lebten. In 5 Fällen war eine häusliche Betreuung wegen Tod, Scheidung oder geistiger Erkrankung der Eltern unmöglich. In 4 anderen Fällen war das Verhalten des Kindes zu Hause nicht mehr tragbar. Die übrigen 7 Kinder hätten möglicherweise zu Hause bleiben können, wenn es geeignete Einrichtungen in der Nähe des Wohnortes gegeben hätte.

Die positiven Gründe, Kinder von ihrer Familie fortzugeben, sind folgende:

a) Die häusliche Situation ist unzulänglich, weil nur ein Elternteil vorhanden oder ein Elternteil oder beide Eltern schwer erkrankt sind.
b) Das Verhalten des Kindes schafft eine nicht mehr erträgliche Situation. (Das ist natürlich von der Belastbarkeit der Eltern und der anderen Kinder und dem Grad ihrer seelischen und körperlichen Gesundheit abhängig.)
c) Eine kurzzeitige Einweisung in ein Krankenhaus ist notwendig, damit eine Untersuchung oder Spezialbehandlung durchgeführt wird. (In diesem Fall sollte man anbieten, die Mutter gemeinsam mit dem Kind aufzunehmen.)
d) Der klinische Zustand ist durch mehrfache oder schwere körperliche Behinderungen besonders kompliziert.

Diese Indikationen bestehen nur bei einer Minderheit der autistischen Kinder. Für alle anderen wäre es am besten, wenn sie in ihrer Familie blieben. Von den Kindern, die der Society for Autistic Children bekannt sind, lebt ein Drittel in Heimen verschiedener Art, und dieser Anteil ist vermutlich zu hoch. Sicherlich hätten es viele Eltern lieber gehabt, ihr Kind zu Hause zu behalten.

Die Empfehlung, daß autistische Kinder ihre Familie verlassen sollten, weil ihre Eltern die Ursache der Störungen sind und deshalb nur schädlichen Einfluß haben können, ist in Kapitel 1 erörtert und zurückgewiesen worden. Eltern können auf die schwierigen Probleme, die von autistischen Kindern gestellt werden, auf sehr unterschiedliche Weise reagieren und müssen als Eltern ganz überdurchschnittliche Qualitäten besitzen, um ohne detaillierte Beratung damit fertig zu werden – aber der Anteil, der bei sachgerechter Hilfe die Probleme nicht meistert, ist wahrscheinlich ziemlich klein. Wie bei anderen Behinderungsarten gehen auch beim kindlichen Autismus die neueren Bestrebungen in Richtung auf eine Betreuung innerhalb der Wohngemeinde, und es ist sehr unwahrscheinlich, daß sich dieser Trend innerhalb der nächsten Generation ändert. Eine der wichtigsten Aufgaben des Beratungsteams besteht darin, Bedingungen zu schaffen, mit denen die primären und sekundären Behinderungen des Kindes soweit wie möglich verringert werden, so daß sich eine Unterbringung außerhalb der Familie erübrigt.

Welche Hilfen braucht eine Familie, die ein autistisches Kind zu Hause behält?

Bleiben autistische Kinder zu Hause, so entstehen Belastungen für die ganze Familie. Die Hilfen, die nötig sind, um diese Belastungen soweit wie möglich zu verringern, sollen unter vier Gesichtspunkten besprochen werden – Umgang mit dem Kind, praktische Hilfen, Psychotherapie und Beratung hinsichtlich anderer Hilfsdienste.

Die medizinische Betreuung ist in Kapitel 4 behandelt worden. Sie kann eine wertvolle Hilfe bei der Kontrolle von Überaktivität und epileptischen Anfällen und bei der Verminderung von körperlichen Behinderungen sein. Außerdem brauchen die Eltern genaue Anweisungen, wie sie auf das abnorme Verhalten des Kindes reagieren sollen; denn wenn sie mit ihrem Kind in kluger und sicherer Weise umgehen, helfen sie nicht nur dem Kind, sich in optimaler Weise zu entwickeln, sondern bekommen auch selbst das Gefühl, daß sie etwas Konstruktives leisten; und das trägt dazu bei, daß sie die Verzweiflung und den Kummer, die unvermeidbar aufkommen, besser bewältigen können. Diese Form der Beratung wird am besten vom Sozialarbeiter durchgeführt, der dafür aber erst dann geeignet ist, wenn er in allen praktischen Einzelheiten weiß, wie sich autistische Kinder in verschiedenen Situationen verhalten, zu Hause, beim Einkaufen, auf Reisen, bei Besuchen oder in den vielen anderen Situationen, die entstehen können. Die Kenntnis des Verhaltens in der Klinik genügt nicht. Ratschläge für die häusliche Erziehung und Einübung eines akzeptablen Sozialverhaltens sind auch wichtig, damit möglichst wenig Zeit für konstruktiveres Lernen verloren geht. Viele Eltern können ihre autistischen Kinder ebenso unterrichten, wie sie beim Unterricht ihrer normalen Kinder helfen können, aber sie brauchen dafür die Hilfe eines Spezialisten aus dem Beratungsteam. Diese Aspekte der häuslichen Betreuung – Sozialverhalten und Unterricht – sind in Kapitel 10 detailliert behandelt worden.

Die praktische Hilfe, die zu Hause benötigt wird, ist für Familien mit autistischen Kindern größtenteils dieselbe wie für Familien, die Kinder mit einer andersartigen geistigen Behinderung haben. Hilfe im Haushalt beim Waschen der Wäsche, finanzielle Unterstützung, besondere Fahrmöglichkeiten, wenn das Verhalten des Kindes in Bussen oder Zügen unerträglich ist, eine erfahrene Beaufsichtigung der Kinder am Abend, damit die Eltern gelegentlich aus dem Haus gehen können – das alles könnte von Zeit zu Zeit erforderlich sein. Diese Hilfen sollte der Sozialarbeiter von sich aus zur Verfügung stellen, wobei er selbst versuchen muß, vorherzusehen, wann sie notwendig sind, und nicht warten soll, bis die Familie verzweifelt ist, weil sie ihr fehlen.

Eine Psychotherapie ist oft deshalb nötig, weil das gestörte Verhalten des Kindes ambivalente Gefühle bei den Eltern hervorruft. In Verbindung mit der unvermeidbar verlängerten Periode der Abhängigkeit kann dies zu ernsthaften Störungen der Beziehungen in der Familie führen, nicht nur zwischen Mutter und Kind und zwischen den Geschwistern, sondern auch zwischen den Ehepartnern. Gefühle von Feindseligkeit und Aggressivität gegenüber dem behinderten Kind sind unter Umständen schwer zu verarbeiten und führen zu Schuldgefühlen, Angst und Depressionen. Viele Eltern können diese Probleme (die nur eine besonders starke Form der Probleme aller Familien sind, auch wenn keine zusätzlichen Belastungen bestehen) selbst gut meistern, aber einige Eltern werden von ihnen überwältigt. Die Psychotherapie ist in Kapitel 10 ausführlicher behandelt worden.

Schließlich muß man die Familie in Kontakt mit den verfügbaren Hilfseinrichtungen bringen. Man muß das Problem der Heimerziehung nach allen Seiten hin diskutieren, muß gründlich auf die Erziehungsprobleme eingehen und eine sachgerechte Beratung erteilen. Man sollte die Eltern auf die freiwilligen Elternvereinigungen * hinweisen, in denen sie andere Eltern finden, die vor ebenso schwere Probleme wie sie gestellt waren und diese Probleme gelöst haben.

Diese Familienhilfen, die notfalls über Jahre hinweg gegeben werden, sind wirklich präventive Hilfsmaßnahmen. Gute medizinische und soziale Behandlung und umsichtige häusliche Erziehung vermindern die Verhaltensstörungen und erhöhen das Selbstvertrauen der Eltern. Wenn solche Unterstützung fehlt und die lokalen Hilfsdienste schlecht sind, dann kann bei Eltern, die sich vor sehr schwierige Probleme gestellt sehen, das Gefühl entstehen, sie sollten das Kind besser von zu Hause weggeben – und es ist dann schwer, etwas dagegenzusetzen.

*Autistische Kinder in Heimen, Heimschulen und
kinderpsychiatrischen Kliniken*

Im Interesse des Kindes oder der Familie ist es manchmal notwendig, eine Unterbringung außerhalb der Familie zu empfehlen. Tizard (1964) hat die Prinzipien erörtert, die einer Heimunter-

---

* Hilfe für das autistische Kind e. V., 588 Lüdenscheid, Postfach 1306 bringung zugrunde liegen sollten. Er nimmt die Empfehlung des Curtis-Commitee (1946) zum Ausgangspunkt und vertritt die Ansicht, daß alle Kinder die Möglichkeit brauchen, in einer stabilen Umwelt aufzuwachsen, in der es Möglichkeiten für Gefühlsbindungen und für soziale und intellektuelle Anregungen gibt. Das Modell für eine solche Umwelt ist die normale Familie. Die wesentlichen Bezugspersonen in der Familie sind Vater und Mutter, außerdem sind meist noch andere Kinder verschiedenen Alters und beiderlei Geschlechts da, die mit dem Kind während der verletzbarsten und aufnahmefähigsten Jahre zusammenleben. Wenn keine natürliche Familie vorhanden ist, muß deshalb eine künstliche geschaffen werden. Behinderte Kinder brauchen eine liebevolle und in sich gefestigte Umwelt, die ihnen einen Halt gibt und sie fördert, *mehr* als andere Kinder, und autistische Kinder brauchen sie vielleicht mehr als irgend jemand sonst.

Die Argumente gegen große, abseits liegende Institutionen zur Heimerziehung behinderter Kinder sind an anderer Stelle ausführlich und detailliert dargestellt worden (Ainsworth, 1962; Bettelheim und Sylvester, 1948; Kushlick, 1966; Report of Working Party of B.P.S., 1966; Tizard, 1964), ebenso die allgemeinen Nachteile einer Institutionalisierung (Goffman, 1958; Wing, 1962). Für autistische Kinder ist ein Mangel an Umweltanregungen besonders schädlich: sie brauchen *mehr* spezielle und persönliche Zuwendung als normale Kinder, nicht weniger. Es ist unmöglich, daß sie diese Zuwendung auf großen, personell unterbesetzten Stationen erhalten, wo man sich nur um die am lautesten schreienden Kinder persönlich kümmern kann, und selbst um diese nicht genug. Psychiatrische Anstalten müssen trotzdem Kinder mit schwersten Behinderungen und Verhaltensstörungen aufnehmen und versuchen, mit ihnen zurecht zu kommen, einfach weil es an anderer Stelle keine ausreichende Versorgungsmöglichkeit gibt. Das heißt nicht, daß die eigene Familie immer besser als eine Institution ist. Eine kleine Wohngemeinschaft in einem guten Heim kann eine günstigere Lebenssituation sein als ein schlechtes Zuhause. Aber es gibt bisher sehr wenig Wohngemeinschaften dieser Art, und andererseits lassen sich schlechte häusliche Bedingungen oft verbessern, wenn mit praktischen Maßnahmen geholfen wird.

Die Entscheidung, ein Kind von zu Hause fortzugeben, ist eine negative, wenn sie nichts weiteres beinhaltet. Man braucht in einem solchen Fall die positive Entscheidung, welche Art der Unterbringung notwendig ist: ob eine spezielle Krankenhausabteilung, eine Heimschule oder eine Familiengruppe von der Art, wie sie Tizard (1964) und Kushlick (1966) beschrieben haben.

Bisher existierten bei uns in England erst wenige Familiengruppen, aber es gibt ein Versuchsmodell in Dänemark [1]. Die Schule der Society for Autistic Children verfügt über die Möglichkeit zur Angliederung von zwei kleinen Familiengruppen, und eine davon, mit einer Hausmutter, ihrer Assistentin und drei Kindern, besteht bereits [2]. Die Kinder besuchen alle die Schule. Besuche zu Hause werden gefördert, man kann die Einrichtung auch zur Ferienerholung benutzen. Diese Art, am Schulort zu wohnen, müßte den Bedürfnissen der meisten behinderten Kinder gerecht werden, die außerhalb ihrer Familie leben müssen. Hätte man mehr derartige Möglichkeiten, so brauchte man weniger spezielle Krankenhausabteilungen oder Heimschulen, die weit vom Wohnort der Kinder entfernt liegen. Heimplätze gibt es auch in den Steiner-Schulen [3] und in einigen Privatschulen. Die Eltern sind mit diesen Einrichtungen meist recht zufrieden, obwohl die Einschränkungen der Besuchsmöglichkeiten in den Steiner-Schulen von den Eltern oft als ärgerlich und unnötig empfunden werden.

Abteilungen in kinderpsychiatrischen Kliniken haben im Rahmen der Hilfsdienste für autistische Kinder eine wichtige Funktion. Sie verfügen nicht nur über diagnostische Einrichtungen, sondern können auch ein Kind während einer akuten Verhaltenskrise, mit der man zu Hause nicht fertig werden kann, bei sich aufnehmen. Wenn mehr Plätze vorhanden wären, könnte eine solche Aufnahme auch erfolgen, wenn eine medizinische, eine chirurgische oder eine Zahnbehandlung notwendig ist, die sich in einem gewöhnlichen Kinderkrankenhaus nicht durchführen läßt. Es sollte die Möglichkeit geben, die Mutter mit aufzunehmen, falls es erforderlich ist. Krankenhausabteilungen sollten mit Lehrern zusammenarbeiten, und diese Lehrer sollten enge Verbindung zur Schule des Kindes halten. Es gibt noch immer nur sehr wenige Plätze in speziellen Krankenhausabteilungen dieser Art.

Das schwierigste Problem ist zur Zeit das schwer behinderte Kind, das vielleicht zusätzlich körperliche Behinderungen und oft schwere Verhaltensstörungen hat. Die Spezialabteilungen haben im allgemeinen kein Interesse daran, solche Kinder für einen langfristigen Aufenthalt aufzunehmen. Um einige dieser Kinder kann man sich in Tagesstätten[4] kümmern, besonders wenn es dort Möglichkeiten für eine spezielle Betreuung gibt, und wenn für den Transport gesorgt werden kann. Aber damit sind nicht alle Probleme gelöst. Die Mitarbeiter dieser Einrichtungen stehen den Schwierigkeiten oft so irritiert und hilflos gegenüber, daß man das Kind dort nicht lassen kann. Man braucht einen speziell ausgebildeten und erfahrenen Mitarbeiterstab, der sich vielleicht in einer zentralen Einrichtung innerhalb größerer Regionen zusammenholen läßt. Jedoch wird bei diesen schwierigen Kindern immer ein gewisses Bedürfnis nach einer langfristigen Heimunterbringung vorhanden sein, und vermutlich sind Familiengruppen vom Brooklands-Typ[5], vielleicht auf dem Gelände vorhandener Krankenhäuser, die spezialisierte Mitarbeiter haben, die richtige Lösung.

Pädagogische Einrichtungen

Die Entscheidung, welche pädagogischen Maßnahmen bei einem autistischen Kind erforderlich sind, muß vollkommen unabhängig davon sein, ob es außerhalb seiner Familie leben soll oder nicht. Das gilt ganz allgemein, besonders aber für Kinder mit schwer gestörtem Verhalten, die – wie schon Itard und Witmer wußten – auf eine Form von Schulunterricht recht häufig gut ansprechen. Ein schwer gestörtes Kind darf nicht automatisch als „nicht bildungsfähig" angesehen werden.

Man kann unmöglich vorhersagen, ob ein Kind von einem heilpädagogischen Unterricht profitieren wird – um das zu beurteilen, muß man einen längeren und ernsthaften Versuch in dieser Richtung unternehmen. Wenn man ohne ausreichende Informationen entscheidet, daß ein Kind nur für eine kindergartenähnliche Einrichtung in Frage kommt, in der keine gezielte Unterrichtsarbeit geschieht, so bedeutet das, daß man ihm seine beste Chance zum Vorankommen vorenthält. Intelligenztests können statistisch nützlich sein, wie aber Rutter (Kapitel 3) und Mittler (Kapitel 5) ausgeführt haben, können diese Tests als Grundlage einer Prognose im Einzelfall leicht zu Fehlentscheidungen führen. Der einzige Weg, wenigstens mit einiger Sicherheit herauszufinden, ob ein Kind „bildungsfähig" ist, besteht in dem Versuch, ihm eine Bildung zu geben.

Schon im Vorschulalter, aber auch während des ersten Schuljahres, kann eine Kindergartensituation autistischen Kindern sehr gut tun. Abgesehen davon erhält die Mutter etwas Entlastung von der ständigen Spannung, in der sie lebt, wenn sie das Kind den ganzen Tag über zu Hause hat. Es gibt in Toronto einen sehr erfolgreichen Kindergarten (Lovatt, 1962), in dem autistische mit normalen Kindern zusammengebracht werden. In einer Einrichtung dieser Art kann das Kind bleiben, bis es sieben oder acht Jahre alt ist, je nach den Fortschritten, die es macht.

In England hat das Unterrichtsministerium jetzt empfohlen, daß mit allen autistischen Kindern ein hinlänglich langer Versuch in einer schulischen Einrichtung gemacht werden soll, und das Ministerium hat sich selbst aktiv eingesetzt und Überlegungen angestellt, was zur Bildungsförderung dieser Kinder getan werden könnte. Gegenwärtig sind autistische Kinder in Schulen für normale Kinder, für verhaltensgestörte, für geistig behinderte, für körperbehinderte und gesundheitlich schwache Kinder zu finden, ferner in Steiner-Schulen und Privatschulen. Außerdem gibt es Spezialklassen, die anderen Schulen angegliedert sind, was die Eltern für eine sehr befriedigende Lösung halten.

Einige autistische Kinder haben in normalen Schulen recht gute Fortschritte gemacht, wenn der Lehrer verständnisvoll und die Klasse klein war – und besonders, wenn sie sich gesittet verhielten und ein bestimmtes Spezialtalent hatten. Probleme können entstehen, weil das autistische Kind Schwierigkeiten hat, Freundschaften zu schließen (was es selbst schmerzhaft empfinden mag, wogegen es aber gar nichts tun kann), weil es im Verhalten etwas absonderlich ist oder weil ihm das Gefühl für soziale Umgangsformen fehlen. Die Hauptschwierigkeiten ergeben sich in diesem Fall meist zur Zeit des Schulaustritts, weil Eltern und Lehrer mitunter unrealistische Vorstellungen davon haben, was der Jugendliche tun kann, und weil keine Hilfseinrichtungen zur Verfügung stehen, die den Übergang von der Schule zur Arbeitswelt erleichtern.

Die meisten autistischen Kinder gehören jedoch nicht in normale Schulen. Zwar ist man in vielen Schulen sehr tolerant und verständnisvoll, selbst wenn die Verhaltensprobleme ziemlich schwerwiegend sind, aber oft sind die Klassen zu groß und die Mitarbeiter zu ungeübt, um auf Kinder mit Hör-, Seh- und Sprachbehinderungen in der richtigen Weise eingehen zu können. Einige Kinder haben in Sonderschulen für Lernbehinderte sehr schöne Fortschritte gemacht, aber es wäre unrealistisch, wenn man erwarten würde, daß dies allgemein zutrifft.

Es sei daran erinnert, daß oft eine allmähliche Besserung im allgemeinen Verhalten, im Sozialverhalten und in der Fähigkeit zu Gefühlsbeziehungen festzustellen ist, selbst wenn das Kind im schulischen Lernen nicht vorankommt. Aber auch diese Besserung beruht zum Teil auf einer Täuschung, weil das Kind in einer fremden Umgebung oft zunächst einige Zeit auf ein niedrigeres Niveau zurückfällt und sich dann wieder fängt; diese Besserung könnte als ein Ergebnis des Unterrichts gewertet werden, obwohl im Grunde kein Fortschritt gemacht wurde. Der Erwerb kognitiver Fähigkeiten wie Lesen, Benennen von Farben, Zählen oder Ablesen der Uhrzeit folgt den Besserungen im Sozialverhalten nicht automatisch.

Der beste Kompromiß scheint darin zu bestehen, autistischen Kindern in der Schule einen Spezialunterricht zu erteilen und ihnen zu anderer Zeit die Möglichkeit zu geben, mit anderen Kindern zusammen zu sein, die sprechen und spielen können. Dieses Zusammenkommen mit anderen Kindern muß von einem Erwachsenen beaufsichtigt werden, der dem autistischen Kind helfen kann, am gemeinsamen Tun teilzunehmen; denn sonst zieht es sich vermutlich in einen Winkel zurück und konzentriert sich auf seine eigenen absonderlichen Beschäftigungen. Man braucht sich also im Grunde nicht zwischen sozialer Erziehung und schulischem Unterricht zu entscheiden. Man kann sich um beides bemühen, und eins wird das andere bereichern.

Furneaux (1964) hat eine Spezialklasse dieser Art beschrieben, die sich in einer kleinen Schule für verhaltensgestörte Kinder befindet. Sie hebt die Tatsache hervor, daß neurotisch gestörte Kinder, die schon etwas älter sind, wirklich Freude daran haben, autistischen Kindern zu helfen, und daß es für sie selbst eine Bereicherung ist, sofern es unter Aufsicht geschieht. Dagegen würden gleichaltrige Kinder, die sehr unruhig und aggressiv sind, davon nicht profitieren und für schwer behinderte kleinere Kinder eher ungeeignete Gefährten sein. Derartige Spezialklassen könnten auch an normale oder an andere Sonderschulen angegliedert werden.

Jede wirklich spezialisierte Einrichtung für autistische Kinder ist voraussichtlich teuer, weil das Lehrer-Schüler-Verhältnis hoch sein muß. Wenigstens einige Spezialschulen für autistische Kinder (wie die Schule der Society for Autistic Children) sind erforderlich. Sie müssen für Schüler aller Altersstufen eingerichtet sein, über Wohnplätze in nahegelegenen Familiengruppen verfügen, auch schwerer behinderte Kinder zur Beurteilung ihrer Entwicklungsmöglichkeiten aufnehmen, neue Methoden erproben und Speziallehrer ausbilden können. Sie müssen den Kindern auch die Möglichkeit geben, mit normalen Kindern zusammen zu kommen und – wenn sie Fortschritte gemacht haben – für immer längere Zeiten andere Schulen am betreffenden Ort zu besuchen.

Anders als Spezialschulen lassen sich Spezialklassen, die bestehenden Schulen angegliedert sind, in viel größerer Zahl einrichten. Welche Schulen dafür ausgewählt werden, ist vom verfügbaren Mitarbeiterstab, von der Schulleitung und von anderen Faktoren abhängig. Es ist wichtig, die Frage der Integration nicht aus dem Auge zu verlieren. Bevor autistische Kinder ein bestimmtes Entwicklungsstadium erreicht haben, profitieren sie allerdings nicht viel davon, wenn sie mit anderen Kindern zusammenkommen. Beobachtet man, wie sie sich in Gegenwart ihrer normalen Geschwister und ihrer Spielgefährten verhalten, so wird man kaum zu der Ansicht gelangen können, daß die Integration an sich schon zu vermehrtem sozialem Verhalten führen wird. Das geschieht nur durch Reifungsvorgänge und durch guten Unterricht und geschickte Lenkung durch Erwachsene.

In Schottland werden Tagesstätten von den Unterrichtsbehörden verwaltet, und die Meinungen gehen stark in die Richtung, daß diese Lösung allgemein empfehlenswert ist (The Needs of the

Mentally Handicapped Children, 1962; Report of the Working Party of B. P. S., 1966). Es wird natürlich Kinder geben, die dem Eindruck nach in Spezialklassen oder Spezialschulen keinerlei Fortschritte machen, und es ist dann folgerichtig, sie in eine Tagesstätte zu übernehmen, sofern sie dort richtig betreut werden können. Das Scott Committee (1962) empfiehlt einen Lehrgang für das Personal der Tagesstätten und vertritt nachdrücklich die Ansicht, daß man diese Einrichtungen als Teil des Schulsystems auffassen soll. Wenn solche Empfehlungen verwirklicht werden könnten und das Lehrer-Schüler-Verhältnis so weit verbessert würde, daß die Einrichtung von Spezialklassen möglich wäre, dann würden Tagesstätten (die man dann sinnvollerweise Schulen nennen sollte) zweifellos eine wichtige Rolle bei der Erziehung von schwerer behinderten autistischen Kinder spielen.

Ausbildung und Arbeit im Jugend- und Erwachsenenalter

Autismus bedeutet in der Regel, daß gewisse Behinderungen das ganze Leben über bestehen. Vermutlich ist es die Jugendzeit, für die es am meisten an Hilfseinrichtungen fehlt. Das wird deutlicher erkennbar sein, wenn die Hilfen während der Kindheit verbessert werden, so daß mehr Kinder eine angemessene Förderung und Erziehung erhalten und beim Erreichen des Jugendalters mindestens eine Chance haben, als Erwachsener irgendeine nützliche Arbeitstätigkeit übernehmen zu können.

Die Verzögerung in der Reifung, die während der Kindheit offensichtlich ist, besteht über die Pubertät hinaus (obwohl die körperlichen Reifungsvorgänge der Pubertät gewöhnlich nicht verzögert sind). Rutter stellt in Kapitel 3 fest, daß für Jugendliche, die als Kinder autistisch waren, das übliche Schulaustrittsalter nicht angemessen ist. Wegen der sozialen, emotionalen und intellektuellen Unreife dieser Jugendlichen, die mehrere Jahre jünger aussehen als sie tatsächlich sind, sind normale Lernfortschritte in einem gewöhnlichen Ausbildungsverhältnis völlig ausgeschlossen. Außerdem kommt – wie Rutter ausführt – die positive Entwicklungs-

tendenz, die so oft vor dem 10. Lebensjahr beginnt, mit der Pubertät nicht zum Stillstand, so daß im späten Jugend- und frühen
Erwachsenenalter die Möglichkeit für eine weitere Förderung besteht, die eine Vorbereitung für ein unabhängigeres Leben als Erwachsener sein kann. Deshalb sollen die Überlegungen bezüglich
der beruflichen Möglichkeiten und die berufliche Ausbildung beginnen, wenn der Jugendliche noch in der Schule ist. Vielleicht müßte
man die praktische Verwirklichung dieses Vorschlags zunächst in
privat geführten Einrichtungen demonstrieren, vielleicht führen
aber einige bereits vorhandene positive Erfahrungen [6] und das
allgemeine Gefühl, daß die berufsbildenden Einrichtungen für
Sonderschüler erheblich verbessert werden müssen, auch zu öffentlichen Maßnahmen.

Einige junge autistische Erwachsene finden auf dem freien Arbeits-
markt eine Beschäftigung, aber zur Zeit sind die meisten nur zu
einer Arbeit unter beschützenden Bedingungen fähig. Beschützende Werkstätten und ähnliche Einrichtungen für Erwachsene
mit chronischen geistigen Behinderungen und Erkrankungen werden durch die Bemühungen der zuständigen Ministerien, lokaler
Behörden, psychiatrischer Krankenhäuser und privater Organisationen allmählich verbessert. Das Modell der Dorfgemeinschaften
verdient ebenfalls sorgfältige Beachtung.

Die Aufgaben freiwilliger Organisationen

Die Arbeit der Society for Autistic Children und der National
Society for Mentally Handicapped Children [7] ist bereits erwähnt
worden. Solche Organisationen spielen eine wichtige Rolle, um in
Gebieten, in denen die gegenwärtig bestehenden Einrichtungen
unzureichend sind, neue Formen der Erziehung, der Berufsausbildung und der allgemeinen Hilfe in die Wege zu leiten. Oft ist man
auf offizieller Seite zu Anerkennung und Unterstützung bereit,
und wenn ein Wagnis erfolgreich ist, so besteht eine gute Chance,
daß es von der lokalen oder zentralen Verwaltung übernommen
wird. Die Rolle der privaten Initiative erhält dadurch eine Bestä-

tigung. Finanzielle Mittel für die meisten Aktionen dieser Vereinigungen werden von Privatpersonen, Wohlfahrtsorganisationen und aus öffentlichen Haushalten zur Verfügung gestellt.

Die vielleicht wertvollste Aufgabe, die von der Society for Autistic Children übernommen wurde, ist die Bereitstellung eines Informationsdienstes, durch den die Eltern über die bestehenden Einrichtungen für behinderte Kinder, über Krankenhäuser, Schulen, Ferienhäuser und vieles andere Auskünfte erhalten können. Ärzte und Sozialarbeiter, an die sich die Eltern wegen solcher Auskünfte wenden könnten, besitzen vielleicht nicht alle Informationen über die vorhandenen Hilfseinrichtungen, weil es kein Gesamtverzeichnis gibt, und weil sie nicht immer Erfahrungen über alle Einrichtungen besitzen können, von denen sie gehört haben. Eine freie Vereinigung hat gute Möglichkeiten, sich einen umfassenden Überblick zu verschaffen, weil sie in Kontakt zu Mitgliedern im ganzen Lande steht, die persönliche Erfahrungen gemacht haben.

Selbst wenn es schließlich ausreichende regionale Hilfsdienste gibt, haben freiwillige Vereinigungen immer noch eine Aufgabe. Eltern sollten das Gefühl haben können, daß sie eine gewisse Kontrolle über das Schicksal ihrer Kinder behalten, und daß es eine Organisation gibt, an die sie sich wenden können, wenn sie mit der Entscheidung einer lokalen Behörde oder eines Ministeriums nicht einverstanden sind. Je stärker die Integration der Hilfseinrichtungen wird, desto größer wird das Bedürfnis nach einer Vereinigung der Menschen, die davon Gebrauch machen. Die nützlichsten freien Vereinigungen sind solche mit einem hohen Anteil von direkt Betroffenen unter ihren Mitgliedern, die als Gruppe progressive Aktionen in Gang setzen können.

Eine Meinungsumfrage bei fast 300 Eltern, die der Society for Autistic Children angehören, ergab wertvolle Informationen über die Lücken in den gegenwärtigen Hilfseinrichtungen. Das hervorstechendste Thema war das Bedürfnis nach Schulen und die Schwierigkeit, Plätze in Schulen zu finden. Nur 20 Prozent der Eltern gaben einer außerhäuslichen Unterbringung den Vorzug, und von diesen sprachen sich fast alle für Heimschulen aus, nicht für Krankenanstalten. Das Bedürfnis nach individuellem Unterricht, der auf spezifische Behinderungen ausgerichtet ist, wurde oft betont. Andere häufig genannte Punkte waren das Fehlen einer sachkundigen Anleitung für den Umgang mit dem Kind, das Bedürfnis nach

Kindergartengruppen, nach Einrichtungen für Jugendliche, nach beschützenden Werkstätten und Ferienerholungen. 3 Prozent der Eltern meinten, daß ihre Kinder eine Psychotherapie erhalten sollten. Es gab viele Klagen über die Überfüllung und den Personalmangel in Schulen, Tagesstätten und anderen Einrichtungen für geistig behinderte Kinder, auch über die dort fehlende Erfahrung und Übung im Umgang mit autistischen Kindern.

Zahnbehandlung

Eines der schwierigsten Probleme, dem die Eltern eines geistig behinderten Kindes gegenüberstehen – besonders schwer, wenn auch dessen Verhalten gestört ist – besteht darin, eine Möglichkeit zur Zahnbehandlung zu finden. Das gilt ganz besonders für ein autistisches Kind, dem man mit Hilfe der Sprache nicht erklären kann, was geschieht. Es ist von Vorteil, wenn man der Mutter erlaubt, bei der Behandlung anwesend zu sein. Sie weiß, wieviel das Kind verstehen kann, und sie kann ihm erklären, was der Zahnarzt zu sagen hat. Obwohl dies nicht immer zum Erfolg führen mag, können die Eltern dem Zahnarzt die Arbeit oft sehr erleichtern.

Bei einem schwerer gestörten Kind ist es vielleicht unmöglich, irgendeine Behandlung ohne Narkose durchzuführen. Auch das ist nicht immer einfach, wie die folgende Geschichte zeigt:

„Janet ist ein autistisches Kind, das viel Probleme mit ihren Zähnen gehabt hat. Sie war immer äußerst widerspenstig. Die Zahnärzte klagten, daß sie »nicht hören will«, und versuchten mit wenig Erfolg, sie zu einer Behandlung zu überreden. Als sie neun Jahre alt war, sollte sie in eine Heimschule gehen, und vorher mußten ihre Zähne in Ordnung gebracht werden. Sie wurde von ihrem Vater in eine Zahnklinik gebracht und in den Operationssaal. Dort stand eine ganze Reihe von Geräten zur Zahnbehandlung, und neun oder zehn weißgekleidete Leute standen herum. Sie geriet in große Angst, schrie und strampelte, als ihr eine Injektion in den Arm gegeben wurde. Nach der Anästhesie erhielt sie Narkosegas, aber sie kam immer wieder gleich zu Bewußtsein. Die Zähne wurden gebohrt, es konnten aber nur vorläufige Füllungen gemacht werden. Man schlug vor, sie in ein normales Krankenhaus zu bringen, damit sie eine andere Art von Narkose erhalten könne.

Janet wurde zur Aufnahme vorgemerkt, mußte aber sieben Monate auf ein Bett warten. Sie war sehr beunruhigt, als sie merkte, daß sie im Krankenhaus bleiben mußte, lief von einer Schwester zur anderen und rief: »Plombier Zähne, will artig sein, sitz im Stuhl, plombier Zähne.« Enorme Mengen von Beruhigungsmitteln waren nötig, um der Station zur Nachtruhe zu verhelfen. Am nächsten Morgen gab man Janet Largactil, um sie still zu halten und um zu verhindern, daß sie vor der Anästhesie etwas zum Trinken erwischen würde.

Die Behandlung wurde durchgeführt, und gegen alle Vorschriften teilte die Schwester den Eltern telefonisch mit, daß das Kind schon am Abend statt am folgenden Tag nach Hause geholt werden könne. Sie wurde im Auto nach Hause gebracht, schläfrig, schwankend und sich übergebend."

Wenn man eine Behandlung für ein autistisches Kind vereinbart, dann sind folgende Punkte wichtig. Geistig behinderte Kinder werden sehr unruhig, wenn sie lange Zeit warten müssen. Durch ein spezielles Aufrufsystem kann man diese Schwierigkeit vermeiden. Da kein Aufrufsystem perfekt ist, wäre es eine große Hilfe, wenn es einen besonderen Platz zum Warten geben würde, am besten in der Nähe eines Waschraumes und einer Toilette.

Die Eltern wären für eine Form der Anästhesie dankbar, bei der Zahnfüllungen sofort gemacht werden könnten und so eine Aufnahme in das Krankenhaus vermieden würde. Wenn die Aufnahme notwendig ist, so wäre es für ein sehr gestörtes Kind besser, wenn es gesondert von den anderen Kindern sein könnte. Ein Raum, in dem Mutter und Kind zusammenbleiben können, abseits von den übrigen Patienten, wäre für die Behandlung im Krankenhaus das Ideale.

Wenn es nicht möglich ist, daß die Eltern bei der Behandlung zugegen sind, wäre es eine Hilfe, wenn sie zuerst ein ruhiges Wort mit dem Zahnarzt sprechen könnten, um ihm zu erklären, was das Kind vermutlich am meisten ängstigt oder erregt, so daß einige der größten Fehler vermieden würden. Bei autistischen Kindern, die eine Schule oder andere Einrichtung besuchen, könnten im Schulgebäude in einem vertrauten Raum reguläre routinemäßige Zahnuntersuchungen durchgeführt werden. Die Kinder könnten so mit dem Zahnarzt vertraut werden, und wenigstens einige von ihnen würden allmählich die Behandlung leichter geschehen lassen. Wenn dieser Plan Erfolg haben soll, ist es sehr wichtig, daß derselbe Zahnarzt, der regelmäßig die Zähne der Kinder untersucht, auch die Behandlung durchführt. Das allgemeine Prinzip ist, daß fremde Umgebungen diese Kinder in Angst versetzen, daß sie aber viel weniger Angst haben und auch leichter zu lenken sind, wenn ihnen die Situation vertraut ist.

Obwohl inzwischen gut bekannt ist, daß bei autistischen Kindern in der Regel sedierende und anästhesierende Mittel sehr geringe Wirkung haben, sind Narkoseärzte oft überrascht, wenn sie einem solchen Fall in der Praxis begegnen. Die Beurteilung der richtigen Dosis für die Vormedikamentierung und das Anästhetikum selbst erfordert großes Geschick und viel Erfahrung. Autistische Kinder sollten deshalb immer von einem erfahrenen Narkosearzt versorgt und nicht einem jungen Arzt anvertraut werden, der vielleicht nicht in der Lage ist, mit ihren ungewöhnlichen Besonderheiten fertig zu werden. In diesem Zusammenhang ist es angebracht, darauf hinzuweisen, daß bei autistischen Kindern (ebenso wie bei anderen hirngeschädigten Kindern) ein als Beruhigungsmittel für die Nacht verwendetes Barbiturat erregend statt beruhigend wirken kann.

Möglicherweise ist die einzig befriedigende Lösung die Schaffung spezieller Abteilungen für die Zahnbehandlung behinderter und gestörter Kinder.

Die Zahl der schulfähigen Kinder

Wie in Kapitel 1 ausgeführt wurde, gibt es im Schulalter etwa doppelt soviel autistische wie blinde und fast ebenso viel wie taube Kinder. Jedoch sind viele Einrichtungen für völlig blinde oder völlig taube Kinder Heimschulen, und das ist für autistische Kinder kein gutes Modell, sofern sich die Heimunterbringung überhaupt vermeiden läßt. In einem städtischen Ballungsgebiet wie London wäre es möglich, vier Stadtgebiete von normaler Größe zusammenzufassen, was eine Gesamtbevölkerung von einer Million ergäbe, mit etwa 200 000 Menschen im Alter von 0 bis 14 Jahren. Bei einer Rate von 4,5 auf je 10 000 (Lotter, 1966) gäbe es also 90 autistische Kinder, von denen 60 zwischen 5 und 14 Jahre

alt wären. Nach der strengsten Definition (mit einem Intelligenzquotient von 50 als Kriterium) wäre davon die Hälfte „bildungsfähig", aber die meisten dieser Kinder haben unabhängig von ihrer
Intelligenz Anspruch auf einen Versuch in einer speziellen Erzie-
hungseinrichtung. Einige werden sich nach dem Versuch als ungeeignet erweisen, und bei anderen wird eine andersartige spezielle
Versorgung nötig sein, aber es ist wahrscheinlich, daß bei einer
Gesamtbevölkerung von einer Million wenigstens 30 Kinder im
Alter von 5 bis 14 Jahren eine Betreuung in Spezialklassen brauchen. In großen Städten ließen sich mehrere Klassen für verschiedene Altersstufen einrichten, so daß die Kinder zu Hause bleiben
können. Wenn schulische Einrichtungen, wie an früherer Stelle
empfohlen, bis zum Alter von 19 oder 20 Jahren zur Verfügung
stehen, dann wären die Zahlen noch höher. Dementsprechend besteht in ländlichen Gebieten ein höherer Bedarf an Wohnmöglich-
keiten in Familiengruppen in der Nähe einer Schule mit den geeigneten Spezialklassen; allerdings sollten auch in diesem Fall die
Kinder am Wochenende in der Regel zu Hause bei ihrer Familie
sein.

Das sozialpsychiatrische Team

Die im vorliegenden Kapitel erörterten Hilfsdienste sind sehr
komplex, und es ist nicht leicht, nach einem rationalen Plan von
ihnen Gebrauch zu machen. Im Rahmen einer vergleichenden
Untersuchung kommunaler Einrichtungen haben Brown und seine
Mitarbeiter (Brown et al., 1966) erörtert, welche Aufgaben ein
Team aus Psychiater, Sozialarbeiter, Krankenschwester und Be-
rufsberater bei der Gemeinwesenarbeit für erwachsene Schizophrene hat. Für Kinder besteht ein solches Team aus Medizinern,
Pädagogen und Sozialarbeitern. Die Aufgabe des Arztes ist, eine
Diagnose zu stellen, mit der Ermittlung und Abgrenzung der
behinderten Funktionen zu beginnen und Anweisungen für die
medikamentöse Behandlung zu geben. Die Aufgabe des Sozialarbeiters oder Amtsarztes ist es, das Problem des Kindes im sozia-

len Zusammenhang zu sehen und bei der Ermittlung der sekundären Behinderungen zu helfen, für praktische Hilfen zu sorgen, Ratschläge für die häusliche Führung des Kindes zu geben und zu versuchen, die persönlichen Probleme, die bei den Eltern und Geschwistern entstehen, vorherzusehen und sich damit zu befassen. Der pädagogische Berater muß mit den anderen Mitgliedern des Teams zusammenarbeiten, um die Behinderungen ausfindig zu machen, die der Entwicklung des Kindes im Wege stehen. Er muß eine geeignete Schule oder Schulklasse finden und Methoden vorschlagen, mit denen Eltern und Schule dem Kind helfen können, die Behinderungen zu überwinden. Alle drei Mitglieder können bei ihrer Zusammenarbeit zu der Ansicht kommen, daß eine zusätzliche Hilfe durch andere Spezialisten wünschenswert ist oder daß die Eltern noch andere Hilfseinrichtungen in Anspruch nehmen sollten. Jedes Mitglied des Teams muß sich eine gründliche Kenntnis darüber verschaffen, wie sich autistische Kinder in verschiedenen Umgebungen, insbesondere zu Hause, in der Schule und in der Öffentlichkeit verhalten. Die schwierigste Aufgabe ist die der Koordination der einzelnen Maßnahmen (Jeffreys, 1965). Kushlick (1966) hat vorgeschlagen, daß derartige Arbeitsteams sich mit allen Arten von Entwicklungsproblemen bei Kindern befassen sollten. Diese Teams sollten einer lokalen Verwaltung unterstehen (und wenn erforderlich, sollte für die Klienten damit auch die Möglichkeit zum Besuch eines Psychiaters im Krankenhaus oder eines Kinderarztes verbunden sein). Die Hilfsmaßnahmen können dann auf einer sehr gründlichen Kenntnis der Situation jeder einzelnen Familie aufbauen, und es wird leicht sein, eine auch praktisch verwertete Übersicht über diejenigen Familien des betreffenden Gebiets zu führen, bei denen Hilfe, Unterstützung oder Beaufsichtigung nötig ist, so daß nicht durch irgendeinen Fehler des Teams eine Hilfeleistung ausbleibt. Soweit es allerdings autistische Kinder betrifft, ist eine allgemeine Erfahrung mit „Entwicklungs"-Problemen vermutlich nur von beschränktem Wert. Die Probleme dieser Kinder sind meist sehr spezieller Art, und so muß auch die Hilfe sehr speziell sein. Man muß einfach sehen, daß einige Psychiater, Lehrer, Medizinalbeamte und Sozialarbeiter zur Zeit nicht wissen, wie sie diese spezielle Hilfe geben können, und

daß auch die Eltern nicht wissen, wie sie sich um diese Hilfe für
ihre Kinder bemühen sollen. Ein nicht-direktives Vorgehen beispielsweise, das bei Neurosen Erwachsener wertvoll sein mag, hilft
einer Mutter sehr wenig, die fragt, was sie tun soll, wenn ihr Kind
jede Nacht mehrere Stunden lang schreit, das ganze Haus wach-
hält und die Eltern zur Verzweiflung treibt. Es gibt vernünftige
Ratschläge, die man in solchen Fällen geben kann und geben sollte
(siehe Kapitel 4 und 10).

Aufklärung der Eltern und der Öffentlichkeit

Die Aufklärung der Eltern übernehmen Mitglieder des Teams,
wie es oben und in Kapitel 10 beschrieben wurde. Lovaas hat darüber hinaus mit ausgewählten Eltern ein spezielleres Trainings-
programm durchgeführt, nachdem in seiner Klinik ein routine-
mäßiges Vorgehen einmal ausgearbeitet war. Diese Methode ist
noch nicht in größerem Umfang verwendet worden, aber die
Resultate sind vielversprechend und könnten vielleicht allgemeiner anwendbar sein [8].
Die Eltern sind natürlich oft die ersten, die bemerken, daß etwas
mit ihrem Kind nicht stimmt, und so erhebt sich die Frage, ob sie
und die allgemeine Öffentlichkeit durch Presse, Radio und Fernsehen Informationen über dieses Zustandsbild erhalten sollten. Die
Fachleute sind darüber verschiedener Meinung. Unser Gefühl ist,
daß vermutlich wenig Schaden entsteht, sofern die Informationen
in unaufdringlicher Weise gegeben werden und den Tatsachen entsprechen. Es ist ja wirklich eine beträchtliche Gruppe kleiner Kinder dadurch als autistisch erkannt worden, daß die Eltern das
Syndrom identifiziert und sich um eine medizinische Beratung und
Überweisung zu einem Spezialisten bemüht haben. Bei einer derart seltenen Erkrankung ist es nicht so wichtig, daß die breite
Öffentlichkeit darüber informiert ist, aber es wäre gut, wenn man
geistigen Behinderungen überhaupt mit weniger Scheu und mehr
praktischer Sympathie begegnen würde.
Es ist die Aufgabe aller gut informierten Fachleute, die schon vor-

handene Hilfsbereitschaft in praktisch nützliche Kanäle zu lenken. Jede öffentliche Aufmerksamkeit, die autistische Kinder wecken, weil sie körperlich attraktiver sind und Interesse und Sympathie auf sich ziehen können, sollte ausgenutzt werden, nicht allein, um speziell diesen Kindern zu helfen, sondern um vermehrte Hilfen für alle geistig behinderten Kinder zu schaffen.

Kapitel 12
Ein autistisches Kind: Probleme nach der Schulzeit

Margaret Lauder

In den letzten zwei Jahren habe ich eine junge behinderte Erwachsene, meine Tochter Christine, ständig bei mir zu Hause gehabt und sie betreut. Das ist eine schwere Aufgabe, die vor viele Probleme stellt.

Christine ist jetzt $18^1/_2$ Jahre alt. Sie war, was man heute ein „autistisches" Kind nennt, und wir sind als Familie durch die vielen schlimmen Probleme hindurchgegangen, die ein autistisches Kind mit sich bringt. Bis zum Alter von 7 Jahren sprach sie nicht (ausgenommen ein gelegentliches, sonderbares Wort), ihr Verhalten war zwanghaft, sie war auf bestimmte Objekte oder Tätigkeiten fixiert, lief fort (wobei sie auch in gefährliche Situationen geriet), spielte nicht wie ein normales Kind und zog sich völlig in sich zurück. Wir mußten uns mit dem sehr ernsten Problem auseinandersetzen, ob unsere Tochter bildungsfähig ist oder nicht, und als dann (in einem Alter, als sie noch nicht sprach) ihre Bildungsfähigkeit durch Tests bestätigt wurde, entstand das Problem, eine für sie passende schulische Einrichtung zu finden.

In unserer Gegend gab es keine Schule, die für Christines spezielle Probleme geeignet gewesen wäre, aber wir hatten das Glück, daß sie in einer der Rudolf-Steiner-Schulen der Camphill-Bewegung in Schottland aufgenommen wurde. Sie besuchte diese Schule als Heimschülerin vom 6. bis zum 16. Lebensjahr. Sie kam in den Ferien nach Hause und verlor dadurch den Kontakt zur Familie nicht. In dieser Schule fing sie mit 7 Jahren an zu sprechen, zuerst in einzelnen Wörtern, dann in ganzen Ausdrücken und Sätzen. Die Sprachentwicklung dauerte sehr lange und ist noch immer nicht abgeschlossen. Sie macht weiterhin Fortschritte im Sprachverständnis, fragt ständig nach der Bedeutung von Wörtern und vergrößert so ihren Wortschatz. Sie liest jetzt Bücher und Ausschnitte aus Zeitungen.

In der Schule lernte sie rechnen, lesen, schreiben, handwerkliche Techniken und vieles andere. Die Berichte über sie zeigten, daß sie ein intelligentes Kind war, und daß sie schnell lernte, sobald sie anfing, Sprache zu verstehen. Aber ihre Verhaltensprobleme, Fixierungen, Zwänge und die Tatsache, daß sie über scheinbar triviale Dinge sehr leicht aufgebracht war, behinderten ihre Entwicklung noch immer.

Sie verließ die Schule im Juli 1963 und kehrte nach Hause zurück, um hier zu leben. Der Leiter der Schule sagte mir, daß sie vermutlich eine geeignete Kandidatin für eine der Dorfgemeinschaften für Behinderte des Camphill Village Trust sei. Ihr Name wurde auf eine Warteliste gesetzt. Jedoch beträgt die Wartezeit für diese Dörfer mindestens drei Jahre. So standen wir vor dem Problem, für Christines Weiterbildung zu sorgen, nachdem sie die Schule verlassen hatte. Auch wenn diese Kinder in der Schule gute Fortschritte machen, bleibt für sie mit 16 Jahren immer noch viel zu lernen, denn sie haben mit dem Lernen erst spät angefangen.

Schwerwiegender und die Frage der Weiterbildung für Christine überschattend war jedoch das unmittelbare Problem, sie als ständiges Mitglied, nicht nur als Ferienbesuch, in das Familienleben einzugliedern. Obwohl sich Christine sehr darauf gefreut hatte, nach Hause zu kommen, um hier zu leben, fiel ihr die Umstellung von der Schule auf das häusliche Leben zuerst sehr schwer. Wir brauchten mindestens drei Monate großer Geduld und umsichtiger Lenkung, bevor sie wirklich zur Ruhe kam. Sie konnte nächtelang nicht schlafen, und tagsüber hatte sie die zwanghafte Tendenz zu hüpfen statt zu gehen oder zu laufen, wenn sie gezwungen war, sich in östliche oder nördliche Richtung zu bewegen. Das hat den ganzen Sommerurlaub der Familie verdorben. Wir mußten sie so oft wie möglich mit dem Auto fahren, um Aufsehen zu vermeiden und um ihr selbst, die unter dem zwanghaften Hüpfen litt, diese quälenden Erfahrungen zu ersparen. Gegen die schlaflosen Nächte halfen teilweise Soneryl-Tabletten, die der Arzt verschrieben hatte, und das Hüpfen mußten wir eben ertragen, bis es vorbeiging. In einem anderen Urlaub war sie wie besessen von der Furcht vor

einer Gasherdflamme. Sie ging nie in die Küche, wenn die Herd-
flamme brannte oder irgendeine andere Flamme sichtbar war.
Wenn sie zufällig eine Flamme sah, war sie schrecklich beunruhigt,
und erst als sie einmal schlafen gehen mußte, nachdem sie eine
Flamme gesehen hatte, verschwand die Furcht.
Aber trotz all dieser Schwierigkeiten der Eingewöhnung erreichten wir, daß Christine individuelle Unterrichtsstunden erhielt, die
bis heute andauern. Das war Unterricht im Geigenspiel, Töpfern,
Maschineschreiben und Duplizieren. Es war für uns sehr schwer,
die Behörden zu überzeugen, daß ein Kind wie Christine jemals
in der Lage sein würde, irgendwelche Arbeit zu leisten, und daß
die Ausbildung, die sie durch unsere persönlichen Bemühungen
erhielt, tatsächlich eine Berufsausbildung war. Eine andere Schwierigkeit bestand darin, den Behörden zu erklären, daß solche Ausbildung der ganztägigen Ausbildung eines jeden anderen behinderten Kindes entspricht, aber bei einem Kind wie Christine nicht
den ganzen Tag lang dauern kann, sondern über einen längeren
Zeitraum verteilt werden muß, weil sie die ständige Konzentration für eine mehrstündige ununterbrochene Arbeit nicht aufbringen kann. Zur Zeit gibt es nur ganztägige Einrichtungen für die
Berufsausbildung solcher Kinder. Für andere Ausbildungsformen
müssen also die Eltern aus eigener Kraft sorgen, entweder ganz
oder teilweise auf eigene Kosten.

Christine erhält Geigenunterricht

Christine hat immer Interesse an Musik gehabt und deshalb im
letzten Schuljahr Geigenunterricht erhalten. Sie zeigte dafür eine
natürliche Begabung, so daß ihr Musiklehrer uns den Rat gab, den
Unterricht zu Hause durch einen Lehrer fortführen zu lassen. Wir
fanden jemanden, der Christine und ihre Probleme sehr gut verstand, und so hat sie in den vergangenen zwei Jahren (ausgenommen die Ferienzeiten) je Woche eine halbe Stunde Unterricht bekommen. Die Kosten haben wir bezahlt.

Sie lernt maschineschreiben und duplizieren

In ihren Schulferien hat sich Christine oft für eine alte Schreibmaschine interessiert, die bei uns steht. Diese Tatsache und der Rat
eines in der Behindertenarbeit erfahrenen deutschen Arztes, der
uns sagte, daß es für Kinder wie Christine oft leichter sei, mit der
Maschine statt mit der Hand zu schreiben, brachten uns auf den
Gedanken, ihr das Zehnfingersystem beibringen zu lassen. Wiederum mußte das in von uns bezahlten Einzelstunden geschehen.
Jeden Mittwoch erhielt sie eine Stunde lang Unterricht und wurde
eine gute Maschinenschreiberin. Sie lernte dann, wie man Folien
zum Duplizieren herstellt, und jetzt schreibt und dupliziert sie
mit einem handbetriebenen Duplikator unter meiner Aufsicht
mehr als 600 Rundschreiben auf einmal für die lokale Sektion der
Society for Mentally Handicapped Children. Wir hoffen, daß sie
später Arbeit von anderen freien Vereinigungen und vielleicht
von Firmen erhält und für ihre Arbeit bezahlt wird. Sie ist in
ihrer Arbeit sehr sorgfältig. Das Hauptproblem besteht darin, sie
dahin zu bringen, die Arbeit dann zu tun, wenn sie getan werden
muß.

Die Töpferei hat großen therapeutischen Wert

Als Christine die Schule verließ, hat mir die Hausmutter geraten,
ihr zu Hause nach Möglichkeit Unterricht im Weben und Töpfern
geben zu lassen.
Dies ließ sich besonders schwer einrichten. Ich wandte mich an die
örtliche Schulbehörde mit der Bitte, mir zu helfen, daß Christine
in der Weberei und Töpferei Einzelunterricht erhielte. Leider fand
sich für die Weberei nie eine Möglichkeit. Aber für die Töpferei
wurden individuelle Unterrichtsstunden für sie arrangiert, und
das Gesundheitsministerium erklärte sich bereit, die Kosten zu
übernehmen. In den vergangenen zwei Jahren hat sie jeweils eine
Unterrichtsstunde pro Woche gehabt. Dieser Unterricht hat für
sie großen therapeutischen Wert. Sie wird ruhig und ausgeglichen,
wenn sie mit Ton arbeitet, und zeigt in ihrer Arbeit auch viel

Geschick und künstlerische Fähigkeiten. Das größte Problem besteht darin, daß die Lehrer, besonders die jüngeren, ziemlich oft wechseln. Christine hatte zwei verschiedene Lehrer (jeden ein Jahr lang), die sehr viel Verständnis für sie besaßen und sie gern unterrichteten, aber beide haben unseren Ort jetzt verlassen. Bis wir einen anderen geeigneten Lehrer gefunden haben, hat Christine also diesen Unterricht nicht mehr.

Christine sucht sich eigene Beschäftigungen

Christine ist immer gern beschäftigt, und deshalb sucht sie sich eigene Tätigkeiten, mit denen sie ihre freie Zeit ausfüllt. Sie hat ein Bandaufnahmegerät, das sie sehr geschickt bedient, und in den vergangenen zwei Jahren hat sie die Geschichte aus dem Rundfunkprogramm „Listen with Mother" an jedem Wochentag auf Band aufgenommen. Sie hat diese Geschichten dann Satz für Satz mit der Hand oder manchmal mit der Schreibmaschine vom Band in ein Übungsheft übertragen und oft auch illustriert. Sie bittet mich immer, das Geschriebene auf Rechtschreibfehler durchzusehen und Wörter zu korrigieren, und auf diese Weise vergrößert sie ihren Wortschatz und ihre Sprachkenntnisse. Von Anfang an scheint ihre Hauptbehinderung ein Ausfall im Erfassen und Verstehen der gesprochenen Sprache gewesen zu sein. Erst nach vielen Jahren harter Arbeit durch sie, ihre Eltern, Lehrer und ärztlichen Berater besitzt sie nun ein recht gutes Sprachverständnis.

Die Zahnbehandlung ist äußerst schwierig

Für junge Erwachsene wie meine Tochter ist die Zahnbehandlung ein schwieriges Problem, weil man sie meist nicht in der üblichen Weise in der Praxis eines Zahnarztes durchführen kann. Früher war es üblich, die Zähne einfach verkommen zu lassen und dann zu ziehen. Uns hat hier ein überaus freundlicher und verständnisvoller Zahnarzt geholfen, der auch der Zahnchirurg in einem Krankenhaus für geistig Behinderte ist. Er richtete es so ein, daß

Christine zwei Tage stationär in diesem Krankenhaus aufgenommen wurde. Hier führte er unter Anästhesie alle erforderlichen Zahnbehandlungen durch. Das war eine sehr zufriedenstellende Lösung. Alle Patienten dieses Krankenhauses, die ihre Zähne noch nicht verloren haben, werden jetzt so behandelt.

Einige Beobachtungen, Gedanken und Sorgen

Viele Eltern können und wollen die schwere Aufgabe nicht übernehmen, ein behindertes Kind oder einen behinderten jungen Erwachsenen ständig in der Familie zu haben. Ich mußte meine Arbeit als ausgebildete Lehrerin in einer Grundschule vorübergehend aufgeben, um für meine Tochter zu sorgen, als sie die Schule verließ. Für Eltern, die behinderte Jugendliche oder junge Erwachsene zu Hause betreuen, wäre es eine große Hilfe, wenn in erreichbarer Nähe Tagesstätten, beschützende Werkstätten oder ähnliche Einrichtungen vorhanden wären. Das würde auch anderen Eltern den Mut geben, diese Aufgabe zu übernehmen. Die jungen Leute sollten jeden Tag dorthin gehen und entweder eine *weitere Ausbildung* entsprechend ihren Fähigkeiten erhalten oder irgendeine Arbeit verrichten. Sie hätten so das Gefühl, daß ihr Leben ähnlich ist wie das der anderen Menschen; sie würden viel zufriedener leben, wenn sie sich an allen Wochentagen nach einem vorgeschriebenen Zeitplan richten müßten; und ihre Eltern, besonders die Mütter, hätten wenigstens eine zeitweilige Entlastung von der ständigen Anspannung, in der man lebt, wenn man einen behinderten Menschen ununterbrochen zu betreuen und für sein Wohlergehen zu sorgen hat.
Eines der tragischen Dinge bei einem ziemlich intelligenten autistischen Kind ist, daß es eines Tages merken kann, daß bei ihm irgendetwas verkehrt ist – daß es nicht wie normale Kinder ist. Im Alter von 11 Jahren sagte Christine: „Mami, wenn Gott mich gemacht hat, warum hat er mich nicht ganz richtig gemacht?"
Seit sich Christines Sprachfähigkeit gebessert hat (etwa seit dem Alter von 11 Jahren), hat sie mir oft Fragen sinnvoll beantworten können. Ich habe sie über ihr Verhalten befragt. Zum Beispiel hat

sie als kleines Kind immer Dinge mit ihren Lippen befühlt, also z. B. ein Blatt sanft an ihren Lippen gerieben, als wolle sie seine Struktur erfühlen. Diese Gewohnheit ging zurück, nachdem sie ihre Umgebung mehr auf andere Art erkunden konnte. Aber als sie ungefähr 14 Jahre war, bemerkte ich zufällig einmal, wie sie wieder ein Blatt mit ihren Lippen befühlte. Ich fragte sie, warum sie das täte, und sie antwortete: „Weil mein Gefühl mir sagt, daß ich es tun soll".

Sie hat mir auch erzählt, daß sie manchmal „schlechte Gedanken" habe, und ich weiß, daß sie dann ein sehr starkes Bedürfnis nach Trost und nach dem Gefühl von Geborgenheit hat, daß sie einen Spaziergang machen oder etwas sehr Interessantes zu tun haben möchte, um diese „schlechten Gedanken" zu vertreiben. Langeweile ist eine echte Gefahr für ein autistisches Kind. Ich habe festgestellt, daß es in solchen Zeiten unbedingt erforderlich ist, Christine noch mehr Liebe und Zuneigung zu geben als sonst. Einen Tag, nachdem sie einen Wutausbruch gehabt hatte, sagte ich ihr, was für ein nettes Mädchen sie sei und wie sehr ich sie liebe. Und sie sagte: „Mami, liebst du mich immer?" Und ich antwortete: „Ja, natürlich tue ich das, mein Schatz". Christine sagte: „Auch wenn ich sehr böse bin?" Und ich sagte: „Ja, Mamis haben ihre Kinder immer lieb, auch wenn die Kinder ungezogen oder böse sind". Bei dieser Bemerkung lichtete sich Christines Gesicht zu einem strahlenden Lächeln, sie warf ihre Arme um meinen Nacken, drückte sich fest an mich und sagte: „O Mami, ich habe immer gedacht, du liebst mich nicht, wenn ich böse bin". Ich hatte das Gefühl, daß ich sehr nachlässig gewesen sein muß, weil ich nie ausdrücklich daran gedacht hatte, ihr jedesmal, wenn sie in schlechter Verfassung war, zu versichern, daß ich sie sehr liebe.

Eine andere Entdeckung war, daß Christine, die Musik immer gern gehabt hat, selbst festgestellt haben muß, daß Musik auf sie eine therapeutische Wirkung hat; denn sie sagte: „Mami, ich habe gern die Schallplatten gehört, die Musik hat mich aus dem tiefen Wald herausgeholt".

Ich habe auch bemerkt, daß sie einen Schutz gegen ihre eigenen Zwänge braucht. Sie *möchte* in Wirklichkeit diese zwanghaften Dinge nicht tun, aber sie *muß* sie einfach tun, wenn man sie nicht daran hindert. Zum Beispiel stellte sie eine Liste mit allen Nahrungsmitteln auf, die sie bei den Mahlzeiten ißt. Eines Tages verlor sie eines der Blätter mit diesen Aufzeichnungen. Über diesen Verlust geriet sie in schreckliche Aufregung. Wir suchten überall danach, ohne Erfolg. Ich sagte dann: „Gut, es macht eigentlich nichts; das Essen, das du gegessen hast, ist nun weg, es ist verschwunden, es ist vorbei". Sie akzeptierte das, und die Suche war beendet. Später sagte sie: „Du bist klug, Mami, du hast gewußt, wie du es machst, damit ich aufhöre, mich mit meiner Essensliste zu ärgern".

Autistische Kinder brauchen jemand, der sie versteht, ebenso wie eine Mutter ein normales Kind versteht. Nur muß man alles das, was so leicht schiefgehen könnte, besonders gut vorhersehen, und man muß wissen, wie verwundbar und empfindsam das Kind sein kann. Ich glaube nicht, daß es irgendeinen Ersatz für die Liebe einer Mutter geben kann, und obwohl ich manchmal verzweifelt war, als ich versuchte, die richtige Hilfe für Christine zu finden, glaube ich, daß ich ihr geholfen habe, eine gewisse Unabhängigkeit zu erreichen und sich an ihrem Leben zu freuen.

Anhang

Neuere Forschungsergebnisse

Jürgen Wendeler

Seit der ersten Veröffentlichung des vorliegenden Buches hat das
Interesse an den Problemen des frühkindlichen Autismus weiter
zugenommen, so daß inzwischen eine Fülle von Arbeitsberichten,
Forschungsergebnissen und Diskussionsbeiträgen zur Verfügung
steht. Über eine Reihe dieser neueren Arbeiten soll im Folgenden als
Ergänzung zu den Beiträgen dieses Buches berichtet werden*. Zum
Teil handelt es sich um die Fortführung begonnener Untersuchungsreihen (z. B. der von Hermelin in Kap. 6 beschriebenen Experimente), zum Teil um neue bestätigende oder ergänzende Befunde
(z. B. die Abgrenzung von der Kindheitsschizophrenie), zum Teil
um Versuche zur empirischen Klärung bisher weitgehend offener
Fragen (z. B. der Zusammenhang von Autismus und Aphasie). Auch
auf einige gegenwärtig bei uns vieldiskutierte Fragen (z. B. die
Bedeutung der Verhaltenstherapie) soll in diesem Zusammenhang
eingegangen werden.

Diagnostische Kriterien

Eine Folge des stark zunehmenden Interesses ist vermutlich, daß die
Diagnose „frühkindlicher Autismus" zunehmend häufiger gestellt
wird, vielleicht sogar zu einer Modediagnose geworden ist, wie
van Krevelen (1958) schon vor längerer Zeit befürchtet hat. Darin
könnte eine Gefahr liegen, wenn mit dieser Diagnose die psycho-

---

* Der größte Teil der Untersuchungsberichte, auf denen das vorliegende
  Kapitel beruht, wurde von Frau Dr. Lorna Wing für diesen ergänzenden
  Anhang zur Verfügung gestellt. Ihr sei dafür vielmals gedankt.

genetische Theorie verknüpft wird, wonach sehr tiefe und frühe Störungen der Mutter-Kind-Beziehung die primäre Ursache des gesamten Zustands sind. Van Krevelen warnt eindringlich vor einer vorschnellen und kritiklosen Übernahme dieser Theorie, mit Beispielen und Argumenten, wie man sie auch in mehreren Beiträgen dieses Buches finden kann.

Wird diese Gefahr aber vermieden, so ist die Zunahme der Diagnose „Autismus" wohl weniger bedenklich, vielleicht sogar nützlich, weil damit auf eine Gruppe von Kindern aufmerksam gemacht wird, die eine spezielle pädagogische Betreuung braucht und gegenwärtig selten erhält. Wie Elgar im Kapitel 9 erwähnt, können für Pädagogen andere diagnostische Kategorien sinnvoll sein als für Mediziner. Unter pädagogischem Aspekt – darin scheinen sich heute die meisten Fachleute einig zu sein – ist eine sehr strenge und exakte Abgrenzung des „Autismus" weder notwendig noch angebracht.

Eine solche Abgrenzung ist allerdings für die wissenschaftliche Ursachenforschung unerläßlich. Die dabei bestehende Schwierigkeit haben Rutter, Bartak und Newman (1971) besonders deutlich herausgearbeitet. Das diagnostische Problem besteht darin, daß (1) der „frühkindliche Autismus" nicht an einem bestimmten einzelnen Symptom zu erkennen ist, und daß (2) jedes einzelne Symptom, das für ihn kennzeichnend ist, auch bei vielen anderen Zustandsbildern auftreten kann. So gibt es zwei Vorgehensweisen für die Diagnose. Die eine besteht darin, eine Liste diagnostischer Kriterien zusammenzustellen und festzulegen, *wieviele* davon vorhanden sein müssen, damit die Diagnose „Autismus" gestellt wird. Die Listen von Creak und Kollegen (Creak et al. 1961), Rendle-Short (1969) und Rimland (1965) sind Beispiele dafür. Der andere Weg ist, mehrere Symptome anzugeben und die Diagnose „Autismus" nur dann zu stellen, wenn *alle* vorhanden sind. Zweifellos führt dieser zweite Weg zu einer erheblich exakteren Eingrenzung. Er wird deshalb von Rutter und seinen Kollegen bevorzugt. Auch L. Wing (1970) ist methodisch ebenso vorgegangen, indem sie in ihrem Leitfaden zur Diagnose zwischen Symptomen, die häufig, aber nicht immer auftreten, und Symptomen, die zur Diagnose „Autismus" unbedingt erforderlich sind, unterscheidet. Rutter, Bartak und Newman nennen als die drei entscheidenden Symptome:

(1) „Autistisches" Verhalten gegenüber anderen Menschen
(2) Verzögerungen der Sprachentwicklung
(3) Ritualistisches und zwanghaftes Verhalten.

Diese Symptome sind in den Kapiteln 1 und 2 dieses Buches genauer beschrieben. Man muß beachten, daß sich im Lauf der Entwicklung charakteristische Veränderungen ergeben, so daß die Diagnose meist am klarsten in der frühen Kindheit, etwa im 3. bis 5. Lebensjahr, zu stellen ist.
Eine weitere Grundvoraussetzung für die Diagnose „Autismus" ist nach Rutter, daß die Störungen erstmals vor dem 30. Lebensmonat aufgetreten sein müssen. Damit erfolgt eine Abgrenzung gegenüber später einsetzenden Krankheitszuständen wie der Kindheitsschizophrenie.

Abgrenzung des frühkindlichen Autismus
von anderen Kindheitspsychosen

Daß es sich beim frühkindlichen Autismus und bei später beginnenden Kindheitspsychosen um verschiedenartige Störungen handelt, ist schon seit langem aufgrund verschiedener Beobachtungen vermutet worden (siehe Kapitel 1). In neueren Untersuchungen sind Kolvin und seine Mitarbeiter dieser Frage systematisch nachgegangen (Kolvin, 1971). Die Leithypothese lautete: „Psychotische Störungen in der Kindheit sind von dem Alter abhängig, in dem der Prozeß einsetzt. Störungen, die in verschiedenem Alter beginnen, sind fundamental verschieden." Sie unterschieden eine Psychose mit frühem Krankheitsbeginn, die dem oben definierten frühkindlichen Autismus weitgehend entspricht und vor dem 3. Lebensjahr beginnt, von einer später einsetzenden Psychose mit schizophrener Symptomatik, die nach dem 3. und vor dem 15. Lebensjahr einsetzt und der in Kapitel 1 beschriebenen Kindheitsschizophrenie entspricht. Zwischen den beiden Gruppen zeigten sich in mehrfacher Hinsicht deutliche Unterschiede in familiären, sozialen, psychologischen und neurologischen Merkmalen.

Besonders groß waren die Unterschiede natürlich bei den Kernsymptomen des frühkindlichen Autismus. Diese traten zwar auch bei den Kindern mit spätem Krankheitsbeginn auf, aber nur in 46 % – 52 % der Fälle und somit wesentlich seltener als bei den Kindern mit frühem Beginn. Aber auch in anderen Merkmalen ergaben sich deutliche Unterschiede. Auffällig ist, daß anscheinend bei der Kindheitspsychose mit Beginn nach dem dritten Lebensjahr ein Zusammenhang mit der Schizophrenie besteht: in 81 % der Fälle gab es Anzeichen für das Vorhandensein von Halluzinationen, die Häufigkeit von Schizophrenie bei den Eltern war gegenüber der Grundhäufigkeit erhöht (sie war mit 9,4 % etwa ebenso hoch wie bei den Eltern erwachsener Schizophrener), die Eltern gehörten überproportional häufig zu den Sozialschichten der gelernten und ungelernten Arbeiter. Bei frühem Krankheitsbeginn gab es überhaupt keine Anzeichen für Halluzinationen, kein erhöhtes Auftreten von Schizophrenie bei den Eltern, ferner die oft gefundene überproportional häufige Zugehörigkeit zu höheren Sozialschichten. Außerdem wurden bei frühem Krankheitsbeginn aufgrund anamnestischer, klinischer und neurologischer Befunde (einschließlich EEG-Aufzeichnungen) häufiger Hinweise auf hirnorganische Schädigungen oder Störungen gefunden (in 54 % gegenüber 31 %), schließlich war die Intelligenz dieser Kinder im Durchschnitt niedriger als die der schizophrenen Kinder. So scheint es sich bei Kindheitspsychosen mit frühem und spätem Beginn tatsächlich um unterschiedlich verursachte Störungen zu handeln.

Frühkindlicher Autismus – eine Mehrfachbehinderung

Ein zentrales Merkmal autistischer Kinder ist ihre Behinderung im Verständnis und in der Verwendung von Sprache. Solche schweren zentralen Sprachstörungen gibt es auch bei einer anderen Gruppe von Kindern, die nach englischem Sprachgebrauch als „aphasisch" * bezeichnet werden. Wing und Rutter haben in den Kapiteln 1 und 2

---

* Siehe Anmerkung 5 zu Kapitel 1.

auf diese Zusammenhänge hingewiesen und die Hypothese aufgestellt, daß es sich in beiden Fällen um dieselbe Art der Sprachstörung handelt. In einem neueren Beitrag hat Churchill (1972) diese Hypothese noch verschärft und angenommen, daß eine zentrale Sprachstörung wie bei der Entwicklungsaphasie, jedoch in schwererem Grad, die notwendige und ausreichende Ursache für das Verhalten ist, das man bei autistischen Kindern findet. Wie alle Theorien, die ein komplexes Erscheinungsbild auf einen einzigen Faktor zurückführen, ist auch diese durch ihre Einfachheit faszinierend. Ihr steht die andere Annahme gegenüber, die z. B. von Rutter in Kapitel 2 geäußert wird, wonach autistische Kinder an einer Mehrfachbehinderung leiden, zu der neben Sprachstörungen auch Behinderungen im Wahrnehmungsbereich gehören.

L. Wing (1969, 1971; Wing und Wing, 1971) hat eine Vergleichsuntersuchung durchgeführt, die in dieser Hinsicht einige wichtige Aufschlüsse gibt. Sie hat durch eine schriftliche Elternbefragung verschiedenartige Störungen und Verhaltensabnormitäten im Alter von 2 bis 5 Jahren bei autistischen (sprechenden und stummen), rezeptiv-aphasischen, expressiv-aphasischen, partiell taub-blinden, normalen und mongoloiden Kindern miteinander verglichen. Besonders aufschlußreich sind die Vergleiche zwischen den autistischen, den aphasischen und den partiell taub-blinden Kindern.

Die sprechenden autistischen und die rezeptiv-aphasischen Kinder zeigten sehr ähnliche Abnormitäten und Störungen in der Reaktion auf Laute, im Sprachverständnis und im spontanen (nicht echohaftem) Sprachausdruck. Jedoch fand sich die unmittelbare und die verzögerte Echolalie – beides für autistische Kinder sehr charakteristisch – bei den rezeptiv-aphasischen Kindern viel seltener (L. Wing, 1971). Noch wichtiger ist, daß alle rezeptiv-aphasischen Kinder Gestik und Mimik sowohl verstanden als auch selbst gebrauchten, so daß sie ein Mittel hatten, um mit anderen Menschen zu kommunizieren. Dies konnten nur 15 % der nicht sprechenden und 45 % der sprechenden autistischen Kinder. Hierin, wie auch in anderen Merkmalen, sind die autistischen den partiell taub-blinden Kindern ähnlicher, von denen ebenfalls nur eine Minderheit (40 %) Mimik und Gestik verstehen und gebrauchen konnte.

Sehr auffällig ist ferner, daß bei nahezu allen sprechenden und stummen autistischen Kindern Abnormitäten auftreten, die Anzeichen für visuelle Behinderungen sind (z. B. Bewegen von Gegenständen in Augennähe, Bevorzugung der Nahsinne). Auch dies entspricht etwa der Häufigkeit bei partiell taub-blinden Kindern, während es bei höchstens 20 % der aphasischen Kinder beobachtet wurde.

Diese Ergebnisse weisen darauf hin, daß die autistischen Kinder nicht nur an sprachlichen, sondern auch an visuellen Behinderungen leiden – daß der frühkindliche Autismus also nicht nur eine besonders ausgeprägte Form der Entwicklungsaphasie ist, sondern eine Mehrfachbehinderung. Die einzelnen Komponenten dieser Mehrfachbehinderung zu identifizieren und die Zusammenhänge zwischen primären und sekundären Störungen zu klären, wird eine wesentliche Aufgabe der zukünftigen Forschungsarbeit sein. Wings Resultate legen den Schluß nahe, daß autistische Kinder an den Störungen der rezeptiven Aphasie, der expressiven Aphasie und vielen Störungen der partiell taub-blinden Kinder gleichzeitig leiden.

Sprache, Kommunikation, Symbolgebrauch

Autistische Kinder sind nicht nur im sprachlichen Bereich stark behindert, sondern ebenso in anderen Kommunikationsbereichen. Während sich rezeptiv-aphasische Kinder sehr häufig über Gestik und Mimik verständlich machen können, scheint autistischen Kindern auch dieser Weg in die soziale Welt weitgehend versperrt. Rutter, Bartak und Newman (1971) berichten, daß selbst die intelligenteren autistischen Kinder (mit einem Handlungs-IQ über 70) von Gesten keinen Gebrauch machen, während dies bei vielen (8 von 11) aphasischen Kindern der Fall ist.

Trotz dieser schweren Störungen sind die autistischen Kinder aber nicht völlig von ihrer sozialen Umwelt abgeschnitten. Selbst diejenigen, die stumm sind, verstehen häufig Sprache und haben darüber hinaus nicht selten sehr eigene und spezielle Formen, sich auszudrücken, die nur deshalb so schwer verständlich sind, weil sie – wie Wilson in Kapital 7 erwähnt – den allgemein gewohnten Äußerungsformen nicht entsprechen. Wenn soziale Lernprozesse in Gang kommen sollen, ist es aber von entscheidender Bedeutung, daß die Menschen, die mit dem Kind umgehen, solche Zeichen aufzunehmen und zu entschlüsseln lernen.

Daß autistische Kinder sich zwar äußern können, dies aber in einer höchst individuellen, nicht allgemeinverständlichen Weise tun, hat Ricks (1972) in einer sehr wichtigen Studie am vokalen Verhalten experimentell nachgewiesen. Bekanntlich machen sich normale kleine Kinder schon in der vorsprachlichen Zeit durch manchmal recht intensive Laute ihrer Umwelt verständlich. So reagieren auch viele autistische Kinder, selbst wenn sie keine Worte gebrauchen, auf bestimmte Situationen mit vokalen Äußerungen. Sind diese Vokalisationen aber von derselben Art wie bei normalen Säuglingen oder bei anderen geistig behinderten Kindern? Aus den Ergebnissen geht hervor, daß dies offensichtlich nicht der Fall ist.

In vier Standardsituationen wurden vokale Reaktionen ausgelöst und mit Tonband aufgezeichnet. Die Absicht war, Äußerungen des Verlangens, der Frustration, der Begrüßung und der Überraschung zu provozieren. Die autistischen Kinder waren 3–4 Jahre alt, sprachen nicht, reagierten aber stimmlich. Die normalen Säuglinge waren 8–13 Monate alt. Den Müttern wurden die Tonbandaufnahmen ihrer eigenen und der fremden Kinder vorgespielt, mit der Aufforderung, die Situation anzugeben, in der das Kind in dieser Weise reagiert hat.

Es zeigte sich, daß die Lautäußerungen der normalen Säuglinge recht gut zu verstehen, d. h. den bestimmten Situationen gut zuzuordnen waren, und zwar sowohl von den eigenen wie von fremden Müttern (auch von Müttern autistischer Kinder). Die Mütter konnten allerdings ihr eigenes Kind aufgrund der Bandaufnahme nicht erkennen. So scheint es, als gäbe es ein einfaches vorverbales „Vokabular" aus wahrscheinlich angeborenen Lautreaktionen, das von allen normalen Säuglingen benutzt wird. Die autistischen Kinder reagierten dagegen mit andersartigen lautlichen Äußerungen, wobei noch offen bleiben muß, ob dies schon in der Säuglingszeit so war oder sich erst im Kleinkindalter (mit 3 bis 4 Jahren) herausgebildet hat. Trotzdem sind diese Laute ein Ausdruck für bestimmte Emotionen – werden aber nur von den eigenen Müttern verstanden (die auch ihr eigenes Kind identifizieren können), nicht aber von fremden Müttern, auch nicht von denen anderer autistischer Kinder. Jedes autistische Kind hat eine ganz spezielle eigene Äußerungsweise.

Die Eigentümlichkeiten von Sprache und Sprachverhalten autistischer Kinder sind oft beschrieben worden, so von Rutter in Kapitel 2 dieses Buches. Trotz großer Ähnlichkeiten zur Sprache rezeptiv-aphasischer Kinder bestehen einige charakteristische Unterschiede, besonders auffallend bei der Echolalie (Wing, 1969, 1971). Sehr bemerkenswert ist, daß diese Unterschiede auch auftreten, wenn nur die intelligenteren autistischen Kinder (mit einem Handlungs-IQ über 70) in den Vergleich einbezogen werden: bei fast allen von ihnen (13 von 14) findet sich Echolalie, aber nur bei 2 von 11 rezeptiv-aphasischen Kindern (Rutter, Bartak und Newman, 1971). Echolalie ist nur eines vieler Merkmale, die vermuten lassen, daß autistische Kinder relativ stark auf die „Oberfläche" der Sprache, nicht auf ihre „Tiefendimension" reagieren. Überspitzt ausgedrückt: Sie gehen mit der Sprache wie mit einem konkret-sinnlichen Ding um, wobei ihnen die „Tiefe", d. h. der Symbolgehalt nur schwer zugänglich und manchmal vielleicht gar nicht erschlossen ist. Das scheint auch für die intelligenteren von ihnen zu gelten, und auch für diejenigen, die mehr sprechen können und es auch tun – es ist sogar bei diesen oft besonders auffallend. Dieses Problem ist zweifellos von großer theoretischer Bedeutung, nicht nur für die spezielle Frage des frühkindlichen Autismus, sondern auch für die allgemeine linguistische Theorie. Vor allem aber ist es für die praktische heilpädagogische Arbeit wichtig, insbesondere in Hinblick auf die möglichen Ziele eines Sprachtrainings. Vielleicht kann man manchen Kindern, wie L. Wing (1972) vermutet, nur ein „Repertoire von Phrasen" beibringen. Das ist nicht viel – aber wenn das Kind solche Phrasen adäquat zu verwenden lernt, hat es doch einen wesentlichen Schritt über den sprachlosen Zustand hinaus getan.

Frith, Hermelin und O'Connor haben eine Reihe psychologischer Experimente durchgeführt, deren Ergebnisse die besondere Art der Sprachbehinderung autistischer Kinder gut erkennen lassen (Frith, 1969; Hermelin, 1971; Hermelin und O'Connor, 1970). Die meisten dieser Experimente prüfen das unmittelbare Gedächtnis für sprachliches Material. Den Kindern wird etwas vorgesprochen, das sie unmittelbar danach wiedergeben sollen. Es ist für sie aber unmöglich, alles im Gedächtnis zu behalten, so daß die Wiedergabe nicht vollständig und teilweise fehlerhaft ist. Aus diesen Fehlern und Ausfällen kann man gewisse Schlüsse auf die Art der Aufnahme und Verarbeitung von Sprache ziehen. Frith (1969) bot den Kindern zum Teil sinnvolle Sätze, zum Teil sinnlose Wortfolgen. Aus vielen Gedächtnisexperimenten weiß man – was auch unmittelbar einsichtig ist – daß sinnvolles Material besser behalten wird als sinnloses. So war es auch bei den Kindern dieser Versuchsserie, sowohl bei den normalen wie bei den autistischen. Jedoch ergab sich zwischen beiden Gruppen ein auffälliger Unterschied: Der Behaltensgewinn durch den erhöhten Bedeutungsgehalt bei sinnvollen Sätzen war bei normalen Kindern deutlich größer als bei autistischen. Die Behaltensleistungen der autistischen Kinder hängen also weniger von der Sinnhaftigkeit ab als die entsprechenden Leistungen der normalen Kinder. Natürlich war darauf geachtet worden, daß die Kinder im Sprachverständnis und in der Gedächtnisspanne einander annähernd gleich waren, so daß die Unterschiede nicht auf solche Faktoren zurückgeführt werden können. Ein zweites Ergebnis war, daß die wichtigsten Wörter, die den Hauptgehalt der Information tragen (Substantive, Verben, Adjektive) von allen Kindern besser als die kleinen „Verbindungswörter" behalten wurden, daß aber auch dieser Unterschied bei den normalen Kindern größer als bei den autistischen war. Auch dieses Ergebnis weist darauf hin, daß der Bedeutungsgehalt der Sprache den autistischen Kindern zwar nicht völlig verschlossen, aber doch erheblich schwerer zugänglich ist als normalen Kindern.

Die mangelhafte Fähigkeit der autistischen Kinder, Bedeutungsgehalte zu erfassen, zeigt sich ferner daran, daß die meisten nicht in der Lage sind, „richtig", d. h. symbolisch, zu spielen. Auch das gilt selbst für die intelligenteren: von 14 Kindern mit einem Handlungs-IQ über 70 war nur bei 3 irgendeine Form des symbolischen Spiels zu erkennen (Rutter, Bartak und Newman, 1971). Diese Art des Spiels ist zweifellos an die Sprache gebunden und ohne begleitendes Sprechen – bei Kindern anfangs als hörbarer, später als innerer Monolog – anscheinend nicht möglich. L. Wing (1972) fand in einer Untersuchung mit schwer behinderten (nicht nur autistischen) Kindern, daß kein Kind, das unter schweren globalen Sprachausfällen litt, mit Spielsachen symbolisch umging, daß dies aber alle Kinder taten, die Sprache oder Gesten in ausreichendem Maß verstanden und verwendeten. Die oft fehlende Fähigkeit zu kreativer Gestaltung, die Elgar in Kapitel 9 beschreibt, ist vermutlich ebenfalls eine Folge des mangelhaften Symbolverständnisses.

Nah- und Fernsinne

Die visuellen Behinderungen autistischer Kinder sind weniger leicht erkennbar als die sprachlichen, trotzdem aber aus genauen Beobachtungen ihres Verhaltens erschließbar. Besonders aufschlußreich sind die Ergebnisse systematischer Experimente von der Art, wie sie Hermelin in Kapitel 6 beschrieben hat. So haben Hermelin und O'Connor (1970) nachgewiesen, daß autistische Kinder Wahrnehmungsobjekte viel kürzer ansehen als normale Kinder. Das gilt nicht nur für das menschliche Gesicht, sondern auch für unbelebte Gegenstände. Bei manuellen Aufgaben wie Puzzlespielen, in denen diese Kinder bekanntlich oft wahre Meister sind, benutzen sie ihre Augen viel weniger als normale Kinder gleichen Intelligenzalters. Statt dessen verlassen sie sich mehr auf die Eindrücke der Nahsinne, beim Puzzle also auf das kinästhetische Gefühl, durch das sie – auch ohne hinzusehen – spüren, ob die betreffenden Teile zusammengehören (Frith und Hermelin, 1969). Wenn die Nahsinne bei solchen Aufgaben und in anderen Situationen eine derart große Bedeutung haben, so könnte dies daran liegen, daß das eigentlich eher zuständige visuelle System gestört oder unausgereift ist. Für das therapeutische Vorgehen würde daraus folgern, daß die Kontaktaufnahme zu dem Kind ganz besonders mit Hilfe der Nahsinne erfolgen sollte. Des Lauriers und Carlson (1969) machen davon in ihrem Programm viel Gebrauch, und wenigstens für jüngere Kinder scheint dieser Weg der richtige zu sein. (Siehe auch Wing, Kap. 10.)

Regeln und Rituale

Zu den eigentümlichsten Besonderheiten autistischer Kinder gehören die zwanghaften Rituale, die bei ihnen selbst dann immer wiederkehren, wenn sie in ihrer Entwicklung relativ weit gelangen. Das in Kapitel 12 beschriebene junge Mädchen ist ein Beispiel dafür. Die intensiven Widerstände gegen Veränderungen sind nur ein anderer Aspekt dieser Störung. Vielleicht sind diese Verhaltensweisen ein Versuch, eine Ordnung in die Welt zu bringen, die sonst als sehr chaotisch erlebt würde. Die Konstanz räumlicher Strukturen und motorischer Abläufe gibt eine gewisse Sicherheit. Derartige Rituale und Zwänge zeigen nur sehr wenig andere behinderte Kinder, auch dann nicht, wenn sie ebenfalls unter schweren sprachlichen Behinderungen leiden (Wing, 1972). So kann die sprachliche Behinderung allein keine ausreichende Erklärung für dieses Verhalten sein.

Die Regeln, nach denen das Verhalten autistischer Kinder strukturiert ist, können bei aller Zwanghaftigkeit durchaus kompliziert und schwierig sein. Frith (1971) hat dies in einer Untersuchungsreihe mit normalen, geistig behinderten und autistischen Kindern gleicher Intelligenz (nach Ravens Matrizen) auch experimentell nachgewiesen. Die Kinder hatten die Aufgabe, Sequenzen von Tönen auf dem Xylophon oder Reihen mit vorgegebenen figuralen Elementen frei herzustellen. Die Komplexität der hergestellten Muster und Tonfolgen hing nur vom Intelligenzniveau der Kinder ab. Autistische Kinder produzierten also ebenso komplexe Gebilde wie normale Kinder gleicher Intelligenz. Aber es ergab sich ein entscheidender Unterschied: Unabhängig von ihrem Intelligenzniveau hielten autistische Kinder in extremem Maß an einer Regel fest, sobald sie diese einmal aufgestellt hatten. Das tun die anderen Kinder nicht. Entweder produzieren sie recht willkürlich irgendwelche „hübschen Folgen", in denen gar keine Regeln enthalten sind, oder sie bringen zwar Regeln hinein, probieren dann aber nacheinander verschiedenartige aus. Die sehr starre und strenge Regelbefolgung autistischer Kinder bei diesen Aufgaben entspricht in auffälliger Weise der starren, phrasenhaften Sprachverwendung, und Frith vermutet, daß beides vielleicht auf dieselbe Grundstörung zurückgeht.

L. Wing (1972) weist darauf hin, daß zwischen dieser auffälligen

Starrheit und den verblüffenden Gedächtnisleistungen autistischer Kinder ein Zusammenhang bestehen könnte. Die Kinder scheinen in der Lage zu sein, „Eindrücke aufzubewahren und als Ganzes zu reproduzieren, ohne zwischen Wichtigem und Trivialem zu unterscheiden". Vielleicht kommt es zu diesen eigenartigen Erscheinungen, weil das Gedächtnis an sich als reine „Speicherkapazität" völlig normal und intakt ist, die aufgenommenen Eindrücke aber nicht begrifflich verarbeitet werden. Der Unterschied zu anderen schwer sprachgestörten Kindern, denen die Fähigkeit zur kategorialen Ordnung sinnlicher Eindrücke vermutlich ebenfalls teilweise oder ganz fehlt, wäre dann nur, daß die autistischen Kinder über ein intaktes Gedächtnis verfügen, jene anderen Kinder aber nicht. Vielleicht ist also gerade die Kombination einer intakten und einer fehlenden Fähigkeit die Ursache für die Ausbildung von starren Ritualen.

Wenn die Fähigkeit zur Begriffsbildung fehlt, dann ist der erste Weg, eine Sache anzugehen, ebenso gut wie jeder andere, und es ist konsequent, einfach am ersten festzuhalten, wie es tatsächlich viele autistische Kinder tun. Versuchen Eltern oder Lehrer, sie davon abzubringen, leisten sie oft energischen Widerstand, und wenn nicht nachgegeben wird, so verhalten sie sich am Ende „negativistisch" und sind später nicht mehr dahin zu bringen, sich mit der Sache überhaupt noch zu beschäftigen. Für die pädagogische Arbeit ist das natürlich ein sehr großes Hindernis, weil ja nicht immer der erste Weg gleich der richtige ist. Hamblin und Mitarbeiter (1971) haben diese Verweigerungen systematisch studiert und gefunden, daß sie bei einem Lernen nach Versuch und Irrtum besonders häufig auftreten, weil die Kinder anscheinend nicht in der Lage sind, einmal gemachte Fehler zu korrigieren. Wenn man die Lernschritte aber sorgfältig so aufbaut, daß die Kinder überhaupt keine Fehler machen (indem sie zunächst stärkere Hilfen erhalten), treten Verweigerungen nur ganz selten auf. Daraus scheint sich ein sehr wichtiges Prinzip für den Unterricht mit autistischen Kindern zu ergeben. Wenn immer möglich, sollte man den Weg des „fehlerlosen Lernens" bevorzugen; denn man vermeidet so die Widerstände und kann am Ende dasselbe Ziel wie beim Lernen nach Versuch und Irrtum erreichen.

Der psychogenetischen Erklärung des frühkindlichen Autismus, wonach Störungen der Interaktion zwischen Mutter (bzw. Eltern) und Kind die primäre oder mindestens eine entscheidende Ursache dieses Krankheitszustands sind, begegnet man in der Literatur immer wieder, teils als zentrale These, in letzterer Zeit häufiger als Nebenbemerkung. In mehreren Kapiteln dieses Buches, vor allem in den Kapiteln 1 und 10, wird dazu Stellung genommen, und es ist nicht nötig, die Argumente, die gegen solche Auffassungen sprechen, hier zu wiederholen. Auch neue Untersuchungen mit Persönlichkeitsskalen (Kolvin, 1971) und systematischen Erfragungen des Verhaltens beim Umgang mit dem Säugling (De Myer et al., 1972) haben keine Beweise für abnorme Persönlichkeitszüge oder Verhaltensweisen der Eltern erbracht. Allerdings wird ein überzeugter Anhänger einer psychogenetischen Theorie sich wahrscheinlich nicht genötigt sehen, aufgrund solcher Ergebnisse seine Ansicht zu ändern. In weitaus größere Schwierigkeiten gerät diese Theorie aber durch die vergleichenden Experimente und Verhaltensbeobachtungen, von denen ein Teil beschrieben wurde. So schreibt L. Wing (1972) zu dem geschilderten Ergebnis von Hermelin und O'Connor, wonach autistische Kinder alle Wahrnehmungsobjekte viel kürzer ansehen als normale Kinder: „Die Kinder sehen Tische und Stühle sogar noch flüchtiger an als Menschen, aber die Tische und Stühle können sich nicht beschweren und Hypothesen über eine emotionale Abkapselung aufstellen, wie es die Menschen getan haben." Zweifellos ist es nicht einfach, die besondere Struktur der kognitiven Behinderungen autistischer Kinder als Folge einer Störung der Eltern-Kind-Interaktion zu erklären, und bisher ist auch nicht der Versuch dazu gemacht worden. Dagegen teilen viele Autoren die Ansicht, die z. B. Reichler und Schopler (1971) in einem Bericht über eine systematische Verhaltensuntersuchung vertreten, wonach Störungen in der zwischenmenschlichen Kommunikation und Interaktion ein Teil einer ganz allgemeinen Störung der Beziehung des Kindes zu seiner Welt sind.
Trotzdem wird die psychogenetische Theorie natürlich nicht allgemein aufgegeben, sondern bildet sicherlich weiterhin den Ausgangs-

punkt und die Grundlage mancher therapeutischer Versuche mit autistischen Kindern und deren Eltern. Wer so vorgehen will, sollte unbedingt die Warnung von van Krevelen (1958) lesen, der befürchtet, daß solche Versuche nicht nur dem Kind nicht helfen, sondern die Gesamtsituation noch verschlimmern, indem sie Angst und Schuldgefühle der Eltern verstärken. Kysar (1968) gibt einen Erfahrungsbericht, der eindringlich zeigt, wie berechtigt diese Warnung ist.

Schopler (1969) hat in einem sehr interessanten Aufsatz dieses Problem einmal von der anderen Seite her betrachtet und ein Stück zur Psychoanalyse des psychiatrischen bzw. psychologischen Beraters beigetragen. Nach seiner Auffassung ist es möglich, die psychogenetische Theorie, wonach die Eltern selbst die primäre Ursache der Störungen sind, als eine der bekannten „Sündenbock"-Theorien zu verstehen. Im Sinne Allports gibt er eine mögliche Deutung für das Entstehen dieser Theorie als eines sozialen Vorurteils: In einer unklaren und verwirrenden Situation – teils eine Folge fehlender Kenntnisse über dieses eigentümliche Zustandsbild, teils eine direkte Folge des Verhaltens des Kindes selbst – entsteht das Gefühl von Angst, Hilflosigkeit und Schuld, und dieses Gefühl entlädt sich in Schuldprojektionen und Aggressionen, wobei die wehrlosesten, aber am leichtesten verfügbaren Menschen der Umwelt zur Zielscheibe werden, eben die Eltern. Hierdurch wird der eigene Wert und die eigene Stärke wieder erhöht, auch findet man sich damit als Mitglied einer sozialen Wir-Gruppe bestätigt, in der es vielleicht allgemein üblich ist, in dieser Weise die auslösende Ursache von abnormen Verhaltensweisen bei den Eltern zu sehen.

So betrachtet, sind einige neuere Versuche, mit den Eltern als Ko-Therapeuten zusammenzuarbeiten, eine ganz entscheidende Veränderung. Wesentlich ist dabei nicht die Tatsache, daß die Eltern Ratschläge erhalten, wie sie zu Hause mit ihren Kindern umgehen sollten, und auch nicht, daß diese Ratschläge im Rahmen genauer Programme möglicherweise exakter sind als früher. Solche Beratung gehört schon immer zur psychologischen und psychiatrischen Tätigkeit. Entscheidend ist, daß die Eltern direkt an der therapeutischen Arbeit beteiligt werden, daß *sie* dem Therapeuten zusehen, wie er ihnen, und daß gemeinsam ein therapeutischer Plan erarbeitet wird. Angesichts der sehr schwierigen Probleme, die das autistische Kind stellt, werden die Eltern nicht als Menschen behandelt, die man belehren und anleiten, denen man vielleicht sogar das Kind entziehen muß, sondern als notwendige Partner bei einer schwierigen Aufgabe mit ungewissem Erfolg. In den nächsten Abschnitten wird einiges über diese Arbeit berichtet.

Unterricht mit autistischen Kindern

Autistische Kinder – so zeigen die neueren Forschungsergebnisse immer deutlicher – leiden an einer speziellen Mehrfachbehinderung kognitiver Art, die organischen, nicht psychischen Ursprungs ist. Daraus folgt, daß eine Form von Psychotherapie, die ihnen die Aufarbeitung emotionaler Konflikte ermöglichen will – in der Erwartung, so die gehemmten oder verschütteten, aber an sich intakten Fähigkeiten freizulegen – vermutlich in dieser Zielsetzung wenig sinnvoll ist. Statt dessen scheint eine direkte heilpädagogische Arbeit notwendig zu sein, die das Ziel hat, die unentwickelten Fähigkeiten aufzubauen oder zu kompensieren. Diese Ansicht, die in den verschiedenen Beiträgen dieses Buches wiederholt hervorgehoben wurde, hat durch die Ergebnisse einer Vergleichsuntersuchung von Rutter und Bartak (1973) eine deutliche Bestätigung gefunden.
Es wurden drei Einrichtungen untersucht, die autistische Kinder betreuen: In der ersten wurden „regressive" Techniken nach psychoanalytischem Modell angewendet und kein Wert auf einen speziellen Unterricht gelegt, in der zweiten wurde teilweise ebenso verfahren, teilweise aber auch Unterricht betrieben, wobei insgesamt wenig direkte Anforderungen gestellt wurden, in der dritten wurde in einem stark strukturierten und organisierten Rahmen ein direkter heilpädagogischer Unterricht praktiziert.
Diese Untersuchung ist noch nicht abgeschlossen und nicht voll ausgewertet. Die bisher vorliegenden Ergebnisse zeigen, daß die Kinder in der dritten Einrichtung am meisten Lernfortschritte machen. Das mag für Bereiche wie Lesen und Rechnen nicht überraschend sein, zeigt sich aber auch im Ausmaß des aufgabenbezogenen Arbeitsverhaltens in der Schulklasse, was besonders für die weniger intelligen-

ten Kinder wichtig ist. Während die intelligenteren Kinder von dieser stark strukturierten schulischen Arbeit besonders in Hinblick auf ihre Schulleistungen profitieren, liegt der Vorteil für die weniger intelligenten vor allem im Bereich ihres allgemeinen Leistungsverhaltens.

Die Schaffung geeigneter schulischer Einrichtungen für autistische Kinder ist sicherlich eine der wichtigsten praktischen Aufgaben für die Zukunft. Die Notwendigkeit dazu wird auch in der Bundesrepublik immer deutlicher gesehen. Wenn aber Eltern ihre Kinder nicht aus der Familie geben wollen und trotzdem eine spezielle heilpädagogische Erziehung für sie wünschen, so bleibt ihnen heute als einziger Weg meist nur, eine eigene Schule zu gründen. Daß dies nicht nur in der Bundesrepublik so ist, zeigt das Beispiel von Kysar (1968). Die Kinder werden in den öffentlichen Schulen, auch denen für geistig behinderte Kinder, oft nicht akzeptiert. Abnormen Kindern wie ihnen, die so unruhig, so negativistisch, so in sich eingekapselt sind, kann man leicht „fehlende Bildungsfähigkeit" bescheinigen und damit von der Schulpflicht „befreien".

An mehreren Orten in der Bundesrepublik versuchen Elterngruppen, spezielle pädagogische Programme für ihre autistischen Kinder zu organisieren. Sie erhalten dabei zum Teil Hilfe und Unterstützung durch Fachleute. Es ist sehr zu hoffen, daß aus diesen Anfängen, die weitgehend durch private Initiative und hohen persönlichen Einsatz der betroffenen Eltern getragen werden, bald reguläre schulische Einrichtungen werden. Eine Gesetzgebung, die *allen* Kindern, auch den besonders schwer behinderten, das Recht auf Bildung sichert und nicht durch das fragwürdige Kriterium der „Bildungsfähigkeit" beschneidet, wäre dafür eine große Hilfe.

Verhaltensmodifikation bei autistischen Kindern

Von allen pädagogischen Methoden für autistische Kinder haben die Programme zur Verhaltenstherapie bzw. Verhaltensmodifikation wohl am meisten Aufmerksamkeit gefunden. Autistische Kinder sind vermutlich – mindestens in der Bundesrepublik – sogar vielen

Fachleuten erst in Verbindung mit dieser neuen Methodik bekannt geworden. Eine kurze deutschsprachige Einführung in die theoretischen und praktischen Probleme der Verhaltenstherapie bei autistischen Kindern geben Gottwald und Redlin (1972). Diese Methode besteht nicht nur einfach darin, daß bestimmte Ergebnisse der experimentellen Lernforschung in die Praxis „umgesetzt" werden. Das geschieht zwar auch, wesentlicher ist aber, daß bei diesem Vorgehen praktische Lernsituationen genau so gestaltet werden, wie es bei experimentellen „Laboruntersuchungen" allgemein üblich ist. So sind planmäßige Bedingungsvariation und Erfolgskontrolle wesentliche Bestandteile des Vorgehens. Wichtig ist dabei die „funktionale Analyse" (vgl. Evans, 1971): Man untersucht, unter welchen Bedingungen der Umwelt ein bestimmtes Verhalten, das man ändern möchte (z. B. negativistische Reaktionen), auftritt und welche Konsequenzen dieses Verhalten gewöhnlich hat. Durch systematische Veränderung dieser Konsequenzen, aber auch der auslösenden Umweltbedingungen, versucht man eine Änderung des Verhaltens zu erreichen, wobei die genaue Beobachtung und Kontrolle der erzielten Verhaltensänderungen ein wesentlicher Bestandteil des gesamten Vorgehens ist.

Insofern handelt es sich bei der „Verhaltensmodifikation" viel eher um ein allgemeines methodisches Prinzip als um ein bestimmtes inhaltliches Programm. Die erarbeiteten Programme sind immer vorläufig, sie können und sollen geändert werden, wenn entsprechende Erfahrungen es nahelegen. So hat man z. B. besonders bei autistischen Kindern am Beginn der therapeutischen Arbeit Süßigkeiten verwendet, die das Kind als Belohnung für geforderte oder erwünschte Verhaltensweisen erhielt. Der Erfolg, den man damit offensichtlich bei nicht wenigen Kindern erreicht hat, scheint diese Methode zu rechtfertigen. Trotzdem ist diese Form der Belohnung kein entscheidendes Merkmal der „Verhaltenstherapie". Welche Belohnung man wählt, wird ganz davon abhängen, was das Kind selbst mag. Man kann keine allgemeine Regel aufstellen, *was* als Belohnung gegeben werden soll, wohl aber, *wann* sie zu geben ist. Nach allgemeiner Auffassung soll die Belohnung *direkt nach* dem erwünschten Verhalten und *nur* bei Auftreten dieses Verhaltens gegeben werden.

Wenn materielle Belohnungen wie Süßigkeiten benutzt werden, so achtet man immer darauf, daß sie zusammen mit sozialen Belohnungen (wie sprachlichem Lob, Streicheln u. dergl.) auftreten. Dadurch sollen solche sozialen Belohnungen, die anfangs – jedenfalls in der allgemein gewohnten Art – bei vielen autistischen Kindern unwirksam sind, einen „sekundären" Belohnungswert erhalten, d. h. später auch allein wirksam sein, was anscheinend tatsächlich oft geschieht. Ein anderes, wichtiges Ergebnis ist die Entdeckung, daß unerwünschtes Verhalten durch Beachtung, Zuwendung, ja sogar durch Schimpfen – also durch die eigentlich „natürlichen" Reaktionen – meist nur noch verstärkt wird. Genaue Beobachtungen zeigen, daß manche autistische Kinder lächeln, wenn die Mutter mit ihnen schimpft (Hamblin et al., 1961) – nicht, weil sie nun besonders durchtrieben sind, sondern weil das Schimpfen für sie einfach ein interessantes Ereignis ist. Deshalb sollen unerwünschte Verhaltensweisen konsequent ignoriert oder – falls dies nicht möglich ist – direkt durch Änderung der Situation unterbunden werden.

Ein weiteres Hauptmerkmal der Verhaltensmodifikation ist die sorgfältige Strukturierung der Aufgabenstellungen und der allgemeinen Lernsituation, ganz ähnlich, wie es auch beim modernen Unterricht mit Lernmaschinen und programmierten Lehrbüchern der Fall ist, nur bei weitaus elementareren Verhaltensweisen. Da viele der erwünschten Verhaltensweisen zunächst nur sehr selten spontan auftreten, werden am Anfang durch äußere Unterstützung (Üben in sehr reizarmen Situationen, passive Ausführung von Bewegungen) Hilfen gegeben, auch werden schon ganz ungefähre Annäherungen an das gewünschte Verhalten belohnt. Allmählich wird die Hilfe zurückgenommen und eine stärkere Annäherung verlangt, schließlich nur noch eine genaue und selbständige Ausführung der betreffenden Verhaltensweise belohnt. Außerdem gibt man nach und nach die Belohnung immer seltener, geht also allmählich von der ständigen, der „kontinuierlichen" Belohnung des richtigen Verhaltens zur „intermittierenden" Belohnung über, weil nach den Ergebnissen der Lernforschung Verhaltensweisen bei nicht-kontinuierlicher Belohnung stabiler werden.

Es ist heute unmöglich, ein abschließendes Urteil über die verschiedenartigen Einzelprogramme abzugeben. Evans (1971) hat in einer sehr lesenswerten Arbeit die methodischen Probleme bei der Durchführung und Beurteilung solcher Programme erörtert und auf verschiedene Mängel vieler bisheriger Arbeiten hingewiesen. Yule und Berger (1972) haben die verhaltenstherapeutischen Versuche zum Sprachaufbau bei autistischen Kindern – ein im Anschluß an Lovaas (1966) und Risley und Wolf (1967) besonders intensiv bearbeiteter Bereich – zusammenfassend dargestellt und kommentiert. Trotz vieler offener Fragen und mancher berechtigter Kritik läßt sich kaum bezweifeln, daß mit diesen Methoden Fortschritte erzielt werden können, auch bei Kindern, bei denen konventionelle Methoden versagen. Das systematische Vorgehen ist insbesondere in den schweren Anfangsphasen der pädagogischen Arbeit eine sehr wertvolle Hilfe.

Ein Beispiel für ein Programm zur Verhaltensmodifikation bei autistischen Kindern

Als ein Beispiel für die verhaltenstherapeutische Vorgehensweise sei hier das Programm von Hamblin, Ferritor, Kozloff und Blackwell (Hamblin et al., 1971) etwas ausführlicher dargestellt. Dieses Programm besteht aus acht aufeinander aufbauenden Stufen, beginnt mit sehr einfachen Übungen und endet bei den komplexeren Verhaltensweisen des Lernens in der Gruppe. Manche Methoden, über die andere Arbeitsgruppen isoliert berichtet haben, z. B. Teile des Sprachtrainingsprogramms von Lovaas, sind direkt oder in etwas abgewandelter Form in diesem Programm enthalten. Wertvoll scheint das Programm besonders durch seine wohldurchdachte, systematische Aufeinanderfolge der einzelnen Lernschritte und durch die planmäßige Beteiligung der Eltern.

1. Stufe: Blickkontakt. Der fehlende Blickkontakt ist ein charakteristisches Kennzeichen autistischer Kinder, besonders in jüngerem Alter. Der Blickkontakt geht andererseits in der Regel allen sozialen Interaktionen voraus und ist damit auch eine Grundvoraussetzung für soziales Lernen. So lernen die Kinder in diesem Programm als erstes, anderen Menschen in die Augen zu sehen. Die Mutter bringt das Kind täglich zur Mittagszeit ins „Laboratorium", und kleine Stückchen des üblichen Lunchs werden als Belohnungen verwendet. Lehrer und Kind sitzen sich gegenüber, und wenn das Kind von sich aus den Lehrer ansieht, lobt dieser es unmittelbar, streichelt es auf dem Rücken und gibt ihm ein Stückchen zu essen. Wenn das Kind den Lehrer nicht von sich aus ansieht, wird versucht, seinen Blick durch kleine Tricks anzulocken. Die Belohnung durch Worte, Berührung und Nahrung folgt immer *unmittelbar* und auch bei nur ganz flüchtig vorbeihuschendem Blick. Während dieses Trainings steht das Kind natürlich oft auf und läuft umher. Es wird daran nicht (wie in anderen verhaltenstherapeutischen Programmen) physisch gehindert, erhält die Belohnung aber *nur*, wenn es am Tisch sitzt und den Lehrer ansieht. Auch wird es nicht aufgefordert, sich wieder zu setzen, sondern einfach ignoriert. Ein kleines Experiment mit einem Kind zeigte eindeutig, daß solche Aufforderungen das Aufstehen und Umherlaufen nur noch verstärken. In den folgenden Stadien ist der Blickkontakt das Signal für den Beginn einer Interaktion. Es wird dann nicht mehr unmittelbar belohnt, sondern indirekt, indem es das erste Glied einer am Ende belohnten Verhaltenskette bildet.

2. Stufe: Motorische Imitation. Zunächst wird die Imitation von Handbewegungen geübt. Sobald der Blickkontakt hergestellt ist, macht der Lehrer eine solche Bewegung, hebt z. B. eine Hand hoch. Imitiert das Kind dies nicht gleich spontan, so wird seine Hand zunächst in der gewünschten Weise geführt. In diesem Stadium muß nicht mehr ständig mit Nahrung belohnt werden. Bei jedem zweiten oder dritten Mal genügen sprachliches Lob und körperliche Berührung. Zunächst werden auch ungefähre Annäherungen an das Muster belohnt, später nur noch die genaue Nachahmung. Als nächstes folgt die Imitation von kleinen Hantierungen mit Spielsachen und Puzzles. Nach den ersten Erfolgen macht der Lehrer die erwünschte Bewegung oder Handlung nicht nur vor, sondern benennt sie auch und fordert so das Kind sprachlich zur Imitation auf. Dies ist eine Vorbereitung auf spätere Stufen, in denen das Kind auf die Aufforderung allein reagieren soll.
In diesem Stadium beginnt die Unterweisung der Mütter. Sie wer-

den angeleitet, ein Tagebuch über ihre Interaktionen mit dem Kind zu führen, insbesondere darüber, wie das Kind reagiert, wenn sie etwas verlangen, und wie sie auf diese Reaktion ihres Kindes reagieren. Ein Mitarbeiter der Gruppe kommt in die Familie und beobachtet das soziale Geschehen, besonders die Beziehungen zwischen Mutter und Kind. Diese Aufzeichnungen sind dann die Grundlage für die gemeinsame Planung des zukünftigen pädagogischen Verhaltens. Die Mütter erhalten eine Einführung in die theoretischen und praktischen Prinzipien der Verhaltenstherapie. Beim häuslichen Umgang mit dem Kind müssen sie vor allem lernen, unerwünschtes Verhalten nicht durch starke Zuwendung und Beachtung noch zu verstärken, sondern es strikt zu ignorieren oder sofort zu unterbinden, wenn es nicht geduldet werden kann. Sie beobachten den Lehrer bei der Arbeit mit dem Kind und übernehmen selbst die Rolle des Lehrers, nicht unbedingt immer bei ihrem eigenen Kind. Dabei werden sie aus einem anderen Raum beobachtet und erhalten gegebenenfalls über einen kleinen Empfänger, den sie im Ohr tragen, Anleitungen und Hilfen.

3. Stufe: Lautproduktion bei stummen Kindern. Viele autistische Kinder sind stumm oder fast stumm, und müssen deshalb zunächst überhaupt lernen, Laute zu produzieren, bevor das eigentliche Sprechenlernen beginnen kann. Es wird also der Versuch gemacht, die Lallperiode normaler Säuglinge durch spezielle Hilfen nachzuholen. Zunächst wird das Kind für alle spontanen Lautäußerungen belohnt, gleich welcher Art sie sind. Später erhält es nur dann eine Belohnung, wenn der Laut sich von dem vorhergegangenen unterscheidet. So soll erreicht werden, daß das Kind sich nicht nur einigen wenigen, sondern in einer möglichst großen Zahl von Lauten übt.

4. Stufe: Verbale Imitation. Auf dieser Stufe sollen stumme oder fast stumme Kinder lernen, den Lehrer sprachlich zu imitieren. Der Lehrer produziert also einen Laut, und zunächst erhält das Kind für jeden Laut, den es spätestens 5 sec. danach hervorbringt, eine Belohnung. Das geschieht auch bei Kindern, die eigentlich zu einer exakten Imitation fähig wären, sich aber habituell negativistisch verhalten. Im nächsten Schritt wird eine recht gute Annäherung an das Muster verlangt. Dies führt nach den Erfahrungen der Autoren immer zu einem harten Machtkampf. Auch Kinder, die sich bisher nicht negativistisch verhalten haben, tun es jetzt, und der Lehrer muß sein stärkstes Geschütz auffahren. Für die Zeit von einer Woche bis zu einem Monat bekommen die Kinder ihr Essen nur im Lernlaboratorium. Sie werden dreimal täglich dorthin gebracht und müssen es sich durch sprachliche Imitation verdienen. Am Anfang hungern sie meist lieber, manchmal drei Tage lang, aber schließlich geben alle nach, einige unter Tränen. Wenn dieser Machtkampf vorüber ist, findet wieder nur eine Sitzung pro Tag statt. Zunächst werden Vokale (a, e, o), die ersten Konsonanten (b, m) und Silben (ba, le, la, lo) geübt, dann Namen von Nahrungsmitteln, die das Kind auch als Belohnung erhält (z. B. „chip"). Es wird darauf geachtet, eine Aufforderung nur einmal auszusprechen, also nicht zu wiederholen, wenn das Kind darauf nicht reagiert. Denn eine systematische Versuchsreihe hatte deutlich gezeigt, daß durch solche Wiederholungen die negativistischen Verweigerungen zunehmen. Nach den Namen für Nahrungsmittel lernen die Kinder imitativ einige sehr allgemein verwendbare Verben, wie *geh*, *eß* und *komm*, die sie in tatsächlichen Interaktionen anwenden können. (Sie lernen also noch nicht das Benennen von Bildern, weil selbst ein beträchtlicher Wortschatz von Substantiven nur relativ begrenzte natürliche Kommunikation erlaubt, wenige Verben dagegen bedeutend mehr.)

5. Stufe: Aufbau kommunikativer Sprache. Der Übergang vom imitativen zum kommunikativen Sprechen ist ein entscheidender Schritt für jedes Sprachtrainingsprogramm bei sprachlich stark retardierten Kindern. Die Kinder müssen lernen, die Sprache als ein Mittel zu verwenden, mit dem sie ihre Wünsche und Bedürfnisse ausdrücken können. Sprache muß für sie zu einem Instrument der sozialen Interaktion werden. Der erste Schritt dazu baut auf dem vorhergegangenen Imitationsvokabular auf und ist denkbar einfach. Der Lehrer fragt z. B.: „Was möchtest du? Einen Keks oder einen Bonbon?" Wenn das Kind nicht antwortet, hilft er zunächst mit dem gesprochenen Anfangslaut eines der beiden Dinge aus. Das Kind bekommt erst dann etwas, wenn es einen Namen sagt. Diese Übungen werden auch von der Mutter bei den regulären Mahlzeiten durchgeführt. Gleichzeitig lernt das Kind Verben in konkreten Handlungssituationen. Der Lehrer versperrt ihm z. B. die Tür und läßt es erst dann hindurch, wenn es „geh weg" sagt. Die jeweils passenden Wörter sagt er dem Kind natürlich zunächst vor. So lernt es ein bis zwei Dutzend Verben. Erst danach beginnt die Vergrößerung des Benennungsvokabulars, zunächst mit realen Dingen, dann mit Fotos, dann mit Zeichnungen.

Der nächste Schritt ist das Erlernen der Syntax. Bei jüngeren Kindern hat sich dabei wieder der Weg über die Imitation bewährt, wobei Übung mit vielen Sätzen für wichtiger gehalten wurde als eine ganz genaue Wiedergabe der einzelnen Sätze. Bei älteren Kindern führte diese Methode nicht zum Ziel, es war eine zusätzliche Hilfe in Form eines „Rebus"-Lesens nötig. Hierbei lernt das Kind zunächst kleine stilisierte Zeichnungen benennen, dann Farbkarten. Dann wird je eine Farbkarte und eine Zeichnung nebeneinander gelegt, was z.B. den Ausdruck „roter Tisch" ergibt. Der Lehrer hilft zunächst durch Vorsprechen. Es kommt eine Karte für den bestimmten Artikel hinzu, dann eine für das Verb *sein*, so daß schließlich kleine Sätze vom Typ *Das Haus ist gelb* gebildet und gelesen werden können. Sobald das Kind solche Sätze lesen kann, lernt es, eben gelesene Sätze nachzusprechen, wobei wie immer zunächst Hilfen gegeben werden.

6. Stufe: Erste Gruppenerfahrungen. Auf dieser Stufe sollen die Kinder vor allem lernen, mit anderen Kindern und anderen Lehrern gemeinsam in einem Klassenzimmer zu lernen. Für manche ist das äußerst schwierig, sie fallen in primitive Protesthaltungen zurück. Sie werden dann konsequent ignoriert und gelegentlich im „Auszeit"-Zimmer isoliert. Haben sich alle Kinder der Gruppe an die neue Situation gewöhnt, lernen sie die Bedeutung von „Münzen" kennen, die in den folgenden Stufen als Belohnungen verwendet werden. Der Lehrer händigt den Kindern zunächst einfach solche Spielplättchen oder Spielsteine aus, läßt sie sich zurückgeben, lobt die Kinder dafür und gibt ihnen etwas zu essen. Dann stellt er einfache Aufgaben und gibt als Belohnung eine Münze, die unmittelbar in etwas Eßbares umgetauscht wird. Schließlich werden Münzen gesammelt und erst am Ende einer Aufgabenreihe eingetauscht.

7. Stufe: Zwischenklasse. Wenn die Kinder etwas funktionale Sprache besitzen, mit Münzen als Belohnung arbeiten und sich in der Anfangsgruppe produktiv verhalten, kommen sie in die Zwischenklasse, die gewöhnlich vier Mitglieder hat. Hier lernen sie die Verhaltensweisen, die für die Teilnahme an einem normalen Schulunterricht nötig sind: dem Lehrer eine Antwort geben, wenn man aufgerufen wird; zuhören, wenn andere Kinder dem Lehrer antworten; andere Kinder imitieren und falsche Antworten anderer Kinder ignorieren. Als Belohnung für richtige Antworten bekommen sie Münzen, die nun aber meist nicht mehr gegen Leckereien eingetauscht werden, sondern gegen beliebte Tätigkeiten (Schaukeln im Schaukelstuhl, Anhören von Musik, Springen auf dem Trampolin usw.). Als Belohnung für richtiges Verhalten (z. B. Zuhören, wenn der Lehrer einem anderen Kind etwas sagt) bekommen sie von einem Assistenzlehrer kleine Leckereien. Geübt werden die bisherigen sprachlichen und visuellen Aufgaben, ferner motorische Tätigkeiten in der ganzen Gruppe (wobei häufig am Anfang direkte körperliche Führung nötig ist).

8. Stufe: Sprachförderung in der Gruppe. Diese letzte Stufe dient der gezielten heilpädagogischen Arbeit in Bereichen mit starkem Entwicklungsrückstand, insbesondere also im Bereich der Sprache. Grundlage ist eine systematische Erfassung des Entwicklungsstandes jeden einzelnen Kindes mit geeigneten Tests und Skalen. Es gibt noch viele Ausfälle und Schwächen: Die meisten Kinder können nicht kooperativ spielen, sprechen kaum miteinander, sprechen kaum spontan zu Erwachsenen, verfügen über keine abstrakten Begriffe. Manche können nicht symbolisch spielen. Es werden Gruppenprogramme zur Überwindung von Entwicklungsrückständen entwickelt und in kleinen Gruppen durchgeführt. So gleicht diese letzte Stufe in vielem einer üblichen heilpädagogischen Arbeit, mit der Ausnahme, daß immer noch gezielt individuelle Belohnungen verschiedener Art eingesetzt werden.

Die planmäßige Beteiligung der Eltern gehört sicherlich zu den wichtigsten Neuerungen der therapeutischen Arbeit. Schon immer hat es Eltern autistischer Kinder gegeben, die sich mit großer Energie und viel Verständnis um die Förderung der Entwicklung ihrer Kinder bemüht haben. Ein sehr eindrucksvolles Beispiel dafür ist der kürzlich erschienene Bericht einer Mutter über die Erziehung ihres sehr behinderten autistischen Jungen (Thieme, 1971). Dieser Bericht zeigt, wie überaus schwierig diese Erziehungsarbeit ist, wenn die Eltern sie völlig auf sich allein gestellt leisten müssen, ohne fachkundige Beratung, ohne Kontakt zu anderen Eltern in gleicher Lage, und gar nicht selten sogar gegen den Rat von „Experten".

Ebenso hat es aber schon immer Fachleute gegeben, die den Eltern mit sachkundigem Rat geholfen und selbst gute therapeutische und heilpädagogische Arbeit geleistet haben. Vor allem sind hier die Heilpädagogen der Steiner-Schulen zu nennen, die sich wohl wie keine andere Gruppe um die Erziehung autistischer Kinder bemüht und ein sehr genaues Verständnis der besonderen Wesensart dieser Kinder entwickelt haben. Zu einer wirklichen Zusammenarbeit solcher Therapeuten und Heilpädagogen mit den Eltern ist es jedoch kaum gekommen, obwohl von beiden Seiten der Wunsch dazu oft vorhanden war.

Ein ausgezeichnetes Beispiel für neue Formen der Zusammenarbeit zwischen Fachleuten und Eltern ist die von Schopler und Reichler (1971) beschriebene Vorgehensweise. Hierbei geht es nicht einfach darum, daß die Eltern Anleitungen und Ratschläge erhalten, wie sie zu Hause ein therapeutisches Programm, nach dem in der betreffenden Einrichtung gearbeitet wird, fortführen sollen. Vielmehr soll die eigentlich entscheidende therapeutische Arbeit – von den Autoren als „Entwicklungstherapie" bezeichnet – von den Eltern selbst geleistet werden, und die Erfahrungen zeigen, daß sie dazu sehr gut geeignet sind.

Im Programm von Schopler und Reichler kommen die Eltern zweimal wöchentlich für je 45 Minuten in das betreffende Universitätsinstitut, das dieses Projekt als 5-Jahresprojekt mit begleitender systematischer Erfolgskontrolle durchführt. Vater und Mutter wechseln sich in den Besuchen ab. Die therapeutischen Verfahren werden den Eltern direkt demonstriert. Sie erhalten so ein realistisches Modell für das eigene Vorgehen, sehen natürlich auch die Frustrationen und gelegentlichen Fehler des Therapeuten, was durchaus kein Schaden ist, weil dadurch ihr bestehendes Minderwertigkeitsgefühl abgebaut wird. Der Elternberater bespricht mit den Eltern diese Demonstrationen und erarbeitet mit ihnen das Programm für die häusliche Arbeit. In regelmäßigen Abständen demonstrieren die Eltern ihre Arbeit mit dem Kind, wobei ihnen Therapeut und Berater zusehen. Nach der natürlichen anfänglichen Scheu gewöhnen sie sich an die Situation so gut und arbeiten mit ihrem Kind so erfolgreich, daß sie den „Berufstherapeuten" in ihrem therapeutischen Geschick und Erfolg keineswegs nachstehen, oft sogar übertreffen. Am Anfang sind die Väter meist besser in der Lage, das Problem objektiv zu sehen und die Interaktionen mit dem Kind zu steuern. Die Mütter brauchen länger, um aus dem verzweifelten, erschöpften und hoffnungslosen Zustand, in dem sie sich meist befinden, wieder herauszufinden. Wenn sie aber stärker die häusliche Arbeit übernehmen, dann ist der Fortschritt meist größer, als wenn es vorwiegend die Väter tun. Zu Beginn des Programms bitten die Eltern um ganz genaue Anweisungen; später entwickeln sie eigene Ideen, nach denen vorgegangen werden kann.

Andere Arbeitsgruppen beziehen in ähnlicher Weise die Eltern in die therapeutische Arbeit ein, so z. B. die Gruppe von Rutter und Sussenwein (1971) in ihrem Programm für autistische Kinder im Vorschulalter. Wieviel sich mit solchen intensiven gemeinsamen Bemühungen erreichen läßt, ist eine Frage, auf die es heute keine allgemein gültige Antwort gibt. Einige Kinder machen erstaunliche Fortschritte, andere überwinden ihre Probleme nur langsam. Sicherlich ist entscheidend, daß die Menschen, die ihnen helfen wollen, zusammenfinden und Formen der Zusammenarbeit lernen. So ist es möglich, die vorhandenen Kräfte zur Hilfe freizusetzen und die hoffnungslose Vereinzelung, in die autistische Kinder und ihre Familien so oft geraten, allmählich zu überwinden.

Anmerkungen

Kapitel 1

1 Der Bericht ist in dem kürzlich erschienenen Suhrkamp-Taschenbuch Malson, L., Itard, J., Mannom, O.: „Die wilden Kinder" (1972) enthalten, interessanterweise umrahmt von zwei Aufsätzen, die auf die Möglichkeit, daß es sich bei dem „Wilden von Aveyron" um einen autistischen Jungen handeln könnte, nicht eingehen. Truffauts schöner Film „Der Wolfsjunge" folgt Itards Aufzeichnungen sehr genau, und niemand, der an autistischen Kindern interessiert ist, sollte sich die Möglichkeit, diesen Film zu sehen, entgehen lassen.

2 Im Deutschen wird oft zwischen dem „Kanner'schen Autismus" und der Asperger'schen „autistischen Psychopathie" unterschieden. Im vorliegenden Band wird das von Asperger beschriebene Zustandsbild nicht behandelt. Aspergers Darstellung findet man unter dem Titel „Autistisches Verhalten im Kindesalter", im Jahrbuch für Jugendpsychiatrie und ihre Grenzgebiete, Band II, Verlag Hans Huber, 1960. Zur Abgrenzung der beiden Zustandsbilder siehe: Asperger (1968), Nissen (1971), van Krevelen (1971).

3 Im Englischen gibt es noch die Unterscheidung zwischen „Early infantile autism" (der von Kanner bevorzugte Begriff) und „Early childhood autism" (der von Wing gewählte). Der zweite Begriff impliziert, anders als der erste, nicht, daß die Störungen schon im ersten Lebensjahr auftreten müssen. Wing bevorzugt ihn, weil sich in manchen Fällen ein sonst typisches Syndrom erst während des zweiten Lebensjahres oder noch später entwickelt.

4 Ein Film, der die Symptome sehr gut veranschaulicht und der als einführende Demonstration gut geeignet ist, wird vom SANDOZ-Filmdienst (8500 Nürnberg, Deutschherrn-Str. 15) verliehen: „Zur Diagnose des frühkindlichen Autismus" von Prof. J. Rendle-Short, Australien, 16 mm Lichtton, schwarz-weiß, deutscher optischer Ton, 17 Min. Spieldauer.

5 Der Begriff „developmental aphasia" wird immer in wörtlicher Übersetzung als „Entwicklungsaphasie" widergegeben. Damit sind sprachliche Störungen gemeint, die bei Kindern auftreten und den Störungen bei einer Aphasie gleichen, ohne daß eine Hirnverletzung

durch äußere Einwirkung stattgefunden hat. Wenn im vorliegenden Text von „Aphasie" bzw. „aphasischen" Kindern die Rede ist, so ist immer diese „Entwicklungsaphasie" gemeint. Im Englischen wird dafür auch der Ausdruck „congenital aphasia" (angeborene Aphasie) verwendet, im Deutschen der Begriff „Hörstummheit" (siehe Lutz, J., 1968, S. 213).

6 Auf die Ähnlichkeiten zum Verhalten blinder Kinder weist besonders Weber (1970) hin.

7 Über systematische neuere Vergleichsuntersuchungen mit autistischen und aphasischen Kindern wird im ergänzenden Kapitel des Anhangs berichtet.

8 Über Frühschizophrenie siehe auch: Kothe, B. (1956). Über neue empirische Untersuchungen zur Abgrenzung von Frühschizophrenie und Autismus wird im Anhang berichtet.

9 Die folgenden Zahlen sind aufgrund von Wings Angaben für die Bundesrepublik als Schätzwerte errechnet. Die Angaben über blinde und taube Kinder beziehen sich ebenfalls auf die Bundesrepublik (Quellen: Statistisches Jahrbuch der BRD, 1970. Bevölkerung und Kultur. Reihe 10. Allgemeinbildende Schulen. Kohlhammer-Verlag. 1969).

10 In diesem Zusammenhang wäre auch zu berücksichtigen, daß oft die Behinderung erst im zweiten Lebensjahr oder noch später erkannt wird, zu einer Zeit also, in der die Eltern bereits ein zweites Kind haben können.

11 Allen et al. (1971) kommen zu dem Ergebnis, daß Eltern autistischer Kinder im Durchschnitt älter sind als Eltern normaler Kinder. Dieser Befund wird von Ritvo et al. (1971) nicht bestätigt. Da nicht dieselben diagnostischen Kriterien verwendet wurden, ist unklar, ob die Ergebnisse vergleichbar sind.

12 Diese These wird durch die Ergebnisse von Schopler und Loftin (1969) gestützt.

13 Systematische neuere Erörterungen der ätiologischen Problematik findet man bei Rutter (1968), Rutter, Bartak und Newman (1971) und Rutter und Bartak (1971).

14 Siehe auch die neuen Ergebnisse von Boullin et al (1971).

Kapitel 2

1 Es wurden die Kinder und die Erwachsenenformen verwendet. Deren deutschsprachige Entsprechungen sind der HAWIK und HAWIE. Die Tests wurden zunächst separat analysiert, wobei alle Vergleiche sehr ähnliche Ergebnisse erbrachten. Deshalb werden die Ergebnisse für beide Formen zusammen dargestellt.

2 Die Ergebnisse in den einzelnen Untertests des Wechsler Tests waren bei den psychotischen Kindern und den Kontrollkindern wie folgt:

Tabelle 3: Punktwerte in den Wechsler-Untertests für psychotische und Kontrollkinder

Untertests	Psychotische Kinder	Kontrollkinder
Allgemeines Verständnis	2.61	5.21
Rechnerisches Denken	3.61	4.48
Gemeinsamkeitenfinden	4.24	4.74
Zahlennachsprechen	5.76	4.57
Wortschatz-Test	3.70	4.93
Zahlen-Symbol-Test	2.76	3.28
Bilderergänzen	4.54	5.14
Bilderzuordnen	3.58	3.69
Mosaik-Test	8.03	5.12
Figurenlegen	6.82	5.19

3 Die Ergebnisse in den Wechsler-Untertests bei psychotischen Kindern mit und ohne sprachliche Retardierung waren wie folgt:

Tabelle 4: Punktwerte in den Wechsler-Untertests für psychotische Kinder mit und ohne sprachliche Retardierung

Untertest	Psychotische Kinder mit sprachlicher Retardierung	Psychotische Kinder ohne sprachliche Retardierung
Allgemeines Verständnis	0.67	4.44
Rechnerisches Denken	0.67	6.28
Gemeinsamkeitenfinden	1.35	7.11
Zahlennachsprechen	4.89	8.11
Wortschatz-Test	1.44	6.06
Zahlen-Symbol-Test	1.08	4.28
Bilderergänzen	2.54	6.33
Bilderordnen	1.69	5.28
Mosaik-Test	8.15	8.56
Figurenlegen	5.92	7.89

4 Hinsichtlich des Begriffs „Aphasie" siehe Anmerkung 5 zu Kapitel 1. Die Auffassung, daß zentrale Sprachstörungen, wie man sie bei einer „angeborenen Aphasie" (developmental aphasia) findet, eine entscheidende Rolle bei der Entstehung kindlicher Psychosen spielen, wird auch von Don W. Churchill (1972) in einer neueren Veröffentlichung vertreten.

5 Diese Auffassung wird auch von Churchill (1972) in einer neueren Veröffentlichung vertreten.

1 Als neuere Veröffentlichung ist hinzugekommen: Kanner, L.: „Follow-up Study of Eleven Autistic Children Originally Reported in 1943" in: Journal of Autism and childhood schizophrenia, 1971 (1), S. 119–145.
2 Weitere Informationen über diese Gruppe geben Rutter, Bartak und Newman (1971).
3 Eine nächste Nachuntersuchung ergab, daß zwischen 1963 und 1970 weitere 5 Kinder epileptische Anfälle bekamen, alle im Jugend- oder frühen Erwachsenenalter. Es zeigte sich auch ein Zusammenhang mit der gemessenen Intelligenz bei der Erstuntersuchung: Von den insgesamt 18 Fällen (von 65), die epileptische Anfälle bekamen, hatten nur 2 einen Anfangs-IQ über 65.
4 Diese Vermutung wird durch eine neuere, systematische Untersuchung von Kolvin (1971) bestätigt.
5 Rutter und Bartak (1973, in Druck) haben inzwischen eine derartige Untersuchung durchgeführt und einige der Ergebnisse publiziert.

Kapitel 5

1 Diese Form der Testanwendung dürfte in England nicht mehr in Frage kommen, weil seit dem Gesetz von 1970 (The Education of Handicapped Children Act) die Unterrichtsbehörden verpflichtet sind, für Erziehung und Unterricht aller – auch sehr schwer behinderter – Kinder zu sorgen. In der Bundesrepublik Deutschland dagegen ist die Verwendung von Tests zur Ermittlung der „Bildungsfähigkeit" durchaus noch üblich.
2 Mittlers Skepsis gegenüber „sprachfreien" Tests ist z. T. auch gegenüber den gern verwendeten Progressiven Matrizen von Raven angebracht. Ein Teil dieses Tests besteht aus Aufgaben, die den Formbrett-Aufgaben der geforderten Leistung nach sehr verwandt sind. Ein jüngeres autistisches Kind, das diese puzzle-ähnlichen Aufgaben gut löst, kann damit einen hohen IQ-Wert erreichen, auch wenn es an den späteren Aufgaben der Reihe (logische Multiplikationen) völlig scheitert.
Andere sprachfreie Tests, die sich auch für autistische Kinder eignen könnten, sind der Leiter-Test (The Arthur Adaption of the Leiter International Performance Scale Stoelting Company, 1952) und die Columbia Mental Maturity Scale (die ebenso wie eine erweiterte Fassung des Raven-Tests in der „Testbatterie für geistig behinderte Kinder TBGB" von Bondy, Cohen, Eggert und Lüer enthalten ist). Der Leiter-Test scheint für autistische Kinder besonders gut geeignet, weil er keine sprachliche Instruktion verlangt und wegen des manipula-

tiven Elements für viele einen hohen Aufforderungscharakter hat. Ein Vorteil ist die recht große Vielzahl von Aufgabenstellungen, ein Nachteil, daß die (für die Testleistung eigentlich irrelevante) Manipulation manchen Kindern, die feinmotorisch ungeschickt sind, Mühe macht.

3 Die deutsche Adaption dieses Tests ist in der „Testbatterie für geistig behinderte Kinder TBGB" (Verlag Beltz, Weinheim) enthalten.

4 Eine deutsche Bearbeitung des „Illinois Test of Psycholinguistic Abilities" wird von Prof. Angermaier durchgeführt und wird im Beltz-Verlag (Weinheim) erscheinen.

5 Ein Test, der das Verständnis für komplexere sprachliche Aufforderungen erfassen soll, ist unter dem Titel „Befolgen von Anweisungen" in der „Testbatterie für geistig behinderte Kinder TBGB" enthalten.

6 Über eine deutsche Kurzform der Vineland Social Maturity Scale für geistig behinderte Kinder berichten Eggert und Betche in: Praxis der Kinderpsychologie und Kinderpsychiatrie 18 (1969), S. 81–86.

Kapitel 6

1 Diese Experimente sind in zahlreichen Untersuchungen fortgeführt worden. Ein großer Teil ist dargestellt in: Hermelin und O'Connor (1970). Weitere Experimente wurden von Uta Frith (1969, 1971) durchgeführt.

Kapitel 8

1 Hinsichtlich deutschsprachiger Darstellungen dieses Falls siehe Anmerkung 1 zu Kapitel 1.

2 Im Original wird an dieser Stelle auf ein englisches Gesetz aus dem Jahr 1959 (Mental Health Act 1959) hingewiesen, das aber inzwischen in England durch neuere Gesetzgebungen überholt ist. 1970 wurde vom Parlament ein Gesetz verabschiedet (The Education of Handicapped Children Act), das den Unterrichtsbehörden die Verantwortung für die Erziehung aller Kinder gibt, auch der sehr schwer behinderten.

3 Bezüglich einer ähnlichen Analyse der Behinderungen bei der Schizophrenie Erwachsener, siehe Wing, J. K. (1966): The modern management of schizophrenia, in: New Aspects of the Mental Health Services. Freeman, H. (Hsg.) London: Pergamon.

4 Die entsprechenden Einrichtungen in der Bundesrepublik Deutschland sind die Heime und Tagesstätten der Vereinigung der Heil- und Erziehungsinstitute für Seelenpflege – bedürftige Kinder e. V., der Sozial-therapeutischen Werkgemeinschaft und der Camphill-Bewe-

gung (Geschäftsstelle der Vereinigung der Heil- und Erziehungsinstitute für Seelenpflege – bedürftige Kinder e.v.: 7325 Eckwälden Post Boll).

5 Deutschsprachige Literatur: Rudolf Steiner (1948, 1963, 1969), Willi Aeppli (1950).

6 In der Bundesrepublik werden nach § 43 (Erweiterte Hilfe) des Bundessozialhilfegesetzes die Kosten für den Heimaufenthalt eines behinderten Kindes im schulpflichtigen Alter vom Staat übernommen. Die Eltern müssen nur für die Kosten der für den häuslichen Lebensunterhalt ersparten Aufwendungen aufkommen. Diese Hilfe wird gewährt für: (1) eine angemessene Schulbildung, (2) eine Vorbereitung auf das Leben in der Gemeinschaft (wenn die Behinderung eine Schulbildung nicht zuläßt) und (3) eine Ausbildung für einen angemessenen Beruf oder eine sonstige angemessene Tätigkeit.

7 Deutschsprachige Literatur: Montessori (1922, 1965, 1966).

8 Eine Einführung in die theoretischen Grundlagen dieser Methode und eine Darstellung der praktischen Vorgehensweise und bisheriger Ergebnisse findet man bei: Gottwald, P. und Redlin, W. (1972). Im Anhang dieses Buches wird ein kurzer Abriß des Sprachtrainingsprogramms von Lovaas gegeben.

9 Eine derartige Vergleichsuntersuchung ist inzwischen von Rutter und Bartak (1973, in Druck) durchgeführt worden.

Kapitel 10

1 Eine noch ausführlichere Darstellung der familiären Erziehung gibt L. Wing (1972a).

2 Siehe Thieme, G. (1971) „Leben mit unserem autistischen Kind", Lüdenscheid: Hilfe für das autistische Kind e.V.

Kapitel 11

1 Adresse: Direktor Bank Mikkelsen, Danish Mental Retardation Service; Kopenhagen.

2 Gegenwärtig hat die Schule 18 Tages- und 22 Heimschüler. Es gibt 4 Familiengruppen mit je einer Hausmutter.

3 In der Bundesrepublik sind dies die „Heil- und Erziehungsinstitute für Seelenpflege-bedürftige Kinder" (siehe Anm. 6 zu Kap. 8).

4 Diese Tagesstätten tragen in England die Bezeichnung „Training Centres".

5 Über das Brooklands Experiment informiert: Tizard, J. „Residential care of mentally handicapped children". British Medical Journal 1960, S. 1041–1046.

314

6 Im Original wird hier auf eine Einrichtung der National Society for Mentally Handicapped Children für schwer behinderte Jugendliche in Slough verwiesen.

7 Die entsprechenden Organisationen in der Bundesrepublik sind „Hilfe für das autistische Kind" und „Lebenshilfe für Behinderte".

8 Diese Zusammenarbeit mit Eltern wird in neuerer Zeit häufiger praktiziert. Siehe den Bericht im Anhang über die Arbeit von Schopler.

Erklärung von Fachausdrücken

A

Agnosie: Unvermögen, das Wahrgenommene bewußt aufzufassen.

Agrammatismus: Sprechen im Telegrammstil, etwa wie in der Kindersprache zwischen dem 1. und 3. Lebensjahr: also eine Beschränkung auf die wichtigsten Redeteile, Fortlassen von Endungen, Präpositionen, Konjunktionen usw.

Anencephalie: Mißbildung mit teilweisem oder völligem Fehlen des Gehirns.

Aphasie: Durch Krankheitsvorgänge in der Hirnrinde hervorgerufene Sprachstörungen. *Expressive* (motorische) *Aphasie:* Unfähigkeit zu sprechen, trotz unbeschädigter Sprechwerkzeuge. *Rezeptive* (sensorische) *Aphasie:* Unfähigkeit, Gesprochenes zu verstehen, trotz unbeschädigter Hörwerkzeuge.

Apraxie: Unfähigkeit, bestimmte Bewegungen auszuführen.

Ätiologie: Lehre von den Ursachen einer Krankheit.

B

Bilder-Puzzles: Aufgaben nach Art der bekannten Puzzle-Spiele, mit denen eine anschauungsgebundene Intelligenzleistung erfaßt wird, in vielen Kinder-Intelligenztests enthalten (z. B. im → HAWIK).

C

Cyanose: Bläuliche Verfärbung der Haut und anderer Gewebe bei venöser Stauung bzw. mangelhafter Oxydation des Blutes.

D

Dereistisches Denken: Undiszipliniertes, impulsives und affektiv beeinflußtes Denken. Am deutlichsten bei Schizophrenie.

Diskrimination: Eine bei Lernvorgängen zu beobachtende Erscheinung, die der → Generalisation entgegengesetzt ist. D. bezeichnet die Tatsache, daß auf ähnliche Reize in unterschiedlicher Weise reagiert wird.

Dominanz: Bevorzugter Gebrauch von Auge, Fuß und Hand einer Körperseite. *Gemischte D.* Keine durchgängige Bevorzugung derselben Körperseite (z. B. Bevorzugung der rechten Hand, aber des linken Auges).

Dysfunktion: Gestörte Funktion.

Dysgraphie: Völlige oder teilweise Unfähigkeit, richtige Buchstaben oder Wörter zu schreiben.

Dyslexie: Störung des Lesens.

E

EEG (Elektroenzephalogramm): Aufzeichnung der mit Elektroden vom unverletzten menschlichen Schädel abgeleiteten elektrischen Spannungsschwankungen. Das EEG erlaubt Schlüsse auf den Wachzustand und den Funktionsstand des Gehirns, auf gestörte und tumuröse Hirnteile und auf Epilepsieherde.

Encephalomalacie: Gehirnerweichung.

Encopresis: Einkoten.

Enuresis: Einnässen.

Epidemiologie: Lehre von der Verbreitung einer Krankheit. Dabei wird untersucht, wie häufig eine Krankheit überhaupt und unter welchen äußeren Bedingungen (u. a. geographischer und sozialer Art) sie auftritt.

Epilepsie: Gehirnkrankheit, bei der zeitweilig anfallsweise krampfartige Störungen auftreten. Epileptische Anfälle können in jedem Lebensalter auftreten. Sie unterscheiden sich in Art und Schweregrad. Sie stehen mit einer Störung des normalen Rhythmus der elektro-chemischen Aktivität der Hirnzellen in Verbindung. Bei der Diagnose der E. spielt die Elektroenzophalographie (→ EEG) eine wichtige Rolle.

Ethologie: Umweltlehre.

F

Formatio reticularis: Eine netzartige Struktur von Nervenzellen im Bereich des Stammhirns und des Zwischenhirns. Die F. r. wirkt hemmend und erregend auf Thalamus und Cortex (Hirnrinde) und steuert dadurch den Wachheitszustand und die allgemeine Aufmerksamkeit.

Frustration: Innerer Zustand eines Lebewesens, nachdem Handlungsweisen nicht oder nur teilweise zum intendierten Erfolg geführt haben.

G

Generalisation: Ein Begriff aus der experimentellen Lernpsychologie. Eine G. liegt vor, wenn ein Lerneffekt von der eigentlichen Lernsituation auf andere, ähnliche Situationen ausstrahlt. Häufig meint man mit G. eine *Reizgeneralisation,* d. h. die Tatsache, daß Verhaltensweisen, die durch einen Lernvorgang mit bestimmten Reizen verbunden wurden, später nicht nur durch diese, sondern auch durch ähnliche Reize hervorgerufen werden können.

Grand mal: Großer epileptischer Anfall.

H

Heller'sches Syndrom: Ein von Th. Heller beschriebenes Krankheitsbild, bei dem nach einer Periode annährend normaler geistiger Entwicklung eine schwere Verblödung einsetzt.

Halluzinationen: Sinneswahrnehmungen, die ohne Erregung des betreffenden Sinnesorgans durch Außenreize entstehen, wobei der Kranke aber fest überzeugt ist, etwas in der Außenwelt wirklich Vorhandenes wahrzunehmen.

Hemisphären: Rechte und linke Hälfte des Großhirns.

Hyperextension: Übermäßige Streckung.

Hyperkinese: Übermäßig starke motorische Aktivität.

Hypertonie: Erhöhte Spannung.

Hypokinese: Starke Verminderung der motorischen Aktivität.

I

Imbezillität: Schwachsinnsgrad, der nicht so stark ausgeprägt ist, wie bei der Idiotie, jedoch so stark, daß die betreffenden Menschen nicht selbständig leben können.

Intelligenztests: Prüfverfahren zur Erfassung individueller Unterschiede der Intelligenz. Ein I.test besteht aus einer oder mehreren Reihen von Aufgaben unterschiedlicher Schwierigkeit, die nach vorgegebenen Anweisungen bearbeitet werden. Die erreichte Leistung wird in einem Standardwert, meist einem → IQ-Wert, ausgedrückt. Intelligenztests können Einzel- oder Gruppentests sein. Sie können je nach ihrem Aufbau verschiedene Aspekte der Intelligenz erfassen (z. B. mehr sprachliche oder mehr anschaulich-praktische). Als *sprachfreie Intelligenztests* bezeichnet man Verfahren, deren Aufgaben die Bearbeitung anschaulich gegebener Probleme verlangt.

IQ-Wert: Intelligenzquotient, ein Standardmaß, mit dem die in einem Intelligenztest erreichte Leistung in Bezug auf eine Vergleichsgruppe ausgedrückt wird. Ein IQ-Wert von 100 bezeichnet eine genau durchschnittliche Leistung. Etwa 70 % der getesteten Personen haben IQ-Werte zwischen 85 und 115.

K

Kongenital bei der Zeugung, also chromosomal vorhanden.

Kryptorchidie: Fehlen eines oder beider Hoden im Hodensack infolge eines unterbliebenen oder unvollkommenen Descensus (Herabsteigens des Hodens vom Ort der ersten Anlage in den Hodensack).

L

Legetests (form board): Eine besondere Form sprachfreier, stark auf die unmittelbare Anschauung bezogener Intelligenztests. Das Kind hat die Aufgabe, verschieden geformte Figuren in die entsprechenden Ausschnitte einer Holzplatte einzufügen. Beispiele sind der Seguin-Legetest (im Merrill-Palmer-Test enthalten) und der Wallin Peg Board Test.

M

Merrill-Palmer-Test: Testbatterie zur Prüfung des kognitiven Entwicklungsstands normaler Kinder im Vorschulalter.

Metabolismus: Stoffwechsel.

Mongolismus: Down-Syndrom: Eine durch Schwachsinn und „mongoloides" Aussehen der Betroffenen gekennzeichnete Störung der Embryonalentwicklung.

Mutismus: Über lange Zeit durchgehaltenes Schweigen bei vorhandener Sprachfähigkeit.

N

Neologismen: Neugebildete Wörter.

P

Paranoia: Chronische Psychose mit systematisierten unerschütterlichen Wahnideen.

Pathologie: Krankheitslehre. Die Lehre von krankhaften Veränderungen im Körper.

Peripher: Am Rande, vom Mittelpunkt entfernt.

Phenylketonurie: Eine Sonderform angeborener geistiger Entwicklungshemmung, die auf einer Störung des Aminosäurestoffwechsels beruht.

Prognostik: Vorhersage des Verlaufs und Ausgangs einer Krankheit.

R

Regression: Rückfall auf eine einfachere Entwicklungsstufe.

Retardierung: Verzögerung der Entwicklung.

Retrolentale Fibroplasie: Eine schwere Erkrankung des Glaskörpers, die man bei Frühgeburten mit einem Geburtsgewicht von weniger als 1800 bis 1900 g findet, wenn diese im Brutkasten einer starken Beatmung durch Sauerstoff ausgesetzt waren. R. F. führt, wenn beide Augen betroffen sind, zu völliger Erblindung.

S

Skelettalter: Reifegrad des kindlichen Skeletts, ermittelt aufgrund des Verknöcherungsgrades der Handwurzelknochen.

Stammeln: Die Unfähigkeit zur richtigen Artikulation bestimmter Laute oder Lautverbindungen. Am häufigsten sind Fehler bei der Aussprache des „sch", des „r", der Gaumenlaute (g, k, ch) und des „s" (Sigmatismus, Lispeln).

Stereotyp: Schablonenhaft ständig wiederkehrend.

Symptom: Krankheitserscheinung.

Syndrom: Eine Gruppe von Symptomen, die zusammen auftreten

T

Terminologie: Fachausdrücke einer Wissenschaft.

Tryptophan: Eine Aminosäure, wird bei der Eiweißverdauung in Freiheit gesetzt.

V

Vineland social maturity scale (Vineland Skala der sozialen Reife): Ein Fragebogen, mit dem Eltern, Lehrer oder Erzieher das soziale Verhalten eines behinderten Kindes beurteilen und mit dem der Grad der erreichten sozialen Reife erfaßt werden kann.

W

Wechsler-Intelligenztest: Eine von Wechsler entwickelte Testbatterie aus 10 Untertests zur Erfassung der allgemeinen → Intelligenz. Die Untertests werden zu einem Verbal- und einem Handlungsteil zusammengefaßt. Die deutschen Bearbeitungen sind der Hamburg-Wechsler-Intelligenztest für Erwachsene (HAWIK) und für Kinder (HAWIE). Die Kinderform ist für das Alter von 10,0 bis 15,11 Jahren vorgesehen.

Wortschatz-Tests: Methoden zur Prüfung des expressiven (aktiven) oder rezeptiven (passiven) Wortschatzes. Prüfungen des aktiven Wortschatzes verlangen bei Kindern meist die Benennung vorgegebener Bilder. Bei Prüfungen des passiven Wortschatzes besteht die Aufgabe für das Kind meist darin, unter mehreren Bildern dasjenige zu zeigen, das zu einem vorgesprochenen Wort paßt (Beispiele: Peabody Picture Vocabulary Test, Wortschatzprüfung aus der „Testbatterie für geistig Behinderte").

Z

Zerebral: das Gehirn betreffend.

Literatur

Aeppli, W. (1950) Aus der Unterrichtspraxis an einer Rudolf-Steiner-Schule. Basel: Bd. 1. R. G. Zbinden und Co.

Ainsworth, M., et al. (1962) Deprivation of Maternal Care. Public Health Papers No. 14. Geneva: W.H.O.

Allen et al. (1971) Intellectuality in parents of psychotic, subnormal and normal children. Journal of Autism and Childhood Schizophrenia 1, 311–326.

Anastasi, A. and *Levee, R.* (1960) Intellectual defect and musical talent: a case report. Amer. J. Ment. Def., **64**, 695.

Annell, A. L. (1963) The prognosis of psychotic syndromes in children. Acta Psychiat. Scand., **39**, 235.

Anthony, J. (1958a) An experimental approach to the psychopathology of childhood autism. Brit. J. Med. Psychol., **31**, 211.

Anthony, J. (1958b) An aetiological approach to the diagnosis of psychosis in childhood. Rev. Psychiat. Infant, **25**, 89.

Anthony, J. (1962) Low-grade psychosis in childhood, in Proc. London Conf. Scientific Study Ment. Def., Vol. 2 Dagenham: May & Baker.

Asperger, H. (1960) Autistisches Verhalten im Kindesalter. Jahrbuch für Jugendpsychiatrie und ihre Grenzgebiete Bd. II. Bern: Huber.

Asperger, H. (1968) Zur Differentialdiagnose des kindlichen Autismus. Acta Paedopsychiatrica **35**, 136–145.

Argy, W. P. (1965) Montessori versus orthodox. Rehab. Lit., **26**, 294.

Ayllon, T. and *Azrin, N. H.* (1965) The measurement and reinforcement of behaviour of psychotics. J. Exp. Anal. Behaviour, **8**, 357–83.

Baird, D., Walker, J. and Thomson, A. M. (1954) The causes and prevention of stillbirths and first week deaths. Part III: A classification of deaths by clinical cause: the effect of age, parity and length of gestation on death rates by cause. J. Obstet. Gynec. Brit. Cwlth., **61**, 433.

Bakan, D. (1949) The relationship between alcoholism and birth rank. Quart, J. Stud. Alcoh., **10**, 434.

Bender, L. (1947) Childhood schizophrenia: a clinical study of 100 schizophrenic children. Amer. J. Orthopsychiat., **17**, 40.

Bender, Lauretta (1954) Treatment of juvenile schizophrenia, in Neurology and Psychiatry in Childhood. Mackintosh, R. and Hare, C. (Eds.). ARNMD Proc., **34**, 462.

Bender, L. (1955) Twenty years of clinical research in schizophrenic children with special reference to those under six years of age, in Emotional Problems of Early Childhood. Caplan, G. (Ed.). London: Tavistock.

Bender, L. (1956) Schizophrenia in childhood – its recognition, description and treatment. Amer. J. Ortho. Psychiat., 26, 499.

Bender, L. (1958) Communication in children with developmental alexia, in Psychopathology of Communication. Hoch, P. and Zubin, J. (Eds.). New York: Grune & Stratton.

Bender, L. (1959) The concept of pseudo-psychopathic schizophrenia in adolescents. Amer. J. Orthopsychiat., 29, 491.

Bender, L. (1961) Childhood schizophrenia and convulsive states, in Recent Advances in Biological Psychiatry, Vol. III. Wortis, J. (Ed.). New York: Plenum Press.

Bender, L. (1962) Organicity in schizophrenic children (Functioning at a defective level), in Proc. London Conf. Scientific Study Ment. Def., Vol. 2. Richards, B. W. (Ed.). Dagenham: May & Baker.

Bender, L. and Helme, W. H. (1953) A qualitative test of theory and diagnostic indicators of childhood schizophrenia. Arch. Neurol. Psychiat., 70, 413.

Bensberg, G. J., Colwell, C. N. and Cassel, R. H. (1965) Teaching the profoundly retarded self-help activities by shaping techniques. Amer. J. Mental Deficiency, 69, 674–9.

Berkson, G. and Davenport, R. K. Jr. (1962) Stereotyped movements of mental defectives. I. Anitial survey. Amer. J. Ment. Def., 66, 849.

Berkson, G. and Mason, W. A. (1963) Stereotyped movements of mental defectives. III. Situation effects. Amer. J. Ment. Def., 68, 409.

Berkson, G. and Mason, A. (1964) Stereotyped movements of mental defectives. IV. The effects of toys and the character of the acts. Amer. J. Ment. Def., 68, 511.

Bettelheim, B. and Sylvester, E. (1948) A therapeutic milieu. Amer. J. Orthopsychiat., 18, 191.

Birch, H. G. (1964) Brain Damage in Children. New York: Williams & Wilkins.

Birnbrauer, J. S., Bijou, S. W., Wolf, M. M. and Kidder, J. D. (1965) Programmed instruction in the classroom, in Case Studies in Behaviour Modification, L. Ullmann and L. Krasner (Eds.). New York: Holt, Rinehart & Winston.

Blank, H. R. (1959) Psychiatric problems associated with congenital blindness due to retrolental fibroplasia. New Outlook for the Blind, 53, 237.

Bond, E. D. and Smith, L. H. (1935) Post-encephalitic behaviour disorders. Amer. J. Psychiat., 92, 17.

Böök, J. A., Nichtern, S. and Gruenberg, E. (1963) Cytogenetical investigations in childhood schizophrenia. Acta Psychiat. Scand,. 39, 309.

Bosch, G. (1962) Der frühkindliche Autismus. Springer: Berlin, Göttingen, Heidelberg.

Boullin, D. J., Coleman, M., O'Brien, R. A. und *Rimland, B.* (1971) Laboratory Predictions of infantile autism based on 5-Hydroxitryptamine efflux from blood platelets and their correlation with the Rimland E-2 score. Journal of Autism and Childhood Schizophrenia, **1**, 63-71.

Bowlby, J. (1952) Maternal Care and Mental Health. Geneva: W.H.O.

Bradley, C. (1942) Biography of a schizophrenic child. Nervous Child, **1**, 141.

British Medical Journal (1972) Editorial: Parents of Psychotic Children.

British Psychological Society (1966) Children in Hospitals for the Subnormal: A Survey of Admissions and Educational Facilities. London: B.P.S.

Brown, J. L. (1960) Prognosis from presenting symptoms of pre-school children with atypical development. Amer. J. Orthopsychiat., **30**, 382.

Brown, J. L. (1963) Follow-up of children with atypical development (infantile psychosis). Amer. J. Orthopsychiat., **33**, 855.

Brown, G. W., Bone, M., Dalison, B. and *Wing, J. K.* (1966) Schizophrenia and Social Care. Maudsley Monograph No. 17. London: Oxford Univ. Press.

Butler, N. R. (1963) Perinatal Mortality. London and Edinburgh: Livingstone.

Cameron, K. (1955) Psychosis in infancy and early childhood. Medical Press, **234**, 3.

Cameron, K. (1958) A group of twenty-five psychotic children. Revue de Psychiatric infantile, **25**, 117.

Carter, C. O. and *McCarthy, D.* (1951) Incidence of Mongolism and its diagnosis. Brit. J. Prev. Soc. Med., **5**, 83.

Churchill, D. W. (1972) The relation of infantile autism and early childhood schizophrenia to developmental language disorders of childhood. Journal of Autism and Childhood Schizophrenia, **2**, 182–197.

Clardy, E. R. (1951) A study of the development and course of schizophrenia in children. Psychiat. Quart., **25**, 81.

Clark, G. D. (1964) The role of the teacher. Conference on educational needs of psychotic children. (Unpublished.)

Clark, G. D. (1965) An educational programme for psychotic children, in Some Approaches to Teaching Autistic Children. Weston, P. T. B. (Ed.). London: Pergamon.

Clarke, A. D. B. and *Clarke, Ann M.* (1965) (Eds.) Mental Deficiency: the Changing Outlook, 2nd edition. London: Methuen.

Cole, E. M. and *Walker, Louise* (1964) Reading and speech problems as expressions of a specific language disability, in Disorders of Communication. Rioch, D. and Weinstein, E. (Eds.). Baltimore: Williams & Wilkins.

Colver, T. and *Kerridge, D. F.* (1962) Birth order in epileptic children. J. Neurol. Neurosberg. Psychiat., **25**, 59.

Connell, P. H. (1961) The day hospital approach in child psychiatry. J. Ment. Sci., **107**, 969.

Cowie, V. and *Slater, E.* (1959) (Ed.) Psychiatric genetics, in Recent Progress in Psychiatry, Vol. II.

Creak, M. (1951) Psychoses in childhood. J. Ment. Sci., **97**, 545.

Creak, M. (1961) Schizophrenia syndrome in childhood. Progress Report of Working Party. Cerebral Palsy Bull., **3**, 501.

Creak, M., et al. (1961) Schizophrenic syndrome in children. Brit. Med. J., **2**, 889.

Creak, M. (1962) Juvenile psychosis and mental deficiency, in Proc. London Conf. Scientific Study Ment. Def., Vol. 2. Richards, B. W. (Ed.). Dagenham: May & Baker.

Creak, M. (1963a) Childhood psychosis: a review of 100 cases. Brit. J. Psychiat., **109**, 84.

Creak, M. (1963b) Schizophrenia in early childhood. Acta Paedopsychiat., **30**, 42.

Creak, M. (1964) Schizophrenic syndrome in childhood. Further progress report of working party. Developmental Med. Child. Neurol., **4**, 530.

Creak, M. and *Ini, S.* (1960) Families of psychotic children. J. Child Psychol. Psychat., **1**, 156.

Cunningham, M. A. and *Dixon, C.* (1961) A study of the language of an autistic child. J. Child Psychol. Psychiat., **2**, 193.

Curtis, M. (Chairman) (1946) Report of the Care of Children Committee. London: H.M.S.O.

Darr, G. C. and *Worden, F. G.* (1951) Case report 28 years after an infantile autistic disorder. Am. J. Orthopsychiat., **21**, 559.

Davenport, R. K. Jr. and *Berkson, G.* (1963) Stereotyped movements of mental defectives. II. Effects of novel objects. Amer. J. Ment. Def., **67**, 879.

Dennis, W. (1941) Infant development under conditions of restricted practice and of minimum social stimulation. Genet. Psychol. Monogr., **23**, 143.

Department of Education and Science (1962/63) The Health of the School Child. Report of the Chief Medical Officer. London: H.M.S.O.

Des Lauriers, A. and *Carlson* (1969) Your child is asleep – early infantile autism. Homewood (Ill.): Dorsey Press.

De Meyer, M. (1971) Perceptual limitations in autistic children and their relation to social and intellectual deficits. In: Rutter, M. (Hsg.) Infantile autism: Concepts, characteristics, treatment. London: Churchill.

Despert, J. L. (1938) Schizophrenia in children. Psychiat. Quart., **12**, 366.

Despert, J. L. (1955) Differential diagnosis between obsessive-compulsive neurosis and schizophrenia in children, in Psychopathology of Childhood. Hoch, P. and Zubin, J. (Eds.). New York: Grune & Stratton.

Despert, J. L. and *Sherwin, A. C.* (1958) Further examination of diagnostic criteria in schizophrenic illness and psychoses of infancy and early childhood. Amer. J. Psychiat., **114**, 784.

Doll, E. A. (1953) The Measurement of Social Competence. Minneapolis: Educational Testing Bureau.

La Du, B. N., Howell, R. R., Jacoby, G. A., Seegmiller, J. E., Sober, E. K., Zannoui, V. G. and *Canby, J. P.* (1963) Clinical and biochemical studies on two cases of histidinemia. Pediatrics, Vol. 32, 216.

Dumont, Diane A., Klynn, Gail, Lovaas, O. I. and *Meisel, Joan* (1966) Establishment of spontaneous and conversational speech in schizophrenic children. Working paper No. 3.

Dunn, L. (1959) The Peabody Picture Vocabulary Test. Minneapolis: American Guidance Service.

Dutton, G. (1964) The growth pattern of psychotic boys. Brit. J. Psychiat., **110**, 101.

Eisenberg, L. (1956) The autistic child in adolescence. Amer. J. Psychiat., **112**, 607.

Eisenberg, L. (1957) The course of childhood schizophrenia. A.M.A. Arch. Neurol. Psychiat., **78**, 69.

Eisenberg, L. (1964) Behavioral manifestations of cerebral damage in childhood, in Brain Damage in Children. Birch, H. G. (Ed.). New York: Williams & Wilkins.

Eisenberg, L. and *Kanner, L.* (1956) Early infantile autism 1943–1955. Amer. J. Orthopsychiat., **26**, 556–66.

Evans, I. A. (1971) Theoretical and experimental aspects of the behaviour modification approach to autistic children. In: Rutter, M. (Hsg.) Infantile autism: Concepts, characteristics and treatment. London: Churchill.

Fenichel, C. (1963) Educating the severely disturbed child. Pathways in Child Guidance, **5**, 43.

Ferster, C. B. (1961) Positive reinforcement and behavioural deficits of autistic children. Child Development, **32**, 437.

Ferster, C. B. (1966) The repertoire of the autistic child in relation to principles of reinforcement, in Methods of Research in Psychotherapy, Gottschalk and Auerback (Eds.). (In press.)

Ferster, C. B. and *De Meyer, M.* (1961) The development of performance in autistic children in an automatically controlled environment. J. Chron. Dis., **13**, 312.

Ferster, C. B. and *De Meyer, M.* (1962) A method for the experimental analysis of the behavior of autistic children. Amer. J. Orthopsychiat., **32**, 89.

Fisch, L. (1964) The contibution of audiology, in The Child who does not Talk. Renfrew, C. and Murphy, K. (Eds.). Clinics in Dev. Med., No 13.

Fischer, E. (1965) Der frühkindliche Autismus. Jahrbuch der Jugendpsychiatrie, **IV**, 157–205. Bern: Huber.

Frith, U. (1969) Emphasis and meaning in recall in normal and autistic children. Language and speech., **12**, 29–38.

Frith, U. (1971) Spontaneous patterns produced by autistic, normal and subnormal children. In: Rutter, M. (Ed.) Infantile autism: concepts, characteristics and treatment. London: Churchill.

Frith, U and *Hermelin, B.* (1969) The role of visual and motor cues for normal, subnormal and autistic children. Journal of Child Psychology and Psychiatry, **10**, 153–163.

French, L. M. (1940) Psychiatric Social Work. New York: The Commonwealth Fund.

Furneaux, Barbara (1964) New hope at Hollymount: helping autistic children. Times Educ. Sup., 24th April.

Furneaux, Barbara (1966) The autistic child. New Education, February, p. 8.

Gellner, L. (1959) A Neurophysiological Concept of Mental Retardation and its Educational Implications. Chicago: J. D. Levinson Research Foundation.

Geschwind, N. (1964) Non-aphasic disorders of speech. Int. J. Neurol., **4**, 207.

Gillies, S. M. (1965) Some abilities of psychotic children and subnormal controls. J. Ment. Def. Res., **9**, 89.

Gillies, S. M., Mittler, P. and *Simon, G. B.* (1963) Some characteristics of a group of psychotic children and their families. B.P.S. Conf. Proc., Reading.

Goffman, E. (1958) The characteristics of total institutions, in Symposium on Preventive and Social Psychiatry. Washington: Walter Reid, Army Inst. of Research.

Goldberg, B. and *Soper, H. A.* (1963) Childhood psychosis or mental retardation: a diagnostic dilemma. I. Psychiatric and psychological aspects. Canad. Med. Ass. J., **89**, 1015.

Goldiamond, I. (1965) Stuttering and fluency as manipulatable operant response classes, in Research in Behavior Modification. Leonard Krasner and Leonard P. Ullman (Eds.). New York: Holt, Rinehart & Winston.

Goldfarb, W. (1961) Childhood Schizophrenia. Commonwealth Fund. Harvard Univ. Press.

Goodman, N. (1957) Relationship between maternal age at parturition and incidence of mental disorder in the offspring. Brit. J. Prev. Soc. Med., **11**, 203.

Goodman, N. and *Tizard, J.* (1962) Prevalence of imbecility and idiocy among children. Brit. Med. J., **1**, 216.

Goodman, N., Richardson, S. A., Dornbusch, S. M. and *Hastorf, H. A.*

(1963) Variant reactions to physical disabilities. Amer. Sociol. Rev., **28**, 429.

Gordon, N. and *Taylor, I. G.* (1964) The assessment of children with difficulties of communication. Brain, **87**, 121.

Gottwald, P. und *Redlin, W.* (1972) Grundlagen, Ergebnisse und Probleme der Verhaltenstherapie retardierter, autistischer und schizophrener Kinder. Göttingen: Hogrefe.

Gunzburg, H. C. (1963) Progress Assessment Charts. London: Nat. Ass. Ment. Health.

Haeusserman, E. (1962) in West, R. (Ed.). Childhood Aphasia (Proc. Inst. Child Aphasia Conf., Stamford Univ., 1960).

Hallgren, B. and *Sjögren, T.* (1959) A clinical and genetico-statistical study of schizophrenia and low-grade mental deficiency in a large Swedish rural population. Acta Psychiat. et Neurol. Sup., **35**, 140.

Halmos, P. (1965) The Faith of the Counsellors. London: Constable.

Hannigan, H. (1956) Rh. Child: Deaf or "aphasic"? 3. Language and behaviour of the "aphasic" child. J. Speech Hearing Dis., **21**, 413.

Hamblin, R. L., Buckholdt, D., Ferritor, D., Kozloff, M. and *Blackwell L.* (1971) The Humanization Processes – A social, behavioral analysis of children's problems. New York, LLondon, Sydney, Toronto: John Wiley & Sons.

Harlow, H. F. (1960) Primary affectional patterns in primates. Amer. J. Orthopsychiat., **30**, 676.

Harlow, H. F. (1961) The development of affectual patterns in infant monkeys, in Determinants of Infant Behaviour. Foss, B. M. (Ed.). London: Methuen.

Heeley, A. F. and *Roberts, G. E.* (1965) Tryptophan metabolism in psychotic children. Develop. Med. Child Neurol., **7**, 46.

Hermelin, B. and *O'Connor, N.* (1963) The response and self-generated behaviour of severely disturbed children and severely subnormal controls. Brit. J. Soc. Clin. Psychol., **2**, 37.

Hermelin, B. and O'Connor, N. (1964a) Crossmodal transfer in normal, subnormal and autistic children. Neuropsychologia, **2**, 229.

Hermelin, B. and O'Connor, N. (1964b) Effects of sensory input and sensory dominance on severely disturbed autistic children and on subnormal controls. Brit. J. Psychol., **55**, 2.

Hermelin, B. and *O'Connor, N.* (1965) Visual imperception in psychotic children. Brit. J. Psychol., **56**, 455.

Hermelin, B. and *O'Connor, N.* (1966) Perceptual and motor discrimination in psychotic and normal children. (To be published.)

Hermelin, B. and *O'Connor, N.* (1970) Psychological experiments with autistic children. Oxford: Pergamon.

Hewett, F. M. (1964) Teaching reading to an autistic boy through operant conditioning. The Reading Teacher, May 1964.

Hewett, F. M. (1965) Teaching speech to an autistic child through operant conditioning. Amer. J. Orthopsychiat., **35**, 927.

Hutt, S. J., Hutt, C., Lee, D. and *Ounsted, C.* (1965) A behavioural and electroencephalographic study of autistic children. J. Psychiat. Res., **3**, 181.

Ingram, T. T. S. (1959) A description and classification of the common disorders of speech in children. Arch. Dis. Childhood, **34**, 444.

Ingram, T. T. S. (1959) Specific developmental disorders of speech in childhood. Brain, **82**, 450.

Ingram, T. T. S. (1960) Perceptual disorders causing dyslexia and dysgraphia in cerebral palsy. Child Neurol and Cerebral Palsy Study Group, Oxford.

Ingram, T. T. S. (1963) The association of speech retardation and educational difficulties. Proc. Roy. Soc. Med., **56**, 7.

Ingram, T. T. S. and *Reid, J. F.* (1956) Developmental aphasia observed in a department of child psychiatry. Arch. Dis. Childh., **31**, 161.

Isaacs, W., Thomas, J. and *Goldiamond, I.* (1960) Application of operant conditioning to reinstate verbal behavior in psychotics. J. Speech Hear. Dis., **25**, 8–15.

Itard, J. M. G. (1932) The Wild Boy of Aveyron. Trans. Humphries and Humphries. New York: Appleton Century Crofts.

Jefferys, Margot (1965) An Anatomy of Social Welfare Services. London: Michael Joseph.

Kallman, F. G. and *Roth, B.* (1956) Genetic aspects of pre-adolescent schizophrenia. Amer. J. Psychiat., **112**, 599.

Kanner, L. (1943) Autistic disturbances of affective contact. Nerv. Child, **2**, 217.

Kanner, L. (1946) Irrelevant and metaphorical language in early infantile autism. Amer. J. Psychiat., **103**, 242.

Kanner, L. (1949) Problems of nosology and psychodynamics of early infantile autism. Amer. J. Orthopsychiat., **19**, 416.

Kanner, L. (1954a) To what extent is early infantile autism determined by constitutional inadequacies, Proc. Ass. Res. Nerv. & Ment. Dis., **33**, 378.

Kanner, L. (1954b) General concept of schizophrenia at different ages, in Neurology and Psychiatry in Childhood. R. McIntosh and C. Hare (Eds.). A.R.N.M.D. Proc., **34**, 451.

Kanner, L. (1957) Child Psychiatry. 3rd edition. Springfield: Thomas.

Kanner, L. and *Eisenberg, L.* (1955) Notes on the follow-up studies of autistic children, in Psychopathology of Childhood. Hoch, P. H. and Zubin, J. (Ers.). New York: Grune & Stratton.

Kanner, L. and *Lesser, L. I.* (1958) Early infantile autism. Pediat. Clinics N. Amer., **5**, 711.

Keeler, W. R. (1958) Autistic patterns and defective communication in blind children with retrolental fibroplasia, in Psychopathology of

Communication. Hoch, P. H. and Zubin, J. (Eds.). New York: Grune & Stratton.

Kehrer, H. E. und *Körber, H. P.* (1971) Sprachbehandlung durch Verhaltenstherapie bei autistisch-mutistischen Kindern. Acta Paedopsychiatrica **38**, 2–17.

Keller, Helen. (1925) The Story of my Life. New York: Doubleday.

Kinsbourne, M. and *Warrington, E. K.* (1964) Observations on colour agnosia. J. Neurol. Neurosurg. & Psychiat., **27**, 296.

Knobloch, H. and *Pasamanick, B.* (1959) Syndrome of minimal cerebral demage in infancy. J. Amer. Med. Assoc., **170**, 1384.

Kolvin, I. (1971) Psychoses in childhood – A comparative study. In: Rutter, M. (Hsg.) Infantile autism: Concepts, characteristics and treatment. London: Churchill.

Kothe, B. (1956) Bild und Verlauf der Frühschizophrenie. Jahrbuch für Jugendpsychiatrie und ihre Grenzgebiete. Bern: Huber.

van Krevelen, D. (1958) Zur Problematik des Autismus. Praxis der Kinderpsychologie, **7**, 87–93.

van Krevelen, D. (1971) Early Infantile autism and autistic psychopathy. Journal of Autism and Childhood Schizophrenia, **1**, 82–86.

Kushlick, A. (1961) Subnormality in Salford, in Report on the Mental Services of the City of Salford for the Year 1960. Susser, M. W. and Kushlick, A. Salford Health Dept.

Kushlick, A. (1965) Community care for the subnormal – a plan for evaluation. Proc. Roy. Soc. Med., **58**, 374.

Kushlick, A. (1966) Community service for the mentally subnormal. Soc. Psychiat., **1**. (To be published.)

Kysar, J. (1968) The two camps in child psychiatry: A report from a psychiatrist-father of an autistic and retarded child. American Journ. of Psychiatry, **125**, 103–109.

Lea, J. (1965) A language scheme for children suffering from receptive aphasia. Speech Pathology and Therapy, **8**, 58.

Lenneberg, E. H., Nichols, I. A. and *Rosenberger, E. F.* (1964) Language development in mongolism, in Disorders of Communication, Rioch, D. McK., and Weinstein, E. A. (Eds.) Baltimore: Williams & Wilkins.

Lilienfeld, A. and *Pasamanick, B.* (1955/6) Association of maternal and fetal factors with the development of mental deficiency. II. Relationship with maternal age, birth order, previous reproductive loss and degree of mental deficiency. Amer. J. Ment. Def., **60**, 557.

Lockyer, L. and *Rutter, M.* (1966) Children with early onset psychosis: 5 to 15 years later. III. Psychological outcome. (To be published.)

Lotter, V. 1967) Epidemiology of autistic conditions in young children. Soc. Psychiat. (To be published.)

Lovaas, O. I., Berberich, J. P. Kassorla, Irene C., Klynn, Gail A. and *Meisel. Joan.* (1966) Establishment of a texting and labeling vocabulary in schizophrenic children. Working paper No. 1.

Lovaas, O. I., Berberich, J. P., Perloff, B. F. and *Schaeffer, B.* (1966) Acquisition of imitative speech in schizophrenic children. Science, February 1966.

Lovaas, O. I., Dumont, Diane A., Klynn, Gail A. and *Meisel, Joan.* (1966) Establishment of appropriate response to, and use of, certain prepositions and pronouns in schizophrenic children. Working paper No. 2.

Lovaas, O. I., Freitag, G., Gold, V. J. and *Kassorla, I. C.* (1965) Experimental studies in childhood schizophrenia. J. Exp. Child Psychol., **2**, 67.

Lovatt, M. (1962) Autistic children in a day nursery. Children, May-June 1962.

Lutz, J. (1937) Über die Schizophrenie im Kindesalter. Schweiz. Arch. Neurol Psychiat., **39**, 335; ibid., **40**, 141.

Lutz, J. (1968) Kinderpsychiatrie. 3. Aufl. Rotapfel-Verlag.

Mahler, M. S. (1952) On child psychosis in schizophrenia; autistic and symbiotic infantile psychosis, in Psychoanalytic Study of the Child, Vol. 7. New York: International Universities Press.

Mair, Katherine J. (1963) Coding and literacy in severely subnormal children. J. Ment. Def. Res., **7**, 46.

Malson, L., Itard, J. und *Mannoni, O.* (1972) Die wilden Kinder. Suhrkamp-Taschenbuch.

Malzberg, B. (1949/50) Statistical aspects of mental deficiency due to birth traumas. Amer. J. Ment. Def., **54**, 427.

Malzberg, B. (1953/54) Sex differences in the prevalence of mental deficiency. Amer. J. Ment. Def., **58**, 301.

McCarthy, D. (1954) Language development in children, in Manual of Child Psychology. Carmichael, L. (Ed.). London: Wiley.

McCarthy, J. and *Kirk, S. A.* (1961) The Illinois Test of Psycholinguistic Abilities. Experimental Edition. Urbana, Ill.: Univ. Illinois.

McCarthy, J. and Kirk, S. A. (1963) The Construction, Standardisation and Statistical Characteristics of the Illinois Test of Psycholinguistic Abilities. Urbana, Ill.: Univ. Illinois.

McFie, J., Piercy, M. F. and Zangwill, O. L. (1950) Visual-spatial agnosia associated with lesions of the right cerebral hemisphere. Brain, **73**, 167.

McGinnis, Mildred A. (1963) Aphasic Children: Identification and Education by the Association Method. Washington: Bell Association for the Deaf.

Mental Health Act (1959) Sections 57A, B and C substituted for Section 57 of Education Act, 1944. London: H.M.S.O.

Miller, G. A. (1956) The magical number seven, plus or minus two: some limits of our capacity for processing information. Psychol. Rev., **63**, 81.

Mittler, P. (1964) The use of form boards in developmental assessment. Dev. Med. Child Neurol., **6**, 510.

Mittler, P., Gillies, S. and Jukes, E. (1966) A follow-up report on a group of psychotic children. (Abstract), Brit. Psychol. Soc. Bull., **18**, 25.

Montessori, M. (1962) The Absorbent Mind. Wheaton, Ill. Theosophical Press.

Montessori, M. (1963) The Discovery of the Child. Wheaton, Ill.: Theosophical Press.

Montessori, M. (1922) Mein Handbuch. Hoffmann-Verlag.

Montessori, M. (1966) Über die Bildung des Menschen. Freiburg, Basel, Wien: Herder.

Montessori, M. 1965) Grundlagen meiner Pädagogik und weitere Aufsätze zur Anthropologie und Didatik. Heidelberg: Quelle und Meyer.

Müller-Wiedemann, H. Die verstellte Welt – Zum geisteswissenschaftlichen Verständnis des frühkindlichen Autismus. Lehenhof-Buchhandlung 7779 Deggenhausen.

Myklebust, H. R. (1954) Auditory Disorders in Children. New York: Grune & Stratton.

Myklebust, H. R. (1957) Babbling and echolalia in language theory. J. Speech Hearing Dis., **22**, 356.

Myklebust, H. R. (1960) The Psychology of Deafness: Sensory Deprivation, Learning and Adjustment. New York: Grune & Stratton.

Nicholls, R. H. (1963) Programming Piaget in practice. Teaching Arithmetic, **1**, 24.

Nissen, G. (1971) Zur Klassifikation autistischer Syndrome im Kindesalter. Der Nervenarzt, **42**, 35–39.

Norman, E. (1954) Reality relationships of schizophrenic children. Brit. J. Med. Psychol., **27**, 126.

Norman, E. (1955) Affect and withdrawal in schizophrenic children. Brit. J. Med. Psychol., **28**, 1.

Nurcombe, B. and *Parker, N.* (1964) The idiot savant. J. Amer. Acad. Child. Psychiat., **3**, 469.

O'Connor, N. (1956) The evidence for the permanently disturbing effects of mother–child separation. Acta Psychol., **15**, 174.

O'Connor, N. and *Hermelin, B.* (1963) Speech and thought in severe subnormality. London: Pergamon Press.

O'Connor, N. and *Hermelin, B.* (1964) Measures of distance and motility in psychotic children and severely subnormal controls. Brit. J. Soc. Clin. Psychol., **3**, 29.

O'Connor, N. and *Hermelin, B.* (1965) Visual analogies of verbal operations. Language and Speech, December 1965.

Orton, S. T. (1937) Reading, Writing and Speech Problems in Children. London: Chapman & Hall.

Osgood, C. E. (1957) Contemporary Approaches to Cognition. Harvard: Harvard Univ. Press.

Ottoway, A. K. C. (1962) Education and Society. London: Routledge.

Parsley, N. B. and *Hamilton, J. W.* (1965) The development of a comprehensive Cottage-Life program. Mental Retardation, **3**, 25–29.

Pinneau, S. R. (1955) The infantile disorders of hospitalization and anaclitic depression. Psychol. Bull., **52**, 429.

Piotrowski, Z. A. (1933) The test behaviour of schizophrenic chlidren. Proc. Amer. Assoc. Ment. Def., **38**, 332.

Piotrowski, Z. A. (1937) A comparison of congenitally defective children with schizophrenic children in regard to personality structure and intelligence type. Proc. Amer. Assoc. Ment. Def., **42**, 78.

Pitfield, M. and *Oppenheim, A. N.* (1964) Child rearing attitudes of mothers of psychotic children. J. Child Psychol. Psychiat., **5**, 51.

Pond, D. A. (1961) Psychiatric aspects of epileptic and brain-damaged children. Brit. Med. J., **2**, 1377 and 1454.

Potter, H. W. (1933) Schizophrenia in children. Amer. J. Psychiat., **89**, 1253.

Prechtl, H. F. R. and *Stemmer, C. J.* (1962) The choreiform syndrome in children. Dev. Med. Child Neurol., **4**, 119.

Pringle, M. L. K. (1964) The emotional and social adjustment of blind children. N.F.E.R. Occ. Publ. No. 10.

Pringle, M. L. K. (1965) Deprivation and Education. London: Longmans.

Pritchard, D. G. (1963) Education of the Handicapped 1760–1960. London: Routledge.

Rachman, S. and *Berger, M.* (1963) Whirling and postural control in schizophrenic children. J. Child Psychol. Psychiat., **4**, 137.

Record, R. G. and *McKeown, T.* (1949) Congenital malformations of the C.N.S. I.A. survey of 930 cases. Brit. J. Soc. Med., **3**, 183.

Record, R. G. and *Smith, A.* (1955) Incidence, mortality and sex distribution of mongoloid defectives. Brit. J. Prev. Soc. Med., **9**, 10.

Reed, G. F. (1963) Elective mutism in children: A re-appraisal. J. Child Psychol. Psychiat., **4**, 99.

Reichler, R. J. and *Schopler, E.* (1971) Observation on the nature of human relatedness. Journal of Autism and Childhood Schizophrenia, **1**, 283–296.

Reinhold, M. (1950) A case of auditory agnosia. Brain, **73**, 203.

Reiser, D. E. and *Brown, J. L.* (1964) Patterns of later development in children with infantile psychosis. J. Amer. Acad. Child Psychiat., **3**, 650.

Report of Working Party of British Psychological Society (1966) Children in Hospitals for the Subnormal: A Survey of Addissions and Educational Facilities. London: Brit. Psychol. Soc.

Richardson, S. A. (1964) Social environment and individual functioning, in Brain Damage in Children. Birch, H. G. (Ed.). New York: Williams & Wilkins.

Richardson, S. A., Goodman, N., Hastorf, H. A. and *Dornbusch, S. M.* (1961) Cultural uniformity in reaction to physical disabilities. Amer. Soc. Rev., **26**, 241.

Ricks, D. (1972) Vocal communication in pre-verbal normal and autistic children. Unveröffentlichtes Vortragsmanuskript. Vortrag in der Study Group No 2 bei der Konferenz „Language and Cognition in the handicapped" des Institute for Research into Mental Retardation. Dezember 1972, London.

Rimland, B. (1965) Infantile Autism. London: Methuen.

Risley, T. R. (1966) The establishment of verbal behavior in deviant children. Ph.D. dissertation. University of Washington, Seatlle, Washington.

Ritvo et al. (1971) Social class factors in autism. Journal of Autism and Childhood Schizophrenia, **1**, 297–310.

Russell, R. W. (1964) A program of special classes for children with learning disability. N. J. Assoc. for Brain-injured Children.

Rutter, M. (1965a) The influence of organic and emotional factors on the origins, nature and outcome of child psychosis. Develop. Med. Child. Neurol., **7**, 518.

Rutter, M. (1965b) Speech disorders in a series of autistic children, in Children with Communication Problems. Franklin, A. W. (Erd.). London: Pitman.

Rutter, M. and *Greenfeld, D.* (1966) Children with early onset psychosis: 5 to 15 years later. II. Behavioural and social outcome. (To be published.)

Rutter, M. (1968) Concepts of autism: A review of research. Journal of Child Psychology and Psychiatry, **9**, 1–25.

Rutter, M. and *Bartak, L.* (1971) Causes of infantile autism: Some considerations from recent research. Journal of Autism and Childhood Schizophrenia, **1**, 20–32.

Rutter, M. and *Bartak, L.* (1973) Special educational treatment of autistic children. A comparative study. II Follow-up findings and implications for services. Journal of Child Psychology and Psychiatry (im Druck).

Rutter, M., Bartak, L. and *Newman, S.* (1971) Autism – a central disorder of cognition and language? In: Rutter, M. (Hsg.) Infantile autism: Concepts, characteristics and treatment. London: Churchill.

Rutter, M. and *Sussenwein, F.* (1971) A developmental and behavioral approach for the treatment of preschool autistic children. Journal of Autism and Childhood Schizophrenia, **1**, 376–397.

Saenger, G. S. (1960) Factors influencing the institutionalization of mentally retarded individuals in New York City. A Report to the New York Interdepartmental Health Resources Board.

Schachter, S. (1959) The Psychology of Affiliation. Stanford Univ. Press.

Scheerer, M. E., Rothman, E. and *Goldstein, K.* (1945) A case of "Idiot Savant": an experimental study of personality organization. Psychol. Monogr., **58**, 85.

Schopler, E. (1965) Early infantile autism and receptor processes. Arch. Gen. Psychiat., **13**, 327.

Schopler, E. (1969) Parents of psychotic children as scapegoats. Unveröffentlichtes Vortragsmanuskript. Vortrag beim Symposion „Parents of Impaired Children as Developmental Agents", APA, Washington.

Schopler, E. und *Loftin, J.* (1969) Thought disorders in parents of psychotic children. Archives of General Psychiatry. **20**, 174–181.

Schopler, E. und *Reichler, R. J.* (1968) Psychobiological Referents for the treatment of autism. Unveröffentlichtes Vortragsmanuskript. Vortrag beim Kolloquium über Infantile Autism des Indiana University Medical Center der Indiana University.

Schopler, E. and *Reichler, R. J.* (1971) Developmental therapy by parents with their own autistic child. In: Rutter, M. (Hsg.) Infantile autism: Concepts, characteristics and treatment. London: Churchill.

Schwitzgebel, R. and *Kolb, D. A.* (1964) Inducing behaviour change in adolescent delinquents. Behav. Res. Ther., 1, 297–304.

Scott Committee (1962) The Training of Staff of Training Centres for the Mentally Subnormal. London: H.M.S.O.

Scottish Council for Research in Education (1953) Social Implications of the 1947 Scottish Mental Survey, London.

Shapiro, M. B. (1961) A clinical approach to fundamental research with special reference to the study of the single patient, in Methods of Psychiatric Research. Sainsbury, P. and Kreitman, N. (Eds.). London: O.U.P.

Sherman, J. A. (1965) Use of reinforcement and imitation to reinstate verbal behavoir in mute psychotics. J. Abnorm. Psychol., **70**, 155–64.

Simon, G. B. and *Gillies, S. M.* (1964) Some physical characteristics of a group of psychotic children. Brit. J. Psychiat., **110**, 104.

Singer, M. T. and *Wynne, L. C.* (1963) Differentiating characteristics of parents of childhood schizophrenics, childhood neurotics and young adult schizophrenics. Amer. J. Psychiat., **120**, 234.

Skinner, B. F. (1938) The Behaviour of Organisms: An Experimental Analysis. New York: Appleton-Century- Crofts.

Smith, Kline and *French Laboratories (Philadelphia, Pa.)* (1966) Reinforcement Therapy. Film.

Stein, Z. and *Susser, M.* (1960) The families of dull children: a classification for predicting careers. Brit. J. Prev. Soc. Med., **14**, 83.

Stein, Z. and *Susser, M.* (1963) The social distribution of mental retardation. Amer. J. Ment. Def., **67**, 811.

Steiner, R. (1954) Education and Modern Spiritual Life. London: Antroposophical Pub. Co.

Steiner, R. (1948) Erziehungskunst. Methodisch-Didaktisches. Freiburg: Novalis-Verlag.

Steiner, R. (1969) Erziehungskunst. Seminarbesprechungen und Lehrplanvorträge. Verlag der Rudolf-Steiner-Nachlaßverwaltung.

Steiner, R. (1963) Die Kunst der Erziehung aus dem Erfassen der Menschenwesenheit. Verlag der Rudolf-Steiner-Nachlaßverwaltung.

Stengel, E. (1964) Speech disorders and mental disorders, in Disorders of Language. De Renck, A. V. S. an O'Connor, Maeve (Eds.). Ciba Foundation Symposium. London: Churchill.

Stengel, E. (1965) Pain and the psychiatrist. The thirty-ninth Maudsley Lecture. Brit. J. Psychiat., **111**, 795.

Stengel, E., Oldman, A. J. and *Ehrenberg, A. S. C.* (1958) Reactions of low-grade mental defectives to pain. J. Ment. Sci., **104**, 434.

Scott, D. H. (1963) The Bristol Social Adjustment Guides. London: Univ. London Press.

Strauss, A. A. and *Lehtinen, E. L.* (1950) Psychopathology and Education of the Brain-injured Child. New York: Grune & Stratton.

Strauss, A. A. and *McCarns, E. N.* (1958) A linguist looks at aphasia in children. J. Speech Hearing Dis., **23**, 54.

Stroh, G. (1962) Psychosis in childhood. Publish Health, **77**, 21.

Stutsman, R. (1931) Mental Measurement of Pre-School Children. New York: World Books.

Taft, L. T. and *Goldfarb, W.* (1964) Pre-natal and peri-natal factors in childhood schizophrenia. Dev. Med. Child Neurol., **6**, 32.

Taylor, I. (1965) The deaf and the non-communicating child, in Children with Communicating Problems. Franklin, A. W. (Ed.). London: Pitman Med. Publ.

Tec, L. (1956) Vicissitudes in guidance of schizophrenic children. J. Nerv. Ment. Dis., **124**, 233.

Terman, L. and *Merrill, M. A.* (1960) Revised Stanford-Binet Intelligence Scale. 3rd edition. Boston: Houghton Mifflin.

Thieme, G. (1971) Leben mit unserem autistischen Kind. Lüdenscheid: Hilfe für das autistische Kind e.V.

Timms, N. (1964) Psychiatric Social Work in Great Britain 1939–1962. London: Routledge.

Tizard, J. (1964) Community Services for the Mentally Handicapped. London: Oxford Univ. Press.

Tizard, J. and *Grad, J.* (1961) The Mentally Handicapped and their Families. London: Oxford Univ. Press.

Tramer, M. (1934) Elektiver Mutismus bei Kindern. Z. Kinderpsychiat., **1**, 30.

Tubbs, V. K. (1966) Types of linguistic disability in psychotic children. Journ. of Mental def. Research, **10**, 230–240.

Walton, J. N., Ellis, E. and *Court, D. M.* (1962) Clumsy children: a study of developmental apraxia an agnosia. Brain, **85**, 603.

Wastnedge, E. R. (1963) Number in nature. Teaching Arithmetic, **1**, 10.

Weber, D. (1970) Der frühkindliche Autismus unter dem Aspekt der Entwicklung. Bern: Huber.

Whittam, H., Mittler, P. and *Simon, G.* (1966) The early development of psychotic children. Dev. Med. Child Neurol. (In press.)

Wilson, M. D. (1964) Administrative and social aspects. Proceedings of

Conference on the Educational Needs of Psychotic Chilren, Hove, November. (Unpublished.)

Wiltshire, E. B. (1964) The "Psychotic stimulus barrier", in Schizophrenic Children: An Experimental Investigation. Ph.D. Thesis: Univ. London.

Wing, J. K. (1962) Institutionalism in mental hospitals. Brit. J. Clin. Soc. Psychol., **1**, 38.

Wing, J. K. (1966) The modern management of schizophrenia, in New Aspects of the Mental Health Services. Freeman, H. (Ed.). London: Pergamon. (To be published.)

Wing, Lorna (1964) Autistic Children. London: National Assoc. Ment. Health and Society for Autistic Children.

Wing, L. (1969) The handicaps of autistic children – a comparative study. Journal of Child Psychology and Psychiatry, **10**, 1–40.

Wing, L. (1970) What is an autistic child? Communication, 5–10.

Wing, L. (1971) Perceptual and language development in autistic children. A comparative study. In: Rutter, M. (Hsg.). Infantile autism: Concepts, characteristics and treatment. London: Churchill.

Wing, L. and *Wing, J. K.* (1971) Multiple impairments in early childhood autism. Journal of Autism and Childhood Schizophrenia, 1, 256–266.

Wing, L. (1972a) Autistic children: A guide for parents and professionals. New York: Brunner/Mazel.

Wing, L. (1972b) The handicaps of autistic children – A review of some aspects of work in the United Kingdom. Unveröffentlichtes Vortragsmanuskript. Vortrag auf der Konferenz der NSAC (USA).

Wing, L. (1972c) A study of language impairments in severely retarded children. Unveröffentlichtes Vortragsmanuskript. Vortrag in der Study Group No 2 bei der Konferenz: „Language and cognition in the handicapped" des Institute for Research into Mental Retardation. London.

Witmer, L. (1922) Don: A curable case of arrested development due to a fear psychosis in a 3 year old infant. Psychol. Clinic, 1919–22, **13**, 97.

Wolf, M., Risley, T. and *Mees, H.* (1964) Application of operant conditioning procedures to the behaviour problems of an autistic child. Behav. Res. Ther., **1**, 305–12.

Wolff, S. and *Chess, S.* (1964) A behavioural study of schizophrenic children. Acta Psychiat. Scand., **40**, 438.

Wolff, S. and *Chess, S.* (1965) An analysis of the language of fourteen schizophrenic children. J. Child Psychol. Psychiat., **6**, 29.

Woodward, M. (1961) Concepts of number in the mentally subnormal studied by Piaget's method. J. Child Psychol. Psychiat., **2**, 249.

Woodward, M. (1962) Concepts of space in the mentally subnormal studied by Piaget's method. Brit. J. Soc. Clin. Psychol., **1**, 25.

Woodward, M. (1963) The application of Piaget's theory to research in mental deficiency, in Handbook of Mental Deficiency. Ellis, N. R. (Ed.). Maidenhead: McGraw-Hill.

Yarrow, L. J. (1961) Maternal deprivation. Psychol. Bull., **58**, 459.

Yule, W. und *Berger, M.* (1972) Behavior modification principles and speech delay. Kapitel 17, S. 204–219 in: Rutter, M. und Martin, J. A. M. (Hsg.). The Child with Delayed Speech: Clinics in Developmental Medicine No. 43. London: Heinemann Medical Books.

Zangwill, O. L. (1964) Current status of cerebral dominance, in Disorders of Communication. Rioch, D. and Weinstein, E. (Eds.). Baltimore: Williams & Wilkins.

Autorenregister

Ainsworth, M. 46, 257
Anastasi, A. 102
Annell, A. L. 41
Anthony, J. 30, 79
Argy, W. P. 184

Baird, D. 40
Bakan, D. 40
Bartak, L. 284, 288, 290, 297
Bender, L. 38, 49, 106, 114, 117
Berger, M. 76
Berkson, G. 102
Bettelheim, B. 257
Birch, H. G. 35
Blank, H. R. 102
Bond, E. D. 35
Böök, J. A. 49
Bowlby, J. 46
Bradley, C. 38
Brown, G. 106, 117, 269
Brown, J. L. 118, 119

Cameron, K. 79
Carlson 292
Carter, C. O. 42
Chess, S. 17, 26, 27, 28, 29, 77, 86, 99, 104, 179
Churchill 287
Clark, G. D. 182, 184, 185
Cole, E. M. 48, 178
Colver, T. 40
Connell, P. H. 123
Court, D. M. 35, 97
Creak, M. 41, 44, 76, 85, 105, 106, 107, 119, 129, 138, 150, 284
Curtis Commitee 257

Davenport, R. K. jr. 102
Des Lauriers, A. 292

De Meyer, M. 189, 295
Despert, J. L. 38
Doll, E. A. 146
Dumont, Diane A. 188, 243
Dunn, L. 144
Dutton, G. 42

Eisenberg, L. 17, 28, 35, 85, 105, 106, 107, 109, 110, 111, 117, 118, 120
Ellis, E. 35, 97
Evans, I. A. 299, 300

Fenichel, C. 184
Ferster, C. B. 189
Frith, U. 290, 291, 292, 293
Furneaux, Barbara 182, 245, 262

Gellner, L. 49, 99
Geschwind, N. 34
Gillies, S. M. 42, 76, 138, 157
Goffman, E. 257
Goldberg, B. 76
Goldfarb, W. 41
Goldstein, K. 102
Goodman, N. 38
Gordon, N. 32
Gottwald, P. 299
Grad, J. 40, 42, 50, 248
Greenfeld, D. 106, 111, 116, 117, 118, 119
Guerin, Madame 174
Gunzburg, H. C. 146

Haeusserman, E. 100
Hallgren, B. 40, 41
Hamblin, R. L. 294, 300
Hannigan, H. 100
Harlow, H. F. 46
Heeley, A. F. 48

Sachwortregister